Richter/Paier/Reiger

Quantitative Sozialforschung

Lukas Richter

Dietmar Paier

Horst Reiger

Quantitative Sozialforschung

Eine Einführung

facultas

Bibliografische Information Der Deutschen Nationalbibliothek

Die Deutsche Nationalbibliothek verzeichnet diese Publikation in der Deutschen Nationalbibliografie; detaillierte bibliografische Daten sind im Internet über http://dnb.d-nb.de abrufbar.

2., völlig überarbeitete und erweiterte Auflage

facultas.wuv Universitätsverlag, 1050 Wien, Österreich

Satz: Dr. Lukas Richter
Printed in Austria
ISBN 978-3-7089-2100-6
e-ISBN 978-3-99111-397-3

Vorwort

Wissen und Kenntnisse über quantitativ-empirische Arbeitsweisen sind in den Sozial- und Wirtschaftswissenschaften sowie in den Geistes- und Humanwissenschaften ebenso gefragt wie in unterschiedlichen Feldern beruflicher Praxis. Nur auf der Basis fundierten methodischen Wissens kann eine kritische Haltung gegenüber der Genese empirischer Untersuchungen inklusive der angewandten statistischen Methoden entwickelt und die Qualität der erzielten inhaltlichen Ergebnisse eingeschätzt und beurteilt werden. Dieses Grundverständnis teilen alle erfahrungswissenschaftlich orientierten Disziplinen. In diesem Bereich erworbene Kompetenzen sind eine wesentliche Bedingung dafür, die tägliche Flut an Daten und Informationen im Studium und im Beruf sinnvoll und systematisch bewältigen zu können.

Das Buch bietet eine praxisorientierte Einführung in die methodologischen und methodischen Grundlagen der quantitativen Sozialforschung. Im Zentrum der Darstellung stehen forschungspraktische Aspekte und konkrete Anwendungsgebiete. Der Aufbau des Buches und die zahlreichen Beispiele aus der angewandten Sozial- und Marktforschung sind so gestaltet bzw. ausgewählt, dass sie sowohl für Methodenlehrveranstaltungen der Bachelor- und Masterstudiengänge an der Wirtschaftsuniversität Wien als auch für vergleichbare Lehrveranstaltungen an anderen Universitäten und Fachhochschulen geeignet sind. Das zentrale Anliegen dieser überarbeiteten Fassung besteht weiterhin darin, die Wege und Möglichkeiten, aber auch die Grenzen empirischer Forschung aufzuzeigen. Erst die Kenntnis der Logik methodengeleiteten wissenschaftlichen Arbeitens bietet Sicherheit für die praktische Anwendung von Erhebungsmethoden, Instrumenten, statistischen Analyseverfahren sowie der Interpretation ihrer Kennzahlen.

Die Ausführungen sind bewusst in einer leicht verständlichen Sprache und möglichst kurz gehalten, zentrale Elemente quantitativer Sozialforschung werden hervorgehoben. Spezifisch-methodologische und mathematisch-statistische Kenntnisse sind keine Voraussetzung. Um den Leserinnen und Lesern die Lust und die Freude an quantitativer Forschung nicht zu verderben, sondern im Gegenteil ihr Interesse daran zu wecken, werden abstrakte methodologische Konzepte und Begriffe auf verständliche, aber nicht oberflächliche Art und Weise, erklärt.

Die Erfahrung beim empirischen Arbeiten zeigt, dass jede (wissenschaftliche) Fragestellung eine ihr angemessene spezifische Antwort und Umsetzung – formuliert im Untersuchungsdesign – erfordert. Obwohl es keine Patentrezepte geben kann, sind wir der Auffassung, dass Methodenbücher mit einer forschungspraktischen Ausrichtung eine wichtige Orientierungshilfe für Studierende und das interessierte Fachpublikum darstellen.

Abschließend noch ein paar Worte zur Entstehung des Buches und der zweiten überarbeiteten Auflage. Seinen Ursprung hatte diese Arbeit als Buchprojekt im Auftrag des Departments für Sozioökonomie und des Instituts für Soziologie und empirische Sozialforschung der

Wirtschaftsuniversität Wien. Konzeptionell und wissenschaftlich wurde es von Horst Reiger und Barbara Haas begleitet. Dietmar Paier verfasste den Text zur ersten Auflage, Eva Hofmann und Martin Unger lieferten anregende Diskussionsbeiträge und Hinweise sowie Feedback, während Ursula Németh bei Lektorat, Layout sowie bei der Endredaktion unterstützte. Seitdem sind mehr als 10 Jahre vergangen und wir bedanken uns bei Petra Geppl, Alina Veith und Katharina Delarich, die an der zweiten Auflage unterstützend mitwirkten.

Ziele und Intention des Buches sind bis heute gleichgeblieben. Feedback aus der Lehre und von Studentinnen und Studenten zur ersten Auflage, eigene Erfahrungen aus diversen Methodenseminaren und die Überzeugung, die Arbeit mit neuen Inhalten und übersichtlicherer Struktur klarer und einfacher zu gestalten, haben zu dieser zweiten und überarbeiteten Auflage geführt. Als wichtiger Beitrag wurde die Sekundäranalyse ergänzt und in mehreren Abschnitten verwoben, denn noch immer wird diese Art der Forschung mit geringerer Aufmerksamkeit in der deutschsprachigen Einführungsliteratur bedacht, obwohl sie seit geraumer Zeit zur täglichen Arbeit von Sozialforscher*innen gehört.

Resümierend blieb kein Satz ungeprüft, Inhalte wurden verschoben, Beispiele ergänzt oder erneuert – immer mit dem Ziel vor Augen, eine kompakte Einführung zu schreiben. Damit grenzt sich das vorliegende Buch von vielen Werken mit beträchtlichem Umfang ab. Denn so sehr es verständlich ist, alle Bereiche der empirischen Sozialforschung abdecken zu wollen, so sehr ist dieses Unterfangen von der Gefahr begleitet, insbesondere für Einsteigerinnen und Einsteiger, demotivierend zu wirken.

Dieses Buch versucht daher einen anderen Weg zu gehen: Bewusst erfolgt aus Sicht der Autoren eine Reduktion auf das Wesentliche, um damit zu einer ersten kritischen Auseinandersetzung mit quantitativen Studien zu befähigen und Planungskompetenz zu vermitteln. Darüber hinaus soll das Buch zur weiteren Auseinandersetzung mit quantitativ-empirischen Arbeitsweisen anregen. Wir hoffen, dass uns dies gelungen ist.

Wien, im Sommer 2021

Lukas Richter, Dietmar Paier und Horst Reiger

Inhaltsverzeichnis

1. Einführung

Wissenschaft ist der Bereich menschlicher Tätigkeit, so Endruweit (2015, S. 15), in dem mit dem Ziel gearbeitet wird, Wissen zu produzieren (Forschung) und zu systematisieren (Theorien). Bei Wissen handelt es sich um Aussagen, die im Unterschied zu Meinungen oder Glauben, sachlich und intersubjektiv begründet sind. Die empirische Sozialforschung ist Teil der Wissenschaft und grenzt sich einerseits von Geisteswissenschaften und andererseits von Wissenschaften ohne empirischen Bezug ab. Hierbei bietet sie die „Möglichkeiten der gesellschaftlichen Selbstbeobachtung" (Weischer, 2007, S. 9) an, indem sie Methoden der systematischen Wissensgewinnung über soziale Phänomene und menschliches Handeln bereitstellt. Innerhalb der empirischen Sozialforschung lassen sich zwei Paradigmen – das interpretative bzw. qualitative und das quantitative Paradigma – unterscheiden. Die qualitative Forschung zielt darauf ab, Sinn oder subjektive Sichtweisen zu rekonstruieren; der Forschungsauftrag ist das *Verstehen*, „gearbeitet wird mit sprachlichen Äußerungen als ‚symbolisch vorstrukturierten Gegenständen' bzw. mit schriftlichen Texten als deren ‚geronnene Formen'" (Helfferich, 2011, S. 21). Demgegenüber will die quantitative Forschung die Wirklichkeit durch *Erklären* erschließen, d.h. mit „Hilfe quantifizierender Methoden werden Strukturen über überindividuelle Zusammenhänge und Regeln" (Raithel, 2008, S. 12), also empirische Zusammenhänge der sozialen Welt, aufgedeckt. Wichtig ist dabei festzuhalten, dass die quantitative Forschung allen Sozialwissenschaften quer liegt, also überall in den Sozialwissenschaften und darüber hinaus tagtäglich zur Anwendung kommt. Aber obwohl sich damit einhergehend unterschiedliche Schwerpunkte und Akzentsetzungen bzw. ein in Wichtigkeit und Häufigkeit variierender Einsatz spezifischer Methoden in den einzelnen Disziplinen finden lässt, setzt die quantitative Sozialforschung auf einer gemeinsamen Basis auf, die in diesem Buch vermittelt werden soll.

Um dieses Ziel zu erreichen, gliedert sich das Lehrbuch wie folgt: Die weiter folgenden Abschnitte des ersten Kapitels dienen als Einstimmung, Ziele der quantitativen Sozialforschung vor dem Hintergrund einer kritisch-rationalen Perspektive, aber auch deren Grenzen und Anwendungsbereiche aufzuzeigen sowie in wichtige Konzepte einzuführen. Das zweite Kapitel widmet sich dem Forschungsprozess in der quantitativen Sozialforschung und dient als Orientierungsfolie, welche Schritte in einem Forschungsvorhaben zu beachten sind und leitet die weitere Chronologie der nachfolgenden Kapitel an. So behandelt das dritte Kapitel das Thema der Messbarmachung der sozialen Welt und führt in die Konzeptspezifikation und Operationalisierung ein, behandelt Grundlagen des Messens, erörtert Skalenniveaus und Skalierungsverfahren. Das vierte Kapitel gibt einen Überblick über Forschungsdesigns und Erhebungsdesigns, in welchen die operationalisierten Begriffe nun tatsächlich gemessen werden. Neben ex-ante-Designs wie dem Experiment werden hierzu in der quantitativen Sozialforschung häufig ex-post-facto-Designs genutzt, wozu die Befragung als weitaus meist eingesetzte zählt. Als neu sich entwickelnder Bereich wird zudem auf Ansätze der Computational Social Science eingegangen, welche durch Big Data bzw. die Zunahme digitaler Daten an Bedeutung gewinnt. Ein weiterer wichtiger Schritt im Forschungsvorhaben ist die Festlegung des Auswahlverfahrens, also zunächst die Festlegung jener Grundgesamtheit, über die Aussagen gemacht oder an den Hypothesen geprüft werden und folgend welche Möglichkeiten der Stichprobendesigns hierzu offenstehen. Mit dem gesamten Rüstzeug aus den bisherigen Kapiteln geht es an die Genese der Daten, wobei im sechsten Kapitel das Thema der Primärdatengewinnung mittels Befragungen und im siebten Kapitel die Datenbeschaffung von Sekundärdaten im Zentrum stehen. Damit werden zwei unterschiedliche Wege beschrieben, wie man zu Daten gelangt, die vor dem Hintergrund der Forschungsfragen und Hypothesen ausgewertet werden sollen. Das achte Kapitel bietet hierzu eine Einführung in statistische Prüfverfahren und ist eine erste Hinführung zum Themenbereich Datenanalyse. Neben univariaten stehen bivariate Analysen und die Logik von Signifikanztests im Vordergrund; für multivariate Verfahren soll ein Ausblick gegeben werden. Mit dem neunten Kapitel endet das Forschungsvorhaben und behandelt die Ergebnisdarstellung und Interpretation. Das letzte Kapitel zieht ein Resümee anderer Art, indem die Inhalte des Buches anhand ausgewählter Anwendungsbeispiele reflektiert werden.

1.1. Ziele quantitativer Sozialforschung

Die Hauptaufgabe der empirischen quantitativen Sozialforschung ist, soziale Zusammenhänge zu *erklären*. Dabei wird auf das Ausscheiden falscher Hypothesen gesetzt, um sich der „Wahrheit" anzunähern. „Nicht die Rettung unhaltbarer Systeme ist ihr Ziel, sondern: in möglichst strengem Wettbewerb das relativ haltbarste auszuwählen" (Popper, 2005, S. 19). Die quantitativ orientierten Teile der Sozial- und Wirtschaftswissenschaften gehen also in der Erklärung der sozialen Welt von allgemeinen Theorien und Hypothesen aus, deren Gehalt („Wahrheit", die jedoch nicht vollständig geklärt werden kann) unter Verwendung von systematischem, methodisch kontrolliertem Vorgehen an der Empirie geprüft werden sollen. Hierbei sind drei Grundsätze zentral: (1) die Welt der sozialen Ordnung und die Welt der handelnden Akteure ist weitgehend stabil, (2) durch Gesetzmäßigkeiten bestimmt bzw. erklärbar und (3) direkt oder indirekt beobachtbar (Reichertz, 2019, S. 38).

1.1.1. Kritisch-rationaler Hintergrund

Als Leitansatz der quantitativ-empirischen Sozialforschung gilt der **Kritische Rationalismus**. Der von Popper (2005) in der Abhandlung „Logik der Forschung" erstmalig 1934 publizierte wissenschaftstheoretische Ansatz stellt dabei ein Gegenmodell zum Empirismus dar. Für den Empirismus besteht das Ziel der Wissenschaft in der Gewinnung von allgemeingültigen Aussagen aufgrund von Einzelerfahrungen. Zwar baut damit der Empirismus auch auf Aussagen über beobachtbare Tatsachen auf, die Problematik besteht jedoch darin, dass wissenschaftliche Erklärungen auf der Sammlung von Einzelbeobachtungen beruhen. Die dahinterliegende Frage ist als Induktionsproblem bekannt: Können Wirklichkeitsaussagen allgemeingültig sein, wenn sie sich auf Erfahrung gründen? Denn „jede induktive Begründung [...] setzt doch voraus, dass die Zukunft der Vergangenheit ähnlich ist" (Alt, 2019, S. 286) was jedoch selbst durch die Erfahrung nicht gesichert werden kann. Zur Lösung dieses Problems ist im kritischen Rationalismus das Prinzip der Falsifikation (Widerlegung) von bestehenden wissenschaftlichen Aussagen entwickelt worden. Popper geht davon aus, dass am Anfang jeglicher Wissenschaft nicht die (Einzel-)Beobachtung, sondern die Theorie steht. „Diese Verfahrensweise, die [...] ein aus Theorien geknüpftes Netz auswirft, um Stück für Stück die Welt einzufangen, wird **nomologisch-deduktiv** genannt und leitet einen zu erklärenden Sachverhalt aus Gesetzen und Bedingungen ab" (Reichertz, 2019, S. 38). Können nun Beobachtungen die Theorie nicht falsifizieren – *alle wissenschaftlichen Aussagen müssen daher entsprechend dem kritischen Rationalismus an der Erfahrung überprüfbar sein* –, lässt sich vorerst von der Gültigkeit der Theorie bzw. ihrer Bewährung bis zur nächsten Prüfung ausgehen; wird eine Theorie nach korrekter Anwendung wissenschaftlicher Methoden durch eine Beobachtung widerlegt, so ist die Theorie zu verwerfen.

Es gilt: theoretische Begriffe bzw. Sätze müssen (1) einen *empirischen Bezug aufweisen* und (2) *grundsätzlich empirisch widerlegbar sein* oder – anders formuliert – an der Empirie scheitern können (Kromrey et al., 2016, S. 36).

„Wer seine Gedanken der Widerlegung nicht aussetzt, der spielt nicht mit in dem Spiel Wissenschaft" (Popper, 2005, S. 268).

Über *Kritik bzw. Prüfung lässt sich so der Wahrheit näherkommen*, indem falsche Theorien beseitigt, Fehler und Irrtümer eliminiert werden. Wissenschaftlicher Fortschritt besteht damit im Aussieben falscher Aussagen bzw. Theorien durch die empirische Prüfung und Falsifikation. Im Sinne des kritischen Rationalismus ist ausschließlich die Falsifikation einer Theorie logisch möglich, ihre Bewährung immer nur *vorläufig* und ihre Verifikation logisch unmöglich. Zusammenfassend geht der kritische Rationalismus von einer existierenden sozialen Welt aus, welche auf Gesetzmäßigkeiten oder Regelmäßigkeiten beruht und durch Theorien, oder bescheidener, durch theoretische Modelle erklärt wird. Nur in seltenen Fällen sind die Theorieteile aber bereits so formuliert, dass sie unmittelbar empirisch überprüft werden können. In den meisten Fällen müssen sie erst zu Hypothesen aufbereitet bzw. solche aus der Theorie deduziert werden (daher nomologisch-deduktiv), damit sie empirisch untersucht werden können. Auf Basis der deduzierten bzw. abgeleiteten Hypothesen – *theorie-implizierte Basissätze* – können die Theorien mittels empirischer Daten – *empirischer Basissätze* – geprüft werden.[1]

[1] Ergänzend der Hinweis, dass der kritische Rationalismus durchaus auch Problemstellen aufweist und es zu einer kritischen Auseinandersetzung kam (siehe etwa Schülein & Reitze, 2016).

Das Vorgehen lässt sich entlang des **Hempel-Oppenheim-Schemas** gut verdeutlichen (Hempel & Oppenheim, 1948), welches sich aus Explikandum oder *Explanandum* (Teil, der erklärt werden soll) und aus dem Explikans oder *Explanans* (die Erklärung für das zu Erklärende) zusammensetzt. Das Explanans besteht dabei aus mindestens einem Gesetz (Kromrey et al., 2016, S. 27) und einer (empirisch) erfüllten Randbedingung (Ursache), welche das Explanandum (Wirkung) erzeugt. Hierbei gilt: (1) Das Explanandum muss aus dem Explanans korrekt gefolgert worden sein. (2) Das Explanans muss mindestens ein Gesetz enthalten, das für die Ableitung des Explanandums erforderlich ist, sowie singuläre Sätze, die die Randbedingungen beschreiben. (3) Das Explanans muss empirischen Gehalt haben, d.h. es muss über die Realität informieren (Opp, 2014, S. 54ff.).

Hierzu ein selbstentworfenes Beispiel, welches als Ausgangspunkt die Debatte rund um die Gewaltbereitschaft im Internet hat. Als fiktive Gesetze des Explanans werden die beiden Sätze formuliert, dass mit zunehmendem Grad der Anonymität (A) die Sanktionslosigkeit (B) steigt. Wenn Menschen keine Sanktion erwarten müssen (B), so die weitere Annahme, neigen die Menschen zur Gewalt (C). In der Randbedingung wird ein Ort (bzw. eine Ursache) angegeben – das Internet – wo der Wenn-Teil, A und B, zutrifft und nun im Dann-Teil die Wirkung (C) eintritt. Wie im unteren Teil des Beispiels ersichtlich, lässt sich die Hypothese deduzieren: (WENN) Im Internet ist die Anonymität (A) und daher die Sanktionslosigkeit (B) größer als in der realen Welt, (DANN) daher neigen Menschen in Internetforen häufiger zu Gewaltaussagen (C) als in der realen Welt. Dieser theorie-implizierte Basissatz (er stammt aus unserer allgemeineren Theorie über Gewalt, welche unabhängig vom Ort – hier Internetforen – einen Zusammenhang zwischen A,B,C postuliert) kann nun mit Daten bzw. empirischen Basissätzen geprüft werden.

Explanans (Theorie über Gewalt) „Welt der Theorie" bzw. „Welt der Sätze"	Je größer die Anonymität ist (A), umso höher ist die Wahrscheinlichkeit der Sanktionslosigkeit (B). Wenn keine Sanktionen zu erwarten sind (B), dann neigen alle Menschen zu Gewalt (C).
Randbedingung (theorie-implizierte Basissätze)	Im Internet ist die Anonymität (A) und daher die Sanktionslosigkeit (B) größer als in der realen Welt ...
Explanandum (theorie-implizierte Basissätze)	... daher neigen Menschen in Internetforen häufiger zu Gewaltaussagen (C) als in der realen Welt.
theorie-implizierter Basissatz (Hypothese)	(WENN) Im Internet ist die Anonymität (A) und daher die Sanktionslosigkeit (B) größer als in der realen Welt, (DANN) daher neigen Menschen in Internetforen häufiger zu Gewaltaussagen (C) als in der realen Welt.
	Konfrontation/Prüfung
empirischer Basissatz (Beobachtungssatz)	Herr X fühlt sich im Internet anonym. Herr X ist in Internetforen eher geneigt, Menschen zu beschimpfen. Herr X ist in der realen Welt nicht gewaltbereit.

Die Logik der hypothesenprüfenden Vorgehensweise ist die gebräuchlichste innerhalb der quantitativen Sozialforschung. Jedoch sollte daraus keine starre Trennung zwischen einer auf *Hypothesenprüfung* fixierten quantitativen Sozialforschung und einer auf *Hypothesengenerierung* fixierten qualitativen Sozialforschung abgeleitet werden. Diese Gegenüberstellung quantitativer und qualitativer Methodik entspringt dem in den 1960er Jahren entflammten *Methodenstreit* in den Sozialwissenschaften. Dessen Kern bestand in der Auseinandersetzung zwischen Naturwissenschaften, die die Übernahme des naturwissenschaftlichen Methodenideals in die Sozialwissenschaften verfochten, und den Sozialwissenschaften, die für ihre Disziplinen eine eigenständige Methodologie beanspruchten. Der Methodenstreit lieferte in den folgenden Jahrzehnten die Impulse für eine in der Gegenwart zwar abgemilderte (Homann, 1989), dennoch weiter andauernde Auseinandersetzung zwischen qualitativ und quantitativ orientierter Sozialforschung. Mit der Zeit wurden jedoch auch alternative Konzepte formuliert, die vom Bemühen um eine Integration von qualitativer und quantitativer Sozialforschung geprägt sind (Flick, 2011; Kelle, 2008).

Neueren Auffassungen zufolge wird diese Trennung weniger strikt und etwas stärker pragmatisch aufgefasst. So wird die Möglichkeit der Überprüfung von Hypothesen auf Grundlage des Prinzips der Deduktion[2] und in Verbindung mit bestimmten qualitativen Methoden auch von Vertreter*innen der qualitativen Sozialforschung betont, z.B. im Rahmen der qualitativen Inhaltsanalyse. Beispielsweise beruht die Methodik des problemzentrierten Interviews auf der Verbindung von deduktiven und induktiven Verfahren (Witzel, 2000; Witzel & Reiter, 2012). Auch das Fokussierte Interview zielt auf eine Verbindung von Hypothesengenese und -prüfung ab (Lamnek & Krell, 2016, S. 349). Auch innerhalb der quantitativen Sozialforschung zeigt sich, dass die Aufrechterhaltung einer starren Gegenüberstellung von qualitativer und quantitativer Sozialforschung, speziell im Hinblick auf die Rolle von Hypothesen, nicht zutreffend ist. So werden Methoden der Datenauswertung durchaus als Instrumente für die Formulierung bzw. für die Entdeckung von Hypothesen genutzt. Der quantitativen Sozialforschung kommt daher, wenn auch in kleinerem Umfang im Vergleich zur qualitativen Sozialforschung, eine explorative Funktion zu. Statistische Verfahren, die Zusammenhänge erschließen sollen, werden *strukturentdeckende Verfahren* genannt. Dazu zählen in der multivariaten Statistik die Clusteranalyse, die Faktorenanalyse, die multidimensionale Skalierung und die Korrespondenzanalyse.

Ein Blick in die Geschichte der empirischen Sozialforschung zeigt, dass am Anfang der modernen Soziologie bereits ein integrativeres Methodenverständnis stand und eine Kombination von qualitativen und quantitativen Ansätzen durchaus selbstverständlich war. Die berühmte Studie *Die Arbeitslosen von Marienthal* aus dem Jahr 1933 ist ein anschauliches Beispiel dafür,

---

[2] Die empirischen Wissenschaften verfügen über zwei grundlegende Arten der Gewinnung von Erkenntnissen: Induktion und Deduktion. Induktion meint den Schluss von Einzelfällen auf allgemeine Aussagen (Gesetze, Theorien). Deduktion meint die Ableitung von Einzelerkenntnissen aus allgemeinen Theorien.

dass quantitative Erhebungsmethoden im Rahmen von explorativ-deskriptiven Ansätzen und in befruchtender Wechselwirkung mit qualitativen Verfahren für die Gewinnung von Hypothesen genutzt wurden (Jahoda et al., 2018). In den letzten Jahren erfuhr diese ursprüngliche Idee in Gestalt des Konzepts der **Mixed Methodology** eine Wiederbelebung (Kelle, 2008). Nichtsdestotrotz bietet der kritisch-rationale Ansatz einen methodologischen Unterbau für die quantitative Sozialforschung und macht das sehr häufig genutzte Vorgehen der Hypothesenprüfung erklärlich.

1.1.2. Reichweite und Aussagekraft quantitativer Sozialforschung

Im Unterschied zur Naturwissenschaft lässt sich in der Sozialforschung nur bedingt von Gesetzen, eher von **Regelmäßigkeiten** sprechen. Sozialwissenschaftliche Erkenntnis ist also nur eingeschränkt zeit- und ortsunabhängig. Während ein Gegenstand überall und zu jeder Zeit auf der Welt zu Boden fällt und durch das Gravitationsgesetz erklärt werden kann, ist abweichendes Verhalten nur auf Basis der zu einem Zeitpunkt und Raum geltenden sozialen Normen und Werte bestimmbar. Die Reichweite und die Aussagekraft der Ergebnisse empirischer Sozialforschung können daher keine universelle Gültigkeit beanspruchen. Dafür gibt es im Besonderen drei Gründe.

- Erstens ist zu beachten, dass die Gegenstände der Sozial- und Wirtschaftswissenschaften Veränderungen unterliegen, weil Gesellschaften und das Denken, Fühlen und Handeln der Menschen von Wandlungen gekennzeichnet sind. Daher muss angegeben werden, unter welchen Bedingungen die angestrebten Ergebnisse überhaupt Geltung *beanspruchen*. Führen wir beispielsweise eine Mitarbeiter*innenbefragung im Unternehmen X durch, dann wird die Gültigkeit unserer Erkenntnisse von spezifischen Randbedingungen abhängen, z.B. von der aktuellen Wirtschaftslage, der Struktur des Unternehmens, der jeweiligen Führungskultur und anderen Faktoren. Somit können die Ergebnisse Gültigkeit eben für dieses Unternehmen X zum Zeitpunkt t_0 der Untersuchung beanspruchen, nicht aber direkt auf ein anderes Unternehmen übertragen werden, für das möglicherweise ganz andere Randbedingungen gelten. Das muss allerdings nicht daran hindern, aus den Ergebnissen dieser oder anderer Befragungen die Hypothese abzuleiten, dass es sich in einem anderen Unternehmen so oder ähnlich verhalten könnte – was auf Basis von entsprechend modifizierten Hypothesen erst empirisch zu prüfen wäre.
- Zweitens folgt daraus, dass ein früher unter bestimmten Bedingungen gültiges Erklärungsmodell nicht mehr ungeprüft aufrechterhalten werden kann, wenn sich diese Bedingungen ändern.
- Drittens müssen wir berücksichtigen, dass die Gültigkeit einer wissenschaftlichen Erklärung nicht nur von der korrekten Anwendung der Methoden abhängt, mit denen sie

empirisch überprüft wird, sondern auch von dem Ausmaß, in dem die zugrunde liegende Theorie empirisch bestätigt ist.

Zusätzlich ist in Verbindung mit den oben genannten Einschränkungen auch aus einem anderen Grund Vorsicht bei der Interpretation von Zahlen geboten, denn ihre Gültigkeit hängt immer von *bestimmten Randbedingungen* ab. Eben diese Randbedingungen werden jedoch bei der medialen Präsentation von Umfrageergebnissen nur selten angeführt und genau aus diesem Grund kann es bei vorschneller Interpretation leicht zu falschen Schlussfolgerungen über die Aussagekraft von sozial- und wirtschaftswissenschaftlichen Forschungsergebnissen kommen.

Damit sind in Kürze wichtige *methodologische* und *methodische Voraussetzungen* genannt, die die Aussagekraft von wissenschaftlichen Ergebnissen beeinflussen. Aber auch dann, wenn diese Kriterien erfüllt sind, müssen wir uns in der Wissenschaft stets mit *vorläufig gültigen* Erkenntnissen zufriedengeben. Dies hängt mit der Logik des Erkenntnisgegenstandes zusammen und wird von Schülein & Reitze (2016) als *autopoietische Realität* der Sozialwissenschaft bezeichnet. Diese autopoietische Realität der sozialen Welt ist das Ergebnis eines Zusammenspiels von verschiedenen Faktoren, d.h. alles hängt von einer Vielzahl an Umständen ab und entwickelt sich selbständig, unvorhersehbar und auf verschiedene, immer besondere Weise.

Dennoch können die Sozialwissenschaften auf bestimmten Ebenen die Gültigkeit von Erkenntnissen im Sinne von Regelmäßigkeiten beanspruchen. Dies gilt für ad hoc-Hypothesen und speziell für jene Art von Theorien, die Merton (1995) **Theorien mittlerer Reichweite** genannt hat. Diese sind zwischen Zusammenhängen, wie sie in kleineren Arbeitshypothesen über empirische Regelmäßigkeiten formuliert werden, und so genannten Grand Theories über soziales Geschehen angesiedelt. Als Beispiele für derartige Theorien mittlerer Reichweite lässt sich bspw. auf Ansätze der rationalen Entscheidung (*rational choice*) verweisen. In diesem Sinne können Theorien mittlerer Reichweite von Großtheorien, die teils auf abstrakten, nicht weiter überprüfbaren Prämissen beruhen wie dem Strukturfunktionalismus Talcott Parsons oder der Systemtheorie Niklas Luhmanns sowie von Theorien, die langfristige gesellschaftliche Entwicklungen und Zusammenhänge zum Gegenstand haben, abgegrenzt werden. Häufig entziehen sich derart komplexe Theorien einer empirischen Überprüfung; sie besitzen jedoch in der Regel wichtige Funktionen im Sinne der Bereitstellung von Orientierungswissen über sozio-ökonomische und gesellschaftliche Prozesse. Zurückkommend auf empirisch gut geprüfte Theorien mittlerer Reichweite können diese, korrektes methodisches Vorgehen vorausgesetzt, innerhalb der gegebenen Einschränkungen, als bewährte Erkenntnisse bezeichnet werden – sie liefern empirisch fundierte Aussagen und Prognosen über die soziale Welt.

1.2. Zur Anwendung quantitativer Sozialforschung

Im Nachfolgenden sollen drei unterschiedliche Anwendungsperspektiven vorgestellt werden. Diese lassen sich nicht voneinander abgrenzen, sollen aber einen Eindruck davon vermitteln, wo die quantitative Sozialforschung in unser alltägliches Leben tritt, auf welchen Ebenen sie agiert und mit welchen Daten sie arbeitet.

1.2.1. In der alltäglichen Praxis

Im täglichen Leben hat man öfter mit Informationen zu tun, die mit den Methoden der empirischen Sozialforschung erzeugt werden. So informieren Tageszeitungen und Fernsehen über die aktuellen Sympathiewerte von Politiker*innen oder präsentieren Konjunkturindikatoren, Geschäftsklimaindizes und Arbeitslosenquoten, welche Ein- und Ausblicke in das aktuelle Wirtschaftsleben geben. Daneben ist bspw. von Better Life Index, Armuts- und Zufriedenheitsindikatoren in politischen Debatten die Rede, welche die Lebensqualität von Menschen oder einer Gesellschaft anzeigen sollen. Viele Menschen sind auch bereits Teil von Studien geworden und haben vielleicht mit Forschungsinstituten Bekanntschaft gemacht, zum Beispiel in Form von Telefonanrufen, bei denen sie um ihre persönliche Meinung zu aktuellen Themen im Rahmen einer Umfrage ersucht wurden.

Diese Beispiele repräsentieren nur die Spitze des sozialwissenschaftlichen Eisberges. Weniger sichtbar ist nämlich die tatsächliche Vielzahl der beständig durchgeführten Erhebungen und Auswertungen. So führen die Marktforschungsabteilungen vieler Unternehmen etwa Kund*innenzufriedenheitserhebungen durch, um die Qualität ihrer Produkte und Services beurteilen zu lassen. Mitarbeiter*innenbefragungen zur Motivation und Zufriedenheit sind heute ebenso üblich wie die Auswertung von Kund*innendaten für zielgerichtete Werbung. Auch dabei handelt es sich noch um recht bekannte Beispiele. Tauchen wir noch etwas tiefer in die alltäglichen Manifestationen der empirischen Sozialforschung ein, dann zeigt sich, dass im Controlling, Qualitätsmanagement, in der Prüftechnik, im Schulwesen, in den Umweltwissenschaften, in der Verkehrspolitik und vielen weiteren Arbeitsbereichen Erhebungen sowie Auswertungen von Daten durchgeführt werden.

Das ist die gute Nachricht. Die weniger gute Nachricht besteht darin, dass die Methoden der empirischen Sozialforschung nicht ganz im Sinne ihrer Erfinder*innen, also nicht immer korrekt angewandt werden. Manche der präsentierten Ergebnisse von Umfragestudien sind durchaus der Kategorie „unterhaltsames, aber nutzloses Wissen" zuzuordnen. Nicht in jeder vermeintlichen Studie steckt auch jene empirische Sozialforschung, die den Anspruch erheben kann, wissenschaftlichen Kriterien zu entsprechen und damit valide, zuverlässige und wissenschaftlich gesicherte Ergebnisse zu liefern vermag. Damit ist erneut das grundlegende Ziel dieser Einführung in die quantitative empirische Sozialforschung angesprochen: Sie als Leser*in sollen am Ende der Lektüre in der Lage sein, korrekte empirische Sozialforschung von mehr oder weniger pseudowissenschaftlichen Untersuchungen zu unterscheiden.

1.2.2. Auf Makro- und Mikro-Ebene

Die Analysen der Sozial- und Wirtschaftswissenschaften beziehen sich auf sehr unterschiedliche Ebenen. Eine grundlegende Unterscheidung in der Betrachtung ist die zwischen Makro- und Mikroperspektive. In Studien mit erster Perspektive richtet sich das wissenschaftliche Interesse auf die Ebene der Kollektive bzw. Systeme und ihrer besonderen Merkmale und Entwicklungen. Diese Betrachtungsperspektive wird daher auch **Makroperspektive** genannt und verfolgt die Frage, wie sich Eigenschaften von kollektiven Merkmalsträgern auswirken. Derartige Studien unterscheiden sich von Analysen, die das Verhalten und Handeln, die Meinungen und Einstellungen von Individuen im Zusammenhang mit kleineren sozialen Einheiten zum Gegenstand haben. In diesem Fall richtet sich das Interesse auf die **Mikroperspektive** des sozialen Geschehens. Studien, die der Mikroperspektive folgen, setzen analytisch bei den kleinsten sozialen Einheiten an und fragen bspw. danach, welche individuellen Merkmale das individuelle Verhalten beeinflussen.

Ein Phänomen wie die Wahlbeteiligung kann letztlich auf beiden Ebenen erforscht werden (Tausendpfund, 2018, S. 15): Die Frage „Warum unterscheidet sich die Wahlbeteiligung zwischen den Bürgerinnen und Bürgern?“ lässt sich auf Mikroebene beantworten, indem man sich den individuellen Merkmalen – politisches Interesse, Vertrauen in Politiker*innen usw. – zuwendet und dies mit dem Verhalten – der Wahlbeteiligung – vergleicht. Die Frage „Warum unterscheidet sich die Wahlbeteiligung zwischen Wahlsystemen?“ beansprucht eine Makroperspektive.

Die Grenzen zwischen Mikro- und Makroperspektive sind zudem fließend. Eine längere Erörterung würde zu weit führen, aber beide Ebenen bedingen sich gegenseitig. Kurz: Individuelles Handeln auf der Mikroebene erzeugt Makrostrukturen und diese beeinflussen bzw. rahmen die Mikroebenen.

Mikrosoziologische Untersuchungen bedürfen Mikrodaten – **Daten** sind „die in geeigneter Form festgehaltene und abrufbare symbolische Repräsentation der bei den Untersuchungseinheiten beobachteten Merkmale“ (Kromrey et al., 2016, S. 212) – und stützen sich zudem vermehrt auf explizit für die Analyse gewonnenen *Befragungs- oder Beobachtungsdaten*. Ein Beispiel dafür ist der *European Social Survey* – kurz ESS (Abschnitt 7.1.4). In diesem europaweit durchgeführten Survey werden in jedem Land unter Verwendung eines einheitlichen Fragebogens einzelne Bürger*innen zu Themen wie soziale und politische Werte, Vertrauen in Institutionen, Bildung und Erwerbstätigkeit befragt. Auch einzelne Unternehmensdaten (teils durch Befragungen gewonnen) sind zuallererst Mikrodaten, wenngleich sich die Untersuchungseinheit weg von einzelnen Menschen auf das Unternehmen verschoben hat.

Aus den *Mikrodaten* werden in Folge durch Aggregations- und Transformationsregeln *Makrodaten* für die Makroanalyse gewonnen. Ob es zusätzlich genuine Kollektivmerkmale gibt, die also prinzipiell nicht aus Mikrodaten gewonnen werden können, ist strittig (siehe Diekmann, 2018, S. 121f.). Sicher ist aber, dass bei der Makroanalyse vermehrt *Prozess- bzw. Registerdaten* zum Einsatz kommen. Hierbei handelt es sich um Daten, die durch (soziale) Handlungen, Prozessgeschehen (Schmitz et al., 2009) oder im Rahmen des Verwaltungshandelns erzeugt werden (Oberhofer et al., 2019). Da sie in der Regel ohne einen ursprünglich wissenschaftlichen Verwendungszweck entstehen, werden diese tendenziell den Sekundärdaten zugeordnet (dazu im nachfolgenden Abschnitt mehr). Ebenso handelt es sich bei diesen um Mikrodaten und sie werden im Weiteren zu Makrodaten der bspw. Bevölkerungs-, Wirtschafts-, Arbeitsmarkt- und Gesundheitsstatistik aggregiert bzw. transformiert. Prozess- bzw. Registerdaten bestehen häufig über längere Zeiträume und werden in unterschiedlichen Ländern weitgehend gleichartig erfasst (hierzu tragen internationale Bemühungen der Harmonisierung bei), womit sie eine Grundlage für historische und ländervergleichende Analysen sind.

Zusammen decken Befragungs- und Beobachtungsdaten sowie Prozess- und Registerdaten den Großteil des analysefähigen Materials in der quantitativen Sozialforschung ab und werden in der Analyse in Form von Mikro- oder Makrodaten (teils kombiniert) eingesetzt.

1.2.3. Durch Primär- und Sekundäranalysen

Wie bereits angedeutet, arbeitet die Sozialforschung sowohl mit Daten, die für die Forschung intendiert generiert wurden, als auch mit Daten, die für andere Zwecke entstanden sind. Letztere werden weitläufig als *Sekundärdaten* bezeichnet; es sind aber – verkürzt ausgedrückt – nur *Prozess- und Registerdaten* dieser Kategorie zuzuordnen bzw. dürften auch nicht alle Prozessdaten in den Bereich der Sekundärdaten fallen. Zu deren Einordnung ist der Kreis enger zu ziehen. So geht es nicht darum, ob die Daten im Allgemeinen für die Forschung, sondern ob diese Daten für die eigene Untersuchung erhoben wurden. Damit lässt sich zwischen beiden Datenformen aus der Perspektive des eigenen Forschungsprojekts unterscheiden (Jost & Richter, 2015, S. 133).

Primärdaten werden explizit für das Forschungsvorhaben und in Hinblick auf die Forschungsfrage erhoben. Genauer gesagt leiten das Forschungsziel, die Forschungsfragen und die aufgestellten Hypothesen die Erhebung der Daten an. Solche Daten werden in der Regel durch Befragungen und Beobachtungen im Rahmen von Experimenten und Surveys gesammelt. Ebenso können (gleichwohl seltener) Prozessdaten nur für ein bestimmtes wissenschaftliches Vorhaben gesammelt werden, bspw. wenn man die Zeit misst, die eine Person je Frage in einem Onlinefragebogen benötigt – solche Daten können bei der Entwicklung von Forschungsmethoden eine Rolle spielen.

Bei **Sekundärdaten** handelt es sich um bereits bestehende Daten, welche im Kontext der Forschungsfrage (erneut) ausgewertet werden. Darunter fallen die meisten Prozess- und

Registerdaten, aber auch Daten aus Befragungen oder Beobachtungen lassen sich unter neuen/anderen Fragestellungen analysieren.

Der in der eigenen Forschung genutzte Datentyp verweist darauf, ob man bei seiner Arbeit von einer *Primärforschung* und *Primäranalyse* oder einer *Sekundärforschung* und *Sekundäranalyse* spricht.

Zusammenfassend werden Sekundäranalysen in der Sozialforschung – im Gegensatz zur Primäranalyse – anhand von Daten durchgeführt, die bereits erhoben bzw. analysiert wurden (Dale et al., 1988). So lassen sich gleichfalls bereits beforschte Fragestellungen mit dem Ziel behandeln, sie erneut anhand von (anderen bzw. neueren) Daten oder mit anderen statistischen Analysemethoden zu untersuchen (Glass, 1976). Die Sekundärdaten können dabei von einer anderen Person bzw. Institution (Klingemann & Mochmann, 1975) stammen oder von Forscher*innen einst selbst erhobene Daten sein und werden nun unter einer anderen Fragestellung durch eine Sekundäranalyse ausgewertet (Schutt, 2007). Dies ist etwa dann der Fall, wenn Daten in einem angewandten Forschungsprojekt entstanden sind und Forscher*innen das Recht erhalten, diese für vertiefende wissenschaftliche Artikel zu nutzen. Sekundärdaten stammen außerdem nicht immer nur aus einer Datenquelle, sondern können auch aus verschiedenen Quellen integriert werden (Stewart, 1984). Letzteres ist bspw. der Fall, wenn Makrodaten (z.B.: BIP) und Mikrodaten (z.B.: die Einstellung von Personen zu gewissen Themengebieten) zusammengespielt und für Mehrebenenanalysen genutzt werden. Häufig sind die produzierten Sekundärdatensätze gar nicht ausschließlich für eine spezifische Fragestellung erhoben worden (Hakim, 1982), sondern umfassen eine Vielzahl an Themen (dies drückt sich auch im Begriff der *Omnibusumfragen* aus) und werden bewusst der Öffentlichkeit bzw. der wissenschaftlichen Community für weitere Forschungszwecke zugänglich gemacht (Vezzoni, 2015). Die Bestrebungen der Verfügbarmachung werden in sogenannten Datenarchiven sichtbar (siehe hierzu Abschnitt 7.2).

Die Verfügbarkeit von Sekundärdaten für wissenschaftliche Zwecke ist mittlerweile weit fortgeschritten, womit es sich bei Sekundäranalysen um keine Randerscheinung mehr handelt, im Gegenteil. Roose (2013) führt als Beispiel an, dass zwischen 2007-2011 in der Kölner Zeitschrift für Soziologie und Sozialpsychologie knapp 70% der Artikel auf Sekundärdaten basierten.

1.3. Bausteine empirischer Sozialforschung

Die empirische Sozialforschung will nicht verstreute Einzelinformationen zusammentragen, sondern gesellschaftliche Zusammenhänge systematisch, auf begründete Weise und gestützt auf empirischen Tatsachen evidenzbasiert erklären. Solche wissenschaftlichen Aussagen werden in Form von Begriffen verknüpft und in Sätzen als **Hypothesen** und **Theorien** formuliert. Im Übergang von deren Formulierung zur empirischen Messung treten **Variablen** und

Indikatoren hinzu. Im Nachfolgenden werden diese vier Bausteine näher erörtert, da sie durch das gesamte weitere Buch begleiten. Die Reihenfolge startet dabei bewusst mit den Hypothesen, denn obwohl Theorien tendenziell einen höheren Allgemeinheitsgrad besitzen und viele empirisch prüfbare Hypothesen aus Theorien erst abgeleitet werden müssen, bietet die Kenntnis der Charakteristika von Hypothesen ein Fundament für das Verständnis von Theorien.

1.3.1. Hypothesen

Bei einer Hypothese handelt es sich um eine theoretisch begründete Aussage über den Zusammenhang zwischen zwei oder mehr Merkmalen, die im Kontext der empirischen Sozialforschung untersucht werden sollen. Sie stellen in der wissenschaftstheoretischen Perspektive des kritischen Rationalismus ein *Bindeglied zwischen Theorie und Empirie* dar und lassen sich entweder aus Theorien ableiten (deduzieren) oder basieren auf (selbst)entwickelten und dennoch theoriegeleiteten Minitheorien bzw. Modellen.

!	Eine Hypothese ist eine begründete Vermutung oder Behauptung über einen Zusammenhang von mindestens zwei Variablen. Genauer gesagt: Eine Hypothese ist eine Aussage über den Zusammenhang der Merkmalsausprägungen von mindestens zwei Variablen.

Sozial- und Naturwissenschaften unterscheiden sich an dieser Stelle: Die Naturwissenschaften nehmen vorrangig auf **deterministische Hypothesen**, die von *Gesetzmäßigkeiten* ausgehen, Bezug (*deduktiv-nomologische Erklärung*). Im Unterschied zu natürlichen Phänomenen können der sozialen Welt solche Gesetzmäßigkeiten weitgehend nicht zugesprochen werden, da sie einem ständigen Wandel unterworfen sind und der Mensch mittels Reflexion ein hohes Anpassungspotential besitzt (das kritisch-rationale Fundament muss an dieser Stelle etwas aufgeweicht werden). Anders formuliert ist der Mensch frei von festen Bindungen (Schülein & Reitze, 2016). Anstatt von Gesetzmäßigkeiten spricht man daher in abgeschwächter Form von *Regelmäßigkeiten*; d.h. es ist zu erwarten, dass Menschen unter gewissen Bedingungen (X) entsprechend handeln (Y), jedoch besteht die Möglichkeit einer Abweichung (der Mensch hat sich für Z entschieden). Daher nimmt man in den Sozialwissenschaften auf **probabilistische Hypothesen** (Wahrscheinlichkeitshypothesen) Bezug (*induktiv-statistische Erklärung)*. Aus diesem Grund spielt auch die Statistik bzw. Wahrscheinlichkeitsrechnung für die quantitative empirische Sozialforschung eine bedeutende Rolle.

> Die OECD (2003) kommt in einer Studie über die Ursachen des ökonomischen Wachstums zum Ergebnis, dass das Wirtschaftswachstum von unterschiedlichen Variablen beeinflusst wird. Dazu zählen v.a. Investitionen in Bildung und Humankapital, die politischen Rahmenbedingungen für öffentliche und private Investitionen, Forschungs- und Entwicklungsausgaben, die Größe nationaler IKT-Industrien und die Adaption von Informations- und Kommunikationstechnologien in anderen Sektoren.

Daraus kann die folgende Hypothese formuliert werden: Wenn in den Ländern in die genannten Faktoren investiert wird, dann kommt es zum Wirtschaftswachstum. Umgekehrt: Wird nicht in diese Faktoren investiert, wird das Wirtschaftswachstum stagnieren bzw. sogar sinken.

Das Beispiel enthält bereits die grundlegende Struktur einer Hypothese: Es wird ein Zusammenhang zwischen Ursache und Wirkung dargestellt. Eine Vermutung über einen Ursache-Wirkungs-Zusammenhang nennt man **Kausalhypothese**. In dieser Art von Hypothese bezeichnet die *Wenn-Komponente* immer eine Ursache oder Bedingung (**unabhängige Variable;** kurz **UV**), die *Dann-Komponente* immer eine Wirkung (**abhängige Variable;** kurz **AV**). Der Zusammenhang sollte jedoch keinesfalls vorschnell als kausal interpretiert werden, weil dafür eine Reihe von weiteren Einflüssen und bestimmte Interpretationsregeln berücksichtigt werden müssen. Ohne Kausalannahme spricht man von einer ungerichteten **Zusammenhangshypothese** oder **Merkmalsassoziation**.

Im obigen Beispiel liegt eine einfache **Wenn-dann-Hypothese** vor, die abstrakt lautet: „Wenn A gegeben ist, dann tritt B ein" (*Implikationsbeziehung*). Wir können diese Hypothese auch noch etwas schärfer formulieren: „Wenn und nur wenn A gegeben ist, dann tritt B ein" (*Äquivalenzbeziehung*). Angenommen in dieser Variante sind beide Variablen (UV und AV) dichotom, d.h. jede Variable besitzt nur zwei Merkmalsausprägungen. Für die Variable „Investition in Forschung und Entwicklung (F&E)" würde das bedeuten: Es wird investiert oder es wird nicht investiert; für die Variable „Wirtschaftswachstum": die Wirtschaft wächst oder sie wächst nicht.[3]

Ob eine Wenn-dann-Hypothese als *Implikationsbeziehung* oder *Äquivalenzbeziehung* formuliert wird, hat erhebliche Bedeutung für ihre Überprüfung. Das wird klarer, wenn die Hypothese in Form einer *Kreuztabelle* schematisiert wird (siehe Abbildung 1). Die dichotomen Ausprägungen der beiden Variablen (A: Investition gegeben, ¬ A: Investition nicht gegeben), B: Wirtschaftswachstum gegeben, ¬ B: Wirtschaftswachstum nicht gegeben) ermöglichen vier Kombinationsmöglichkeiten: I. (A, B); II. (¬ A, B); III. (A, ¬ B), IV. (¬ A, ¬ B). Jede einzelne dieser Kombinationsmöglichkeiten kann nun daraufhin untersucht werden, ob sie die Hypothese bestätigt (dann ist sie ein Konfirmator K) oder widerlegt (in diesem Fall ist sie ein Falsifikator F).

[3] In diesem Beispiel handelt es sich um eine zu Veranschaulichungszwecken vereinfachte Verwendung des Begriffs „Investition". Genau genommen ist „Investition" ein theoretischer Begriff, dessen Bedeutungsdimensionen im Detail zu klären sind: Darunter werden z.B. Investitionen in Produktions- und Konsumgüter ebenso verstanden wie Investitionen in Humankapital. Je nachdem müssen auch unterschiedliche Indikatoren für die Erfassung dieser spezifischen Investitionen entwickelt werden. Für die Variable „Investition in F&E" werden beispielsweise häufig die Ausgaben der öffentlichen Hand für Forschung (gemessen als Anteil der gesamten Bruttoinlandsausgaben für F&E am BIP) ebenso wie die Ausgaben von Betrieben (gemessen als Anteil der betrieblichen Ausgaben für F&E am Gesamtumsatz eines Unternehmens) als Indikatoren verwendet.

Abbildung 1 – Wenn-Dann-Hypothesen[4]

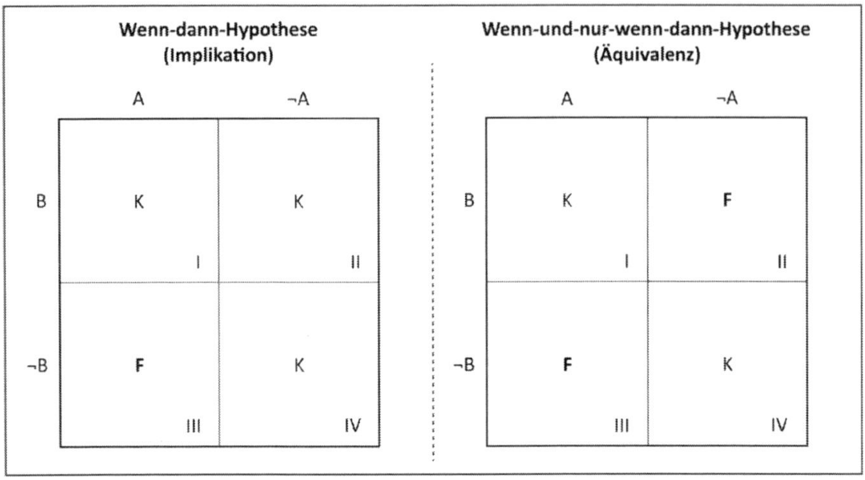

Wenn-dann-Hypothese (Implikation)

	A	¬A
B	K I	K II
¬B	**F** III	K IV

Wenn-und-nur-wenn-dann-Hypothese (Äquivalenz)

	A	¬A
B	K I	**F** II
¬B	**F** III	K IV

Je nachdem, ob die Hypothese als Implikationsbeziehung oder als Äquivalenzbeziehung formuliert ist, ergeben sich unterschiedliche Arten der Bestätigung bzw. Falsifikation:

- Im Fall der **Implikation** ist im Sinne der Beispielhypothese nur die Kombinationsmöglichkeit III logisch ausgeschlossen, da zwar Investitionen getätigt werden, aber kein Wirtschaftswachstum resultiert. Dies wäre eine eindeutige Falsifikation (F) der Hypothese. Der aus der Hypothese eindeutigste Fall ist Möglichkeit I (*wenn* Investition, *dann* Wachstum). Gemäß Formulierung der Hypothese besteht ebenso die Möglichkeit II, dass Wirtschaftswachstum (B) auch dann eintritt, wenn Investition nicht gegeben ist (¬ A). Die Hypothese behauptet schließlich nur, dass, wenn A gegeben ist, auch B eintritt, aber nicht, dass B nicht eintritt, wenn A nicht gegeben ist. Auch die Kombinationsmöglichkeit IV verhält sich konform mit der Hypothese: Wenn es keine Investitionen gibt (¬ A), dann gibt es auch kein Wirtschaftswachstum (¬ B). Die drei genannten Kombinationsmöglichkeiten würden also die Hypothese nicht widerlegen, sie sind vielmehr Konfirmatoren (K).
- Im Fall der **Äquivalenz**-Formulierung ist unsere Hypothese schärfer formuliert. Aus diesem Grund wird zusätzlich die Kombinationsmöglichkeit II ausgeschlossen: Im Sinne der „Wenn-und-nur-wenn-dann"-Formulierung widerspricht es der Hypothese, dass Wachstum eintritt, wenn keine Investitionen getätigt werden. Nur die Kombinationsmöglichkeiten I und IV wären in diesem Fall Konfirmatoren.

Diese Struktur der Zusammenhänge von Merkmalsausprägungen zweier Variablen ist aus zwei Gründen wichtig: Zum einen zählt sie zu den am häufigsten verwendeten Verfahren für die

---

[4] In Anlehnung an Diekmann (2018, S. 126).

logische Überprüfung von Hypothesen; zum anderen beruhen die meisten statistischen Verfahren der Hypothesenprüfung auf dieser Perspektive. Erwähnt sei zudem, dass Zeichen wie „¬“ eine große Bedeutung in der Sprache der Logik einnehmen.

In Erinnerung ist zu rufen, dass in den Sozialwissenschaften von **probabilistischen Hypothesen** auszugehen ist. Das bedeutet, dass in den Feldern der Falsifikatoren mit Fällen zu rechnen ist (nicht so bei der deterministischen Hypothese), aber die Anteile der Falsifikatoren müssen im Verhältnis zu jenen der Konfirmatoren gering sein (siehe fiktives Beispiel in Abbildung 2).

Abbildung 2 – Beispiel der Verteilung von Konfirmator und Falsifikator

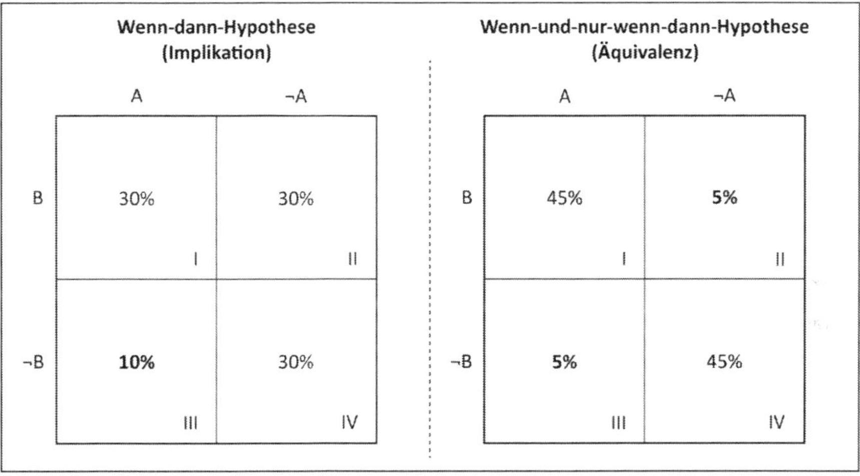

Die zweite zentrale Form von Hypothesen sind die **Je-desto-Hypothesen** und drücken einen monotonen (linearen) Zusammenhang aus. Der lineare Zusammenhang kann entweder *positiv* (steigend) oder *negativ* (fallend) sein. Im Kontext der Je-desto-Hypothese bedeutet dies für das obige Beispiel, dass je höher die angesprochenen Investitionen sind, desto höher ist das Wirtschaftswachstum. Eine negativ gerichtete lineare Hypothese kommt im folgenden Beispiel zum Ausdruck: Je höher der Zigarettenkonsum, desto niedriger die Lebenserwartung.

Über die bisherigen Arten von Hypothesen hinaus treffen wir in den Sozialwissenschaften auf einige weitere Arten. Neben Kausalhypothesen und Merkmalsassoziationen können sich sozialwissenschaftliche Aussagen auf Entwicklungen beziehen, zum Beispiel die Hypothese wachsender Bildungs- und Mobilitätschancen, die die Entwicklung von modernen Gesellschaften kennzeichnen. Allerdings wird der Faktor „Zeit“ kaum als Ursache im Sinne einer Kausalbeziehung interpretiert. Hypothesen, in denen die Zeit die Position einer UV einnimmt, werden als **Entwicklungshypothesen** oder **Trendhypothesen** bezeichnet.

Darüber hinaus lassen sich Hypothesen nach der Merkmalsebene unterscheiden. Wenn es sich bei unabhängigen und abhängigen Variablen um Individualmerkmale handelt (Mikroebene), liegen **Individualhypothesen** vor. Sie formulieren Zusammenhänge zwischen zwei oder mehreren Individualmerkmalen. Werden in einer Hypothese Zusammenhänge zwischen zwei oder mehreren Kollektivmerkmalen formuliert, handelt es sich um **Kollektivhypothesen** (Makroebene). Einen letzten Typ von Hypothesen bilden die so genannten **Kontexthypothesen**. Sie verbinden die gesellschaftliche Makro- mit der Mikroebene und sind durch die Verbindung von Kollektivmerkmal (als UV) und Individualmerkmal (als AV) gekennzeichnet. Die Zuweisung der unabhängigen und abhängigen Variable rührt hier von einer strukturdeterministischen Vorstellung, d.h. angenommen wird, dass soziale Strukturen (Makroebene) auf das individuelle Handeln einwirken (Mikroebene). Ein Beispiel wäre etwa: Je größer die Akzeptanz von religiös-fundamentalistischen Glaubensgemeinschaften in einer Gesellschaft (Kollektivmerkmal), desto geringer ist die Wahrscheinlichkeit, dass ein Mitglied dieser Gesellschaft auf die Erkenntnisse der Wissenschaft vertraut (Individualmerkmal).

1.3.2. Theorien

Hinter dem Begriff Theorie verbirgt sich ein „schillerndes Allerlei“ (Diekmann, 2018, S. 141), was eine eindeutige Bestimmung erschwert. Abstrakt formuliert lässt sich bei einer Theorie von einer *Menge an miteinander verknüpften Aussagen* bzw. einem *System oder Netzwerk von Sätzen*, das durch Zuordnung sachliche Zusammenhänge wiedergibt (Endruweit, 2015, S. 20), sprechen. In diesem Sinne kann eine Theorie auch als eine Menge auf sich bezogener Hypothesen verstanden werden (Lehner, 2011, S. 24). Eine sinnvolle Eingrenzung für die empirische Sozialforschung ist es, sich auf jene Theorien zu beschränken, die *empirisch überprüfbar* sind. Für den kritischen Rationalismus sind die Überprüfbarkeit und Falsifizierbarkeit zusammen das Abgrenzungskriterium empirischer Wissenschaft: Können Aussagen oder Theorien diesem Kriterium nicht genügen, sind sie nicht Teil der empirischen Wissenschaft.

Theorien beziehen sich auf eingegrenzte Gegenstandsbereiche der Realität und beschreiben reale Zusammenhänge auf systematische Weise. Eine Theorie ist somit ein *vereinfachtes Modell* eines Ausschnitts der Realität. Der inhaltliche Bezug einer Theorie zu diesem Realitätsausschnitt ist an ihren spezifischen Bezeichnungen erkennbar: Die „Humankapitaltheorie“ beispielsweise beschäftigt sich schwerpunktmäßig mit dem Zusammenhang von Investitionen in Bildung, Produktivität und Wachstum, also mit ausgewählten Aspekten der wirtschaftlichen Realität. Wachstumstheorie, Investitionstheorie, Theorie der rationalen Entscheidung, Theorie der sozialen Ungleichheit, Theorie des abweichenden Verhaltens, Verhaltens- und Gruppentheorie sind weitere Beispiele für spezifisch abgegrenzte Erklärungsmodelle aus den Wirtschafts- und Sozialwissenschaften. Wobei zusätzlich zu erwähnen ist, dass es meist nicht die *eine Theorie* zu einem Gegenstand gibt, sondern im Regelfall von Theorien gesprochen werden muss, die einen Gegenstand behandeln. So gibt es etwa eine Fülle an Organisationstheorien.

Gemein ist den Theorien, dass sie komplexer aufgebaut sind als einzelne Hypothesen und mehrere *Bestandteile* enthalten:

1. *unabhängige Grundannahmen* bzw. Aussagen (*Axiome*), die selbst nicht weiter aus anderen Aussagen ableitbar sind; diese Annahmen müssen logisch sein und sind „selbstevident";
2. *mehrere Hypothesen*, die aus diesen Grundannahmen mittels
3. *bestimmter Regeln abgeleitet* werden;
4. Grundbegriffe und *Definitionen* der wesentlichen Begriffe.

Empirische Theorien müssen zudem zumindest zwei grundlegende *Kriterien* erfüllen (Kromrey et al., 2016, S. 48):

- **Kriterium der Prüfbarkeit**: Empirische Theorien dürfen nur Begriffe und Aussagen mit empirischem Bezug enthalten. Sie müssen an der Empirie überprüft werden können.
- **Kriterium der internen Konsistenz**: Die Begriffe und Hypothesen einer Theorie stehen in einem systematisch aufeinander bezogenen und logisch widerspruchsfreien Zusammenhang.

Für die Arbeit mit Theorien in der Forschungspraxis können folgende Ratschläge hilfreich sein, die sich auf die Explikation, auf die Übertragbarkeit und Selektivität sowie auf die Rolle von Theorien im Forschungsprozess beziehen. Nur selten können wir aus dem Fundus des vorhandenen Wissens die nächstbeste Theorie herausgreifen und sie für eigene Forschungszwecke benutzen. Dazu ist der Fundus meist zu groß und wir müssen zuerst durch Literaturarbeit herausfinden, welche Theorien wir zu den akzeptierten Erklärungsmodellen zählen können. Haben wir eine überschaubare Anzahl von theoretischen Erklärungsmodellen gefunden, stehen wir vor der Frage, ob wir eine spezifische Theorie auf jenen Untersuchungsgegenstand anwenden können, der für uns relevant ist. Dazu ist es notwendig, die Grundannahmen, ihren Erklärungsanspruch (welche Phänomene will die Theorie überhaupt erklären?) und die inhaltlichen Bezüge der ausgewählten Theorie zu überprüfen. Wenn wir uns mit diesen Fragen beschäftigen, sind wir eigentlich schon mitten im Prozess der *Explikation von Theorien*. Der Kern dieses Arbeitsschritts besteht darin, die inhaltliche Struktur einer Theorie, die Kausalbeziehungen der in ihr enthaltenen Hypothesen freizulegen, also zu explizieren. In vielen Fällen zeigt die Explikation einer Theorie, ob sie auf den eigenen Untersuchungsgegenstand anwendbar ist oder ob aus ihr passende Hypothesen ableitbar sind. Diese Vorgehensweise schärft auch den Blick dafür, welche Aspekte der Realität mit dem der theoretischen Perspektive erfasst werden können bzw. von zentraler Bedeutung sind und durch noch zu entwickelnde Instrumente erhoben werden sollen. Theorie und Empirie stehen also in einer Wechselwirkung: Je besser unsere theoretischen Kenntnisse, desto leichter können wir ein Schema jener Variablen entwickeln, die für unseren Untersuchungsgegenstand wesentlich sind. Endruweit (2015, S. 29) formuliert treffend: „Am Anfang jeder empirischen Forschung steht stets die Theorie; ohne sie gibt es weder wissenschaftliche Forschung noch Wissenschaft".

Kurz: Theorien fokussieren die Beobachtungsperspektive, sie zwingen zur Präzisierung des Untersuchungsgegenstandes und ermöglichen die Ableitung von Hypothesen, die die Untersuchung mit dem Ziel ihrer Prüfung anleiten. Durch die Prüfung werden die Hypothesen falsifiziert oder verifiziert und tragen zur Falsifikation bzw. Bewährung von Theorien und ihrer Theorieentwicklung bei.[5] Die modifizierten Theorien werden wiederum zum Ausgangspunkt weiterer Untersuchungen, womit ein neuer Forschungszyklus beginnt (siehe Abbildung 3).

Abbildung 3 – Forschungszyklus von der Theorie zur Theorie

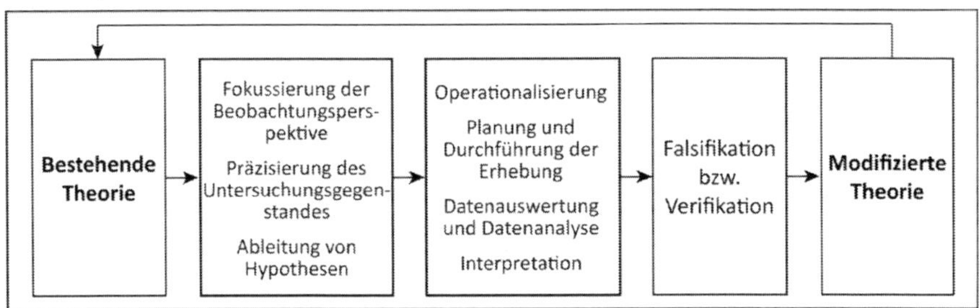

1.3.3. Variablen und Indikatoren

Sozialwissenschaftliche Aussagen in Form von Theorien und Hypothesen formulieren Zusammenhänge zwischen zwei oder mehreren (theoretischen) Begriffen, die sich aus einer (mathematischen) Modellperspektive als **Variablen** fassen lassen. Hier wird der Begriff „Variable" den Begriffen bzw. Konstrukten einer Hypothese gleichgesetzt. Lebensqualität (im Sinne eines Begriffs bzw. Konstrukts) wird also als Variable begriffen und ist Merkmal eines Merkmalsträgers (einzelner Personen, Gruppen und anderer sozialer Gebilde). In diesem Sinne sind die Variablen dann Bestandteile von Hypothesen. So lautet etwa eine Hypothese, dass Tabakrauchen (Variable x = Merkmal x des Merkmalsträgers) mit einem erhöhten Krebsrisiko (Variable y = Merkmal y des Merkmalsträgers) korreliert.

> **!** Ein spezifisches Merkmal eines Merkmalsträgers bezeichnen wir als **Variable**. Eine Variable kann mindestens zwei **Merkmalsausprägungen** annehmen. Diese Merkmalsausprägungen werden im numerischen Sinn **Variablenwerte** genannt, wenn sie, wie es in der empirischen Sozialforschung für Zwecke der statistischen Analyse üblich ist, mit Zahlen codiert werden.

[5] Im Sinne des kritischen Rationalismus lässt sich eine Theorie nicht verifizieren, sondern nur falsifizieren; daher wird hier von Bewährung gesprochen (eben weil Bestätigung bzw. Verifikation streng genommen nicht möglich sind). Zwar ist selbst die Falsifizierbarkeit wissenschaftstheoretisch strittig (in Zusammenfassung Bauberger, 2016, S. 39ff.), trotzdem erscheint es aus forschungspraktischen Gründen sinnvoll, von Prüfung, Falsifikation und Bewährung zu sprechen. Forschungslogisch geht es nicht darum, Theorien mit aller Kraft zu verifizieren bzw. zu bestätigen und daran festzuhalten, sondern es geht darum, sich mit kritischem Blick einem Forschungsgegenstand zu nähern. Die strenge Prüfung mit der Intention der Falsifikation führt dann, wenn die Hypothese nicht falsifiziert werden kann, zum positiv gewendeten Ergebnis der Bewährung. Anders formuliert hat sich die Theorie bewährt, weil sie dem Engagement der kritischen Prüfung Stand gehalten hat.

Variablen und ihre Merkmalsausprägungen sind immer eine Frage der Definition, sie existieren nicht an sich. Dieser Umstand macht sich auf zwei Ebenen bemerkbar:

- **Bestimmung** der Merkmale und Merkmalsausprägungen;
- **Eindeutigkeit** von abhängiger und unabhängiger Variable.

Die Frage, welche und wie viele Merkmalsausprägungen Variablen haben sollen (*Frage nach der Bestimmung*), ist nicht im Sinne einer vorgefertigten Regel beantwortbar, sondern von inhaltlichen Überlegungen abhängig. Insbesondere die jeweilige Forschungsfrage und Hypothesen rahmen, was und wie ein Sachverhalt untersucht werden soll. Danach bestimmt sich auch das *Messniveau* einer Variable und die benötigte Datenqualität. Bei der Bestimmung handelt es sich daher um einen wichtigen Schritt, der in seiner Tragweite nicht unterschätzt werden sollte.

In manchen Fällen ist die Bestimmung relativ klar – betrachtet man bspw. die Variable „Geschlecht".[6] In vielen Fällen ist die Festlegung deutlich komplexer – betrachtet man bspw. die Variable „Höchste abgeschlossene Schulbildung", welche nicht nur ein umfängliches Wissen über das Bildungssystem (der letzten Jahrzehnte), sondern zudem eine Hierarchisierung verlangt. Wo stehen auf dieser Leiter etwa Abschlüsse wie Matura und Lehre? Ist die Einteilung in (1) kein Schulabschluss, (2) Pflichtschulabschluss, (3) Lehrabschluss, (4) Abschluss einer Berufsbildenden Mittleren Schule (ohne Matura), (5) Abschluss einer Berufsbildenden Höheren Schule (mit Matura), (6) Hochschulabschluss korrekt und ausreichend?[7] Die Antwort auf diese Frage ist, wie bereits gesagt, eine theoretisch-inhaltliche, und wird von der jeweiligen Forschungsfrage, den Hypothesen und der benötigten Datenqualität gerahmt.

In jedem Fall müssen Variablenwerte aber zwei Anforderungen erfüllen: Sie müssen **disjunkt** (*Exklusivität*) und **erschöpfend** (*Exhausivität*) sein. Disjunkt bedeutet, dass die Wertekategorien sich nicht überlappen dürfen; erschöpfend sind sie dann, wenn jedem oder jeder Merkmalsträger*in eine Wertekategorie zugewiesen werden kann. Beide Anforderungen werden immer wieder missachtet, was Daten unbrauchbar macht.

> Die Ausprägungen von Einkommen wären etwa durch die Kategorien (1) „0 bis 500 Euro", (2) „500-1.000 Euro", (3) „1.000-2.000 Euro" unzureichend definiert. In diesem Fall überlappen sich die Merkmalsausprägungen (1)/(2) bei 500 Euro und (2)/(3) bei 1.000 Euro. Bei einer Person mit einem Einkommen von genau € 500 ist damit die eindeutige Zuordnung zu einer Merkmalsausprägung nicht möglich, weil sie gleich zwei der definierten Kategorien zuordenbar wäre. Darüber hinaus sind die Ausprägungen nicht

---

[6] Selbst im Fall des Geschlechts liegt die Betonung auf *relativ klar*. Denn auch hier gilt eigentlich zu definieren, ob man sich auf das biologische, psychische oder soziale Geschlecht bezieht.

[7] Um vor allem die Schwierigkeiten internationaler Vergleiche zu verbessern, wurde bereits in den 1970er die *International Standard Classification of Education* (ISCED) eingeführt und wird regelmäßig aktualisiert (UNESCO Institute for Statistics, 2012). Solche Klassifizierungssysteme sind in der quantitativen Sozialforschung sehr wichtig, aber nicht ohne Mängel und Kritik, da u.a. nationale Eigenheiten zum Teil ausgeblendet werden (müssen).

erschöpfend formuliert, weil sie nach oben hin unvollständig sind. Personen mit einem Einkommen von mehr als € 2.000 können gar nicht zugeordnet werden.

!	Achten Sie auf eine genaue Definition von Merkmalsausprägungen! Falsche Kategorisierungen führen zu unvollständiger und zweideutiger Erfassung von Merkmalsausprägungen. Dadurch entstehen Probleme bei der Datenauswertung und bei der Interpretation von Ergebnissen; dies beeinträchtigt die Qualität von Forschungsergebnissen erheblich.

Vor dem Hintergrund der Datenqualität und möglicher statistischer Analyseverfahren spielt zudem das **Skalenniveau** der Variable eine zentrale Rolle. An späterer Stelle wird den Skalenniveaus noch ausreichend Platz gewidmet (siehe Abschnitt 3.2.1), an dieser Stelle ist wichtig festzuhalten, dass das Skalenniveau von der Bestimmung der Variable abhängt.

Aus den Variablen selbst ist weiters nicht ablesbar, ob es sich um die abhängige oder unabhängige Variable handelt (*fehlende Eindeutigkeit*). Welche Variable die unabhängige und welche die abhängige Variable ist, wird durch die Hypothese festgelegt und diese geht wiederum aus dem Erkenntnisinteresse und dem Literaturstudium hervor. Somit gibt es auch keine vorgefertigte Definition dessen, was als UV und was als AV zu gelten hat, sondern dies muss auf Grundlage der inhaltlichen Überlegungen entschieden werden. Während also geklärt werden muss, was nun UV und AV sind, ist deren Beziehungsstruktur unstrittig. D.h. Ziel ist es, den Einfluss einer oder mehrerer UV auf eine oder mehrere AV zu prüfen.

Abbildung 4 – Beziehungsstruktur zwischen UV und AV

Variablen können nicht nur nach ihrer (vermeintlichen) Kausalbeziehung, sondern wie bereits erwähnt nach der analytischen Ebene (individuelle oder kollektive Merkmale) unterschieden werden. Eine weitere Einteilung kategorisiert nach der Anzahl ihrer Merkmalsausprägungen. Bei **dichotomen Variablen** können die Merkmalsausprägungen nur zwei verschiedene Werte annehmen (z.B. Berufstätigkeit: ja/nein). **Diskrete Variablen** können wenige verschiedene, endliche und abzählbare Werte annehmen (z.B. Bildungsstand, Familienstand). Um ***stetige*** (bzw. *kontinuierliche*) **Variablen** handelt es sich, wenn die Merkmalsausprägungen in einem bestimmten Bereich jeden beliebigen Wert annehmen können; die zugrunde liegende Dimension ist kontinuierlich. Beispiele sind Längen- oder Zeitwerte, deren Merkmalsausprägungen unendlich sind. Eine weitere wichtige Unterscheidung bezieht sich auf die Möglichkeit, ob die Variablen direkt beobachtbar sind oder nicht. **Manifeste Variablen** (*einfache Begriffe*) wie die

Körpergröße sind direkt beobachtbar. **Latente Variablen** (*komplexe/theoretische Begriffe*) wie politische Einstellung, Schichtzugehörigkeit oder Lernfähigkeit sind es hingegen nicht; für ihre Erfassung müssen spezifische Vorkehrungen getroffen werden.

Diese Vorkehrungen für *komplexe/theoretische* oder *abstrakte Begriffe* oder eben latente Variablen werden im Arbeitsschritt der Konzeptspezifikation und Operationalisierung (siehe Abschnitt 3.1.1) mit dem Ziel der Messbarmachung getroffen. Zur Ermittlung der Sachverhalte, auf die sich solche Begriffe beziehen, bedarf es dabei sogenannter **Indikatoren**. Sie zeigen an, ob ein Sachverhalt vorliegt oder nicht. Indikatoren sind nichts anderes als direkt beobachtbare, manifeste Variablen, gebraucht als *Hinweis* für latente Variablen. Manifeste Variablen haben als Indikatoren eine Art identitätsstiftende Funktion für latente Variablen, weil aus ihrem Vorliegen auf die latente(n) Variable(n) geschlossen werden kann oder soll.

Zwei kritische Fragen sind dabei zu beachten:

- Wie kann die Zuordnung von Indikatoren zu Begriffen begründet werden?
- Welche Indikatoren sollen für die Zuordnung ausgewählt werden?

Hierbei werden methodologische Grundfesten der empirischen Sozialforschung berührt: Das *Korrespondenzproblem* verweist darauf, dass eine Zuordnung (**Korrespondenz**) von Indikatoren zu latenten Variablen nur theorieabhängig möglich ist; es bedarf also weiterer Annahmen oder Hypothesen, warum der Indikator x Ausdruck einer latenten Variable y oder theoretischen Begriffs ist. Damit kommt es zu einer Ausweitung, da eine Theorie nur auf Basis theoretischer Annahmen geprüft werden kann. Praktisch betrachtet baut sich um die eigentlich zu testende Theorie *ein Gürtel an (Hilfs-)Hypothesen von Korrespondenzregeln* auf. Damit wird bei einer Falsifikation aber unklar, ob nun die zu testende Theorie oder eine der (Hilfs-)Hypothesen falsifiziert wurde. So könnte man dann etwa einwenden, dass nicht die eigentliche Theorie falsifiziert sei oder sich bewährt habe, sondern ein Begriff nicht korrekt gemessen worden sei.

Zusätzlich muss beachtet werden, dass bereits die Formulierung „Indikator x ist Ausdruck einer latenten Variable y" theoriebeladen ist. Konkret lässt sich dies aus einem *kausal-analytischen Verständnis* begründen.[8] Indikatoren werden in diesem Ansatz a) als die beobachtbare (daher manifeste) Wirkung einer latenten Variablen (Ursache) aufgefasst[9] und b) sind selbst theoriegeleitet zu deduzieren. Allerdings muss festgehalten werden, dass Messungen nur selten vollständig theoretisch begründet sind, und zwar meistens deshalb, weil für das Universum an denkbaren Indikatoren eine erschöpfende inhaltliche Begründung nicht gegeben ist bzw. gegeben werden kann. Somit existiert dieser Anspruch zwar in der Methodologie der

---

[8] Nur die kausal-analytische Logik wird hier vorgestellt, weitere Möglichkeiten sind die operationalistische oder typologisch-induktive Logik (Raithel, 2008, S. 39).

[9] Dies entspricht einem *reflexiven Messmodell*, wo Indikatoren als Wirkungsindikatoren behandelt werden. Demgegenüber steht das *formative Messmodell*, wo Indikatoren als Ursache (daher auch Ursachenindikatoren) für eine latente Variable (Wirkung) angenommen werden (Döring & Bortz, 2016, S. 230).

Sozialwissenschaften, in der Praxis werden jedoch im Sinne der Per-Fiat-Messung (Messung durch Annahme) Indikatoren zum Teil auf Grundlage von Plausibilitätsüberlegungen ausgewählt, ohne die strengen methodologischen Kriterien zu erfüllen (Diekmann, 2018, S. 297ff.)

!	Theorien bestehen aus einer Menge von Aussagen, die (abstrakte) Begriffe verknüpfen. Aus Theorien lassen sich zu prüfende Hypothesen deduzieren und die verknüpften Begriffe werden in einer (mathematischen) Modellperspektive als Variablen behandelt, sind jedoch meist komplex oder abstrakt, also nicht manifest bzw. direkt beobachtbar und bedürfen daher der Messbarmachung in Form von Konzeptspezifikation und Operationalisierung. Auf diesem Wege werden theoriegeleitet Indikatoren in Form von manifesten Variablen gesucht, die auf die latente Variable bzw. abstrakten Begriffe verweisen, d.h. mit diesen korrespondieren.

2. Der Forschungsprozess

In der Methodenliteratur hat sich ein Schema etabliert, das den quantitativen Forschungsprozess in **Phasen** und diese wiederum in einzelne *Arbeitsschritte* untergliedert, wobei die Darstellungen einen unterschiedlichen Detailgrad erreichen (Diekmann, 2018, S. 186ff.; Häder, 2019, S. 73ff.; Kromrey et al., 2016, S. 69ff.). Neben der forschungspraktischen Seite ist das lineare Vorgehen aus der kritisch-rationalen Logik begründbar, wenn zuerst Hypothesen aufgestellt und anschließend lege artis empirisch geprüft werden. Vor diesem Hintergrund gilt es zu beachten, dass es für sozialwissenschaftliche Forschungsprojekte jedoch kein Standardprozedere im Sinne eines für alle Zwecke passenden Patentrezeptes gibt. Der Grund dafür ist, dass die Planung und der konkrete Ablauf eines sozialwissenschaftlichen Forschungsprojekts von einer Reihe unterschiedlicher Faktoren abhängen. Dazu zählen das spezielle Erkenntnisinteresse, die verfügbaren Ressourcen, die Komplexität der Fragestellung sowie die Art der benötigten Daten. Auch die jeweiligen Hochschulbestimmungen für eine Bachelorarbeit bis hin zur Dissertation, die speziellen Interessen eines Auftraggebers, einer Auftraggeberin sowie zeitliche und organisatorische Vorgaben können das Vorgehen in der Praxis beeinflussen. In den meisten Fällen muss daher ein für das jeweilige Forschungsproblem bestmöglich passendes Untersuchungsdesign entwickelt werden. Das in den nachfolgenden Abschnitten beschriebene Phasenmodell des Forschungsprozesses bietet dafür eine verlässliche Orientierung.

!	Der sozialwissenschaftliche Forschungsprozess ist gekennzeichnet von der Abfolge einzelner Phasen mit spezifischen Arbeitsschritten, die ineinandergreifen. Die in jeder Phase getroffenen Entscheidungen bestimmen die Vorgehensweise in den nächsten Phasen.

Die Einhaltung des Phasenschemas bietet Vorteile: (1) die Bearbeitung eines Projekts entlang der Arbeitsschritte ermöglicht eine Orientierung zur systematischen Durchführung des gesamten Projekts, (2) *Auswertung und Interpretation* der Befunde werden damit zumeist erleichtert und (3) die Gewinnung von Ergebnissen unterstützt, die wissenschaftlichen *Gütekriterien* entsprechen. Nicht zuletzt fördert das Schema (4) eine *effiziente Vorgehensweise* im Sinne des bestmöglichen Verhältnisses von Ressourceneinsatz und validen Ergebnissen.

Werden hingegen entscheidende Schritte der theoretischen und methodischen Vorbereitung übersprungen – also startet bspw. ein Projekt nach einem kurzen Brainstorming gleich mit der Zusammenstellung von einigen Inhalten oder Ideen für einen Fragebogen –, so führt ein solches Vorgehen oft zu unklaren, schwer auswertbaren und interpretierbaren Daten, weil deren theoretischer Bezug wenig oder gar nicht begründet wurde. Meist zeigt sich hierbei, dass sich Versäumnisse aus der ersten Phase des Forschungsprozesses in den späteren Phasen der Auswertung und Interpretation kaum angemessen korrigieren lassen. Gravierend sind die Folgen im Weiteren für die Publikation in wissenschaftlichen Journals, wo die Formulierung von theoriegeleiteten Hypothesen häufig vorausgesetzt wird, was sich wiederum in den erhobenen Daten widerspiegeln muss. Die Chance, ad-hoc produzierte Daten bzw. Ergebnisse zu publizieren, ist hingegen als sehr gering einzustufen.

Wie bereits erwähnt kann zwischen Primär- und Sekundäranalysen unterschieden werden, was sich nicht nur in den unterschiedlichen Datenquellen der beiden Formen ausdrückt, sondern auch teilweise in divergierende Vorgehensweisen mündet. Die Datenbeschaffung (in der Sekundäranalyse) bzw. Datenerhebung (in der Primäranalyse) hat einen wesentlichen Einfluss auf andere Phasen bzw. Arbeitsschritte im Forschungsprozess. Vereinfacht formuliert lässt sich die idealtypische Linearität eines primäranalytischen Forschungsprozesses in der Praxis der Sekundäranalyse nur eingeschränkt aufrechterhalten und ist vermehrt durch Wechselwirkungen geprägt. Diese Aussage ist in zweierlei Hinsicht zu relativieren:

a. **Prämisse – Die Sekundäranalyse ist nicht eine Konsequenz, sondern intendiert.**
   Diekmann (2018) wie Schnell (2019) verweisen darauf, dass eine Sekundäranalyse durchgeführt werden kann, wenn passende Sekundärdaten vorhanden sind. In diesem Fall ist die Sekundäranalyse eine Konsequenz verfügbarer und passender Daten, womit sich zwar die Datenbeschaffung ändert, jedoch das lineare Vorgehen weitgehend beibehalten wird. Ist hingegen bereits von Beginn an eine Sekundäranalyse intendiert – weil etwa die Ressourcen einer Erhebung grundsätzlich nicht zur Verfügung stehen –, dann bedarf es eines Arrangements mit den vorhandenen Daten. „Die Primäranalyse kann die besten realisierbaren Indikatoren nutzen, die Sekundäranalyse nur die besten verfügbaren Variablen" (Roose, 2013, S. 703); dies leitet zur zweiten Prämisse über.
b. **Prämisse – Die Sekundäranalyse ist weiterhin theoriegeleitet.**
   Auch wenn eine Sekundäranalyse ursprünglich intendiert ist, so darf nicht der Fehler begangen werden, sich theorielos auf das Vorhandensein von Daten bei der Verwendung dieser zu berufen – theoretische Bezüge sind immer nötig. Die Interdependenz zwischen Forschungsfrage (anschließender Operationalisierung usw.) und vorhandener Daten ist in der Sekundäranalyse daher als ein Balanceakt zwischen Verfügbarkeit und theoretischer Fundierung zu verstehen. Sind die Einschränkungen aus der Datengrundlage zu groß, so lässt sich das Projekt auf Basis von Sekundärdaten nicht durchführen bzw. muss das Forschungsvorhaben neu ausgerichtet werden.

Zusammenfassend bedeutet dies, dass der sekundäranalytische Forschungsprozess Eigenheiten aufweist, aber trotzdem der Primäranalyse ähnelt, weil beide auf dem deduktiv-empirischen Wissenschaftsmodell aufsetzen, jedoch forschungspraktisch divergieren. Aufgrund dessen, dass die Sekundäranalyse in der Arbeit von empirischen Sozialforscher*innen einen zentralen Stellenwert einnimmt und für akademische Abschlussarbeiten durch eine sich stetig verbessernde Datenverfügbarkeit an Bedeutung gewinnt, wird im Nachfolgenden nicht nur der primäranalytische, sondern in Kontrastierung zusätzlich der sekundäranalytische Prozess erörtert.

2.1. Phasen und Arbeitsschritte in der Primäranalyse

In Abbildung 5 ist der Forschungsprozess übersichtlich dargestellt und zeigt fünf Phasen bzw. zehn Schritte. Im Nachfolgenden werden diese näher erörtert.

Abbildung 5 – Forschungsprozess in der Primäranalyse

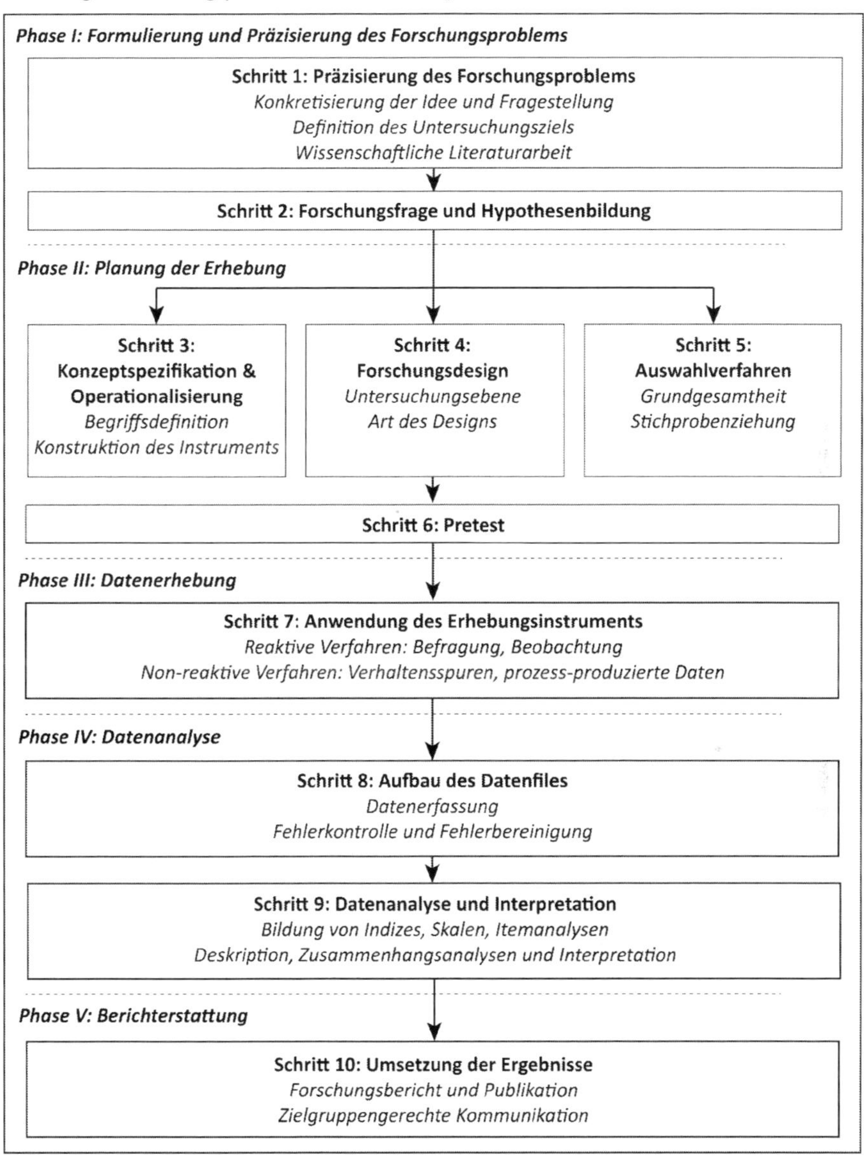

Phase I: Präzisierung des Forschungsproblems

Am Beginn jeder empirischen Untersuchung steht ein *Forschungsproblem*. Der Entstehungszusammenhang reicht vom wissenschaftlichen (oder persönlichen) Interesse über die Auftragsvergabe bis hin zu auferlegten Themensetzungen (wie bei Qualifikationsarbeiten nicht unüblich). Zur Themenfindung lassen sich aber auch Kreativtechniken (siehe etwa Jost & Richter, 2015) einsetzen; aus einem Literaturstudium können Forschungslücken bzw. zumindest erneut zu prüfende Fragestellungen abgeleitet oder in Lehrveranstaltungen behandelte Themen wieder aufgriffen werden. Nicht der Ursprung der Forschungsidee ist entscheidend, sondern die nun folgende theorie- bzw. empiriegeleitete Präzisierung des Forschungsproblems, d.h. die Fundierung auf Basis von vorliegenden Theorien und empirischen Befunden. Dieses Vorgehen ist eine unabdingbare Voraussetzung für die weitere Arbeit und es ist sinnvoll gedanklich von einem Problem (Schritt 1) auszugehen, welches im Zuge des Forschungsprozesses gelöst bzw. geklärt werden soll. Das Forschungsproblem wird im Prozess der Präzisierung in Forschungsfragen und Forschungshypothesen ausdifferenziert (Döring & Bortz, 2016, S. 144). Darüber hinaus sollte die mit der Hypothesenbildung verfolgte Zielsetzung angegeben werden. Diese kann darin bestehen:

- die *Geltung* einer oder mehrerer Hypothesen zu prüfen;
- zwischen konkurrierenden Hypothesen eine *Entscheidung* herbeizuführen;
- bestehende, empirisch bereits bewährte Theorien einer genaueren *Prüfung* zu unterziehen;
- oder eine ad hoc Interpretation von Ergebnissen früherer Untersuchungen auf ihre *allgemeine Gültigkeit* hin zu untersuchen (Kromrey et al., 2016, S. 80).

Die Präzisierung des Forschungsproblems erfolgt im Rahmen der **Literaturarbeit**. Durch Literaturarbeit lässt sich klären, welche empirischen Theorien und Hypothesen, welche Methoden für die Bearbeitung des Forschungsproblems bzw. ähnlicher Probleme bereits entwickelt wurden, welche potenziellen Schwierigkeiten auftreten können und ob empirische Befunde bereits vorliegen. Gerade bei Abschlussarbeiten oder Projektanträgen wird eine fundierte Begründung vorausgesetzt, ob es sich bei einer Forschungsfrage überhaupt um ein relevantes Problem handelt, ob durch die Lösung des Problems ein Erkenntnisfortschritt erzielt oder eine Wissenslücke geschlossen werden kann.

Das Ergebnis der Präzisierung des Forschungsproblems sind eine oder mehrere konkretisierte Forschungsfragen, die im quantitativen Forschungsparadigma meist durch mehrere ausgearbeitete Forschungshypothesen (Schritt 2) in Form eines so genannten *Hypothesenkatalogs* entfaltet werden. Die Hypothesenbildung setzt theoretisches bzw. empirisches Vorwissen voraus; ist dies zu gering, bleibt Schritt 2 bei konkretisierten Forschungsfragen stehen. Die Forschung erhält in diesem Fall einen *explorativen* Charakter, womit eher strukturentdeckende Verfahren bei einer quantitativen Vorgehensweise zum Einsatz gelangen dürften. Hingegen wird durch Hypothesenbildung die Forschung *explanativ* ausgerichtet und strukturprüfende Verfahren rücken ins Zentrum – von diesem Fall wird im Weiteren ausgegangen.

> !
>
> **Drei Tipps für die Literaturarbeit:**
>
> **Erstens**: Suchen Sie **wissenschaftliche Literatur** in anerkannten wissenschaftlichen Zeitschriften oder Verlagen. Zeitschriften mit Gutachter*innensystem (*peer reviews*) stellen gute Quellen dar, weil die publizierten Artikel von unabhängigen Kritiker*innen begutachtet wurden. Solche Quellen gewährleisten ein hohes Maß an wissenschaftlicher Qualität und repräsentieren anerkanntes Wissen. Schnelle Internetrecherchen können niemals die systematische Literaturarbeit ersetzen.
>
> **Zweitens:** Starten Sie Ihre **Literaturarbeit am Beginn** des Projekts. Die Zeit, die Sie hier investieren, gewinnen Sie zurück, weil Sie vorhersehbare Probleme und Frustration vermeiden und frühzeitig **wichtige Erkenntnisse** gewinnen: Frühere Studien haben mitunter bereits wichtige Begriffe definiert, Hypothesen entwickelt, die eine wichtige Orientierung bieten, und Probleme aufgezeigt, an die Sie noch nicht gedacht haben.
>
> **Drittens**: Suchen Sie zu allererst nach **Literaturübersichten** zu Ihrem Thema. Viele wissenschaftliche Artikel stellen eine Literaturübersicht an den Beginn Ihrer Präsentation. Zusätzlich gibt es Übersichtsartikel, die den theoretischen und methodischen Stand der Forschung (*state of the art*) in einem Gebiet zusammenfassend darstellen und Diskussionen über die Stärken und Schwächen von allgemein anerkannten Theorien und Methoden enthalten.

Zusammenfassend bedeutet die Entwicklung von Forschungsfragen und Hypothesen, sich in die Literatur einzuarbeiten und mit dem gewonnenen Wissen das Forschungsproblem zu präzisieren. Dieser Phase ist dabei ausreichend Zeit einzuräumen. Selbst bei explorativen Studien nähert man sich dem Forschungsgegenstand in der Regel nicht theorielos an, da zumindest zu Teilaspekten bereits fundierte Annahmen in der Scientific Community bestehen dürften.

Phase II: Planung der Erhebung

An dieser Stelle des Forschungsprozesses liegt ein präzisiertes Forschungsproblem vor. Mit der Formulierung der Forschungsfrage und Hypothesen gelangt man zu der Frage, was gemessen bzw. analysiert werden soll (Schritt 3). Forschungsfrage bzw. Hypothesen enthalten theoretische Konzepte/Konstrukte bzw. Begriffe, die „mit der beobachtbaren Erfahrungswirklichkeit verknüpft werden müssen" (Döring & Bortz, 2016, S. 222). Diese *theoretischen Begriffe* können nicht einfach mit einem Fragebogen abgefragt werden; dazu sind sie zu abstrakt. Vielmehr müssen erst die Bedeutungen und die konkreten *empirischen Bezüge* jedes theoretischen Begriffs geklärt werden (**Konzeptspezifikation**). Es ist also notwendig, den theoretischen und empirischen Bedeutungsgehalt von theoretischen Begriffen möglichst genau festzulegen. Schritt 3 umfasst als zweiten Punkt die Aufgabe, die definierten Begriffe und ihre Bezüge auf reale Sachverhalte messbar bzw. erfassbar zu machen (**Operationalisierung**), indem konkrete Forschungsoperationen festgelegt werden, die die Entscheidung erlauben, ob der gemeinte Sachverhalt in der Realität vorliegt oder nicht. Dazu ist es notwendig, Anweisungen zu formulieren, indem definiert wird, mit welchen Messoperationen und Skalierungen diese Begriffe konkret erfasst werden.

Die Auswahl des **Forschungsdesigns** legt die *logische Struktur* einer Untersuchung fest und kann je nach Fragestellung und Operationalisierung ganz unterschiedliche Gestalt annehmen (Schritt 4). Die Wahl des Forschungsdesigns ist daher abhängig vom jeweiligen Forschungsproblem bzw. den Forschungsfragen und vor allem von den formulierten Hypothesen. In Bezug auf das Design sind insbesondere die Häufigkeit und Zeitpunkte der Erhebungen, die spezifischen Messverfahren und Erhebungsmethoden (Befragung, Beobachtung usw.) zu entscheiden.

Die nächste Aufgabe besteht in der Klärung der Frage, welche Untersuchungseinheiten und in welchem Umfang diese erhoben werden sollen (Schritt 5). Hier steht die Entscheidung für ein *Auswahl- bzw. Stichprobenverfahren* im Mittelpunkt, mit dem Typ und Größe (Umfang) der zu erhebenden Merkmalsträger festgelegt werden. Das Spektrum der Auswahlverfahren reicht von der Erhebung aller Elemente einer Grundgesamtheit (Totalerhebung) bis zur Ziehung einer Stichprobe. Dafür steht wiederum eine Reihe von Optionen zur Verfügung. Entlang dieser drei Schritte bildet sich das Erhebungsinstrument heraus: *Wesentlich geformt durch das Forschungsdesign ist das Erhebungsinstrument Resultat der Konzeptspezifikation und Operationalisierung, abgestimmt auf die Zielpopulation.* Wir legen im Weiteren den Fokus auf die Befragung, die wichtigste Methode der quantitativen Sozialforschung. Am Ende wird das Instrument – gemeint ist hier der Fragebogen – an einer kleinen Anzahl von Personen getestet (**Pretest**), d.h. bevor das Erhebungsinstrument in der Felderhebung zum Einsatz kommt, um davor eventuell erforderliche Korrekturen vornehmen zu können (Schritt 6). Dies ist aufgrund seiner qualitätsstiftenden Wirkung ein zentraler Schritt im Forschungsprozess – eine neu erstellte Befragung ist praktisch nie ohne Fehler bzw. Ungenauigkeiten und nur durch einen oder mehrere Pretests können diese offengelegt und rechtzeitig korrigiert werden.

!	Phase 1 und Phase 2 des Forschungsprozesses sind sehr eng miteinander verwoben und teils zirkulär organisiert. Einerseits leiten die Forschungsfragen bzw. Hypothesen die Konzeptspezifikation und Operationalisierung an, andererseits könnten im Zuge dieser Arbeitsschritte Hypothesen noch eine weitere Präzisierung erfahren. Spätestens mit Finalisierung der zweiten Phase ist es wichtig, mit logischen, theoriegeleiteten und überprüfbaren Hypothesen zu arbeiten, welche anhand gut korrespondierender Indikatoren empirisch überprüft werden sollen.

Phase III: Datenerhebung

Nun stehen die **Feldarbeit** und die **Datenerhebung** am Programm (Schritt 7). Unmittelbar vor der Erhebung ist zu prüfen, ob die organisatorischen Rahmenbedingungen eine möglichst problemlose Erhebung gewährleisten. Zu klären ist auch, ob die Erhebung selbst durchgeführt oder z.B. an ein Erhebungsinstitut ausgelagert werden soll bzw. kann, was wesentlich von den zur Verfügung stehenden Ressourcen abhängt. Im Fall der eigenständigen Erhebung ist es erforderlich, gegebenenfalls Fragebogendruck, Schulung und Kontrolle der Interviewer*innen sicherzustellen. Im Falle der Erhebung durch ein externes Institut sollten die Rahmenbedingungen wie Dauer der Erhebung, Leistungsmerkmale (z.B. Anzahl der Kontaktversuche bei telefonischen Erhebungen), Format der Erfassung, Lieferung der Rohdaten, anfallende Kosten und anderes mehr vereinbart werden.

Phase IV: Datenanalyse und Interpretation

In der Phase der Datenauswertung sind unterschiedliche Schritte zu bedenken. Zunächst müssen die Rohdaten auf Fehlerhaftigkeit und Vollständigkeit überprüft werden. Auf Grundlage der *Fehlerkontrolle* muss eine *Fehlerbereinigung* durchgeführt werden, sodass ein analysefähiges Datenfile für Auswertungszwecke zur Verfügung steht (Schritt 8). Sehr empfehlenswert ist die Erstellung eines Codeplans, der die Bezeichnungen der einzelnen Variablen und ihrer Antwortkategorien enthält. Wichtig ist folgender Grundsatz bei der Datenbereinigung: „Auch wenn manche Fehler leicht zu finden und eindeutig zu korrigieren sind, ist der Umgang mit fehlerhaften Werten heikel: Fehlerkorrektur und (zusätzliche) Verfälschung von Daten liegen eng beieinander! Oft gibt es eben nur gute Gründe für die Annahme, der wahre Wert dürfte dieser oder jener gewesen sein, aber eben keine Gewissheit" (Lück, 2011, S. 79f.). Daher sollte jeder Schritt bei der Aufbereitung genau dokumentiert werden und für die Nachvollziehbarkeit als Erörterung in die Arbeit einfließen. Aktuell wird immer häufiger bei Journalpublikationen gefordert, das Datenfile inklusive aller Arbeitsschritte (von der Aufbereitung und Analyse) offen für Replikationen und damit für die Überprüfung zur Verfügung zu stellen.

Im Zuge der statistischen Auswertung und Interpretation (Schritt 9) sind einige Fragen zu klären. Zu überlegen ist, ob vor der eigentlichen Datenanalyse die Konstruktion von Skalen und Indizes erforderlich ist. Des Weiteren ist zu entscheiden, welche statistischen Verfahren für die Deskription und für die Prüfung von Hypothesen geeignet sind und verwendet werden können. Bis zu einem gewissen Grad müssen diese Fragen bereits bei der Konstruktion des Erhebungsinstrumentes bedacht werden, wenn man bspw. an die Skalenniveaus der Variablen denkt. So lässt sich der Mittelwert auf Basis der Frage bilden, wie viele Zigaretten man pro Tag raucht, nicht hingegen, wenn man nur danach fragt, ob eine Person raucht (diese Frage wäre mit ja/nein zu beantworten und ein Mittelwert entsprechend nicht sinnvoll). Die Interpretation der Ergebnisse ist ein eigener Teilschritt, der nicht mit der Datenauswertung gleichzusetzen ist, wenngleich Auswertung und Interpretation Hand in Hand gehen. In der

Interpretation ist zu klären, ob die ermittelten Daten und Ergebnisse tatsächlich zuverlässige Aussagen über die formulierten Hypothesen erlauben bzw. ob der Geltungsbereich der Ergebnisse eventuell eingeschränkt werden muss. Insbesondere die inhaltliche Interpretation der statistischen Ergebnisse ist zentral: was bedeutet es bspw. konkret, wenn sich Frauen und Männer statistisch signifikant unterscheiden? Sind die Unterscheide auch inhaltlich bedeutend? In weiterer Folge sind die gewonnenen Erkenntnisse mit den am Beginn des Projekts formulierten Hypothesen in Beziehung zu setzen und die eigenen Erkenntnisse in der Auseinandersetzung mit den bestehenden Theorien zu diskutieren.

Phase V: Dokumentation, Berichterstattung, Kommunikation

Auf die Bedeutung einer durchgängigen Dokumentation des gesamten Forschungsprozesses wurde bereits hingewiesen. Erst dadurch wird eine sachgerechte, für andere nachvollziehbare Auseinandersetzung mit den Ergebnissen ermöglicht. Die Dokumentation fließt daher zumindest teilweise in die Berichtlegung ein. Die Gestalt des **Forschungsberichts** kann unterschiedliche Schwerpunktsetzungen und Stile aufweisen. Im Falle der Grundlagenforschung bieten die Hinweise, die Fachzeitschriften und Verlage für Autor*innen bereitstellen, eine wichtige Orientierungshilfe für die eigenen Publikationen. Für Abschlussarbeiten stellen die meisten Studiengänge und Institute spezielle Empfehlungen bzw. Gestaltungs- und Dokumentationshinweise bereit. Auch Einführungsbücher über das wissenschaftliche Arbeiten halten häufig Hinweise bereit (siehe etwa Jost & Richter, 2015). Eine wichtige Frage der Berichterstattung betrifft auch die Präsentation und Kommunikation von Ergebnissen. In jedem Fall sollte in der Präsentation und Kommunikation der Ergebnisse auf die Interessen und Bedürfnisse der Zielgruppen, Auftraggeber*innen und Interessensgruppen Bedacht genommen werden. Dadurch wird die Verwertbarkeit der Ergebnisse wesentlich unterstützt (Schritt 10).

2.2. Phasen und Arbeitsschritte in der Sekundäranalyse

Die Sekundäranalyse unterscheidet sich gegenüber der Primäranalyse nicht nur darin, dass mit bereits erhobenen Datensätzen gearbeitet wird, vielmehr handelt es sich um eine eigene Art von Forschung. Denn auch wenn die Auswahl eines bestimmten Sekundärdatensatzes nach inhaltlichen Gesichtspunkten erfolgt, „wird nicht einfach ein bestehender Datensatz für eine feststehende Fragestellung eingesetzt, sondern die Fragestellung selbst ergibt sich nicht unwesentlich aus den verfügbaren Daten" (Roose, 2013, S. 708) – vor allem dann, wenn die Sekundäranalyse ursprünglich intendiert ist. Den beschaffbaren Daten ist daher zwar in allen Phasen ein gewisses Gewicht einzuräumen (Abbildung 6), sie steuern jedoch nicht den Prozess, ansonsten wäre die Arbeit *data driven*. Es bedarf also eines Balanceakts – die Daten rahmen den Forschungsprozess, zugleich ist dieser von theoretischen und methodischen Überlegungen geleitet.

Abbildung 6 – Forschungsprozess in der Sekundäranalyse

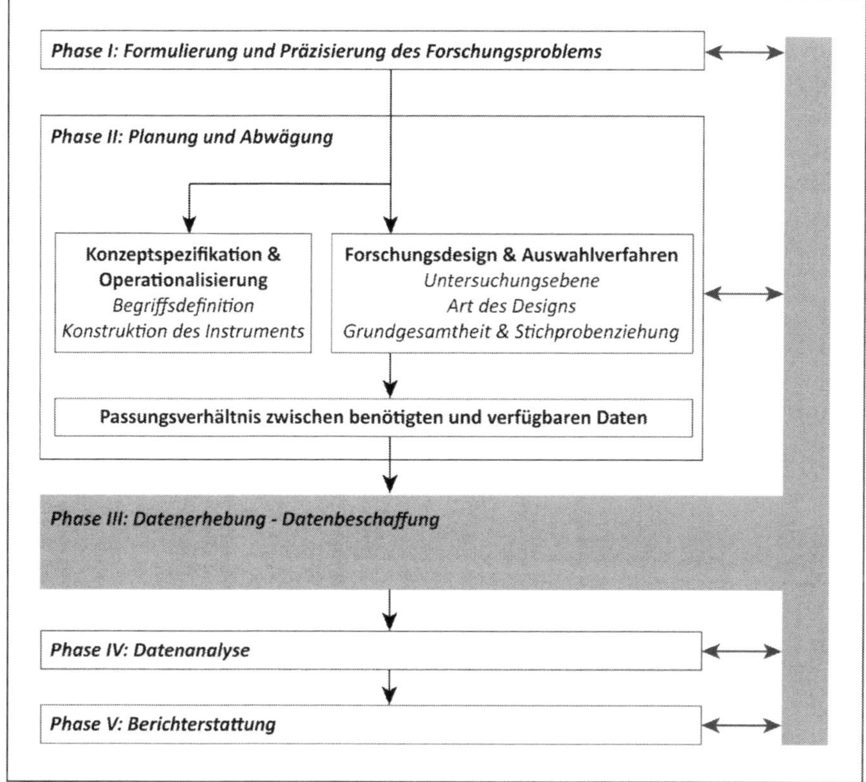

Anmerkung zu Phase I: Präzisierung des Forschungsproblems

Die Forschungsfrage bzw. die Hypothesen bestimmen die weitere Planung hinsichtlich der Untersuchungsebene (Kollektiv- und/oder Individualebene), der benötigten Daten resultierend aus der Erhebungsform (Querschnitts-, Trend- oder Panelerhebung) bzw. der Zielpopulation, über die Erkenntnisse gewonnen werden sollen (Diekmann, 2018, S. 194). Im Umkehrschluss bedeutet dies, dass die Entwicklung von Forschungsfragen und Hypothesen von der Verfügbarkeit der Sekundärdaten gerahmt wird. Neben dem Literaturstudium sind daher potentielle Sekundärdatensätze zu eruieren. Je nach Themenfeld können sich dabei mehrere Datensätze anbieten. Ist dies der Fall, lässt sich die Entscheidung der zu nutzenden Daten im Sinne der bestmöglichen Passung (Teil von Phase II und siehe Abschnitt 3.1.2) später treffen.

Auf der anderen Seite kann die Datenlage so begrenzt sein, dass sich bestimmte Forschungsfragen nicht adäquat beantworten lassen. Die Konsequenz wäre etwa die Abkehr von einer Längsschnittanalyse hin zu einer Querschnittsbetrachtung oder die Ausweitung der Untersuchungspopulation – anstatt älterer Menschen aus Wien werden nun ältere Menschen aus

Österreich in den Blick genommen –, um ein größeres Sample zu erhalten. Nochmals ist zu betonen, dass dies nicht bedeutet, die Daten würden oder dürfen die theoretischen Ausarbeitungen bestimmen. Mit Sekundärdaten zu arbeiten bedeutet, wissenschaftlich vertretbare Kompromisse zu finden – bereits in der Formulierung der Forschungsfrage bzw. Hypothesen kommt dies zum Tragen. Problematisch ist eher, dass solche Entscheidungen allzu selten in Forschungsberichten oder wissenschaftlichen Artikeln ausreichend thematisiert werden und (im Nachhinein, d.h. bei Verschriftung der Arbeit) das Bild eines linearen Forschungsprozesses gezeichnet wird. Hinweise, dass bei Sekundärarbeiten Kompromisse eingegangen werden mussten, finden sich in Artikeln (wenn überhaupt) im Bereich der Limitationen, wo obligatorisch auf Datenmängel – bspw. fehlende Indikatoren oder fehlende Längsschnittdaten – hingewiesen wird.

Anmerkung zu Phase II: Planung

Im Zuge dieser Phase tritt die Verschränkung mit potenziellen Sekundärdaten hervor und bedarf spätestens jetzt einer intensiven Auseinandersetzung, welche Daten tatsächlich zur Verfügung stehen und wie diese gewonnen wurden. Zunächst ist es ratsam, damit zu beginnen die Schritte Konzeptspezifikation, Operationalisierung, Forschungsdesigns und Auswahlverfahren so durchzuspielen, als würde eine Primärerhebung stattfinden. Ziel ist herauszufinden, mit welchen Daten man die Forschungsfrage bestmöglich beantworten kann. Potentielle Sekundärdaten sollten hierbei soweit als möglich ausgeblendet werden. In diesem ersten Schritt wird ein *Soll-Zustand* oder die *Soll-Variablen*, das *Soll-Forschungsdesign* und *Soll-Auswahlverfahren* bestimmt. In diesem Sinne handelt es sich also um eine *Planungsphase*.

Nun muss dieser Soll-Zustand mit dem Ist-Zustand der vorhandenen Sekundärdaten verglichen werden. Es wird also das Passungsverhältnis zwischen den bestmöglichen und den tatsächlich vorhandenen Daten bestimmt. Im Regelfall kehrt hier Ernüchterung ein, da Sekundärdaten selten zu 100% passen, d.h. den benötigten Umfang und Datenqualität, insbesondere die gewünschte Datentiefe haben. Omnibusbefragungen, die eine Fülle an Themen abdecken, können Themen meist nur anschneiden und nicht tiefgreifend behandeln. Hier kommt es nun zum *Abwägungsprozess* und die Frage lautet, ob die vorhandenen Daten eine Beantwortung der Forschungsfrage, wenn auch mit gewissen Einschränkungen, erlauben. Das Schlüsselwort lautet *gewisse Einschränkungen*. Sind die Diskrepanzen zwischen Soll und Ist zu groß, ist eine adäquate Beantwortung der Forschungsfrage nicht möglich. Dieser Abwägungsprozess wird auch in der Publikation im Bereich der Limitationen abgebildet, wo die Forschungsergebnisse im Lichte der Datenqualität diskutiert werden.

Um sich den potenziellen Daten in dieser Phase anzunähern, sind einerseits die Dokumentation des Surveys bzw. einzelner Befragungen heranzuziehen (Codebücher, Berichte über die Methode usw.), andererseits ist es lohnend, das Erhebungsinstrument – in den meisten Fällen den Fragebogen – zu begutachten. Durch diese Evaluierung lässt sich schnell ein Überblick darüber gewinnen, welche Fragen bzw. Items konkret zu einem Thema gestellt wurden und welche Antwortmöglichkeiten den Befragten zur Verfügung standen. Jetzt ist nicht nur eine inhaltliche Bestimmung, sondern auch eine Reflexion der Qualität von einzelnen Items (sind sie eindeutig und unmissverständlich formuliert?) und deren Antwortmöglichkeiten (sind sie disjunkt und erschöpfend?) möglich. Wichtig ist und bleibt, dass man für die Qualität der verwendeten Daten in seinem Projekt verantwortlich ist. Man kann sich also nicht auf die Datenproduzent*innen ausreden, denn es gilt der Grundsatz: *Schlechte Daten sind nicht zu nutzen!* Neben der Gestaltung und dem Aufbau des Fragebogens informiert die Dokumentation u.a. über die Untersuchungsform, das Sampleverfahren sowie die tatsächliche Stichprobengröße. In manchen Fällen sind *quality reports* anhängig bzw. wird näher auf das *questionnaire design* eingegangen. Die Codebücher veranschaulichen die Codierung der Antwortkategorien, d.h. sie geben Auskunft über die Zahlenwerte der einzelnen Antwortoptionen.

Anmerkung zu Phase III: Datenerhebung wird zur Datenbeschaffung

Die Beschaffung des Datensatzes kann im sekundäranalytischen Forschungsprozess bereits während der Planungsphase hilfreich sein, um sich vor allem der Fallzahl für das eigene Forschungsvorhaben zu vergewissern und sich die Verteilung der Antwortkategorien anzusehen. Letzteres könnte (zu Beginn) nicht intendierte statistische Verfahren nötig machen. Solche Informationen lassen sich, abseits von (online) Analysetools (siehe etwa ZACAT) oder der Dokumentation, praktisch nur auf Basis des Datensatzes gewinnen.

Einiges spricht also dafür, möglichst bald an die Beschaffung des Datensatzes zu denken. Auf der anderen Seite kann der Bezug und die Nutzung der Daten (1) mit *Kosten* verbunden sein (auch wenn diese häufig relativ gering sind), es wird für die Datenweitergabe (2) ein kurzer *Abriss des Forschungsvorhabens* verlangt oder es sind (3) *Datenvereinbarungen* (bspw. über die Verwendung, Weitergabe usw.) zu treffen, in welchen vielleicht der oder die Betreuer*in bei Qualifikationsarbeiten als Vertragspartner*in fungieren muss. In der Praxis zeigt sich, dass aufgrund länder- und institutionsspezifischer Regelungen der Aufwand der Beschaffung variiert, in den meisten Fällen aber ein kostenloser – zumindest unter kleineren Einbußen, wenn nicht alle Daten zur Verfügung gestellt werden – und relativ rascher Bezug möglich ist.

Es ist ratsam, sich über die Bedingungen vorab genau zu informieren und ein ausreichendes Zeitbudget für die Beschaffung einzuplanen. Mit der Beschaffung der Daten geht aus forschungsethischer Perspektive ein *achtsamer Umgang* mit ihnen einher. Auf alle Fälle sind die unterzeichneten Datennutzungsbestimmungen einzuhalten bzw. der Datenschutz immer zu gewährleisten.

!

Tipps für den gezielten Datenbezug:

Erstens: Dokumentation der Befragung **sondieren**. Diese gibt häufig Auskunft über die soziodemographische Verteilung der Stichprobe und im besten Fall sogar über die Fallzahl bei einzelnen Items und die Verteilung der Antworten. Auf Basis der gesamten Dokumentation lässt sich die Struktur der Daten meist gut erfassen.

Zweitens: Wissenschaftliche Arbeiten sondieren. Im Kontext bekannter sozialwissenschaftlicher Datensätze findet tendenziell ein reger Publikationsbetrieb statt, womit die Wahrscheinlichkeit hoch ist, dass eine ähnliche Forschungsfrage bereits mit den Daten bearbeitet wurde.

Drittens: Anwender*innenwissen anderer Forscher*innen **nützen**. Student*innen oder Forscher*innen im eigenen Umfeld könnten bereits mit dem Datensatz gearbeitet haben.

Viertens: Kontaktaufnahme mit der Institution. Größere Institutionen bieten sogenannte Benützer*innenkonferenzen an, welche über Befragungen bzw. daraus gewonnene Daten bzw. Erkenntnisse informieren. Bleiben nach *genauer* (!) Sondierung der Dokumentation Fragen offen, ist eine gezielte Rücksprache mit Kontaktpersonen des Surveys sinnvoll.

Anmerkung zu Phase IV: Datenanalyse und Interpretation

Datenanalyse und Interpretation sind zwischen Primäranalyse und Sekundäranalyse weitgehend gleich, wobei die Sekundärdaten leicht ein falsches Sicherheitsgefühl vermitteln können. Auch bei der Sekundäranalyse geht es im ersten Schritt immer darum, von den *Rohdaten* zu einem für das Forschungsvorhaben analysefähigen Datenfile zu gelangen. Selbst als „ready to use“ bezeichnete Sekundärdatensätze sind häufig nicht für eine direkte Analyse aufbereitet; es müssen in manchen Fällen Datenfiles erst zusammengeführt, Variablen umcodiert, die Voraussetzungen für statistische Verfahren geprüft, Entscheidungen über Ausreißer getroffen oder Indizes gebildet werden.

Die Aufbereitung nimmt häufig viel Zeit in Anspruch. Gegenüber einer Primärerhebung entfallen zwar einige Aufgaben (wie die Eintragung von Werten in eine Datenmatrix usw.) und einige Optionen sind nicht realisierbar (etwa die Überprüfung von möglichen Eingabefehlern anhand der ausgefüllten Fragebögen), trotzdem gilt, mit großer Achtsamkeit die Daten zu prüfen und vorzubereiten, denn dies hat entscheidenden Einfluss auf die Ergebnisse der Untersuchung. Erfahrungen aus der Betreuung von Abschlussarbeiten zeigen, dass *höchste Sorgfalt bei der Datenaufbereitung* geboten ist – Unachtsamkeit führt vor allem zu Fehlern bei vermeintlich einfachen Aufgaben (insbesondere bei Daten-Merge, Variablen-Recodierung und Variablen-Berechnung).

Im Folgenden geben wir noch einige Hinweise zum Vorgehen bei der Annäherung und Prüfung von Variablen (Akremi et al., 2011; Pötschke, 2010; Atteslander, 2010). Dieses Vorgehen ist nicht nur bei der Sekundäranalyse, sondern allgemein bei der Datenaufbereitung sinnvoll:

(1) Überblick der Variablen
- Variablennamen, Variablenbeschriftungen und Datentyp (nummerisch oder string) kennenlernen
- Anzahl der Dezimalstellen, Wertebeschriftungen, Skalenniveau prüfen

(2) Überblick der Häufigkeiten
- Verteilungsmaße berechnen
- Verteilungen mittels Diagramme visualisieren

(3) Plausibilitätstest
- Prüfung auf zulässige Werte
  - Korrekter Wertebereich: Antwortskala reicht etwa von 0-5; jedoch wurden in manchen Fällen Werte größer 5 angegeben
  - Inkonsistente Antwortkombinationen: Ein Kind im Alter von 7 Jahren ist Bankangestellter
- Ausreißer bei metrischen Variablen identifizieren und behandeln
  - Boxplot und Verteilungsmaße
  - Abwägen, ob es sich um plausible Werte handelt und wie mit diesen umgegangen werden soll (löschen, ersetzen, beibehalten)

(4) Voraussetzungen für statistische Verfahren prüfen
- Normalverteilung, Linearität, Homoskedastizität usw.

Anmerkung zu Phase V: Dokumentation, Berichterstattung, Kommunikation

Die Publikation der Ergebnisse ist das Hauptziel der Forschungsanstrengung, denn nur so lässt sich der Erkenntnisstand in der Scientific Community weiterentwickeln. Grundsätzlich folgt die Struktur einer sekundäranalytischen Arbeit den allgemeinen Regeln empirischer Arbeiten. Um Nachvollziehbarkeit herzustellen, ist es darüberhinaus wichtig, auf den verwendeten Datensatz sowie die verwendete Version hinzuweisen.

In Folge bedarf es einer genauen Beschreibung, welche Entscheidungen bezüglich der Daten getroffen, d.h. etwa welche Strategien gegenüber Ausreißern oder Gewichtungsverfahren angewandt worden sind. Häufig finden sich im Methodenteil der Arbeit auch Angaben zu den Items, anhand derer die verwendeten Daten gewonnen wurden. In manchen Fällen ist der Institution, welche hinter dem Survey steht, ein Exemplar der Arbeit vor der Publikation oder zumindest eine Publikationsangabe zu übermitteln. Solche Verpflichtungen sind Bestandteil der Datenvereinbarungen und damit einzuhalten.

3. Messbarmachung der sozialen Welt

Wenn in der empirischen Sozialforschung von *Messen* gesprochen wird, dann erfolgt dies auf der Grundlage von *messtheoretischen* Überlegungen und durch Formulierung von *Regeln* des Messens. Im Nachfolgenden werden wichtige Aspekte des Messens erörtert, denn die Zuordnung von Zahlen zu Objekten darf nicht zufällig erfolgen. Eine Messung der Einkommenshöhe wäre alles andere als korrekt, wenn die Einkommenshöhe zufällig durch Würfeln ermittelt worden wäre. So weit hergeholt dieses Beispiel auch erscheint, wer die Regeln des Messens nicht kennt, würfelt zumindest unbewusst häufiger als einem lieb sein mag.

3.1. Messung von abstrakten Begriffen

Hypothesen enthalten fast immer **theoretisch-abstrakte Begriffe** bzw. *Konstrukte* (z.B. Modernität, Xenophobie oder Lebensqualität); letztere sind gedankliche, theoretische Sachverhalte, die nicht als solche existieren, sondern nur aus anderen, messbaren Sachverhalten (sog. *Indikatoren*) erschlossen werden können. Im ersten Moment mögen sie im alltäglichen Gebrauch als unmissverständlich angesehen werden. Reflektiert man diese, wird deren diffuse Beschaffenheit schnell bewusst. Bleiben wir beim Beispiel Lebensqualität. Sind es das Einkommen, die Gesundheit oder der verfügbare Wohnraum, welche Lebensqualität neben vielen weiteren Dimensionen konstituieren bzw. damit in Zusammenhang stehen? Geht es um die subjektive Bewertung der eigenen Lebensumstände oder eher um objektivierte Faktoren? Soll unter Einkommen der Brutto- oder Nettobetrag, abzüglich Alimentation und zuzüglich von monetären Sozialtransfers definiert sein und was ist unter Gesundheit genau zu verstehen? In sozial- und wirtschaftswissenschaftlichen Theorien sind also viele der verwendeten Begriffe vielschichtig und mehrdeutig, sie besitzen meist mehrere unterschiedliche Bedeutungsdimensionen und sind nicht direkt erfassbar bzw. beobachtbar. Genau das ist jedoch eine Voraussetzung für ein wesentliches Ziel der quantitativen Sozialforschung: Die Ausprägungen der Merkmale von Personen (oder anderen Untersuchungsobjekten) mit standardisierten Mess- bzw. Erhebungsinstrumenten zu erfassen und damit vergleichbar zu machen.

3.1.1. Konzeptspezifikation und Operationalisierung

Um mit abstrakten Begriffen und Konstrukten bezeichnete Sachverhalte mittels Erhebungsinstrumenten erfassen zu können, bedarf es daher einer inhaltlichen Analyse, womit man (1) zur **Konzeptspezifikation** und (2) anschließend der **Operationalisierung** gelangt.

!	Das Ziel der quantitativen empirischen Sozialforschung ist es, durch **Konzeptspezifikation** und **Operationalisierung** abstrakte Begriffe zu **explizieren** und möglichst eindeutig **erfassbar** und **messbar** zu machen.

Beide Begriffe werden in der Fachliteratur nicht immer getrennt behandelt bzw. umgekehrt, in manchen Fällen auch synonym gebraucht. Richtig ist, dass sich beide Schritte aufeinander beziehen, sie analytisch voneinander zu trennen ist aber sinnvoll (Abbildung 7), da dies den Arbeitsprozess erleichtert und diese Phase im Forschungsvorhaben in zwei kleinere Arbeitseinheiten aufteilt.

> ! Mittels **Konzeptspezifikation** werden theoretische Begriffe **expliziert**, also Aspekte bzw. Dimensionen herausgearbeitet, welche das Konstrukt **präzisieren** und einen Konnex zu beobachtbaren Sachverhalten herstellen.

Nochmals sei betont, dass das eigentliche Ziel in der Messbarmachung der theoretischen Konstrukte in Forschungsfragen bzw. Hypothesen besteht, es geht also um den fragilen Brückenschlag zwischen theoretischer und empirischer Welt. Nur wenn dieser gelingt, können die empirischen Daten zur Prüfung und Entwicklung von Theorien beitragen.

Abbildung 7 – Konzeptspezifikation und Operationalisierung

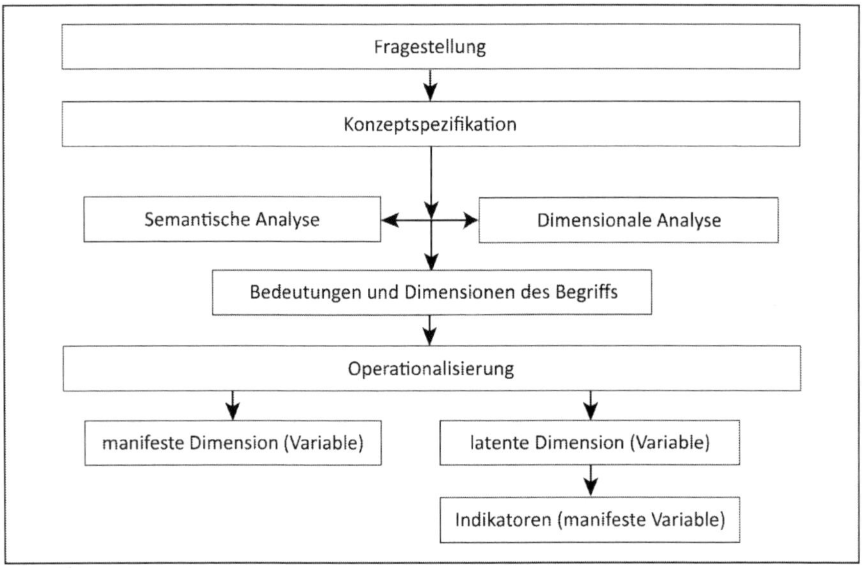

Fragestellung

Konzeptspezifikation

Semantische Analyse

Dimensionale Analyse

Bedeutungen und Dimensionen des Begriffs

Operationalisierung

manifeste Dimension (Variable)

latente Dimension (Variable)

Indikatoren (manifeste Variable)

Zwei Ebenen lassen sich in Anlehnung an Kromrey et al. (2016, S. 141) bei der Konzeptspezifikation unterscheiden: die **semantische** und die **dimensionale Analyse**. Beiden ist gemein, dass der Sachverhalt bzw. der Begriff gedanklich und sprachlich manifestiert eine Strukturierung und Präzisierung erfährt, jedoch an zwei unterschiedlichen Punkten ansetzt. Forschungspraktisch gehen beide Schritte Hand in Hand.

Im Zuge der semantischen Analyse geht es darum, die *Bedeutung von Begriffen zu erfassen* und für das eigene Forschungsprojekt die passende(n) Bedeutung(en) auszuwählen. Häufig sind in der Wissenschaft abstrakte Begriffe mit unterschiedlichen Sinngehalten, unterschiedlichen Theorien oder theoretischen Konzepten aufgeladen. Anders formuliert kann man sagen, dass das Verständnis von Begriffen variiert. Hat man es daher nicht mit völlig neuen Begriffen zu tun (wo vielleicht wirklich nur eine Bedeutung existiert), so macht es Sinn herauszuarbeiten, mit welchen Bedeutungen Begriffe bereits wissenschaftlich aufgeladen sind (im Folgenden findet sich ein Beispiel) und sich für eine Bedeutungsverwendung zu entscheiden.

Die dimensionale Analyse versucht, *Beobachtungsdimensionen* herauszuarbeiten, welche sich mit der *untersuchungsrelevanten Bedeutung* eines Begriffs verknüpfen lassen. Wenn man also zu der Bedeutung eines Begriffs gelangt ist oder eine bestimmte für das eigene Projekt ausgewählt hat, ist zu klären, welche (meist latenten) Dimensionen die Begriffsbedeutung fasst. Die Konzeptspezifikation kann je nach Fragestellung weit vorangetrieben werden.

Im folgenden Beispiel wird die Konzeptspezifikation für den Begriff Gesundheit demonstriert und anschließend auch für die Operationalisierung weitergeführt. Die dargelegte Aufarbeitung beansprucht keine Vollständigkeit, sie zeigt aber auf, dass bei Gesundheit zumindest zwischen einer biomedizinischen und einer bio-sozialen Bedeutungsebene unterschieden werden kann. Während für das biomedizinische Verständnis insbesondere die Dimension „Grad der Erkrankung" relevant ist, spielen im bio-sozialen Verständnis, die auf die Funktionsfähigkeit einer Person abzielt, etwa die „Kommunikationsfähigkeit" oder der „Grad der Mobilität" eine Rolle.

Semantische Analyse	**Dimensionale Analyse**
Forschungspraktische Konsequenz: Was ist also gemeint, wenn in der Hypothese von Gesundheit gesprochen wird? Durch ein Literaturstudium zeigt sich, dass Gesundheit – verkürzt dargestellt – etwa die Abstinenz von Erkrankungen und/oder funktionalen Einbußen bedeuten kann.	**Forschungspraktische Konsequenz:** Welche Dimensionen liegen der jeweiligen Bedeutung des Begriffs zugrunde? Also welche Teile machen den Sachverhalt aus?

Welche Bedeutung kommt dem Begriff „Gesundheit" zu?
• „Biomedizinisches Modell":
Gesundheit als Abstinenz von Krankheiten bzw. umgekehrt verminderte Gesundheit durch Vorliegen einer (organischen) Schädigung.
• „Bio-soziales Modell" bzw. in Anlehnung an die Internationale Klassifikation von Funktionsfähigkeit, Behinderung und Gesundheit (ICF): Gesundheit als Frage der Funktions- bzw. Leistungsfähigkeit
	Welche Dimensionen lassen sich dem Begriff unter Berücksichtigung seiner Bedeutungen zuordnen?
	• „Biomedizinisches Modell":
	  • Grad der Erkrankung
	• „Bio-soziales Modell":
	  • Funktionen im Bericht von Aktivitäten und Partizipation
	    ○ Kommunikationsfähigkeit
	    ○ Grad der Mobilität
	Für weitere Informationen zum Thema Gesundheit siehe u.a. Richter & Hurrelmann (2009, 2016)

Das Ende der Konzeptspezifikation und der Beginn der Operationalisierung gehen ineinander über, wenn für den zu erfassenden Sachverhalt bzw. dessen Dimensionen nun Indikatoren entwickelt werden und damit der Sachverhalt erfassbar gemacht wird.

> **!** Mittels **Operationalisierung** wird bestimmt, anhand welcher Indikatoren das theoretische Konzept bzw. dessen Dimensionen erfass- und messbar gemacht werden. Operationalisierung meint daher die detaillierte **Angabe von Regeln** zur genauen Messung der Merkmalsausprägungen von Variablen. Stevens (1975) bezeichnet das Messen als Zuordnung von Zahlen zu Objekten oder Ereignissen gemäß Regeln.

Einerseits gibt es *direkt* beobachtbare Merkmale, Sachverhalte oder Dimensionen; diese manifesten Variablen brauchen keine zusätzlichen Indikatoren. Andererseits müssen etwa für die Dimension „Grad der Mobilität" im obigen Beispiel Indikatoren erarbeitet werden. D.h., es stellt sich die Frage, mittels welcher Indikatoren bzw. manifesten Variablen lässt sich die funktionale Mobilität erfassen bzw. beobachten?

Entsprechend der WHO ICF, eine Klassifikation von Funktionsfähigkeit, Behinderung und Gesundheit, ließen sich folgende Indikatoren andenken (auch diese sind für eine kompakte Darstellung verkürzt und könnten um weitere Unterdimensionen und Indikatoren ergänzt werden):

Unterdimensionen zu Grad der Mobilität	**Indikatoren**	**Mögliche Items im Fragebogen:**
Körperposition	**In elementare Körperposition wechseln** *Konkretisierung:* Seine Körperposition in **eine liegende, kniende, hockende, sitzende oder stehende** Position ändern.	Hatten Sie in den letzten 7 Tagen Schwierigkeiten: ... sich auf einen Stuhl zu setzen und wieder aufzustehen? ... sich zu bücken und einen Gegenstand aufzuheben?
	In einer Körperposition verbleiben *Konkretisierung:* **In einer oben genannten Körperposition für eine bestimmte Zeit verbleiben**	Hatten Sie in den letzten 7 Tagen Schwierigkeiten: ... über längere Zeit ohne Unterbrechung zu stehen (z.B. 20 Minuten in einer Warteschlange)? ... über längere Zeit auf einem Stuhl zu sitzen (z.B. für die Dauer des Essens)?
Eigenständige Fortbewegung	**Gehen** *Konkretisierung:* **Sich zu Fuß auf einer Oberfläche Schritt für Schritt fortbewegen**	Hatten Sie in den letzten 7 Tagen Schwierigkeiten, ohne Hilfsmittel (wie z.B. Gehhilfen) ... ... Entfernungen innerhalb eines Gebäudes (bis 200 Meter) zu gehen?

Betrachten wir zunächst die Unterdimension „Körperposition ", die auf die Basisfunktion der körperlichen Mobilität abzielt. Zentral sind die Indikatoren, ob man überhaupt eine Körperposition einnehmen (jeweils ein Indikator für Liegen, Knien, Hocken, Sitzen, Stehen) und ob man in dieser für eine gewisse Zeit verbleiben kann (jeweils ein Indikator für die Verweildauer). Der Unterdimension „eigenständige Fortbewegung" wurde nur ein Indikator zugewiesen; natürlich ließe sich auch an den Indikator „Laufen" denken. Laufen und Gehen ließen sich als Indikatoren der Unterdimension „Bewegung zu Fuß" subsummieren:

Gesundheit -> Funktionale Aspekte -> Mobilität -> Eigenständige Fortbewegung -> Bewegung zu Fuß -> Indikator zu Gehen und Indikator für Laufen.

Ob dies nötig oder sinnvoll ist – eine vollständige Erfassung eines Sachverhaltes wird bereits aus Zeitgründen meist nicht möglich sein –, ist einerseits im Kontext der Forschungsfrage zu beantworten und andererseits eine logisch-theoretische Überlegung. Wer Schwierigkeiten beim Gehen hat, wird in den meisten Fällen auch Schwierigkeiten beim Laufen haben. Zielt die Forschungsfrage daher nicht explizit auf die Fortbewegung des Laufens ab, dürfte der Indikator „Gehen" genügen, um etwas über die eigenständige Fortbewegungsmöglichkeit einer Person zu erfahren. Bedeutender erscheint vielmehr der Einbezug der räumlichen Distanz in die Überlegung, denn nur wer auch eine gewisse Strecke gehen kann (etwa 200 Meter) dürfte in der Lage sein, bspw. einen Supermarkt zu erreichen. Die Konkretisierung lässt sich daher wie folgt formulieren: *Die Fähigkeit des Gehens soll bedeuten, sich zu Fuß auf einer Oberfläche Schritt für Schritt zumindest 200 Meter fortbewegen zu können und soll mittels Frage (Item) über eine Selbsteinschätzung durch die Befragten auf einer 5-teiligen Skala beantwortet werden.*

In der rechten Spalte der Indikatorenlisten sind Beispiele aus dem MOSES-Fragebogen (siehe Farin et al., 2008) angegeben und zeigen, wie sich ein Teil der Indikatoren über Items abbilden lässt. Die Antworten einer Person können anschließend zu einem Index summiert werden, der sich als ein Maß für die Mobilitätsfähigkeit einer Person behandeln lässt. Neben anderen möglichen Formulierungen der Items ist zu bedenken, dass es sich in dieser Form um Selbsteinschätzungen handelt. Die Daten könnten aber auch durch einen anderen Modus, etwa mittels Tests oder Beobachtungen gewonnen werden.

Am Beispiel von Gesundheit ist der Prozess der Konzeptspezifikation bis zur Operationalisierung nachgezeichnet worden. Er lässt sich zusammenfassend folgendermaßen visualisieren (Abbildung 8): Ausgangspunkt war der Begriff Gesundheit, welchem zumindest zwei Bedeutungen zukommen. Ausgehend von den Bedeutungen wurden in der Konzeptspezifikation relevante Dimensionen abgeleitet, welche die Bedeutung bzw. den Sachverhalt abbilden. Im Zuge der Operationalisierung wurden nun entlang der Dimensionen Indikatoren entwickelt, die das theoretische Konzept bzw. dessen Dimensionen erfass- und messbar machen.

Abbildung 8 – Konzeptspezifikation und Operationalisierung von Gesundheit

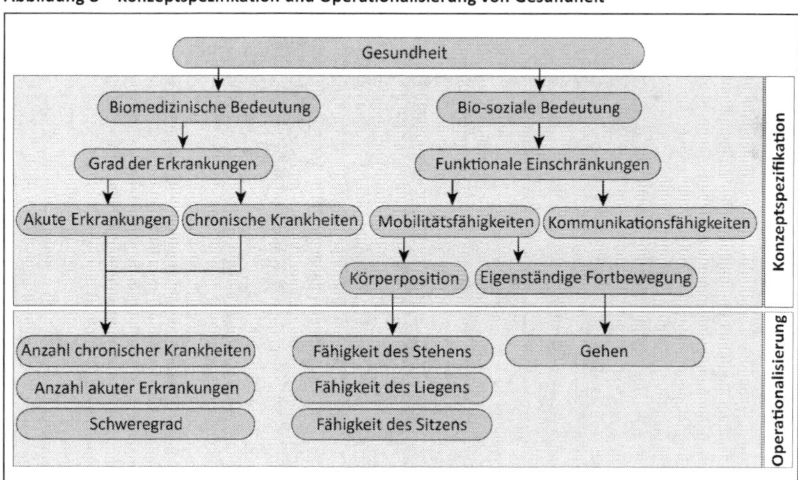

Konzeptspezifikation und Operationalisierung benötigen einige Zeit, die man sich nehmen sollte, denn je detaillierter und konkreter hier vorgegangen wird, umso facettenreicher kann ein Sachverhalt gemessen werden.

3.1.2. Zwischen Soll und Ist in der Sekundäranalyse

Durch die Beschäftigung mit den Sekundärdaten wird ersichtlich, welche Indikatoren bzw. Variablen („Ist-Variablen") vorliegen. Diese werden den bestmöglichen Indikatoren bzw. Variablen („Soll-Variablen") aus der Konzeptspezifikation und Operationalisierung gegenübergestellt. Hierbei handelt es sich im sekundäranalytischen Forschungsprozess um die *Phase II Planung und Abwägung*. Diese Gegenüberstellung lässt sich als das **Passungsverhältnis** zwischen den Sekundärdaten und den für die Beantwortung der Forschungsfrage erforderlichen Daten bezeichnen und bedarf bei Abweichungen einer Reflexion über die damit einhergehenden Folgen. Diese Reflexionsarbeit scheint häufig als Teil der Limitationen bzw. Einschränkungen – wie man sie bei Journalartikeln am Schluss der Arbeit findet – in verschrifteter Form wieder auf. Sie ist also keine belanglose Fleißaufgabe, sondern wichtiger Teil und Qualitätsmerkmal einer wissenschaftlichen Arbeit.

Für den Abwägungsprozess, d.h. ab wann das Passungsverhältnis als inadäquat angesehen werden muss, gibt es kein Patentrezept. Es hängt vom individuellen Fall und der Frage ab, inwiefern und inwieweit die Forschungsfrage mit den Daten aus Qualitätsgründen beantwortet werden kann. Es geht also darum, die Leistungsfähigkeit der Daten vor dem Hintergrund der Forschungsfrage zu beurteilen. Ein wesentlicher Teil der Beurteilung dreht sich um die Validität, also in welchem Ausmaß die Daten messen, was sie messen sollen.

Am Beispiel der Gesundheit soll der Abwägungsprozess für die bio-soziale Bedeutung vorgenommen werden. Verglichen wird dabei ein Ausschnitt aus SHARE (Survey of Health Ageing and Retirement in Europe).

Abbildung 9 – Passungsverhältnis am Beispiel Gesundheit

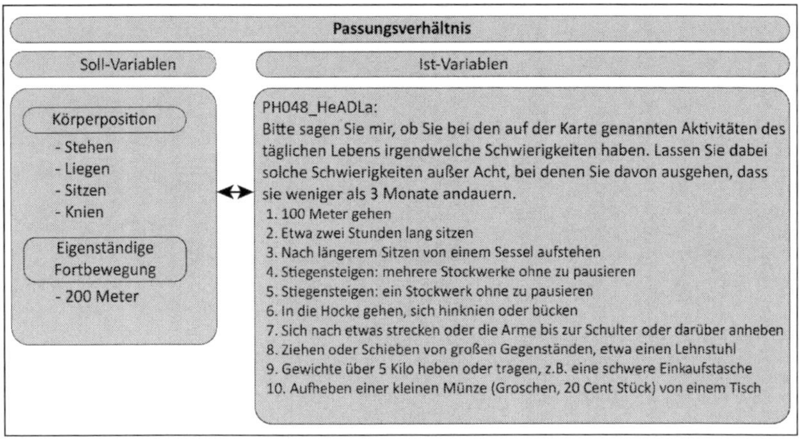

Passungsverhältnis

Soll-Variablen		Ist-Variablen
Körperposition - Stehen - Liegen - Sitzen - Knien Eigenständige Fortbewegung - 200 Meter	↔	PH048_HeADLa: Bitte sagen Sie mir, ob Sie bei den auf der Karte genannten Aktivitäten des täglichen Lebens irgendwelche Schwierigkeiten haben. Lassen Sie dabei solche Schwierigkeiten außer Acht, bei denen Sie davon ausgehen, dass sie weniger als 3 Monate andauern. 1. 100 Meter gehen 2. Etwa zwei Stunden lang sitzen 3. Nach längerem Sitzen von einem Sessel aufstehen 4. Stiegensteigen: mehrere Stockwerke ohne zu pausieren 5. Stiegensteigen: ein Stockwerk ohne zu pausieren 6. In die Hocke gehen, sich hinknien oder bücken 7. Sich nach etwas strecken oder die Arme bis zur Schulter oder darüber anheben 8. Ziehen oder Schieben von großen Gegenständen, etwa einen Lehnstuhl 9. Gewichte über 5 Kilo heben oder tragen, z.B. eine schwere Einkaufstasche 10. Aufheben einer kleinen Münze (Groschen, 20 Cent Stück) von einem Tisch

In unserem Fall lässt sich das Passungsverhältnis als passabel bezeichnen, die beabsichtigten Indikatoren finden sich zum Teil in den zur Verfügung stehenden Daten wieder, gehen teils darüber hinaus und ließen damit eine facettenreichere Betrachtung zu, gleichzeitig müssen aber Einbußen hingenommen werden. Es wäre auch möglich, einige Indikatoren von PH048 zu einem Index (Ausmaß der Mobilitätsfähigkeit) zusammenzufassen. Bei dem Indikator „200 Meter gehen" muss jedoch die Einschränkung in Kauf genommen werden, dass in PH048 nach der Möglichkeit „100 Meter zu gehen" gefragt wurde. Inwiefern dies eine Rolle spielt, hängt aber vor allem von der Forschungsfrage und den Hypothesen ab. Im Vergleich von 100 zu 200 Meter und wenn wir davon ausgehen, dass wir eigentlich den Indikator 200 Meter bräuchten, so dürfte es mit dem Indikator 100 Meter zu einer Unterschätzung kommen. Wahrscheinlich ist nämlich, dass mehr Menschen 100 als 200 Meter gehen können, wenn man etwa an hochbetagte Menschen denkt.

Beispiel zu Gesundheit und Erreichbarkeit: Phase 1 und Phase 2 des sekundäranalytischen Forschungsprozesses sollen nun anhand eines kurzen Beispiels dargestellt werden. Studien (u.a. Oswald & Konopik, 2015; Saup & Reichert, 1999) konnten zeigen, dass sich der Aktionsradius älterer Menschen immer weiter einengt und auf das unmittelbare Wohnumfeld und die eigene Wohnung konzentriert. Wesentlichen Einfluss hat hierbei die Gesundheit, welche sich als Ausdruck der körperlichen Mobilität fassen lässt und Grundbedingung für die Funktionsfähigkeit bzw. die Möglichkeit für Handlungen oder die Übernahme von Rollen und Funktionen ist. Es stellt sich also die Frage, inwiefern die körperliche Mobilität die Erreichbarkeit wichtiger Einrichtungen schmälert.

Die Forschungsfrage soll daher lauten: „Inwiefern beeinflusst die Gesundheit die Erreichbarkeit von Supermärkten oder Ärzt*innen".

Hypothese: Je schlechter die Gesundheit, umso schlechter die Erreichbarkeit von Supermärkten und Ärzt*innen.

Gesundheit wurde bereits theoretisch-inhaltlich analysiert und für die Forschungsfrage scheint vor allem die Fähigkeit zu gehen von Relevanz. Die Anzahl von Erkrankungen dürfte sich hingegen weniger eignen, da Personen trotz Erkrankungen durchaus mobil sein können. Trotzdem könnten wir diese Variable berücksichtigen und damit die Annahme eines geringeren Zusammenhangs statistisch prüfen. Zudem ließen sich alle Indikatoren von PH048 zu einem Index zusammenfassen, da alle Bereiche in Summe eine Rolle für die Mobilität spielen dürften (eine durchgeführte Faktorenanalyse auf Basis der SHARE Daten legt dieses Vorgehen nahe), andererseits muss man nicht unbedingt in die Hocke gehen können, um einen Supermarkt (unter normalen Bedingungen) zu erreichen. Aus inhaltlichen Standpunkten ließe sich daher auch eine Reduktion auf PH048 – 1, 4 und 5 – andenken. Hinsichtlich der Erreichbarkeit stehen in SHARE zwei mögliche Variablen zur Verfügung:

HH028_LocalGroceryShop
Wie leicht ist es, den nächsten Lebensmittelladen oder Supermarkt zu erreichen? (Würden Sie sagen, es ist sehr leicht (1), leicht (2), schwierig (3) oder sehr schwierig (4)?)

HH029_LocalGeneralPractitioner
Wie leicht ist es, Ihren Hausarzt oder das nächstgelegene Ärztezentrum zu erreichen? (Würden Sie sagen, es ist sehr leicht (1), leicht (2), schwierig (3), sehr schwierig (4)?)

Damit sind alle Komponenten für die Analyse zusammengeführt. Nach Prüfung, ob alle Voraussetzungen für die statistische Analyse erfüllt sind, könnte die Hypothese mittels Korrelationsanalyse geprüft werden. Interessanter wäre wohl eine Regression, bei der zusätzliche Variablen wie die Anzahl der Erkrankungen oder das Alter aufgenommen werden können.

3.2. Grundlagen des Messens

Für die Messung in der quantitativen Sozialforschung sind zwei Aspekte besonders wichtig:

- **Regeln des Messens (Messtheorie)**
- **Messfehler (Testtheorie)**

Messen bedeutet die Zuordnung von Zahlen zu Objekten. Soll diese Zuteilung nicht beliebig sein, so braucht es eine Systematik (**Messtheorie**). Als zentrale Voraussetzung gilt, dass „die Messwerte zueinander Beziehungen aufweisen, die den Beziehungen der gemessenen Objekte entsprechen“ (Schnell et al., 2018, S. 121) sollen. Eine Messung entsprechend dieser Prämisse gilt als *strukturtreues Abbild* (**Morphismus**). Zwei Aspekte sind zu unterscheiden: Das sogenannte **empirische Relativ** ist die Menge an Objekten (z.B. an Personen), die in einer oder mehreren Relationen zueinander stehen, also in Beziehung gesetzt werden können (A ist *größer als* B; C ist *kleiner* als B). Im vorliegenden Fall können die Personen bzw. Objekte entsprechend der *Eigenschaft* Körpergröße geordnet werden, die Eigenschaft legt damit eine bestimmte Beziehung (oder *Relation*) der Objekte zueinander fest*: A ist größer als B ist größer als C.* Diesem empirischen Relativ steht in der *strukturtreuen Abbildung* ein **numerisches Relativ** gegenüber, also eine Menge an Zahlen, die eine mathematische Relation aufweisen und mit der empirischen Relation verträglich sind.[10]

!	Messung ist eine Zuordnung von Zahlen zu Objekten, sofern diese Zuweisung eine (1) *strukturerhaltende Abbildung* eines (2*) empirischen Relativs* in ein (3) *numerisches Relativ* ist.

Für jede Messung muss nun eine Messanweisung (= Regel) formuliert werden, die dieser Prämisse folgt. In Bezug auf die Personen und deren Körpergröße könnte sie etwa lauten:

> Messanweisung: *„Die Personen sind entsprechend ihrer Körpergröße in eine Rangordnung zu bringen. Der Person mit der geringsten Körpergröße ist die kleinste Zahl aus der Teilmenge der natürlichen Zahlen zuzuordnen, der Person mit der zweitgeringsten Körpergröße ist die zweitkleinste Zahl usw. zuzuordnen.“*

Tabelle 1 – Empirisches und numerisches Relativ

Relativ	Beispiel			Definition
Empirisch	A	B	C	Menge von Objekten, über die eine Relation definiert wurde
Numerisch	1	2	3	Menge von Zahlen, über die eine Relation definiert wurde

[10] Für weiterführende Informationen zur Messtheorie siehe Kromrey et al. (2016, S. 198–229), Schnell et al. (2018, S. 121–130) und Diekmann (2018, S. 278–298).

Die Ordnung der Zahlenwerte entspricht der Ordnung der Objekte und ihrer Relationen. Da jedes Objekt nur einer Zahl zugeordnet werden kann, handelt es sich damit um eine *isomorphe Abbildung*: Nach einer Messung lässt sich eindeutig bestimmen, welches Objekt durch eine Zahl bezeichnet wird; es handelt sich um eine „umkehrbar eindeutige Abbildung“. Bei *homomorphen Abbildungen* sind einer Zahl mehrere Objekte zugeordnet, die Abbildung ist „nicht umkehrbar eindeutig“ (Schnell et al., 2018, S. 124f.).

Die Festlegung einer Messregel ist eine grundlegende Anforderung in der quantitativen Sozialforschung. Die Messung von Variablen wie Körpergröße, Alter, etc. zeigt darüber hinaus an, dass es sich um **metrische Begriffe** handelt: Hier ist nicht nur eine eindeutige *Rangordnung* gegeben, sondern es können die *Abstände* zwischen den Merkmalsausprägungen angegeben werden. **Komparative Begriffe** beziehen sich hingegen auf Objektmengen, die in *Teilklassen* zerlegbar sind und nur eine *Rangordnung* aufweisen. Sie unterscheiden sich durch die Stärke oder Intensität eines Merkmals. So kann beispielsweise bei Variablen wie Schichtzugehörigkeit und Bildungsstufe zwischen höheren und niedrigeren Teilklassen (z.B. untere, mittlere, obere Schicht; niedrige, mittlere, höhere Bildungsstufe) unterschieden werden. Für die Sozialforschung sind darüber hinaus **klassifikatorische Begriffe** wichtig, bei denen zwar auch keine Rangordnung angegeben werden kann, trotzdem der Objektbereich in Teilklassen zerlegt ist, die *exhaustiv* (jedes Objekt gehört in mindestens eine Klasse: Schüler*in oder Nicht-Schüler*in) und *paarweise exklusiv* (eine Person kann entweder Schüler*in oder Nicht-Schüler*in sein, aber nicht beides zugleich) sind (Kromrey et al., 2016, S. 198).

Messungen in den Sozialwissenschaften sind mit *Fehlern* behaftet, wofür unterschiedliche Gründe verantwortlich sind. Die **Testtheorie** geht, wie Lienert & Raatz (1998) formuliert haben, von folgenden Überlegungen aus: Wenn wir unter Verwendung eines Messinstruments die Einstellung einer Person messen, erhalten wir einen beobachteten Wert (X). Dieser beobachtete Werte ist nicht identisch mit dem „wahren“ Wert, weil davon ausgegangen wird, dass der beobachtete Wert mit einem bestimmten Messfehler behaftet ist (E für *error*). Der beobachtete Wert setzt sich somit aus dem „wahren“ Wert und dem Messfehler zusammen:

$$X = T + E$$

Wenn nun viele Messungen desselben Merkmals gemacht werden, wird des Weiteren davon ausgegangen, dass die Messfehler jeder einzelnen Messung *um den wahren Wert streuen*. Solche Abweichungen können zum Beispiel dadurch entstehen, dass Interviewer*innen sich beim Eintragen von Altersangaben (in Jahren) verschreiben oder die Teilnehmer*innen einer Online-Befragung sich bei der Eingabe ihres Alters vertippen. Die Messungen weichen nach oben oder nach unten, also in beide Richtungen, zufällig vom wahren Wert ab. Damit ist der Erwartungswert des Messfehlers, $\mu(E)$ genannt, null (vorausgesetzt, es gibt genügend viele Messungen und die Abweichungen erfolgen zufällig).

$$\mu\,(E) = 0$$

Da die Fehler nicht systematisch sind, gleichen sie sich gegenseitig aus. Daher gilt

$$T = \mu (E)$$

Bei ausreichend vielen Messungen, also vielen befragten Personen, bedeutet das, dass der wahre Wert mit dem Erwartungswert der Messungen identisch ist. Diese Annahme wäre allerdings verletzt, wenn die genannten Abweichungen systematisch, also nicht zufällig zustande kommen. Das wäre etwa dann der Fall, wenn Interviewer*innen das Antwortverhalten beeinflussen oder das Messinstrument selbst fehlerhafte Messungen produziert (Häder, 2019, S. 82ff.).[11] Diese Überlegungen sind insbesondere für die Reliabilität (Zuverlässigkeit) von Messinstrumenten wichtig, welche in Abschnitt 3.4 besprochen wird.

3.2.1. Skalenniveaus: Nominal-, Ordinal-, Intervall-, Ratioskala

Zu Beginn des Abschnitts wurde hervorgehoben, dass es beim Messen darum geht, den Charakter des zu messenden Objekts strukturtreu im numerischen Relativ abzubilden. Die Beziehungen zwischen den *Werten des numerischen Relativs* stellen hierbei das sogenannte *Messniveau* bzw. das *Skalenniveau* dar. Zu erwähnen ist, dass es sich um die erste Bedeutung des Begriffs „Skala“ handelt, eine zweite wichtige Bedeutung wird noch bei den Skalierungsverfahren hinzukommen.

In der quantitativen Sozialforschung werden vier unterschiedliche Skalentypen mit spezifischen Messniveaus verwendet:

- Nominalskala
- Ordinalskala
- Intervallskala
- Ratioskala

Die **Nominalskala** stellt das unterste Messniveau dar. Nominalskalen dienen dazu, die Elemente einer Objektmenge hinsichtlich ihrer Merkmalsausprägungen nach dem Prinzip von Gleichheit/Ungleichheit zu unterscheiden. In Bevölkerungsbefragungen wird etwa der Familienstand anhand der folgenden einfachen Klassifikation – ledig (1), verheiratet (2) usw. – erfasst. Nominalskalen werden für eine Reihe von Merkmalen wie z.B. Nationalität, Berufsbezeichnungen, Freizeitaktivitäten, Urlaubsländer und anderen mehr verwendet. Die nominale Messung besteht also in der Erstellung einer einfachen Klasseneinteilung: *Jedes* Objekt muss genau *einer* Klasse zugeordnet werden. Ein Objekt keiner Klasse zuzuordnen ist ebenso wenig zulässig wie die Zuordnung eines Objekts zu mehreren Klassen. Die Bildung eines arithmetischen Mittelwerts – abgesehen davon, dass dies sinnlos wäre – ist bei einer nominalskalierten

[11] Zusätzlich gelten weitere Voraussetzungen: (1) wahrer Wert und Messfehler dürfen nicht korrelieren, (2) die Messfehler dürfen bei wiederholten Messungen nicht korrelieren, (3) die Korrelation zwischen dem Messfehler der ersten Messung und dem wahren Wert einer zweiten Messung (desselben Konstrukts mit dem gleichen Instrument) muss null sein (Diekmann, 2018, S. 262f.).

Variable nicht zulässig. Hingegen kann angegeben werden, welche Merkmalsausprägung (des empirischen Relativs) bzw. welcher Wert (des numerischen Relativs) am häufigsten vorkommt. Das ist der so genannte *Modus* bzw. *Modalwert.*

Die **Ordinalskala** stellt das nächsthöhere Messniveau einer Variablen dar. Sie erfordert zusätzlich zur Unterscheidbarkeit von Objekten auf ihre Gleichheit, dass die Merkmalsausprägungen in eine Rangordnung gebracht werden. Die entsprechend zugeordneten Zahlen müssen diese Rangordnung abbilden. Ein Beispiel für Ordinalskalen ist der formal höchste Bildungsabschluss – keine Pflichtschule (1), maximal Pflichtschule (2) usw. Die Zugehörigkeit zu einer sozialen Schicht, Erkrankungsgrade oder Schulnoten sind weitere Beispiele für Ordinalskalen. In all diesen Fällen ist es zulässig, eine mit einem höheren Zahlenwert versehene Kategorie im Sinne eines „höher", „niedriger" oder „kleiner" zu interpretieren. Es ist jedoch nicht zulässig zu sagen, dass ein Hochschulabschluss doppelt so viel bedeutet oder doppelt so wertvoll ist wie ein Lehrabschluss. Dementsprechend sind keine mathematischen Transformationen erlaubt, die die Rangordnung der Zahlen verändern würden.

Nominal- und Ordinalskala werden als **kategoriale** Skalen bezeichnet, weil Rechenoperationen wie Differenzen, Summen, Produkte und Quotienten nicht sinnvoll interpretiert werden können und auf diesen Skalenniveaus nicht zulässig sind.

Intervallskalen erfordern zusätzlich zur Unterscheidungsmöglichkeit und zur Rangordnung, dass die Unterschiede zwischen den Merkmalsausprägungen – die *Intervalle* – jeweils gleich groß sind. Das bedeutet, dass die Werte, die die Intervalle bezeichnen, dieselben Abstände aufweisen müssen. Ein beliebtes Beispiel für Intervallskalen sind Temperaturmessungen in Celsius-Graden. Weitere Beispiele für Intervallskalen sind zudem das Geburtsjahr, Zeitpunkte oder Intelligenzquotienten. Schulnoten hingegen sind keine Intervallskalen, weil nicht von gleichen Abständen zwischen den Skalenstufen ausgegangen werden kann. Bei Intervallskalen sind Transformationen zulässig, die die Größe der Intervalle entweder nicht oder alle Intervalle im selben Maß verändern. Die Abstände zwischen den Messwerten sind im Unterschied zu Ordinalskalen *interpretierbar* und es lässt sich ein arithmetisches Mittel errechnen. Intervallskalen besitzen keinen natürlichen Nullpunkt; die Größe der Intervalle ist zwar willkürlich festgelegt, die Intervalle selbst müssen gleich groß sein.

Für die statistische Analyse ist es wichtig, dass Intervallskalen im Sinne der Annahme gleicher Abstände zwischen den Skalenpunkten interpretiert werden können. Dies ermöglicht die Berechnung von arithmetischen Mittelwerten und Streuungen, also die Anwendung von parametrischen Verfahren.

In der Forschungspraxis werden *Likert-Skalen* häufig als Intervallskalen interpretiert, allerdings ist das messtheoretisch betrachtet *nicht ganz korrekt*, weil die Likert-Skala kein Skalenniveau darstellt, sondern ein Messinstrument ist – der verrechnete Skalenwert als Ergebnis einer Likert-Skala wird als intervallskaliert angenommen.

Ratioskalen (bzw. *Verhältnisskalen*) sind in der Sozialforschung ebenfalls häufig anzutreffen. Sie weisen im Vergleich zu Intervallskalen zusätzlich einen natürlichen Nullpunkt auf. Der Messwert *Null* bedeutet tatsächlich die Abwesenheit des zu messenden Merkmals. Aus diesem Grund erlauben Ratioskalen auch Aussagen wie „Objekt A besitzt doppelt so viel wie Objekt B" im Sinne von Multiplikationen. Beispiele für ratioskalierte Variablen sind Alter in Jahren, Einkommen in Euro, Größe oder Längen- und Entfernungsangaben (z.B. in cm, m).

!	Intervall- und Ratio-Skala bezeichnet man als **metrische Skalen**, mit ihnen werden sogenannte **quantitative Merkmale** gemessen.

Die Tabelle 2 zeigt die wichtigsten Merkmale der unterschiedlichen Skalentypen im Vergleich. Sie veranschaulicht, dass es sich bei den Skalenniveaus um aufsteigende, hierarchische Messniveaus handelt. Das bedeutet, dass auf dem jeweils niedrigeren Skalenniveau Annahmen weniger restriktiv und statistische Analysen weniger sensibel sind. Im Sinne der aufsteigenden Hierarchie umfasst das jeweils nächsthöhere Niveau alle Merkmale des niedrigeren Skalentyps und fügt zusätzlich neue hinzu. Generell wird ein möglichst hohes Skalenniveau angestrebt.

Tabelle 2 – Skalentypen und ihre Merkmale

Skalentyp	Nominalskala	Ordinalskala	Intervallskala	Ratioskala
Merkmalstyp	nominal bzw. klassifikatorisch	ordinal bzw. komparativ	metrisch	metrisch
Nullpunkt	nein	nein	kein natürlicher Nullpunkt	ja
Abstände	nein	nein	gleich	ja
Ränge	nein	ja	ja	ja
Interpretation	gleich-ungleich	kleiner-größer	Differenzen	Verhältnisse
Rechenoperationen	Bildung von Häufigkeiten	kleiner, größer	Addition, Subtraktion	Addition, Subtraktion, Multiplikation
Statistische Maßzahlen	absolute und relative Häufigkeiten, Modus, Ränge	Zusätzlich: kumulierte Häufigkeiten, Quantile, Quartile, Median	Zusätzlich: arithmetisches Mittel, Standardabweichung, Varianz	Zusätzlich: geometrisches Mittel, Variationskoeffizient

3.2.2. Die Messung manifester Variablen und latenter Variablen

Manifeste Variablen repräsentieren *direkt* beobachtbare Merkmale oder Sachverhalte. Dabei kann es sich um Merkmale wie z.B. die Körpergröße oder um Einstellungen und Meinungen einer Person handeln. Häufig werden dabei Antwortmöglichkeiten vorgegeben, die auf einem bestimmten Kontinuum angesiedelt sind und ein bestimmtes Skalenniveau aufweisen (z.B. „stimme stark zu" bis „lehne völlig ab"). Die Messung manifester Variablen ist vergleichsweise einfach. Sie können *fundamental* gemessen werden, weil sich die Regeln für das Messen ihrer Merkmalsausprägungen aus den ihnen eigenen Merkmalen ergeben.

Anspruchsvoller ist die Messung von latenten Variablen, weil es sich bei diesen um nicht direkt *beobachtbare Konstrukte* bzw. theoretische Begriffe handelt. In diesem Fall werden Indikatoren (=Anzeiger) benötigt, die die latenten Variablen messbar machen; hier schließen wir an die Konzeptspezifikation und Operationalisierung an. Diese Indikatoren sind selbst wiederum manifeste Variablen (siehe Abbildung 7 auf Seite 48).

Am Beispiel der Arbeitszufriedenheit bzw. dem Unteraspekt der „subjektiv wahrgenommenen Arbeitssituation" (latente Variable) lässt sich die Beziehung zu manifesten Variablen verdeutlichen. Zunächst stellt sich die Frage, welche Indikatoren das Konstrukt abbilden oder anders gesagt, mit dem Konstrukt *korrespondieren*. Den theoretischen Begriffen müssen also direkt erfahrbare Sachverhalte zugeordnet werden, „die als beobachtbare Hinweise (Indikatoren) auf das in seiner Allgemeinheit oder Abstraktheit nicht unmittelbar beobachtbare Phänomen dienen können" (Kromrey et al., 2016, S. 83). Diese Verknüpfungen stellen die **Korrespondenz** von theoretischer Ebene (dem Begriff) und Beobachtungsebene (Indikator/manifeste Variable) her. Diese Verknüpfung ist selbst nur eine Annahme!

Die Messung latenter Variablen erfordert eine theoretische Begründung, die angibt, wie die Beziehung zwischen latenten Variablen und den beobachtbaren Indikatoren konkret beschaffen ist, also eine „Hilfstheorie" (Schnell et al., 2018, S. 115f.).

Zurück zur „subjektiv wahrgenommene Arbeitssituation" lässt sich die Hypothese aufstellen, dass der Begriff durch die drei Indikatoren: (A) Ausmaß des Arbeitsvolumens, (B) Verhältnis von fachlichen Anforderungen und individuellen Kompetenzen und (C) Ausmaß der Unterstützung durch Vorgesetzte abgebildet werden kann. Die Beziehung zwischen dem Konstrukt und den für seine Messung verwendeten Indikatoren hat die in Abbildung 10 visualisierte Struktur. Nochmals ist zu betonen, dass in dieser allgemeinen Struktur zwischen den latenten und den manifesten Variablen ein Zusammenhang unterstellt wird: Angenommen wird, dass von den manifesten Variablen auf die latenten Variablen geschlossen werden kann.

Abbildung 10 – Struktur zwischen Indikatoren und Konstrukt

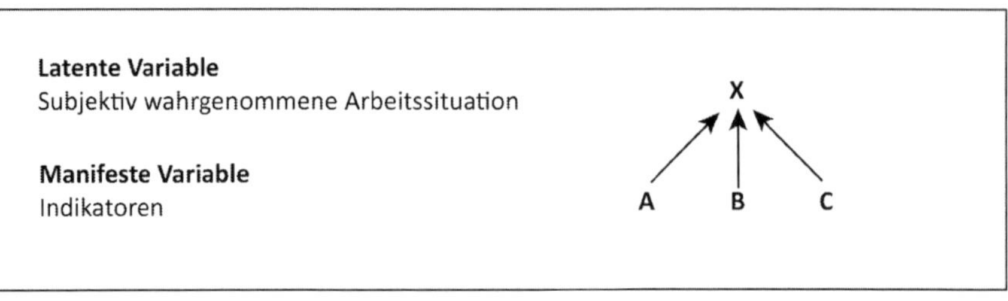

Für die Messung von latenten Variablen werden in der quantitativen Sozialforschung vorrangig zwei Verfahren herangezogen: die Bildung eines **Index** und einer **Skala** durch Skalierung.

3.3. Index und Skala

In manchen Fällen ist es möglich, ein Konstrukt durch einen einzelnen Indikator zu messen, was argumentativ bedeuten würde, dass latente und manifeste Variable ineinander fallen. In den weitaus meisten Fällen werden einzelne Indikatoren als Teil der Operationalisierung eines theoretischen Begriffs gesehen. Denn die Verwendung von mehreren Indikatoren „erhöht die Chance, Messungenauigkeiten zu verringern" (Kromrey et al., 2016, S. 171) bzw. den Begriff adäquater zu erfassen. Dabei stehen zwei Möglichkeiten zur Verfügung: *Indices* und *Skalen*. Trotz einer uneinheitlichen Abgrenzung zwischen beiden Messverfahren in der Literatur lässt sich festhalten, dass Skalen als strengeres Modell verstanden werden und durch die Skalierungsverfahren Regeln zur Konstruktion von Messinstrumenten und zur Verrechnung von einzelnen Indikatoren dezidiert angegeben werden. Indices unterliegen hingegen deutlich weniger strikten Regeln. Diese Differenzierung wird zudem klarer, wenn man den Index dem *formativen Messmodell* und die Skala dem *reflektiven Messmodell* zuweist (Döring & Bortz, 2016, S. 267ff.; Latcheva & Davidov, 2019).

Im **formativen Messmodell** werden die *Indikatoren* als Ursachen bzw. Determinanten des im Zuge der Konzeptspezifikation definierten theoretischen Konstruktes (hier die Wirkung) betrachtet. Die *formativen Indikatoren* können inhaltlich heterogen beschaffen sein und der Index erfasst ein mehrdimensionales theoretisches Konstrukt. Formative Indikatoren müssen daher untereinander nicht korrelieren, allerdings müssen alle Indikatoren in die gleiche Richtung mit einer abhängigen Variablen korrelieren. Im **reflektiven Messmodell** dient ein Satz von *reflektiven Indikatoren* (Wirkung) dazu, gemeinsam ein latentes Merkmal (Ursache) zu messen. Die Indikatoren werden also von der gleichen latenten Variable beeinflusst oder verursacht und spiegeln damit die dahinter liegende latente Variable wider (Latcheva & Davidov, 2019). Reflektive Indikatoren sollen möglichst hohe Korrelationen untereinander aufweisen (Abbildung 11), womit statistische Maße wie Cronbachs Alpha bedeutsam werden.

Abbildung 11 – Formatives und reflektives Messmodell

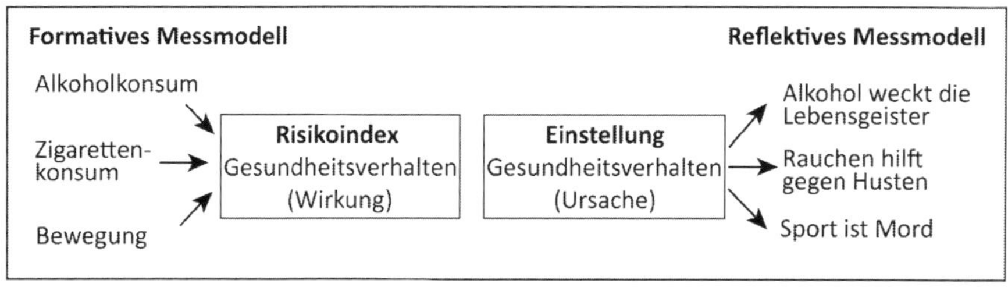

Der Risikoindex des Gesundheitsverhaltens (Wirkung) setzt sich entsprechend aus mehreren Ursachen (etwa Alkoholkonsum) zusammen. Bei der latenten Variablen „Einstellung zum Gesundheitsverhalten" (Ursache) gehen wir davon aus, dass sich diese Einstellung in der Zustimmung bzw. Ablehnung (Wirkung) gegenüber gewissen Aussagen reflektieren müsste. Lehnt jemandem die Aussage ab, dass Sport Mord sei, so deutet dies auf eine positive Einstellung gegenüber Gesundheitsverhalten hin – das Beispiel ist freilich überspitzt gewählt.

3.3.1. Indexbildung

Der **Index** ist kurz gesagt ein Messwert für ein Konstrukt, das aus den Messwerten mehrerer Indikatoren zusammengesetzt (verrechnet) wird und stellt somit die *Zusammenfassung von mehreren Einzelindikatoren* zu einer neuen Variablen dar (etwa der Risikoindex des Gesundheitsverhaltens). Der Vorteil eines Index besteht darin, dass mit ihm mehrdimensionale Sachverhalte auf einen „einzigen greifbaren, vergleichbaren und gut kommunizierbaren Wert" (Döring & Bortz, 2016, S. 277) verdichtet werden können (etwa mehrere Gesundheitsverhaltensweisen). Damit das gelingt, muss ein Index allerdings *theoretisch gut begründet* und empirisch geprüft werden. Insbesondere muss bei der Bildung eines Index genau festgelegt werden, „welche Indikatorvariablen in den Index eingehen und in welcher Weise sie zu standardisieren, zu gewichten und additiv oder multiplikativ zu einem Indexwert zu verrechnen sind" (ebd., S. 278). Eine wesentliche *Voraussetzung* für die Bildung eines Index besteht darin, dass bei allen gewählten Indikatoren die Korrelationen der Indikatoren mit der latenten Variablen dasselbe – positive oder negative – Vorzeichen haben (Abbildung 12).

Abbildung 12 – Index und Korrelation der Indikatoren

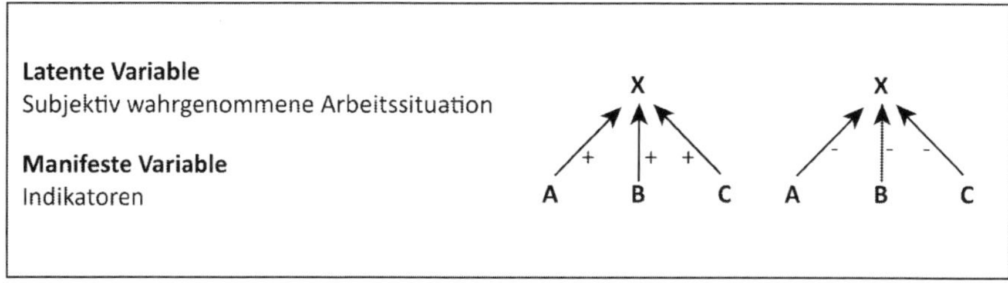

Indices sind weit verbreitet, so gibt es Börsen- und Konjunkturindices[12] oder den für die Beschreibung von Armut und Reichtum der Weltbevölkerung konzipierte Human Development Index (HDI) des United Nations Development Programme. Der HDI beruht auf vier Indikatoren: Lebenserwartung, Alphabetisierungsrate, Einschulungsrate (auf primärer, sekundärer und tertiärer Bildungsebene) und Lebensstandard (BIP pro Kopf).[13] Ein klassischer, weit verbreiteter Index in der quantitativen Sozialforschung ist der sozio-ökonomische Status, auch Schichtungsindex genannt. Für diesen Index, der in weiterentwickelter Form in vielen Projekten der Umfrageforschung eingesetzt wird, werden im Normalfall drei Dimensionen – Bildung, Einkommen, Berufsprestige – zu einem additiven Index verdichtet bzw. zusammengefasst.

Für die Indexbildung sind zwei Typen relevant:

- additive Indices;
- multiplikative (gewichtete) Indices.[14]

Bei stetigen bzw. kontinuierlichen Variablen können beide Formen genutzt werden. Die Bildung von **additiven Indices** beruht auf der einfachen Addition der Werte der einzelnen Indikatoren und der theoretischen Annahme, dass die Einzelindikatoren voneinander weitgehend unabhängig auf die latente Variable einwirken. Ein niedriger Wert auf einem Indikator kann durch einen hohen Wert eines anderen Indikators ausgeglichen werden. Die mathematische Formel für einen additiven Index lautet:

$$I = f(x_1 + x_2 + x_3 + x_n)$$

Das setzt voraus, dass alle Indikatoren denselben Wertebereich umfassen, weil andernfalls die Indikatoren ungleichgewichtig in den Index eingehen würden. Betrachten wir dazu ein Beispiel aus der angewandten Betriebswirtschaft (Berekoven et al., 2009, S. 71f.):

> Für die Entwicklung neuer Produkte werden in der Marktforschung so genannte „Produkttests" durchgeführt: Dabei soll unter anderem geprüft werden, welche Eigenschaften Testkund*innen dem Produkt zuschreiben, welche Motivation zum Kauf vom Produkt selbst ausgeht und welche Unterschiede zu Konkurrenzprodukten wahrgenommen werden. Nehmen wir ein neues Waschmittel: Dabei soll die Produktzufriedenheit anhand der beiden Indikatoren „Zufriedenheit mit Waschkraft" und „Hautverträglichkeit" ermittelt werden, methodologisch betrachtet also durch seine Lage in einem zweidimensionalen Merkmalsraum. Nehmen wir weiter an, die Testkund*innen werden gebeten, jeden Indikator anhand von drei

---

[12] Ein bekannter Aktienindex ist beispielsweise der „Standard & Poor's 500" (S&P 500), der auf den Einzelwerten (Indikatoren) der 500 größten, börsennotierten US-Unternehmen beruht. Ein viel beachteter Wirtschaftsindex ist der seit 1972 veröffentlichte ifo-Geschäftsklimaindex des deutschen Instituts für Wirtschaftsforschung. Dieser Index beruht auf zwei Hauptindikatoren, der von Unternehmen vorgenommenen Beurteilung der aktuellen Geschäftslage und der Geschäftserwartungen für die nächsten sechs Monate, siehe: https://www.ifo.de/umfrage/ifo-geschaeftsklimaindex (12.01.2021).

[13] Siehe zum HDI die Website des UNDP: http://hdr.undp.org/en/content/human-development-index-hdi (12.01.2021). Die erforderlichen Daten werden nicht mittels Befragung gewonnen, sondern durch Erfassung amtlicher Statistiken (Sekundärdaten).

[14] Multiplikative (gewichtete) Indices sind in ihrer inhaltlichen Struktur anspruchsvoller und werden in dieser Einführung nicht behandelt. Für genauere Informationen siehe etwa Latcheva & Davidov (2019).

Werteausprägungen zu beurteilen: Waschkraft „niedrig / mittel / hoch"; Hautverträglichkeit „niedrig / mittel / hoch". Aus der Kreuzung beider Indikatoren ergibt sich die folgende Matrix:

Hautverträglichkeit Waschkraft	***niedrig*** *(0)*	***mittel*** *(1)*	***hoch*** *(2)*
niedrig (0)	a	b	c
mittel (1)	d	e	f
hoch (2)	g	h	i

Auf diese Weise erhält man 9 Klassen unterschiedlicher Produktzufriedenheit. Der mehrdimensionale, in unserem Fall zweidimensionale Merkmalsraum kann nun durch einen Index zusammengefasst werden. Dies geschieht durch die Zuordnung von Zahlen zu den einzelnen Merkmalskombinationen; die mit den Merkmalskombinationen verbundenen Zahlen werden dann addiert. Die so ermittelte Rangordnung wird anschließend entsprechend interpretiert:

Merkmalskombination	Indexwert	Ausmaß der Produktzufriedenheit
A	0	keine
B, D	1	niedrige
C, E, G	2	mittlere
F, H	3	hohe
I	4	sehr hohe

Wesentlich ist, dass die Indikatoren denselben Wertebereich, also die gleiche Anzahl von Ausprägungen aufweisen müssen, weil ansonsten eine indirekte Gewichtung der Indikatoren eintritt. Nur wenn eine solche Gleichbedeutung nicht plausibel oder theoretisch nicht begründbar ist, bietet sich eine Gewichtung an. Das bedeutet, dass einem oder mehreren ausgewählten Indikatoren ein um den Faktor X erhöhtes numerisches Gewicht zukommt. Allerdings bedarf es für die Gewichtung einer Begründung: Und zwar entweder durch ein *Expert*innen-Rating* oder auf *empirisch-analytischem Weg* im Zuge statistischer Auswertungen.

3.3.2. Eindimensionale Skalierung: Likert-Skala und Guttman-Skala

Für den Begriff der Skalierung hat sich auch – etwas missverständlich – der Begriff Skala eingebürgert, der sich, wie bereits gezeigt, auch auf das *Skalenniveau* von einzelnen Variablen bezieht. Skalierung oder **Skalierungsverfahren** bezeichnen aber keine Skalenniveaus, sondern sind Methoden zur Konstruktion von Messinstrumenten. Das Ergebnis eines Skalierungsverfahrens ist, wie bereits erörtert, eine Skala. Sie besteht in der Regel aus mehreren Indikatoren (erfasst in Form von Items), welche für die Messung einer Dimension verwendet werden (Schnell et al., 2018, S. 159). Eine Skala bildet damit am Schluss eine Variable, deren Werte sich durch Berechnung aus den Werten mehrerer Indikatoren ergeben, die alle *dieselbe Dimension* eines theoretischen Konstruktes messen. Hierin liegt der wesentliche Unterschied zum Index, welcher in der Regel ein *mehrdimensionales Konstrukt* – Bildung, Einkommen, Berufsprestige als Schicht – abbildet.

Das Ziel der Skalenbildung besteht nun darin, die verschiedenen Indikatoren zu einer Messgröße zusammenzufassen, um das Ausmaß der zu untersuchenden Dimension quantifizieren zu können. Mithilfe von Skalierungsverfahren werden überwiegend latente Variablen wie zum

Beispiel Einstellungen und Meinungen messbar gemacht. Ähnlich wie bei der Indexbildung wird in der Forschungspraxis häufig eine Vielzahl von Items eingesetzt, um die Zuverlässigkeit der Messung zu verbessern. Als Anforderung an Skalierungsverfahren muss beachtet werden, dass alle Items einer Skala die gleiche Eigenschaft eines theoretischen Konstrukts messen, die Skala muss also *eindimensional* sein. Ob dies tatsächlich der Fall ist, kann nur empirisch überprüft werden, also erst im Zuge der Datenauswertung und drückt sich darin aus, dass *die Indikatoren untereinander hoch korrelieren* müssen. Das gebräuchlichste Skalierungsverfahren in der quantitativen Sozialforschung ist die Likert-Skala, seltener wird auch die Guttman-Skala verwendet.

Abbildung 13 – Skalierung und Korrelation der Indikatoren

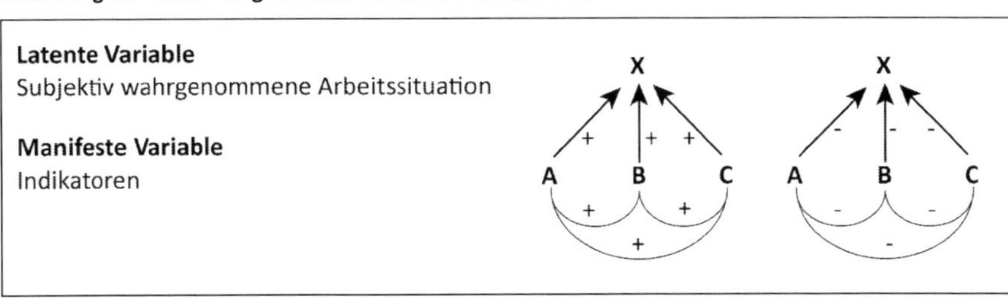

Die **Likert-Skala** (Rensis Likert, 1932), auch als *Methode der summierten Ratings* bezeichnet, ist für die Messung von eindimensionalen Konstrukten konzipiert und wird vor allem für die Messung von Einstellungen verwendet. Eine bestimmte Menge an Aussagen (Items) wird den Befragungspersonen mit der Bitte vorgelegt, jede einzelne Aussage anhand einer vorgegebenen Antwortskala zu bewerten. Man spricht daher auch von *Ratingskalen*. Eine Likert-Skala setzt sich immer aus mehreren Items zusammen; ein einzelnes Item alleine ist keine Likert-Skala. Der Vorteil der Likert-Skala liegt – deren korrekte Anwendung vorausgesetzt – in der Erhöhung der *Reliabilität* der Messung.

Eine Kernidee der Likert-Technik besteht darin, aus einer *rohen Skala* mit einer relativ großen Anzahl von Items im Zuge der sog. **Itemkonsistenzanalyse** die ungeeigneten Items auszusondern, also jene, die die zu untersuchende Dimension nicht gut oder gar nicht messen bzw. repräsentieren. Es werden jene Items ausgesondert, die entweder von Personen mit unterschiedlichen Einstellungen sehr ähnlich bewertet werden oder deren Antworten nichts mit den Antworten auf die übrigen Items gemein haben.

!	Die Items, auf denen Likert-Skalen basieren, werden auch für Faktorenanalysen zum Zweck der Dimensionsreduktion verwendet. Die hinter einer Itembatterie liegenden latenten Variablen können in weiterer Folge als neue Variable für weitere Berechnungen verwendet werden.

Die Eliminierung der entsprechenden Items erfolgt mittels sog. *Trennschärfekoeffizienten*. Diese geben an, wie hoch jedes einzelne Item der Rohskala mit der Gesamtskala korreliert. Items mit (sehr) niedrigen Trennschärfekoeffizienten werden ausgesondert, somit verbleibt als Ergebnis eine Likert-Skala, die im Idealfall die gewünschte Eigenschaft eindimensional misst. Die Analyse der Trennschärfe wird weiter unten noch einmal aufgegriffen. Zunächst gehen wir auf die Frage der Bildung von Items ein.

Für die Bildung einer Likert-Skala werden mehrere Items in Form von mehrstufigen Intensitätsskalen gebildet, deren Antwortvorgaben etwa von „stimme völlig zu" (1) bis „stimme überhaupt nicht zu" (5) reichen. Die Items können eine gerade oder ungerade Anzahl von Antwortvorgaben bzw. Stufen aufweisen (z.B. 4, 5, 6, 7 usw.). In der **Methodenforschung** gibt es sowohl im Hinblick auf die Frage, ob für die Skalierung eine gerade oder eine ungerade Anzahl von Skalenstufen verwendet werden soll sowie auf die Frage, wie viele Antwortvorgaben am sinnvollsten sind, unterschiedliche Positionen (siehe Abschnitt 6.3.4).

Während der Befragung vergibt nun jeder und jede Befragte für das betreffende Item einen Zahlenwert. Aus der Summe der einzelnen Zahlenwerte für jedes Item wird im Anschluss der Skalenwert als Summe der Einschätzungen (bzw. des Ratings) aller betreffenden Items für die latenten Variablen berechnet.

Betrachten wir hierzu ein Beispiel zum Bereich der Technikbereitschaft. Neyer et al. (2016) haben hierzu eine 12-teilige Kurzskala (so werden Skalen mit relativ wenigen Items bezeichnet) entwickelt, welche die Technikbereitschaft entlang der drei Dimensionen Technikakzeptanz, Technikkompetenz- und Technikkontrollüberzeugungen misst. Die Technikbereitschaft soll den erfolgreichen Umgang mit neuen Technologien insbesondere im höheren Lebensalter vorhersagen.[15] Im Nachfolgenden sind die Items für die Unterdimension Technikakzeptanz dargestellt:

Item zu Technikakzeptanz	Antwortkategorien
Hinsichtlich technischer Neuentwicklungen bin ich sehr neugierig.	„stimmt gar nicht" (1), „stimmt wenig" (2), „stimmt teilweise" (3), „stimmt ziemlich" (4) und „stimmt völlig" (5)
Ich finde schnell Gefallen an technischen Neuentwicklungen.	„stimmt gar nicht" (1) - „stimmt völlig" (5)
Ich bin stets daran interessiert, die neuesten technischen Geräte zu verwenden.	„stimmt gar nicht" (1) - „stimmt völlig" (5)
Wenn ich Gelegenheit dazu hätte, würde ich noch viel häufiger technische Produkte nutzen als ich das gegenwärtig tue.	„stimmt gar nicht" (1) - „stimmt völlig" (5)

Als Auswertungshinweise geben Neyer et al. (2016) an, dass Summenwerte über die Items der einzelnen Dimensionen (hier etwa Technikakzeptanz) oder über alle Items für einen Gesamtscore für Technikbereitschaft gebildet werden können. Die internen Konsistenzen (Teil der Reliabilität) der Gesamtskala und der Subskalen Technikakzeptanz erwiesen sich als akzeptabel (α = .84) – nähere Erklärungen auf folgender Seite.

---

[15] Das Instrument findet sich in der ZIS Datenbank der GESIS https://zis.gesis.org/.

> **!** Die Entwicklung eigener Skalen kann sehr aufwändig sein, vor allem dann, wenn Messinstrumente gänzlich neu entwickelt werden (müssen). Abhilfe kann hier die Nutzung von sogenannten **Skalenhandbüchern** schaffen, aus denen, sofern sie für die eigenen Forschungszwecke als passend beurteilt werden, fertige Skalen übernommen bzw. adaptiert werden können.

Ob sich eine Skala insgesamt und einzelne Items einer Rohskala im Besonderen als Messinstrument eignen, wird in der **Item-Konsistenzanalyse** festgestellt. Zum einen wird die **Interkorrelation** der Items berechnet, wobei die Interkorrelationen eine Stärke zwischen 0.2 und 0.4 aufweisen sollten.[16] Eine hohe durchschnittliche Item-Interkorrelation bedeutet, dass die Items einer Likert-Skala ähnliche Informationen erfassen, also dieselbe inhaltliche Dimension (so wie angestrebt) messen. Damit kann das zu messende Konstrukt in seiner vollen Bandbreite und nicht nur einzelne Aspekte erhoben werden. Die mittlere Interkorrelation geht in die Item-Konsistenzanalyse ein. Der gebräuchlichste Koeffizient für die Item-Konsistenzanalyse ist *Cronbachs Alpha* (α). Cronbachs Alpha kann als Korrelationskoeffizient Werte zwischen 0 und 1 annehmen. Als Daumenregel gilt, dass Skalen mit einem $\alpha > 0.8$ akzeptabel sind (Schnell et al., 2018, S. 134). In der Praxis werden des Öfteren auch Werte ab 0.6 als ausreichend betrachtet. Im erwähnten Beispiel liegen die Interkorrelationen im geforderten Bereich: die Item-Konsistenz kann bei einem Alpha-Wert von 0.84 als akzeptabel beurteilt werden.

Bei einer hohen **Trennschärfe** kann zudem davon ausgegangen werden, dass zwischen den einzelnen Items und dem Summenscore (Addition aller Itemwerte) ein besonders enger Zusammenhang besteht. Das Ziel ist, eine Skala zu entwickeln, die möglichst genau eine Dimension (in ihren spezifischen Ausprägungen) misst. In der Forschungspraxis werden daher jene Items, die keine zufriedenstellende Trennschärfe haben, aus der Item-Batterie ausgesondert, bis jene Skala erreicht ist, die ausschließlich aus reliablen Items besteht. Kurzum: Ziel der Reduktion von Items aus der Rohskala ist, dass nur mehr jene Items berücksichtigt werden, die tatsächlich eine Dimension messen; dadurch wird die Reliabilität der finalen Likert-Skala als Messinstrument erhöht.

Der Grundgedanke der **Guttman-Skala**, die auch *Skalogramm-Analyse* genannt wird, besteht darin, Untersuchungspersonen eine Reihe von Items vorzulegen, die immer stärker formuliert werden. Dabei wird angenommen, dass die Zustimmung zu einer bestimmten Aussage bedeutet, dass die Befragten auch den weniger starken Aussagen zustimmen. Die Stärke einer Aussage wird anhand ihrer *Item-Schwierigkeit* gemessen. Der Begriff hat einen Bezug zu Testfragen, die richtig oder falsch beantwortet werden können. Ein Item gilt als umso schwieriger, je anteilsmäßig weniger Befragte eine richtige Antwort geben oder ein gewisses Ereignis

[16] Für die Technikbereitschaft findet sich bei Neyer et al. (2016, S. 8) eine Interkorrelationsmatrix.

bejahen. Eine Item-Schwierigkeit von 0,1 würde etwa bedeuten, dass 1 von 10 Personen ein bestimmtes Ereignis bejaht hat bzw. die Testfrage richtig beantwortet hat.

Ein Beispiel zum Institutionalisierungsgrad einer Partnerschaft (Kopp et al., 2008): Angenommen wird, dass eine Partnerschaft in ihrem Reifungsprozess durch Ereignisse abgebildet werden kann, „die sich nach dem Kriterium ihrer Schwierigkeit ordnen lassen und zusammengenommen die Konstruktion einer Guttmann-Skala erlauben, die eine befriedigende Reproduzierbarkeit und eine hinreichende Varianz aufweist" (Kopp et al., 2008). 14 Items wurden hierbei 4 Beziehungsstufen zugeordnet, da mehrere Items jeweils eine sehr ähnliche Schwierigkeit aufweisen. Im Nachfolgenden ist jeweils ein Item aus jedem Level abgebildet, welches von den Befragten bejaht oder verneint werden kann.

Level	Item
1	Partner*in wurde den Freund*innen vorgestellt.
2	Partner*innen haben (gegenseitig) Gegenstände in der Wohnung deponiert.
3	Schlüssel für die Wohnungen wurden getauscht.
4	Partner*innen sind verlobt.

Dieses Beispiel zeigt einen von Item zu Item zunehmenden Grad der Partnerschaft. Stimmt eine Untersuchungsperson dem Item auf Level 2 zu, wird angenommen, dass für sie das Item auf Level 1 ebenso zutrifft. Wird Item 3 hingegen noch verneint, so müsste auch Item 4 verneint werden. Die Zustimmung zu Item 3 wiederum bedingt die Zustimmung zu Item 2 und Item 1. Wenn eine Person berichtet, dass in ihrer Partnerschaft Level 4 bereits eingetreten ist, gelten Ereignisse niedrigerer Levels, die nicht eingetreten sind, als Fehler. Mit einem CR von .94 liefert die vorgestellte Guttmann-Skala ein sehr gutes Ergebnis.

Das Verfahren der Guttman-Skala benutzt einen Koeffizienten als Maß für die Reproduzierbarkeit (**CR** für *coefficient of reproducability*). Der CR kann theoretisch zwischen 0 und 1 liegen; akzeptiert werden nur CR größer 0.9, weil dies eine geringe Fehlerrate anzeigt. Die *Logik* dieser Maßzahl beruht auf der Annahme, dass das tatsächliche Antwortverhalten fehlerhaft ist und von der idealen, zulässigen Antwortkette der Guttman-Skala abweicht (Person A stimmt etwa dem Item 3 aber nicht dem Item 1 zu). Je mehr Abweichungen von der zulässigen Antwortkette auftreten, umso geringer ist der Reproduzierbarkeits-Koeffizient CR (Schnell et al., 2018, S. 169ff.). Guttman-Skalen sind in der Praxis relativ schwer zu konstruieren und werden daher im Forschungsalltag selten verwendet.

3.3.3. Mehrdimensionale Messung: Semantisches Differential

Likert-Skalen und Guttman-Skalen haben eines gemeinsam: Sie beziehen sich auf die Messung *einer* Dimension desselben Konstrukts. Für die Messung *mehrerer* Dimensionen wird in der Sozialforschung das so genannte semantische Differential bzw. Polaritätsprofil verwendet. Auch hierbei handelt es sich um ein Skalierungsverfahren mit bestimmten Methoden, das Ziel ist jedoch nicht die Berechnung *eines Skalenwerts*.[17] Durch das semantische Differential wird also keine Skala mit einem *Skalenwert* im oben verstandenen Sinn generiert, sondern ein Sachverhalt in seiner Mehrdimensionalität (sprachlich) erfasst.

[17] Es lassen sich jedoch mehrere Begriffspaare in Subdimensionen zusammenfassen (Döring & Bortz, 2016, S. 277), diese werden jedoch im Regelfall nicht weiter zu einem Wert verdichtet.

Im folgenden Beispiel werden im Sinne der mehrdimensionalen Messung Dimensionen wie „Prestige", „Anmutung", „Funktionalität" u.a. erfasst:

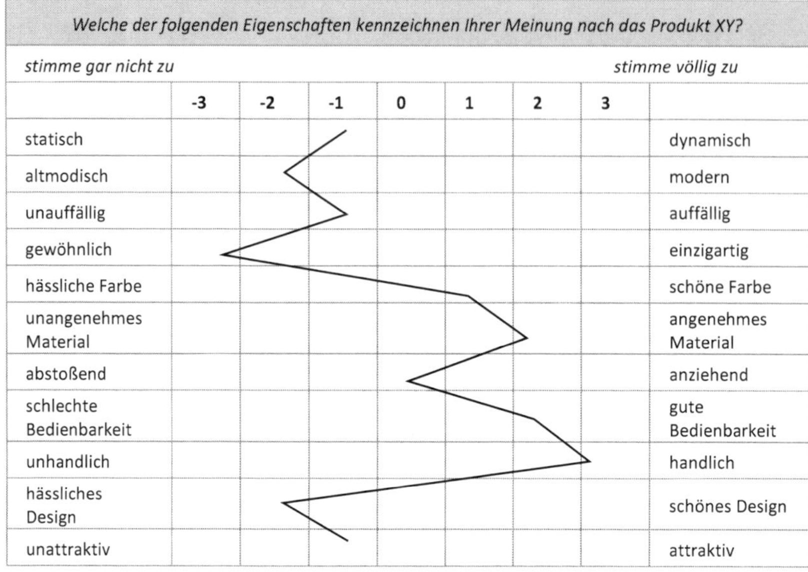

Welche der folgenden Eigenschaften kennzeichnen Ihrer Meinung nach das Produkt XY?								
stimme gar nicht zu								*stimme völlig zu*
	-3	**-2**	**-1**	**0**	**1**	**2**	**3**	
statisch								dynamisch
altmodisch								modern
unauffällig								auffällig
gewöhnlich								einzigartig
hässliche Farbe								schöne Farbe
unangenehmes Material								angenehmes Material
abstoßend								anziehend
schlechte Bedienbarkeit								gute Bedienbarkeit
unhandlich								handlich
hässliches Design								schönes Design
unattraktiv								attraktiv

In einem semantischen Differenzial werden die Befragten gebeten, die Eigenschaften eines Objekts anhand einer Reihe von Adjektiven, die Gegensatzpaare bilden, zu bewerten. Diese Gegensatzpaare beziehen sich auf mehrere Dimensionen. Meist erfolgt die Beantwortung auf einer siebenstufigen Skala, auf der jene Punkte angekreuzt werden sollen, die für den Befragten die eigene Einstellung am besten wiedergibt. Semantische Differentiale können auf mehrere Arten ausgewertet werden. Die gebräuchlichste Auswertungsform ist die Berechnung von Mittelwerten für jedes Gegensatzpaar auf Grundlage der Antworten aller Befragten. Auf diese Weise ergibt sich ein „Profil" auf dem Differential (siehe obiges Beispiel). Es können bei einem Vergleich mehrerer Objekte (z.B. Produktvergleiche) auch Ähnlichkeitsmaße unterschiedlicher Profile berechnet werden. Ein Beispiel wären die Einstellungsausprägungen von unterschiedlichen Altersgruppen und Geschlechtern zu spezifischen Produkten. Das semantische Differential ist zwar ein vergleichsweise einfach zu erstellendes Instrument, es sollten jedoch zwei Voraussetzungen beachtet werden: (1) Die Skalen, und hier wiederum die adjektivischen Gegensatzpaare, sollten in Bezug auf die zu messenden Einstellungen eine *klare Bedeutung* besitzen. (2) Außerdem sollte, sofern nicht relativ aufwändige Verfahren zur Identifikation von „Skalen-Konzept-Interaktionseffekten" eingesetzt werden, berücksichtigt werden, dass die Befragten die verwendeten Adjektive mitunter sehr *unterschiedlich interpretieren* (Schnell et al., 2018, S. 156). Das Verfahren wird häufig in der Marktforschung eingesetzt, z.B. im Rahmen von Produkttests, wenn ein Produkt oder eine Marke durch ein Eigenschaftsprofil bewertet werden soll oder für die Bewertung des Images von Unternehmen.

3.4. Gütekriterien

Die bisherige Darstellung der Skalierungsverfahren konzentrierte sich darauf, Verfahren für die Bildung von Skalen darzustellen. Damit *Skalen* den Charakter von qualitätsvollen und aussagekräftigen Messinstrumenten bekommen, müssen sie bestimmte Standards und einige Gütekriterien erfüllen. Häufig wird zwischen Haupt- und Nebengütekriterien unterschieden (Abbildung 14). Im vorliegenden Abschnitt wird der Schwerpunkt auf die zentralen Kriterien gelegt.

Abbildung 14 – Gütekriterien[18]

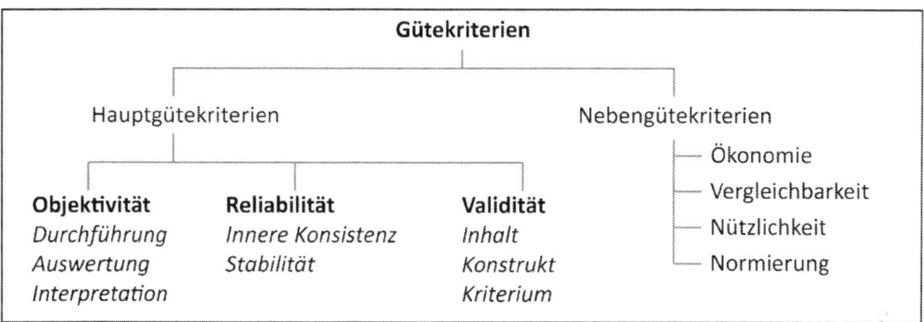

Objektivität ist – kurz formuliert - gegeben, wenn verschiedene Forscher*innen mit demselben Messinstrument bei einer Untersuchung dieselben Ergebnisse erzielen. Dieses Kriterium bezieht sich auf alle Phasen des Forschungsprozesses. Dem entsprechend wird das Objektivitätskriterium häufig nochmals in drei Unterkriterien unterteilt:

- Die *Durchführungsobjektivität* bezieht sich auf die Erzielung derselben Ergebnisse bei der Datenerhebung durch unterschiedliche Interviewer*innen.
- Die *Auswertungsobjektivität* erfordert, dass Forscher*in A und Forscher*in B bei der Auswertung dieselben Ergebnisse erzielen.
- Die *Interpretationsobjektivität* verlangt, dass bei der Interpretation der Befunde keine maßgeblichen Unterschiede auftreten.

Unter **Reliabilität** wird das Ausmaß der Zuverlässigkeit verstanden, mit der ein Messinstrument bei wiederholten Messungen dieselben Messergebnisse reproduziert. Bei wiederholter Anwendung des Instruments soll stets dasselbe Ergebnis erzielt werden. Grundsätzlich kann, wie auch schon in Zusammenhang mit der Likert-Skala dargestellt, die Reliabilität durch einen Korrelationskoeffizienten ausgedrückt werden, der Werte zwischen 0 und 1 annehmen kann. 0 bedeutet, dass der gemessene Wert nur aus einem Fehler besteht; 1 bedeutet, dass der

[18] Entnommen von Bühner (2011, S. 44).

Messwert fehlerfrei ist. Für die Beurteilung der Reliabilität werden in der quantitativen Sozialforschung vier Verfahren standardmäßig eingesetzt:[19]

- Paralleltest;
- Test-Retest-Design;
- Testhalbierung;
- Konsistenzanalyse.

Beim **Paralleltest** (*parallel-forms reliability test*) wird die Messung mit zwei verschiedenen, jedoch äquivalenten Instrumenten an denselben Untersuchungspersonen vorgenommen. Äquivalent bedeutet, dass die Items demselben Konzept zugrunde liegen und dieselben Skalenformen besitzen, aber anders formuliert sind. Die Tests müssen streng vergleichbar sein. Beispielsweise können in der Medizin Blutdruckwerte mit zwei unterschiedlichen Instrumenten gemessen werden: Stimmen die Ergebnisse überein, kann die Reliabilität der beiden Messungen angenommen werden. Der Paralleltest eignet sich besonders für experimentelle Untersuchungsanordnungen.

Verbreiteter ist die **Test-Retest-Methode**. Dabei wird denselben Untersuchungspersonen ein und derselbe Test (meist nach mehreren Wochen) ein zweites Mal vorgelegt, um dann die Korrelation der beiden Ergebnisreihen zu ermitteln. Als Korrelationswert wird standardmäßig r = 0,85 gefordert (Häder, 2019, S. 110). Multipliziert man diesen Wert mit 100%, erhält man einen Wert, der angibt, „wie viel Prozent der Gesamtunterschiedlichkeit der Testergebnisse auf ‚wahre' Merkmalsunterschiede zurückzuführen sind" (Döring & Bortz, 2016, S. 466). Eine Retest-Reliabilität von 0,85 bedeutet somit, dass 85% der Merkmalsvarianz auf „wahre" Merkmalsunterschiede zurückgehen und nur 15% auf Fehlereinflüsse. Für die Anwendung der Test-Retest-Methode sind einige Voraussetzungen zu beachten:

- Man sollte davon ausgehen können, dass der zu messende Sachverhalt über die zwei *Messzeitpunkte hinweg stabil* bleibt.
- Das *Messinstrument muss identisch* bleiben. Es muss die gleiche Abfolge der gleichen Fragen gesichert sein; auch auf dieselben Interviewer*innen wird Wert gelegt.
- Bei der Wahl der Zeitabstände der beiden Erhebungen *sollten Lern- und/oder Gedächtniseffekte vermieden* werden. Auch muss berücksichtigt werden, dass bestimmte Fragen bei den Untersuchungspersonen Nachdenkeffekte auslösen können, die möglicherweise bestimmte Einstellungen verändern.

Die **Testhalbierung *(*split-half-test*)*** ist die am wenigsten aufwändige Methode zur Schätzung der Reliabilität, weil der Test nur einmal einer Stichprobe vorgelegt wird. Für die Testhalbie-

[19] Im statistischen Sinne handelt es sich um „Schätzungen", nicht um Beurteilungen. Für eine kompakte Darstellung der Verfahren zur Schätzung der Reliabilität siehe Häder (2019, S. 210ff.) und Schnell et al. (2018, S. 133f.); die statistischen Zusammenhänge werden vertiefend bei Döring & Bortz (2016, S. 465ff.) dargestellt.

rung eignen sich nur Item-Batterien, die aus einer größeren Anzahl bestehen. Alle Items müssen darüber hinaus auf denselben Sachverhalt gerichtet sein. Die Aufteilung des Tests in zwei Hälften kann auch zufällig erfolgen. Danach wird berechnet, wie stark die Antworten beider Hälften miteinander korrelieren. Die Testhalbierungsmethode ist ein sehr robustes Maß für die Schätzung der Reliabilität, weil im Sinne der Messtheorie angenommen werden kann, dass eine steigende Anzahl von Messungen zu einem Maximum an Übereinstimmung zwischen dem „wahren" Messwert und dem Erwartungswert führt. Wenn also durch Testhalbierung die Anzahl der gemessenen Items reduziert wird, dürfte die Reliabilität unterschätzt werden und die tatsächliche Reliabilität höher liegen. Anders formuliert: Die Reliabilität eines Tests wächst mit seiner Länge (Döring & Bortz, 2016, S. 467; Häder, 2019, S. 113).

Das Vorgehen bei der **Item-Konsistenzanalyse** ist vergleichbar mit dem bei der Testhalbierung – dementsprechend gelten auch die gleichen Voraussetzungen. Der Unterschied besteht darin, dass bei der Konsistenzanalyse das Messinstrument nicht nur in zwei Hälften geteilt wird, sondern in so viele Teile, wie Items vorhanden sind. Der gebräuchlichste Koeffizient, wie bereits angeführt, ist „Cronbachs Alpha" (α). Einer seiner Vorteile besteht in der Anwendbarkeit auf dichotome (z.B. Richtig-Falsch-Antworten) *und* polytome Items. Dieser Koeffizient entspricht dem Mittelwert aller möglichen „split-half"-Koeffizienten und kann aus den Korrelationen aller Items untereinander berechnet werden (Inter-Item-Korrelation).

Das *wichtigste und stärkste Gütekriterium* ist die **Validität**, denn das Messinstrument kann unter Umständen das Falsche messen, die Messung an sich kann jedoch korrekt sein. Sie wäre damit zwar *reliabel, aber nicht valide*. Validität ist das *Hauptziel der Konstruktion* von Messinstrumenten und das komplexeste der Gütekriterien, weil es unterschiedliche Aspekte umfasst. Die Validität gibt den Grad an Genauigkeit an, mit dem ein Test oder ein Messinstrument tatsächlich das misst, was es messen soll. In dieser Definition verbergen sich unterschiedliche Formen der Validität.

Die *Inhaltsvalidität* bezieht sich darauf, ob eine Messung möglichst alle relevanten Aspekte eines Phänomens misst. Inhaltlich ist eine Messung nur dann „gültig", wenn in der Operationalisierung *alle Aspekte* eines Begriffs berücksichtigt wurden. So wäre die inhaltliche Validität der Variablen „Einstellung zu Weiterbildung" aufgrund einer unvollständigen Operationalisierung nicht gegeben, wenn dieses Konzept nur im Sinne von Karrierestreben aufgefasst wird, aber wertebezogene Dimensionen (z.B. Bildung als individueller Wert) und Faktoren der persönlichen Motivation (z.B. als Ausdruck von intrinsischer und extrinsischer Motivation) außer Acht gelassen werden. Für die Beurteilung der Inhaltsvalidität gibt es keine objektiven Kriterien. Vielmehr ist die inhaltlich vollständige Operationalisierung der zu messenden Konstrukte das Ziel. Diese Vollständigkeit kann oftmals durch die Beurteilung einer Item-Batterie auf Vollständigkeit durch Expert*innen geprüft werden. Da Fehler „ins Auge fallen" sollten, wird die Expert*innenvalidität auch als **Augenscheinvalidität** (face validity) bezeichnet. Das Expert*innenrating ist eines der am häufigsten angewendeten und praktikabelsten Verfahren zur

Prüfung der Validität und ist für die Überprüfung von Fragebögen besonders gut geeignet. Oft wird besonders der Messung selbst besonderes Augenmerk geschenkt, ohne auf die inhaltliche Validität zu achten. Der große Nutzen der Expertenvalidität liegt darin, dass die Validität auch im Sinne theoretischer und wissenschaftstheoretischer Überlegungen geprüft wird.

Die *Kriteriumsvalidität* bezieht sich auf die Frage, in welchem Grad die mit einem Messinstrument erzielten Resultate mit anderen (so genannten „externen") Kriterien, die unabhängig mit einem anderen Messinstrument erfasst wurden, korrelieren. So wäre es denkbar, dass eine positive Einstellung zur beruflichen Weiterbildung gemessen wurde und in einer weiteren Erhebung das Ausmaß der späteren Weiterbildungsbeteiligung erfasst wird. Weisen die positiv eingestellten Untersuchungspersonen zum Zeitpunkt der weiteren Erhebung tatsächlich eine höhere Weiterbildungsbeteiligung auf, liegt also eine Korrelation zwischen den Ergebnissen der ersten Messung mit einem in der zweiten Messung auf andere Weise gemessenen Kriterium vor, dann sprechen wir von *Vorhersagevalidität*. Für die Kriteriumsvalidität steht somit auch eine eindeutige Kennzahl in Form eines Korrelationskoeffizienten zur Verfügung.

Im Unterschied zur Vorhersagevalidität, bei der interne und externe Kriterien zu unterschiedlichen Zeitpunkten gemessen werden, erfolgt die Messung der Kriterien bei der *Übereinstimmungsvalidität* zum selben Zeitpunkt. Es besteht die Absicht, mit einem Messinstrument Unterschiede zwischen Gruppen herauszuarbeiten. Politische „Links-Rechts-Skalen" verfolgen etwa den Zweck, klar zwischen ideologischen Gruppierungen zu unterscheiden. Stimmen die Ergebnisse der Messung mit dem ebenfalls erfassten tatsächlichen Wahlverhalten überein, ist Übereinstimmungsvalidität gegeben. Problematisch ist allerdings, dass häufig die Ursachen für die „Mitgliedschaft" zu einer weltanschaulichen Gruppe nur indirekt mit der zu validierenden Messung zusammenhängen (Diekmann, 2018, S. 259). Die Kriteriumsvalidität ist im Unterschied zur Inhaltsvalidität messbar und wird durch Korrelationskoeffizienten ausgedrückt.

Sowohl Inhalts- als auch Kriteriumsvalidität sind nicht immer anwendbar oder wenig aussagekräftig. Daher ist die *Konstruktvalidität* besonders wichtig für die Herleitung von empirisch überprüfbaren Aussagen über Zusammenhänge eines Konstrukts mit anderen Konstrukten und für den empirischen Nachweis dieser Konstrukte. Bei der Konstruktvalidität ist nicht ein einzelnes Außenkriterium bedeutsam, sondern die Vorhersage einer möglichst großen Anzahl von unabhängig gemessenen Kriteriumswerten, die durch theoretische Zusammenhänge miteinander verbunden sind. Gegenstand des Validierungsprozesses sind die Zusammenhänge zwischen theoretischen Dimensionen. Es wird also – auf der Basis einer Theorie – ein Zusammenhang zwischen verschiedenen Konstrukten angenommen und überprüft. Der Überprüfung der Konstruktvalidität liegt die Idee zu Grunde, dass ein Merkmal einer Person auch das Vorliegen anderer Merkmale „steuert". So könnte man z.B. annehmen, dass Personen, die ein besonders nachhaltiges individuelles Umweltverhalten an den Tag legen, auch eine überdurchschnittliche Bereitschaft zur Kooperation im Rahmen von Umweltschutzinitiativen besitzen.

4. Erhebungsplan und Forschungsdesign

Forschungsprojekte umfassen unterschiedliche Phasen und Schritte, in denen ausgewählte Methoden und Instrumente zweckmäßig arrangiert werden müssen, um Untersuchungen durchführen zu können. Das gesamte Arrangement eines Forschungsprojekts wird **Forschungsdesign** oder *Untersuchungsdesign* genannt. Die Wahl bzw. Entwicklung des Forschungsdesigns wird dabei stark von Entscheidungen beeinflusst, die bereits in vorhergehenden Phasen des Forschungsprozesses getroffen werden. Insbesondere die Art der zu untersuchenden Hypothesen und die Variablentypen sind vorentscheidend:

- So legt etwa eine vergleichende Hypothese über die Wirkung einer medizinischen Behandlung ein experimentelles Design nahe.
- Für die Überprüfung einer Hypothese über längerfristige Veränderungen von politischen Einstellungen wird es hingegen notwendig sein, Daten über mehrere Zeitpunkte zu erheben.
- Eine Hypothese über einen Zusammenhang zwischen der Bereitschaft zu aktivem Umweltschutzverhalten und Schichtzugehörigkeit bedarf Daten über das Verhalten sowie Informationen über Bildung und Einkommen (je nach Definition von Schicht).
- Für Hypothesen über den Nahrungsverzehr ist es vorteilhaft, den täglichen Konsum zu beobachten, anstatt retrospektiv danach zu fragen.

!	Das Forschungsdesign bzw. Untersuchungsdesign ist das **methodische Arrangement**, das festlegt, wie die Elemente eines Projekts (Vergleichsgruppen, Messoperationen und -instrumente, Stichprobenziehung sowie Art, Ort und Häufigkeit der Datenerhebungen) zusammengefügt werden müssen, um die Fragestellungen auf der Grundlage zuverlässiger Daten zu beantworten und einen möglichst hohen Grad an Gewissheit zu erzielen.

Die Wahl des Forschungsdesigns folgt letztlich einem grundlegenden *methodologischen Ziel*: Zusammenhänge möglichst eindeutig zu *erklären*. Damit wird die Richtigkeit einer bestimmten Erklärung suggeriert. In Wirklichkeit ist aber – für den gleichen Zusammenhang – eine Vielzahl an alternativen Erklärungen denkbar: die interessierende Wirkung könnte auch auf andere Ursachen zurückgeführt werden. Damit eine im Idealfall alleinige Erklärung Gültigkeit beanspruchen kann, muss das Forschungsdesign Vorkehrungen treffen, um alternative Erklärungen (also den Einfluss anderer unabhängiger Variablen, sogenannter „Drittvariablen") im Idealfall auszuschließen. Diese „Drittvariablenkontrolle" ist eine grundlegende methodologische Anforderung an Forschungsdesigns (Schnell et al., 2018, S. 408). Entsprechende Vorkehrungen stehen wiederum in Zusammenhang mit wissenschaftlichen Gütekriterien – Objektivität, Reliabilität und Validität (Abschnitt 3.4).

Grundsätzlich sind im Zuge der Wahl des Forschungsdesigns Fragen zu klären, die unterschiedliche Aspekte betreffen (Tabelle 3):

Tabelle 3 – Frageliste Forschungsdesign

Untersuchungsebene	Sollen individuelle (Mikroebene) und/oder kollektive Merkmale (Makroebene) untersucht werden?
Untersuchungseinheiten	Über welche Einheiten werden Aussagen getroffen (z.B. Einzelpersonen, Gruppen, Organisationen)?
Zeitpunkt(e) der Untersuchung	Wann und wie oft sollen bzw. müssen Daten erhoben werden?
Datentypen	Welche Arten von Daten werden benötigt?
Datenerhebung	Mit welchen Methoden sollen die Daten erhoben werden?
Datenauswertung	Welche Verfahren werden für die Auswertung der Daten eingesetzt?

4.1. Arten von Forschungsdesigns

In der quantitativen Sozialforschung existieren drei „klassische" Forschungsdesigns: Echte Experimente, quasi-experimentelle Designs und Ex-post-facto-Designs. Diese Forschungsdesigns können mit Hilfe von zwei Kriterien unterschieden werden (Diekmann, 2018, S. 329), durch

- den **Zeitpunkt** der Bildung von Vergleichsgruppen und
- den **Modus** der Bildung von Vergleichsgruppen.

Nimmt man den Zeitpunkt und den Modus der Bildung von Vergleichsgruppen als Kriterien, kann zwischen *Ex-ante-Designs* und *Ex-post-facto-Designs* differenziert werden. Experimentelle Designs sind *Ex-ante-,* Surveys und Befragungen *Ex-post-facto-Designs (*Tabelle 4).

Tabelle 4 – Ex-ante versus Ex-post-facto Designs

<table>
<tr><th>EX-ANTE-DESIGNS</th><th>EX-POST-FACTO-DESIGNS</th></tr>
<tr><td>Echtes Experiment
Bildung von Vergleichsgruppen
• vor der Datenerhebung bzw. Messung
• gemäß Zufallsprinzip (Randomisierung)
Anwendung:
Laborexperiment und Feldexperiment (z.B. Medizin, Psychologie, Verhaltensökonomie)</td><td rowspan="2">Nicht-experimentelle Designs
Bildung von Vergleichsgruppen
• nach der Datenerhebung bzw. Messung im Zuge der Datenanalyse
• idealerweise nach dem Zufallsprinzip
Anwendung:
• Querschnittdesign
• Längsschnittdesign
(z.B. Soziologie, Nationalökonomie, Politikwissenschaft)</td></tr>
<tr><td>Quasi-experimentelle Designs
Vorgegebene Vergleichsgruppen
Anwendung:
Evaluationsforschung</td></tr>
</table>

Aufgrund der steigenden Bedeutung digitaler Massendaten werden in der sozialwissenschaftlichen Forschung zusätzliche Designformen wichtiger, die nicht die Prüfung von Hypothesen, sondern die Exploration von Zusammenhängen und die Vorhersage von Ereignissen zum vorrangigen Ziel haben. Im Weiteren werden zuerst die klassischen Forschungsdesigns – *Ex-ante-Designs* und *Ex-post-facto-Designs* – näher ausgeführt, danach kurz auf den Umgang mit Massendaten eingegangen.

!	Wichtig ist die Unterscheidung zwischen *Daten* und *Design*: Unter Daten versteht man meist die in *codierter Form vorliegenden Merkmale* der Untersuchungsobjekte (z.B. die Meinungen der Befragten). Das Design bezieht sich hingegen auf die *Art der Auswahl der Befragungspersonen*, die *Art der Stichprobe* und die *Zeitpunkte* der Erhebung, gibt also an, wie die Daten gewonnen werden.

4.1.1. Ex-ante-Designs

Wie der Name bereits andeutet, ist für diese Designs entscheidend, dass die Bildung von Vergleichsgruppen ex-ante, also vor der Datenerhebung bzw. Messung, erfolgt. Auf Basis des Modus lässt sich zwischen dem Experiment und den quasi-experimentellen Designs unterscheiden. Bei quasi-experimentellen Designs sind unterschiedliche Vergleichsgruppen bereits in ihrer *natürlichen Zusammensetzung* gegeben (Döring & Bortz, 2016, S. 199); sie werden also im Gegensatz zum Experiment nicht durch Randomisierung gebildet.

4.1.1.1. Echtes Experiment

Das echte Experiment weist gegenüber Ex-post-facto-Designs wesentliche, statistisch und methodologisch bedeutsame Unterschiede auf. Die drei wichtigsten Merkmale des echten Experiments sind:

1. **Vor** der Datenerhebung bzw. Messung werden mindestens zwei Vergleichsgruppen gebildet (Experimental- und Kontrollgruppe).
2. Die Zuordnung von Versuchspersonen zu den Vergleichsgruppen erfolgt durch ein **Zufallsverfahren** (*Randomisierung* R).
3. Die unabhängige Variable (X) wird **experimentell verändert** (Treatment).

Für die Bildung von Vergleichsgruppen vor der Datenerhebung bzw. der Messung wird in der Regel die sogenannte Randomisierung angewendet. Die Vergleichsgruppen werden somit vor der Messung bewusst *konstruiert*, erst im nächsten Schritt wird an diesen Gruppen eine Messung vorgenommen. Eine wichtige Konsequenz der Randomisierung besteht darin, dass die Vergleichsgruppen weitgehend ähnliche Merkmale aufweisen. Aufgrund der strukturgleichen Vergleichsgruppen kann damit auch die Varianz der unabhängigen Variablen bereits vor der Datenerhebung bzw. Messung kontrolliert werden.

Innerhalb dieses Rahmens wird im nächsten Schritt eine systematische Variation der interessierenden, unabhängigen Variablen (auch: Faktor, Stimulus genannt) mit dem Ziel vorgenommen, die Auswirkung dieser Variation auf eine interessierende, abhängige Variable zu untersuchen. Da aufgrund der Randomisierung andere unabhängige Variablen in den Vergleichsgruppen weitgehend ähnlich verteilt sind, können die Einflüsse dieser unabhängigen Variablen und der potenziell personenbezogenen *Störvariablen* konstant gehalten bzw. statistisch kontrolliert werden. Dadurch können die Unterschiede von Experimental- und Kontrollgruppe in Bezug auf die zu untersuchende abhängige Variable mit hoher Wahrscheinlichkeit auf die experimentelle Variation der *treatment variable* als verursachende Variable zurückgeführt werden (Döring & Bortz, 2016, S. 196).

An einem Beispiel verdeutlicht: Für ein medizinisches Experiment, in dem die Wirkung eines neuen Medikaments mit der Wirkung eines alten Medikaments verglichen werden soll, werden Versuchspersonen mit gleichen Krankheitssymptomen und soziodemografischen Merkmalen durch Randomisierung einer Experimentalgruppe und einer Kontrollgruppe zugeordnet. Die experimentelle Variation der *treatment variable* besteht darin, dass die Experimentalgruppe das neue Medikament, die Kontrollgruppe das alte Medikament erhält.

Durch diese Versuchsanordnung wird es möglich, die Wirkung des neuen Medikaments auf die abhängige Variable bei gleichzeitiger Konstanthaltung bzw. Kontrolle des Einflusses anderer unabhängiger Variablen und Störvariablen (Drittvariablenkontrolle) als Kausalzusammenhang zu interpretieren.

Echte experimentelle Designs weisen **drei Stärken** auf:

- Durch Randomisierung kann die Varianz der unabhängigen Variablen in den Vergleichsgruppen hergestellt bzw. maximiert werden.
- Etwaige verzerrende Einflüsse durch Drittvariablen (personenbezogene Störvariablen) können statistisch kontrolliert werden.
- Die Veränderung der abhängigen Variablen kann mit hoher Wahrscheinlichkeit im Sinne einer Kausalbeziehung auf die Variation der Treatmentvariable zurückgeführt werden.

Eine weitere Voraussetzung für eine hohe Aussagekraft von experimentellen Designs ist die Eliminierung bzw. Reduktion von untersuchungsbedingten Störvariablen, diese Problematik wird später noch behandelt.

Zusätzlich zur Kontrollierbarkeit von verzerrenden Einflüssen besteht ein weiterer Vorteil experimenteller Versuchsanordnungen in ihrer vergleichsweise einfachen Reproduzierbarkeit, womit in weiterer Folge auch bessere Möglichkeiten zur Überprüfung von Ergebnissen gegeben sind. Das ist auch in der Praxis sehr wichtig, etwa bei der Zulassung von pharmazeutischen Wirkstoffen: Jedes Pharmaunternehmen muss vor der Zulassung eines Medikaments exakte experimentelle Tests durchführen und die eingesetzten Versuchsanordnungen inklusive detaillierter Ergebnisse der zuständigen Arzneimittelbehörde zur Überprüfung übermitteln, bevor ein Medikament freigegeben werden kann. Für sozialwissenschaftliche Untersuchungen ist die Reproduzierbarkeit allerdings zu relativieren, die Wiederholung von Experimenten stellt im Regelfall eine Herausforderung dar, wenn die mögliche Bandbreite potenzieller Störfaktoren bedacht wird.

Im Zuge der Weiterentwicklung des experimentellen Designs wurde das klassische Modell um das gegenwärtige Standardmodell durch die Messung der Ausgangsbedingungen vor dem Treatment (O) erweitert (Abbildung 15).

Abbildung 15 – Klassisches Modell und Standardmodell des experimentellen Designs[20]

		Standardmodell des experimentellen Designs		
			Klassisches Experiment	
		Zeitpunkt		
		t_0	t_1	t_2
R	Experimentalgruppe	Messung (O)	Experimentelle Veränderung	Messung (O)
R	Vergleichsgruppe	Messung (O)	-	Messung (O)

Das Standardmodell ist ein Beispiel für eine „Vorher-Nachher-Messung" bzw. ein *Pretest-Posttest-Design*. Es kann auf unterschiedliche Weise variiert werden. Wird auf die Messung vor dem Treatment verzichtet, handelt es sich um ein *Posttest-Design*. Bei einem Pretest-Posttest-Design können nach dem Treatment mehrere Messungen zu mehreren Zeitpunkten vorgenommen werden, etwa um den Wirkungsverlauf einer Therapie längerfristig zu untersuchen.

Zusätzlich können mehrere Versuchsgruppen angeordnet werden, von denen ein Teil einem Pretest-Posttest und ein Teil nur einem Post-Test unterzogen wird (Solomon-Viergruppen-Versuchsplan, Abbildung 16). Das ist zum Beispiel dann notwendig, wenn ausgeschlossen werden soll, dass der Effekt des Treatments auch durch eine Wechselwirkung mit den Methoden der Messung bzw. der Messsituation selbst entsteht.

Abbildung 16 – Solomon-Viergruppenversuchsplan[21]

		Zeitpunkt		
		t_1	t_2	t_3
R	Experimentalgruppe 1	O	X	O
R	Kontrollgruppe 1	O	-	O
R	Experimentalgruppe 2	-	X	O
R	Kontrollgruppe 2	-	-	O

[20] In Anlehnung an Häder (2019, S. 364f.).

[21] Siehe Schnell et al. (2018, S. 200).

Sozialwissenschaftliche Experimente werden für Untersuchungen zu Fragen der empirischen Gerechtigkeitsforschung ebenso eingesetzt wie im Rahmen der Mobilitätsforschung oder dem Entscheidungsverhalten von Akteur*innen in sozialen Systemen.[22] Desgleichen wird das experimentelle Design in der Marktforschung und für Untersuchungen in der experimentellen Ökonomie eingesetzt. In Verbindung mit Rational Choice- und spieltheoretischen Ansätzen kommen experimentelle Designs in versicherungstheoretischen Untersuchungen, in Analysen des Anlageverhaltens auf Finanzmärkten und in Analysen des Risikoverhaltens sowie in Untersuchungen der Preisbildung auf Märkten zur Anwendung (u.a. Selten, 1998). Experimentelle Designs finden in der quantitativen Sozialforschung vor allem aufgrund der strikten methodologischen Voraussetzungen eine deutlich geringere Anwendung als Surveydesigns; sie nehmen jedoch an Bedeutung zu, wobei auch die verstärkte Nutzung von digitalen Umgebungen als Versuchsorte beigetragen hat.[23]

Neben den Stärken müssen bei experimentellen Designs auch Faktoren berücksichtigt werden, die grundsätzlich „störend" wirken können (Döring & Bortz, 2016, S. 196ff.; Schnell et al., 2018, S. 191f.):

- **Zwischenzeitliche Einflüsse**: Während des Experiments können Ereignisse eintreten, die zusätzlich zum Stimulus auf die abhängige Variable einwirken. So könnten beispielsweise bei der Testung eines Medikaments zwischen den Messzeitpunkten Veränderungen der Ernährungsgewohnheiten eintreten, die zusätzlich zum Medikament die Krankheitsentwicklung verändern.
- **Reifungsprozesse** der Versuchsteilnehmer*innen: Es kommt im Laufe des Experiments zu Veränderungen oder Anpassungen des Verhaltens bedingt durch intrapersonale Faktoren. Resultate sind dann nicht mehr die Wirkung des Treatments, sondern etwa davon unabhängige Ermüdungserscheinungen.
- **Messeffekte**: Die bei der Vorher-Nachher-Messung festgestellte Wirkung der experimentellen Veränderung könnte in Wirklichkeit eine Auswirkung eines früheren Messvorganges sein. Diese Beobachtung wird vor allem bei Intelligenztests gemacht, wenn beim Pretest und Posttest mit demselben Test gemessen wird: Die Proband*innen lernen in der Zwischenzeit aus den Aufgabenstellungen des ersten Tests und damit steigt die Wahrscheinlichkeit, bei der Posttest-Messung die eigenen Resultate zu verbessern. Auch die Veränderung von Messinstrumenten kann derartige Wirkungen hervorrufen.
- **Verzerrte Auswahlen und Ausfälle**: Experimentalgruppe und Kontrollgruppe können sich zufällig oder systematisch in wesentlichen Merkmalen unterscheiden, wodurch

[22] Ein klassisches Beispiel für ein experimentelles Design in der Sozialpsychologie ist das Milgram-Experiment, mit dem die Bereitschaft getestet wurde, ob und in welchem Ausmaß Versuchspersonen autoritären Anweisungen, unbekannte Personen mittels Elektroschocks zu bestrafen, auch dann Folge leisten, wenn diese Anweisungen im Widerspruch mit dem persönlichen Gewissen standen (Milgram, 1974).

[23] Für einen Überblick über neuere Verfahren und Anwendungsgebiete des sozialwissenschaftlichen Experiments siehe Keuschnigg & Wolbring (2015).

auch die Resultate des Experiments beeinflusst werden können. Darüber hinaus können Versuchspersonen die Teilnahme an Experimenten abbrechen oder durch andere Umstände an der vollständigen Teilnahme behindert werden. Verzerrungen entstehen insbesondere dann, wenn diese Situationen gehäuft auftreten.

- **Untersuchungsbedingte Störvariablen**: Versuchsanordnung und die Versuchssituation können die Resultate ebenso beeinflussen. Bspw. wenn Versuchspersonen ihr Verhalten alleine deswegen verändern, weil sie wissen oder ahnen, dass sie an einer Studie teilnehmen (Hawthorne-Effekt); die Verhaltensänderung geht also auf das Experiment an sich und nicht auf das Treatment zurück. Aus diesem Grund werden häufig sog. Blind-Double-Blind-Experimente durchgeführt: bei dieser Art des Experiments wissen weder Versuchsleiter*innen noch Versuchspersonen, welche Gruppe welchem Treatment ausgesetzt wird. Allgemein werden Blind-Double-Blind-Versuche als die verlässlichste Methode betrachtet, weil sie die geringste Anfälligkeit für Verzerrungen (*bias*) aufweisen.

Die aufgelisteten Störvariablen können die an sich hohe **interne Validität** eines Experiments verletzen, wenn durch die Wirkung der Störvariablen die Variation der abhängigen Variable nicht mehr alleine und eindeutig auf das Treatment zurückgeführt werden kann. Interne Validität ist hingegen gegeben, wenn ausschließlich das Treatment für die Variation der abhängigen Variablen verantwortlich ist. Eine Verletzung der internen Validität ist auch gegeben, wenn Treatment und Störfaktoren gemeinsam für die Wirkung auf die abhängige Variable verantwortlich sind; dies wird *Konfundierung* genannt. Neben der internen muss auch die **externe Validität** beachtet werden, welche sich auf die Verallgemeinerbarkeit der Ergebnisse bezieht und bei Experimenten aufgrund der künstlich hergestellten Situation tendenziell als gering eingeschätzt werden muss (Krebs & Menold, 2019).

An dieser Stelle sind noch zwei wichtige Fragen zu klären: Wie kann die Randomisierung durchgeführt werden? Und: Wie wird die Wirkung des Treatments statistisch festgestellt und interpretiert?

Für die **Bildung von Kontrollgruppen** stehen zwei Techniken zur Verfügung: Die bereits erwähnte *Randomisierung* sowie das sog. *Matching*. Die Randomisierung ist einfach durchführbar und daher die gebräuchlichste Technik. Angenommen, für den Test der Medikamentenwirksamkeit stehen 200 Patient*innen als Untersuchungsteilnehmer*innen zur Verfügung. Aus diesen 200 Untersuchungsteilnehmer*innen werden je 100 der Experimental- und der Kontrollgruppe zugeordnet. Entscheidend ist, dass jede Versuchsperson die gleiche Chance hat, einer der beiden Gruppen zugeordnet zu werden und dadurch die Merkmale beider Gruppen statistisch vergleichbar sind. Die Versuchspersonen können aber auch nach bestimmten Merkmalen, die für den Ausgang des Experiments bedeutsam sind, vorgruppiert bzw. geschichtet werden, z.B. nach Alter, Geschlecht und Bildungsstand. Im Fall der Schichtung werden danach wiederum aus jeder Schicht mittels Zufallsverfahren Personen einer Gruppe zugeordnet. Praktisch kann Matching dadurch bewerkstelligt werden, indem die Personen fortlaufend nummeriert werden und die Versuchspersonen mit ungeraden Nummern in die Experimentalgruppe, jene mit geraden Nummern in die Kontrollgruppe kommen; im Falle einer Schichtung kann mit der gleichen Methode innerhalb jeder Schicht vorgegangen werden.

Die **Wirkung des Treatments** wird durch genaue Messungen unter Verwendung von metrischen Skalenniveaus festgestellt. Zunächst werden in der Regel die Werte aller Versuchspersonen gemessen und daraus die Mittelwerte für die Experimental- und die Kontrollgruppe ermittelt. Liegt zwischen den Mittelwerten keine Differenz vor (unter der Voraussetzung, dass das Experiment korrekt durchgeführt und Einflüsse von Störvariablen kontrolliert wurden), muss davon ausgegangen werden, dass ein Medikament wirkungslos ist. Fällt in Übereinstimmung mit der Ausgangshypothese über die blutdrucksenkende Wirkung eines Medikaments der Mittelwert der Experimentalgruppe niedriger aus als jener der Kontrollgruppe, kann eine Wirkung des Medikaments angenommen werden.

Die Interpretation dieser Mittelwertdifferenzen steht in direktem Zusammenhang mit der in der Ausgangshypothese formulierten Kausalbeziehung: *Aus der Differenz der Mittelwerte wird geschlossen, ob die in der Ausgangshypothese formulierte Kausalbeziehung vorliegt oder nicht.* Eine Voraussetzung für die Annahme dieses Ergebnisses ist, dass die ermittelte Mittelwertdifferenz statistisch signifikant ist.

4.1.1.2. Das Quasi-Experiment

Die wesentlichen Unterschiede zwischen einem echten Experiment und einem Quasi-Experiment bestehen in zwei Punkten: Zum einen fehlt beim Quasi-Experiment die Randomisierung, also die zufällige Aufteilung von Versuchspersonen in Vergleichsgruppen; zum anderen ist es nicht immer möglich, einen Pretest (Vorher-Messung) durchzuführen.

Somit *orientieren* sich Quasi-Experimente zwar an der Logik des Experiments, weisen aber *faktisch* nicht alle entsprechenden Voraussetzungen auf. Derartige Konstellationen sind häufig in der Evaluationsforschung anzutreffen. Evaluationsforschung umfasst alle wissenschaftlichen Verfahren, mit denen die Wirksamkeit von Programmen und Maßnahmen auf der Grundlage empirischer Informationen bewertet werden soll. Dazu zählt beispielsweise die Bewertung der Wirksamkeit von Programmen zur Unfallvermeidung oder Maßnahmen zur Gesundheitsprävention, von politischen Reformen oder Maßnahmen zur Verbesserung der sozialen Situation von bestimmten Bevölkerungsgruppen. Solche Maßnahmen werden in der Fachliteratur zusammenfassend als „Programme“ bezeichnet.[24]

[24] Einen sehr guten Einblick in die Einsatzbereiche der Evaluationsforschung sowie die wissenschaftlichen Standards und unterschiedlichen Verfahren der Evaluationsforschung bietet die Website der Deutschen Gesellschaft für Evaluierung e.V. Online: www.degeval.de (15.01.2021).

Entscheidendes Merkmal der Evaluationsforschung ist, dass die interessierenden Programme Handlungen im Sinne von verursachenden Variablen (UV) darstellen, mit denen bestimmte Ziele bzw. Wirkungen beabsichtigt werden. Eine Evaluierung setzt die zu bewertenden Handlungen und die beabsichtigten Ziele methodisch kontrolliert miteinander in Beziehung und bewertet die Handlungen im Hinblick darauf, in welchem Ausmaß und in welcher Weise durch sie die intendierten Ziele auch tatsächlich erreicht werden, also, ob sie – gemessen an einem bestimmten Maßstab – erfolgreich sind. Es liegt also eine bestimmte Logik der Bewertung in Form einer Kausalbeziehung vor (Abbildung 17).[25]

Abbildung 17 – Schema der Programmevaluation[26]

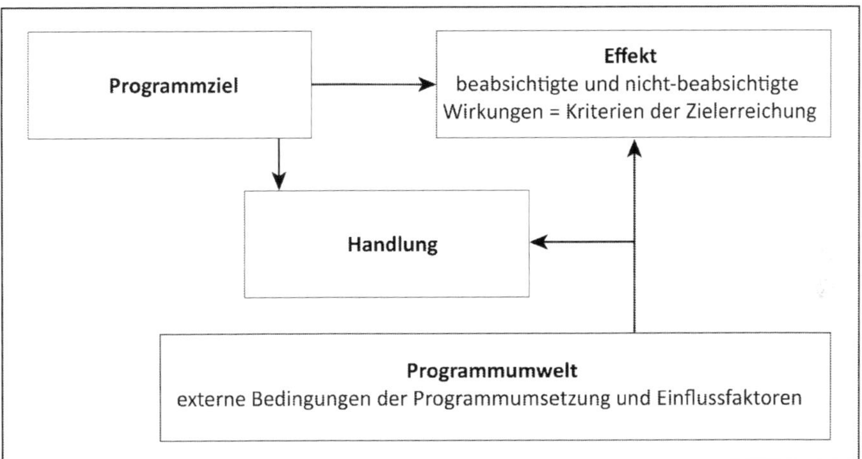

Die Herausforderungen der Evaluationsforschung lassen sich an einem konkreten Beispiel verdeutlichen:

> In der Sozial- und Arbeitsmarktpolitik wird versucht, die Chancen von arbeitslosen Personen, wieder ein Beschäftigungsverhältnis aufzunehmen, durch gezielte Angebote zu erhöhen. Zu den häufigsten Maßnahmen zählen die Teilnahme an Weiterbildungsmaßnahmen oder die Förderung eines Teils von Lohnkosten im Fall des beruflichen Wiedereinstiegs. Um die Wirksamkeit dieser Programme zu bewerten, werden häufig Evaluierungen in Auftrag gegeben.[27]

---

[25] Diese Definitionskriterien ermöglichen es, Evaluierungen im wissenschaftlichen Sinne vom alltäglichen Verständnis des Ausdrucks „Evaluierung" abzugrenzen. Bei diversen „Checklisten" zur „Evaluierung" des Energieverbrauchs von Häusern, der Ergonomie von Arbeitsplätzen oder der Arbeitszufriedenheit in Unternehmen handelt es sich nicht um Evaluierungen, weil sie meist einen deskriptiven Charakter haben und eine Ursachen-Wirkungs-Konstellation als Gegenstand der Bewertung nicht vorliegt. Eine kompakte Darstellung des Begriffs „Evaluation" und grundlegender Verfahrensweisen der Evaluationsforschung bietet Kromrey et al. (2016, S. 91ff.).

[26] In Anlehnung an Kromrey et al. (2016, S. 92).

[27] Einsicht in eine Vielzahl von Evaluationsstudien im arbeitsmarktpolitischen Bereich in Österreich bietet das Forschungsnetzwerk des AMS – Arbeitsmarktservice Österreich, www.ams-forschungsnetzwerk.at (15.01.2021).

Um die Frage, ob durch ein Programm die Beschäftigungschancen der Teilnehmer*innen erhöht werden, mit Sicherheit beantworten zu können, ist es nicht ausreichend, wenn nur die Teilnehmer*innen an den entsprechenden Programmen und ihre berufliche Entwicklung nach Beendigung des Programms betrachtet werden. Auf den ersten Blick könnte es als Erfolg bewertet werden, wenn beispielsweise drei Monate nach Ende eines Qualifizierungsprogramms 50% der Teilnehmer*innen einen Arbeitsplatz gefunden haben, was durch empirische Forschung relativ leicht herausgefunden werden könnte. Jedoch haben wir in diesem Fall noch keine Kriterien, die es uns erlauben, diese Quote zum einen als *Effekt* der Teilnahme am Programm zu interpretieren und zum anderen als zufriedenstellenden Wert im Sinne eines Erfolgs zu bewerten. Was fehlt, ist die Möglichkeit der direkten kausalen Zurechnung des Erfolgs der Programmteilnahme und eine systematische Möglichkeit des Vergleichs von Personen, die an einem Programm teilgenommen haben mit Personen, die zwar ebenfalls arbeitslos waren, aber nicht an einem Programm teilgenommen haben.

Diesen Fragestellungen entsprechend wurde in einer Evaluation des bundesdeutschen Programms „Soziale Teilhabe am Arbeitsmarkt" dessen Beschäftigungswirkung anhand von zwei Vergleichsgruppen – Teilnehmer*innen und Nicht-Teilnehmer*innen der Jahre 2015 und 2016 – mit je 2.575 Personen untersucht. Die Daten erlaubten einen systematischen Vergleich der Beschäftigungsentwicklung beider Gruppen vor bzw. nach dem Zeitpunkt der Schulungsteilnahme der „Experimentalgruppe" und damit die Beantwortung der Frage, ob die Teilnahme an Schulungsmaßnahmen höhere Chancen auf die Erlangung eines Arbeitsplatzes bewirkt (Brussig et al., 2019).

Wie das Beispiel nochmals zeigt, werden im Quasi-Experiment die Vergleichsgruppen nicht durch Losentscheid oder ein anderes Zufallsverfahren ausgewählt; vielmehr sind Personen mit und ohne Teilnahme am Programm bereits vorgegeben. Die logische Struktur des Quasi-Experiments ist hingegen identisch mit der des Experiments, weil das interessierende Merkmal „Liegt Arbeitslosigkeit vor: ja/nein" sowohl vor als auch nach dem Treatment erfasst werden kann. Bezogen auf dieses Beispiel könnte im Zuge der Evaluierung festgestellt werden, dass die Beschäftigungschance der Experimentalgruppe (mit Teilnahme am Programm) tatsächlich größer ist als die der Kontrollgruppe (keine Teilnahme). In diesem Sinne müsste der Beschäftigungszuwachs in der Experimentalgruppe signifikant größer sein als der Zuwachs in der Vergleichsgruppe.

Kann in einem solchen Fall davon ausgegangen werden, dass die Programmteilnahme im Sinne eines Kausaleffekts tatsächlich höhere Beschäftigungschancen bewirkt? Die Antwort lautet: *Nicht mit Sicherheit, sofern Drittvariablen nicht ausgeschlossen werden können*. Ein wesentlicher Grund für die Unsicherheit liegt darin, dass auch andere Faktoren die Entwicklung der beiden Gruppen – und damit ihre Vergleichbarkeit – beeinflusst haben könnten. Was wäre, wenn besonders motivierte Personen an den Programmen teilgenommen haben oder diesen zugewiesen wurden? In diesem Fall könnte die Erlangung eines Arbeitsplatzes weniger von der Teilnahme am Programm bzw. der Schulung, sondern in der stärkeren Motivation begründet liegen. Es könnte aber auch der Fall eintreten, dass motiviertere Personen die Schulungsteilnahme eher abbrechen, weil sie einen Arbeitsplatz gefunden haben. Im ersten Fall würde der **Einfluss der Drittvariable** „Motivation" eine *Nichtvergleichbarkeit* von *Gruppen* erzeugen; im Fall des Abbruchs der Teilnahme läge ein **systematischer Ausfall** von

Untersuchungspersonen vor. In beiden Fällen wären also Verzerrungseffekte durch eine Drittvariable gegeben. Die *Drittvariablenkontrolle* ist das „zentrale Problem" (Diekmann, 2018, S. 356) bei quasi-experimentellen wie auch bei nicht-experimentellen Designs.

Wie kann man mit diesem Problem in der Forschungspraxis umgehen? Mithilfe zweier Verfahren wird versucht, das Problem der Drittvariablen zu mildern: (1) durch **Matching** der Vergleichsgruppe, (2) durch **nachträgliche Kontrolle** von Drittvariablen mit multivariaten statistischen Verfahren.

Die Logik des **Matching** besteht darin, im Sinne einer Parallelisierung möglichst idente Vergleichsgruppen zu bilden: Bis auf das interessierende Merkmal, das den Unterschied ausmacht (Schulungsteilnahme ja/nein) wird in den Vergleichsgruppen eine möglichst große Gleichheit aller anderen Merkmalsausprägungen angestrebt. Das erhöht die Sicherheit, dass eventuelle Effekte der Teilnahme am Programm ausschließlich auf die interessierende Variable (Treatment) zurückgeführt werden können. Zu diesem Zweck werden – in Bezug auf die relevanten Merkmalsausprägungen – Personenpaare mit gleichen Merkmalsausprägungen (*matched pairs*) gebildet und je eine Person des betreffenden Paares der Experimental- und eine der Kontrollgruppe zugeordnet: Diese statistischen Zwillingspaare sollten die gleiche *Teilnahmewahrscheinlichkeit* aufweisen (auch wenn ein Teil des Paares nicht am Programm teilnimmt). Kurzum: mittels Matching wird für jede teilnehmende Person eine Kontrollperson gewählt, die dieser in Bezug auf verschiedene Merkmale wie z.B. Alter, Geschlecht, Bildungsstand, Arbeitsmarktkarriere, Teilnahme an arbeitsmarktpolitischen Maßnahmen etc. möglichst ähnlich ist (Diekmann, 2018, S. 359). Aufgrund dieser exakten Zuordnung wird das paarweise Matching auch *Präzisionskontrolle* genannt. Auf diese Weise können die beim Matching erfassten Merkmalsausprägungen konstant gehalten werden und potenzielle Verzerrungseffekte kontrolliert bzw. neutralisiert werden. Aber auch bei sorgfältigem Matching bleibt meist das grundlegende Problem bestehen, dass möglicherweise nicht alle potenziellen Drittvariablen bekannt sind oder erfasst werden können und somit eine Verzerrung durch Drittvariablen nicht ausgeschlossen werden kann. Für die Bereinigung möglicher Verzerrungseffekte durch nicht bekannte oder erfasste Drittvariablen müssen daher zusätzlich im Zuge der Datenauswertung bestimmte Verfahren der multivariaten Statistik herangezogen werden.

4.1.2. Ex-post-facto-Designs

Wenngleich ex-ante Designs einige Vorteile haben, lassen sie sich in vielen Bereichen der sozialwissenschaftlichen Forschung nur bedingt oder unter großem Aufwand anwenden: Im Gegensatz dazu bieten Ex-post-facto-Designs breite Einsatzoptionen, sind vergleichsweise kostengünstig und auf große Populationen anwendbar. Der entscheidende Unterschied – mit weitreichender Konsequenz – zwischen den beiden Designs ist, dass bei Ex-post-facto-Designs die Bildung von Vergleichsgruppen nach der Datenerhebung erfolgt.

4.1.2.1. Quer- und Längsschnittdesigns

Das gebräuchlichste Design in der empirischen Sozialforschung ist nicht das (quasi-)experimentelle, sondern das Ex-post-facto-Design, konkreter die Befragung. Die wichtigsten Typen von Ex-post-facto-Designs sind das *Querschnittdesign* und das *Längsschnittdesign*. Reicht es für einen Forschungszweck aus, die interessierenden Merkmale zu einem einmaligen Zeitpunkt zu erheben, genügt ein **Querschnittdesign**. Die Datenerhebung findet zu einem Zeitpunkt bzw. innerhalb einer relativ kurzen Zeitspanne statt und bildet den aktuellen Zustand der Untersuchungsobjekte (z.B. die Meinungen der Befragten zu einem bestimmten Thema) als Momentaufnahme ab. Methodologisch ist das Querschnittdesign (im Unterschied zu experimentellen Designs) dadurch gekennzeichnet, dass (auch mehrere) unabhängige und abhängige Variablen zum selben Zeitpunkt erfasst werden (Abbildung 18).

Abbildung 18 – Schemata von Querschnitt-, Panel- und Trenddesigns

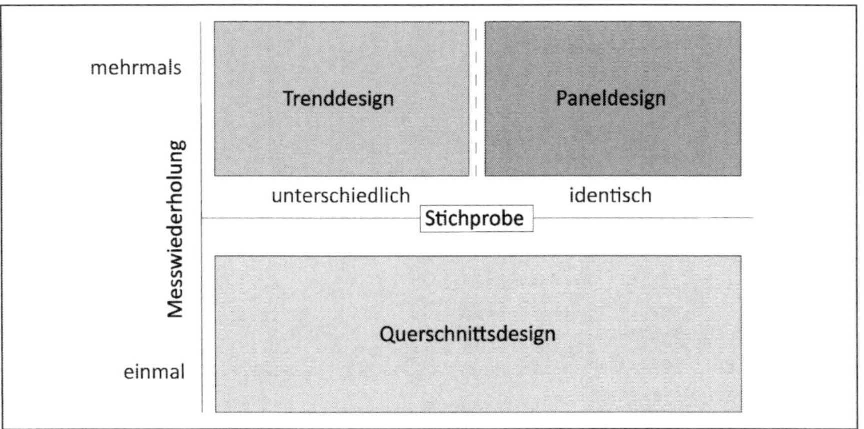

Ist eine wiederholte Erhebung der interessierenden Merkmale zu mehreren Zeitpunkten erforderlich, werden **Längsschnittdesigns** eingesetzt. Das ist dann der Fall, wenn zeitbezogene Hypothesen formuliert wurden, die Aussagen über Veränderungen enthalten. Längsschnittdesigns können unterschieden werden in:

- **Paneldesigns**, wenn die gleichen Untersuchungseinheiten (z.B. Personen, Haushalte, Organisationen) wiederholt befragt werden und

- **Trenddesigns**, bei welchen die Untersuchung zwar wiederholt, aber mit unterschiedlichen Stichproben durchgeführt werden.

Das **Paneldesign** steht dem Experiment am nächsten und kann durch mehrmalige Messung an denselben Untersuchungseinheiten (dem Panel) das Problem der kausalen Reihenfolge verringern (Tausendpfund, 2018), aber nicht vollständig aufheben. Mit dem Problem der kausalen Reihenfolge ist gemeint, dass in ex-post-facto Designs alle Variablen gleichzeitig erhoben werden und daher auf empirischer Ebene nicht gesichert zwischen Ursache und Wirkung unterschieden werden kann.

Ein bekanntes Beispiel für ein Panel-Design ist das seit 1984 jährlich durchgeführte Sozio-Ökonomische Panel (SOEP) in Deutschland.[28] Die Erhebungen umfassen Kernthemen wie z.B. Erwerbsbeteiligung und berufliche Mobilität, Einkommensverläufe, Haushaltszusammensetzung und Wohnsituation sowie gesellschaftliche Partizipation und Zeitverwendung. Darüber hinaus werden jährlich Erhebungen zu Sonderthemen wie z.B. soziale Sicherheit, Energie- und Umweltverhalten durchgeführt.

Auch die jährlichen Mikrozensus-Erhebungen können dem Panel-Design zugeordnet werden. In Österreich werden im Rahmen des Mikrozensus 22.500 zufällig ausgewählte Haushalte zu den Schwerpunktthemen Erwerbstätigkeit und Wohnen sowie zu variierenden Ad hoc-Themen befragt. Die Personen in den zufällig ausgewählten Haushalten werden insgesamt fünf Mal im Abstand von drei Monaten befragt, um auf diese Weise Veränderungen im Jahresverlauf zu erfassen.[29]

In der Marktforschung werden bei Verbraucherpanels sehr unterschiedliche, zum Teil technisch sehr aufwändige Erhebungsmethoden eingesetzt. Dazu zählen beispielsweise der Point of Sale-Scanner (POS-Scanner), bei dem jeder Panelhaushalt bei einem Einkauf eine Identifikationskarte über den Scanner zieht, sodass Informationen über Art, Menge und Preis der gekauften Waren an das Marktforschungsinstitut übertragen werden. Eine alternative Methode ist das „Inhome-Scanning", bei der die Testpersonen die Informationen selbständig mit einem Handscanner einlesen und die Daten dann per Internet übertragen werden.[30]

Ungeachtet der Vorteile weisen Paneldesigns spezifische Problemstellungen auf. Allgemein ist festzuhalten, dass dieser Designtyp abgesehen von den benötigten Ressourcen hohe Anforderungen an die Vorbereitung und Durchführung stellt. Insbesondere ist auf folgende Probleme zu achten:[31]

- **Konstanz der Messinstrumente***:* Verändert sich die Bedeutung und das Verständnis von Begriffen im Zeitverlauf, kann der Fall eintreten, dass dieselbe Fragestellung bei nachfolgenden Erhebungen nicht mehr exakt dasselbe misst wie zu vorangegangenen Zeitpunkten. Auch notwendig erscheinende oder adaptionsbedürftige Änderungen von Messinstrumenten üben einen gewissen Druck aus.
- **Panelmortalität***:* bezeichnet die Nicht-Teilnahme oder das Ausscheiden von Befragungspersonen aus dem Panel (z.B. durch Umzug, Krankheit, Tod oder Verweigerung). Dadurch wird die Anzahl der aktiv an den Erhebungen teilnehmenden Befragten, die so genannte *durchgehende Masse,* im Panel immer kleiner und es kann zu Verzerrungen kommen, weil die Ausgeschiedenen sich in bestimmten Merkmalen von der durchgehenden Masse unterscheiden können. Daher ist die Ausfallsrate durch mehr oder

[28] Das Deutsche Institut für Wirtschaftsforschung bietet online ausführliche Informationen zum SOEP: www.diw.de/soep (12.01.2021).

[29] Nähere Informationen finden sich auf der Website der Statistik Austria, aktuell zu finden unter: http://www.statistik.at/web_de/frageboegen/private_haushalte/mikrozensus/index.html (12.01.2021).

[30] Zur Gestaltung von Paneldesigns in der Marktforschung siehe Berekoven et al. (2009).

[31] Einen detaillierteren Einblick in die Besonderheiten von Längsschnittstudien, dargestellt an konkreten Beispielen und mit Hinweisen zur Organisation von Paneldesigns versehen, bietet Häder (2019).

weniger intensive Panelpflege gering zu halten und eine ausreichend große Stichprobe bereits ab der ersten Befragungswelle sicherzustellen.

- **Paneleffekt:** Die wiederholte Befragung kann die Einstellungen und das Befragungsverhalten der Untersuchungsobjekte verändern oder festigen.

Beim **Trenddesign**, auch replikativer Survey genannt, werden die interessierenden Merkmale ebenfalls zu mehreren Zeitpunkten mit den gleichen Instrumenten erhoben, im Unterschied zum Paneldesign erfolgt die Erhebung jedoch bei unterschiedlichen Stichproben (z.B. unterschiedliche Bevölkerungsgruppen). Gegenüber dem Paneldesign hat die Trendstudie daher den Nachteil, die Veränderungen nicht über die Zeit hinweg an einzelnen, identischen Personen festmachen zu können, es können nur die Veränderungen zwischen der Gesamtheit der unterschiedlichen Befragungsgruppen, also auf aggregierter Ebene, festgestellt werden. Störfaktoren wie veränderte Erhebungsbedingungen und veränderte Messinstrumente schränken die Vergleichbarkeit der Ergebnisse der unterschiedlichen Aggregate ein (Schnell et al., 2018, S. 221). Allerdings hat das Trenddesign beträchtliche ökonomische Vorteile, da die Organisation von Panelstudien sehr kostenintensiv ist.

> Ein Beispiel für ein Trenddesign ist die in Deutschland seit 1980 im Abstand von zwei Jahren durchgeführte „Allgemeine Bevölkerungsumfrage der Sozialwissenschaften" (ALLBUS). Das ALLBUS-Design ist als Mehrthemen-Befragung konzipiert und umfasst pro Erhebungswelle ein bis zwei Themenschwerpunkte (wie z.B. wirtschaftliche Situation, Mediennutzung, Politik, soziale Ungleichheit) mit einem Kern an festen Fragestellungen, die wiederkehrend erhoben werden. Dieser Kern kann für Trendstudien genutzt werden. Bestimmte Schwerpunktthemen (z.B. zur Rolle der Frau in der Gesellschaft oder die Einstellung gegenüber Ausländer*innen) werden in längeren Intervallen wiederkehrend erhoben (z.B. alle 6-7 Jahre); dadurch lassen sich Erkenntnisse über soziale Wandlungsprozesse gewinnen.[32]

Zwischen den drei Typen von Ex-post-facto-Designs existiert eine Art Informationshierarchie: am informativsten sind Panelerhebungen, mit ihnen können interindividuelle Unterschiede und zeitliche intra- und interindividuelle Veränderungen eruiert werden. Dann folgen Trenderhebungen, die interindividuelle Unterschiede und zeitliche interindividuelle Veränderung sichtbar machen. Mit Querschnitterhebungen sind interindividuelle Unterschiede feststellbar.

4.1.2.2. Methodologische Probleme

Trotz der Bedeutung von Ex-post-facto-Designs in der sozialwissenschaftlichen Forschungspraxis sind mit ihnen drei schwerwiegende methodologische Problemlagen verbunden:

- Problem der **Varianzkontrolle von unabhängigen Variablen**;
- Problem der **kausalen Reihenfolge der Variablen**;
- Problem der **Kontrolle von Drittvariablen**.

---

[32] Die rezente ALLBUS-Umfrage 2018 basiert auf einer Stichprobe von 3.477 Befragen. Weitere Informationen zur ALLBUS-Erhebung bietet die GESIS-Website: https://www.gesis.org/allbus/inhalte-suche/studienprofile-1980-bis-2018 (12.01.2021).

Varianz der unabhängigen Variablen bedeutet, dass sich die Befragten in der Verteilung der Merkmalsausprägungen der unabhängigen Variablen unterscheiden. Da bei Ex-post-facto-Designs die Vergleichsgruppen erst nach der Datenerhebung gebildet werden können, ist die Varianz der interessierenden Merkmale erst im Nachhinein bekannt. Statistische Analysen setzen im Regelfall Varianz voraus, d.h. Streuung[33] bspw. der Körpergröße. Bei Befragungsprojekten ist aber mit Daten zu rechnen, die eine geringe Varianz aufweisen. Daher ist es notwendig, dass bei Ex-post-facto-Anordnungen „die Varianz in den unabhängigen Merkmalen nach Möglichkeit maximiert" (Schnell et al., 2018, S. 207) wird. Wenn bei diesen Variablen in einem Survey-Design nur wenige Befragungspersonen mit einer bestimmten Merkmalsausprägung vorhanden sind, kann kaum überprüft werden, ob die unabhängige Variable mit der abhängigen Variablen korreliert. Es muss also durch ein entsprechendes Forschungsdesign Vorkehrung getroffen werden, dass die erforderliche Variation erreicht wird. Dafür benötigt man in der Regel im Voraus Informationen über die Verteilung der unabhängigen Variablen in der Stichprobe und es muss ein entsprechendes Auswahlverfahren (Kapitel 5) festgelegt werden. Häufig bieten dafür amtliche Statistiken oder die Ergebnisse bereits abgeschlossener Untersuchungen entscheidende Anhaltspunkte.

Wie bereits kurz erwähnt entsteht bei Ex-post-facto-Designs durch die gleichzeitige Erhebung bzw. Messung von unabhängiger und abhängiger Variable die Schwierigkeit, dass nicht klar ist, ob die in den Hypothesen als unabhängig bzw. und abhängig definierten Variablen tatsächlich in der vermuteten Reihenfolge wirken. Man spricht vom Problem der **kausalen Reihenfolge der Variablen.** Ex-ante-Designs haben im Unterschied dazu den Vorteil der zeitlichen Differenz zwischen unabhängiger und abhängiger Variablen. Die Gefahr bei Ex-post-facto-Designs besteht also darin, eine bestimmte Kausalität zu unterstellen, die als solche nicht existiert. Falsche Interpretationen findet man nicht selten, weil die Tendenz besteht, Ursache-Wirkung-Beziehungen zwischen den Variablen zu unterstellen.

> In TV-Diskussionen kann beobachtet werden, dass das Wahlverhalten einer bestimmten Bevölkerungsgruppe mit einem bestimmten Merkmal erklärt wird. Beispielsweise wird unter Verweis, dass in einem Bundesland 40% Katholik*innen und 40% ÖVP-Wähler*innen gegeben sind, erklärt, dass Katholik*innen ÖVP-Wähler*innen sind. Ein derartiger Kausalschluss ist nicht zulässig, weil sich diese Gruppen im Extremfall nicht überlappen müssen. Es ist theoretisch möglich, dass kein/e einzige/r Katholik*in ÖVP-Wähler*in ist. Dieser Irrtum ist ein Beispiel für den **ökologischen Fehlschluss**, der dann vorliegt, wenn – auf der Basis von Aggregatdaten – von einer Kollektivhypothese fälschlicherweise auf eine Individualhypothese geschlossen wird (Diekmann, 2018, S. 134f.).

Bei Schlussfolgerungen ist Vorsicht geboten: Nicht immer ist die erste Interpretation auch die tatsächlich richtige und in vielen Fällen erweist sich ein Kausalargument bei näherer Betrachtung als empirisch nicht belegbare Unterstellung. Dies ist bei der statistischen Auswertung und der Interpretation von Daten zu bedenken. Ein Versuch, dieses Problem zu lösen, besteht

[33] Neben der Verwendung des Begriffs Streuung in der statistischen Theorie bedeutet er in den Sozialwissenschaften Information bzw. Informiertheit über die Merkmalsausprägungen (Hirschle, 2015).

darin, dass Variablen, die sich auf einen früheren Zeitpunkt beziehen, mit Variablen kombiniert werden, die aus logischen/theoretischen Gründen zeitlich nachgelagert sind.

Weiters besteht das **Problem der Drittvariablenkontrolle**. Das methodologische Ziel von Forschungsdesigns besteht darin, alternative Erklärungen auszuschließen. Andere als die in den Hypothesen enthaltenen Variablen sollten eine geringe bis gar keine Erklärungskraft besitzen. Genau das kann aber aufgrund des Umstandes, dass die Varianz bei Ex-post-facto-Designs vorab nicht kontrolliert werden kann, nicht ausgeschlossen werden. Das bedeutet, zusätzlich zu der unabhängigen Variablen können unberücksichtigt (Dritt-)Variablen mit der abhängigen Variable statistisch zusammenhängen.

In einer Weiterbildungsstudie interessierte, ob vergangene Weiterbildungsaktivitäten die aktuelle Einstellung zu Weiterbildung beeinflussen. Vermutet wurde, dass die Einstellung zu Weiterbildung umso positiver ist, je stärker die Weiterbildungsbeteiligung in der Vergangenheit war. Diese Hypothese lässt sich aus anderen Weiterbildungsstudien ableiten, die zum Ergebnis gekommen sind, dass Weiterbildung einen positiven Effekt auf das Selbstwertgefühl und das Wissen über die arbeitsplatzerhaltenden und karriereförderlichen Effekte von Weiterbildung und auf andere Einstellungen hat. Kurz: Je intensiver die Weiterbildungsbeteiligung in der Vergangenheit (X), desto positiver die Einstellung zu Weiterbildung (Y). Es musste allerdings auch damit gerechnet werden, dass andere Variablen, z.B. die Familiensituation, Betreuungspflichten etc. einen Einfluss auf die Weiterbildungsbeteiligung haben können. Vor allem bei Frauen ist bekannt, dass die aus der Familiensituation resultierenden zeitlichen Bindungen eine ähnlich starke Weiterbildungsbeteiligung wie bei den Männern erschweren. Somit muss der Einfluss der Drittvariable „Betreuungspflichten" (A) im Sinne einer Intervention interpretiert werden.

In diesem Beispiel wird nach statistischer Prüfung der Zusammenhang zwischen Weiterbildungsbeteiligung (X) und Einstellung zur Weiterbildung (Y) durch die Variable Betreuungspflichten (A) (= **intervenierende Variable**) erklärt, der statistische Zusammenhang zwischen X und Y erweist sich damit als Scheinbeziehung bzw. **Scheinkorrelation** (Abbildung 19). Eine andere Möglichkeit besteht darin, dass der Zusammenhang zwischen UV und AV durch eine **antezedierende Variable** (B) verursacht wird. Beispielsweise könnte eine vorherige Motivation zur Weiterbildung durch Führungskräfte eine antezedierende Variable sein. Es wäre auch in diesem Fall statistisch nicht korrekt, einen direkten Zusammenhang zwischen Weiterbildungsbeteiligung und Einstellung gegenüber Weiterbildung anzunehmen.

Abbildung 19 – Drittvariablen[34]

Intervenierende Variable A	Antezedierende Variable B
X ⟶ A ⟶ Y t_1 t_2 t_3	B ⟶ X ⟶ Y t_1 t_2 t_3

Daneben kann eine **verdeckte** bzw. **unterdrückte Beziehung** (Suppression) zwischen Variablen vorliegen. So könnte etwa zwischen Weiterbildungsbeteiligung und Einstellung zu

[34] In Anlehnung an Schnell et al. (2018, S. 210).

Weiterbildung auf den ersten Blick keine Korrelation herrschen, jedoch könnte eine Drittvariable „Weiterbildung von Freunden“ einen Zusammenhang sichtbar machen, etwa in dem Sinne, dass Personen mit vielen weiterbildungsaktiven Freund*innen selbst weiterbildungsaktiv sind und eine positive Einstellung zu Weiterbildung aufweisen. Derartige verdeckte Beziehungen können ebenfalls nur durch *Drittvariablenkontrolle* aufgedeckt werden.

Für die Kontrolle des Einflusses von Drittvariablen gibt es praktisch nur eine Lösung, nämlich „ein Maximum der theoretisch sinnvollen Drittvariablen zu operationalisieren und zu erheben“ (Schnell et al., 2018, S. 211). Allerdings kann diese Vorgehensweise schnell zu einer großen Liste von Variablen und entsprechend umfangreichen Erhebungsinstrumenten führen. Dabei ist zu beachten, dass bei unterschiedlichen Befragungsarten (telefonisch, schriftlich, online, persönlich) eine bestimmte Interviewdauer nicht bedenkenlos überschritten werden sollte (siehe Abschnitt 6.2). Daher ist es in der Praxis empfehlenswert, im Rahmen der Hypothesenbildung und des Forschungsdesigns hauptsächlich jene Drittvariablen zu berücksichtigen, die sich aus dem bestehenden Wissensstand im Rahmen der Literaturarbeit herleiten lassen und nicht alle prinzipiell denkbaren Drittvariablen aufzunehmen. Allgemein gilt deswegen, dass auch die Dritt- bzw. Kontrollvariablen theoriegeleitet in das Modell einzuführen bzw. bei der Datenerhebung zu berücksichtigen sind.

4.2. Ansätze der Computational Social Science

Die enorme Zunahme von Daten durch die Digitalisierung und die technologischen Fortschritte der Datengewinnung und Datenaufbereitung haben in den Sozialwissenschaften zu vielfältigen methodischen Weiterentwicklungen geführt. Für diese neueren Ansätze der quantitativen (und auch qualitativen) Sozialforschung wurde der Begriff **Computational Social Science** (CSS) kreiert (Edelmann et al., 2020).

Die Entwicklung der CSS steht in enger Verbindung mit der Entwicklung von Technologien für die Gewinnung und Auswertung großer Datenmengen. Zu den Hauptmerkmalen dieser unter dem Begriff *Big Data* zusammengefassten Entwicklungen zählen vor allem die rapide Zunahme des *Datenvolumens*, die wachsende *Heterogenität* von Daten, die zunehmende *Geschwindigkeit* der Datenproduktion sowie die *Unsicherheit* der Datenqualität. Den Kern der CSS bildet die Verbindung von Methoden der empirischen Sozialforschung und der Statistik mit Methoden der Data Science zum Zwecke der Gewinnung, Verarbeitung und Analyse von Massendaten.[35]

Die Reaktionen der vorwiegend am Surveydesign orientierten quantitativen Sozialforschung auf diese neueren Entwicklungen fallen unterschiedlich aus. Während manche Vertreter*innen des Fachs davon ausgehen, dass die empirische Sozialforschung für die Nutzung von

---

[35] Zur Diskussion über gesellschaftliche und gesellschaftspolitische Aspekte von Big Data und Digitalisierung siehe Knorre et al. (2020).

Massendaten „keine eigene Methodologie (benötigt)" (Häder, 2019, S. 136), sehen andere Vertreter*innen in der Verknüpfung von Surveydaten und digitalen Verhaltensdaten zwar keinen grundsätzlich neuen, jedoch zunehmend wichtigeren Ansatz, der zusätzliche technische und methodologische Anforderungen insbesondere bei der Verknüpfung bzw. Zusammenführung von heterogenen Datensätzen mit sich bringt (Schnell, 2020). Bei genauerer Betrachtung weisen jedenfalls einige Verfahren der CSS Merkmale auf, die diese Ansätze in wesentlichen Punkten von klassischen Forschungsdesigns unterscheiden. Zu diesen Merkmalen zählen insbesondere die Verwendung von prozessproduzierten Daten in Form von *digitalen Verhaltensdaten*, und die *Verknüpfung von heterogenen Daten(sätzen).*

4.2.1. Prozessproduzierte Daten

Kurz wurde bereits auf diese Datenform eingegangen, wobei es sich bei den prozessproduzierten Daten um jene Daten handelt, die durch (soziale) Handlungen oder ein Prozessgeschehen (Schmitz et al., 2009) oder im Rahmen des Verwaltungshandelns erzeugt werden (Oberhofer et al., 2019). Prozessproduzierte Daten wurden daher nicht intentional für wissenschaftliche Zwecke erzeugt. Insbesondere die Digitalisierung trägt zu einer Ausweitung der Datenvielfalt bei, da sie im Rahmen von digitalen Umgebungen durch Erfassung und Speicherung von *Mensch-System-Interaktionen* oder von *sozialen Interaktionen in informationstechnischen Systemen* erzeugt werden.

Konkrete Entstehungskontexte von digitalen prozessproduzierten Daten sind etwa Social Media ebenso wie die Erfassung von individuellen Diagnose- und Behandlungsepisoden in Krankenhäusern, von individuellen Erwerbsbiographien und Einkommensverläufen in der Arbeitslosenversicherung oder von Informationen über den wirtschaftlichen Erfolg von Kapitalgesellschaften in Firmenbüchern. Informationen über individuelle Aktivitäten in Social Media, Aufzeichnungen von individuellem Verhalten durch Sensoren, Tracking-Systeme oder Transaktionsdaten von Kommunikationsservice-Providern zählen ebenfalls zur Klasse der digitalen Verhaltensdaten.

Bei der Nutzung von digitalen Verhaltensdaten für sozialwissenschaftliche Forschungszwecke sind über die genannten Merkmale hinaus weitere Besonderheiten zu berücksichtigen:

- Digitale Verhaltensdaten weisen *in der Regel weder vorab bestimmte Messniveaus noch Eigenschaften von spezifischen Messinstrumenten* (z.B. Skalen) auf, sondern sie repräsentieren in der Regel **singuläre Ereignisse**: Jemand kann einen Tweet lesen, posten, liken, teilen – oder nicht. Diese singulären Ereignisse können miteinander verknüpft und aggregiert werden, jedoch repräsentieren digitale Verhaltensdaten – im Unterschied zu den mittels Surveydesigns erfassten Daten – per se keine persönlichen Einstellungen, Präferenzen oder Angaben über eigenes Verhalten (Riebling, 2018, S. 90). Daher stellt sich immer die Frage, welche Bedeutung digitale Verhaltensdaten für bestimmte sozialwissenschaftliche Untersuchungszwecke haben (können).

- Die *originäre Bedeutung von digitalen Verhaltensdaten ist durch informationstechnische Entstehungskontexte, Entstehungsbedingungen und Zielsetzungen bestimmt*. Ihre Schaffung beruht auf Ontologien im Sinne von strukturierten Mengen von Begriffen, ihren Bedeutungen und den Relationen zwischen Begriffen. Die diesen Begriffen und Relationen inhärenten Bedeutungen sind in der Regel theoriegeleitet und auf praktische Zwecke gerichtet (Kitchin, 2014). Die Verwendung von digitalen Verhaltensdaten für sozialwissenschaftliche Zwecke setzt daher ein genaues Verständnis ihrer informationstechnologischen **Entstehungsbedingungen** und **Bedeutungsdimensionen** voraus.
- Digitale *Verhaltensdaten sind häufig direkt mit technischen Informationen* und mit Informationen von Plattformbetreiber*innen, Werbeagenturen u.a. *vermengt*. Dieser Umstand, auch als **Rauschen** bezeichnet, kann zu einer Verfälschung, zum Bedeutungsverlust oder zur Bedeutungslosigkeit von statistischen Ergebnissen führen, wenn die verzerrenden Informationen nicht sauber von den tatsächlich relevanten personenbezogenen Verhaltensdaten entfernt werden, weil dadurch die Validität der Messungen bzw. der erhobenen Daten beeinträchtigt wird (Qiu et al., 2018).

Diese und weitere Merkmale von digitalen Verhaltensdaten haben für die Planung und Durchführung von Untersuchungen bedeutsame Konsequenzen. Während in der hypothesenprüfenden empirischen Forschung Messinstrumente im Zuge der Operationalisierung – also vor der Datenerhebung – entwickelt werden, kann bei der Verwendung von digitalen Verhaltensdaten häufig erst im Zuge der Datenaufbereitung festgestellt werden, wie diese digitalen Daten für sozialwissenschaftliche Fragestellungen konzeptualisiert werden können (Jungherr, 2019, S. 10f.). Digitale Verhaltensdaten erweisen sich, obwohl sie häufig große Volumina aufweisen, bei genauer Betrachtung für die Untersuchung von sozialwissenschaftlichen Fragestellungen aus unterschiedlichen Gründen als relativ inhaltsarm.

Eine weitere Konsequenz ist die Umkehr von Operationalisierungsschritten im Forschungsprozess: Messinstrumente, die in klassischen Designs *vor der Datenerhebung* entwickelt werden, können oder müssen bei digitalen Verhaltensdaten *nach* oder *im Zuge der Datenerhebung* bzw. Datenaufbereitung angepasst oder gänzlich neu entwickelt werden, will man nicht der Gefahr erliegen, oberflächliche „Signale“ der Daten als direkte Manifestationen der interessierenden sozialen Phänomene misszuverstehen (Jungherr, 2019). Die Konzeptualisierung von theoretisch begründeten Messinstrumenten ist bei der Verwendung von digitalen Verhaltensdaten somit ein Schritt in einem iterativen Prozess, der im Wechselspiel mit der Erschließung und Beurteilung der spezifischen Eigenschaften von digitalen Verhaltensdaten und ihren Entstehungsbedingungen durchgeführt werden muss. Dies ist insbesondere bei der Verknüpfung von heterogenen Datensätzen der Fall. Forschungsprozesse dieser Art weisen deutliche Merkmale von explorativen Forschungsdesigns auf.

4.2.2. Probleme der Repräsentativität

Entgegen früherer Stimmen, die aufgrund stark wachsender Datenvolumina das Ende aufwändiger Verfahren zur Gewinnung repräsentativer Stichproben prophezeiten (Mayer-Schönberger & Cukier, 2013), sind bei der Verwendung von digitalen Verhaltensdaten Besonderheiten zu berücksichtigen, die bei genauerer Betrachtung über die aus klassischen Designs bekannten Schwierigkeiten hinausgehen.

Ein Hauptgrund dafür ist, dass sowohl bei Online-Surveydaten als auch bei digitalen Verhaltensdaten die Gesamtpopulationen häufig unbekannt sind, wofür unterschiedliche Gründe ausschlaggebend sein können, wie z.B. Datenschutzbestimmungen bzw. kommerzielle Interessen. Digitale Verhaltensdaten enthalten häufig keine oder nur *selektive Informationen* über die sozio-demographischen Merkmale der Nutzer*innen. Daher sind bei Online-Populationen die Definition der Grundgesamtheit und die Beurteilung von Stichprobenverzerrungen zumindest erschwert. In weiterer Folge ist dadurch auch die *Verallgemeinerbarkeit von Ergebnissen* zumeist stark eingeschränkt bzw. nicht angebracht.

Digitale Verhaltensdaten sind darüber hinaus, wie etwa im Fall von Social Media-Daten, in hohem Maß **selbst-selektiv**: Sie werden nicht von allen, sondern nur von den aktiven Nutzer*innen einer Plattform generiert. Häufig stellen unterschiedliche Aktivitätslevel weitere Selektivitätsstufen dar. Kurz formuliert: Jene Twitter-User*innen, die lesen, teilen, liken und selbst posten, sind mit hoher Wahrscheinlichkeit nicht repräsentativ für alle Twitter-User*innen, sondern innerhalb der Gesamtheit sehr wahrscheinlich nur eine spezifische Teilgruppe.

Ein weiterer Aspekt betrifft die *Selektivität von Stichproben* und Informationen, die durch technische Beschränkungen des Zugangs zu digitalen Verhaltensdaten entstehen. In vielen Fällen ist der Datenzugang durch sog. Programmierschnittstellen direkt oder indirekt beeinflusst, die schon aus technischen Gründen mitunter nur Teile der relevanten Daten und Daten mit unvollständigen Merkmalsräumen verfügbar machen. Auch dieser Umstand erschwert die Beurteilung von Stichprobenverzerrungen.

Eine grundlegende Konsequenz von unvollständigen Datengrundlagen bzw. Informationen über Merkmale der Untersuchungseinheiten sowie von Selbst-Selektivität und technischen Limitationen beim Datenzugang ist die schwierige und häufig nicht durchführbare Prüfung der Repräsentativität des Datenmaterials. Aufgrund dieser Einschränkungen beruht die Analyse von digitalen Verhaltensdaten häufig auf nicht-probabilistischen Stichproben (Rafail, 2018) oder, wie im folgenden Abschnitt zu sehen, auf einer Kombination von probabilistischen und nicht-probabilistischen Stichproben.

4.2.3. Verknüpfung von heterogenen Datensätzen

Ein bedeutender Ansatz innerhalb der CSS ist die Verknüpfung bzw. Zusammenführung von unterschiedlichen Datensätzen. Mit **Record Linkage** wird allgemein „die Zusammenführung von Daten über dasselbe Objekt aus verschiedenen Datenbanken" (Schnell, 2020, S. 147) bezeichnet. Für die fehlerfreie Verknüpfung von heterogenen Datensätzen sind Personenkennziffern oder andere eindeutige Identifikatoren erforderlich, die eine Zuordnung von Informationen zu Personen ermöglichen. Sofern solche Identifikatoren vorhanden sind, ergeben sich meist keine technischen Probleme. Jedoch können datenschutzrechtliche Bestimmungen der Verwendung von Identifikatoren im Wege stehen. Darüber hinaus enthalten Datenquellen oft nicht alle für eine Zusammenführung relevanten Informationen. Vor allem Unternehmen stellen aufgrund ihrer kommerziellen Interessen selten vollständige Massendatensätze für Forschungszwecke zur Verfügung, sodass mit hoher Wahrscheinlichkeit mit den bereits erwähnten Stichprobenverzerrungen und anderen Problemen zu rechnen ist. Ein weiterer Aspekt, der bei der Zusammenführung von Datensätzen zu beachten ist, besteht in der Prüfung, welche Teile der Gesamtpopulation durch die betreffenden Datensätze überhaupt abgedeckt werden. Die Prüfung von Stichprobenverzerrungen ist bei der Zusammenführung von Datensätzen auch aus diesem Grund eine besondere Anforderung.

Können die genannten Probleme gelöst werden, ist Record Linkage gerade dann ein wertvolles Verfahren, wenn Informationen, die Proband*innen in Befragungen nicht gerne und daher oft unvollständig oder gar nicht preisgeben, aus Administrativdaten bezogen werden können, zumal Administrativdaten in der Regel auch eine hohe Reliabilität aufweisen (Künn, 2015). Eine grundlegende Voraussetzung für die Nutzung von prozessbezogenen Daten und Administrativdaten ist das datenschutzrechtliche Einverständnis der betreffenden Personen.

Im Detail kann bei der Zusammenführung von Datensätzen nach unterschiedlichen Zeitpunkten sowie Aggregatebenen (**Ex Ante- und Ex Post-Linkage** von Individual- und Aggregatdaten) unterschieden werden. Im Falle der Verknüpfung von Surveydaten und digitalen Verhaltensdaten sind diese Unterscheidungen bedeutsam, weil damit unterschiedliche Untersuchungsdesigns verbunden sind. Ex ante-Verknüpfungen sind *geplante Bestandteile von Forschungsdesigns*, während sich Ex post-Verknüpfungen auf die Verknüpfung von bestehenden Befragungsdaten und prozessproduzierten digitalen Verhaltensdaten beziehen. Drei der von Stier et al. (2020) vorgestellten Typen erscheinen besonders interessant:

- Ex ante-Verknüpfungen von *Individualdaten* bezeichnen die Verknüpfung von digitalen Verhaltensdaten von Personen (die bspw. auf privaten Endgeräten Tracking-Tools zur Erfassung von Aktivitäten installieren) mit Befragungsdaten derselben Personen. Die Erhebung von digitalen Verhaltensdaten und Befragungsdaten ist vorab geplant und läuft parallel.
- Ex post-Verknüpfungen von *Individualdaten* treten auf, wenn bestehende bzw. (über längere Zeiträume) vor der wissenschaftlichen Untersuchung existierende digitale Verhaltensdaten, etwa die Browser-Historien von User*innen, gesammelt und mit Befragungsdaten der betreffenden Personen verknüpft werden.

- Ex post-Verknüpfungen von *aggregierten* Daten stellen eine Verbindung zwischen aggregierten Prozessdaten und aggregierten Meinungsumfragen her. Bei diesem Typ werden die Ergebnisse von Umfragedaten, wie z.B. die Zustimmungswerte von Politiker*innen, mit aggregierten Häufigkeiten von verwandten Inhalten in sozialen Medien verglichen. Als Verknüpfungsschlüssel dient hierbei kein personenbezogener Identifikationsschlüssel, sondern die Verknüpfung kann auf Aggregatebene über die zeitliche Dimension (Daten liegen zeitlich nahe beieinander) erfolgen.

Vor allem Ex ante-Verknüpfungen erweitern die Möglichkeiten der quantitativen Sozialforschung; sie zählen zu jenen Verfahren, die in der jüngsten Vergangenheit am stärksten an Bedeutung gewonnen haben (Stier et al., 2020). Augenfällig ist bei der Verknüpfung von digitalen Verhaltensdaten und Surveydaten, dass die Wahrscheinlichkeit der Kombination von probabilistischen und nicht-probabilistischen Stichproben zunimmt und damit auch die Anforderungen im Umgang mit Stichprobenverzerrungen steigen. Deutlich wird auch, dass im Rahmen der CSS zusätzlich zum theoretischen Wissen und zu sozialwissenschaftlichen Methodenkompetenzen auch ein Verständnis für informationstechnische Verfahren und Methoden erforderlich ist, die im Bereich der Data Science angesiedelt sind.

5. Auswahlverfahren

Im Rahmen der Untersuchungsplanung muss nach der Operationalisierung entschieden werden, welches Auswahlverfahren für die Untersuchung genutzt wird. In der Praxis ist zu entscheiden, ob eine **Vollerhebung** (auch: Totalerhebung), also eine Erhebung sämtlicher Elemente einer Grundgesamtheit, oder eine **Teilerhebung** auf Basis einer Stichprobenziehung durchgeführt wird.

In vielen Fällen sind Vollerhebungen angebracht, sofern zum Beispiel die Grundgesamtheit klein ist. Wenn in einem Unternehmen insgesamt 54 Mitarbeiter*innen befragt werden sollen, ist eine Stichprobenziehung schon aus statistischen Gründen wenig sinnvoll. Auch die Kosten für eine Befragung aller 54 Mitarbeiter*innen werden sich in Grenzen halten. Zusätzlich können psychologische Gründe eine Rolle spielen: Im Falle einer Stichprobenziehung könnte bei den nicht in die Stichprobe aufgenommenen Mitarbeiter*innen der Eindruck entstehen, ihre Meinung wäre nicht wichtig. Vollerhebungen empfehlen sich auch dort, wo die Grundgesamtheit im Hinblick auf die relevanten Merkmale sehr heterogen, also uneinheitlich ist. Würde man hier eine Stichprobe ziehen, erhöht sich die Gefahr, dass Teilmengen mit „extremen" Merkmalsausprägungen über- oder unterdurchschnittlich stark Eingang in die Stichprobe finden und dadurch die Untersuchungsergebnisse verzerren würden.

In vielen Fällen verbieten sich jedoch Vollerhebungen. Die vollständige Verkostung aller Flaschen eines Weinkellers wäre etwa ein Problem, weil in diesem Fall alle Elemente der Grundgesamtheit zerstört wären. Generell werden daher – so wie bei Qualitätskontrollen von Gütern und Waren – Stichproben gezogen. Es kann in vielen Fällen sehr vorteilhaft sein, aus der Grundgesamtheit aller zu untersuchenden Elemente eine wohlüberlegte Stichprobe zu ziehen. Dadurch können nicht nur Kosten gespart werden – bei systematischer Vorgehensweise kann gerade durch die Ziehung von Stichproben die Genauigkeit und Verlässlichkeit der Ergebnisse gesteigert werden (Schnell et al., 2018, S. 241f.).

5.1. Zentrale Begriffe

Bevor jedoch über das Auswahlverfahren entschieden werden kann, ist es zweckmäßig zu bestimmen, über welche **Grundgesamtheit** Aussagen getroffen werden sollen. Diese Frage geht Hand in Hand mit der Klärung der so genannten **Untersuchungseinheiten**: das sind jene Personen oder Fälle, auf deren Merkmale sich die Untersuchung bezieht (manchmal wird für den Begriff Untersuchungseinheiten auch der wenig elegante Ausdruck „Elemente" verwendet).

> Im Rahmen eines Forschungsprojekts sollte untersucht werden, in welchem Ausmaß Wienerinnen und Wiener berufliche Weiterbildungsveranstaltungen besuchen (Kerschbaumer et al., 2006). Bereits am Beginn des Projekts ging es darum zu klären, welche Personen überhaupt zur Grundgesamtheit aller relevanten Wienerinnen und Wiener gehören. An dieser Stelle eines Forschungsprozesses ist es immer zweckmäßig, die Forschungsfrage (und die mit ihr verbundenen Hypothesen) zu betrachten, um festzulegen,

auf welche Gesamtheit von Elementen sich die Ergebnisse der Untersuchung überhaupt beziehen sollen. In unserem Beispiel könnte man fragen:

- Auf alle erwerbsfähigen Personen im Bundesland Wien?
- Nur auf Personen mit abgeschlossener Schulbildung?
- Auf alle Personen ungeachtet ihres besonderen Erwerbsstatus, z.B. auch Pensionist*innen, arbeitslose Personen, illegal Erwerbstätige?
- Oder nur auf ausgewählte Berufs- und Altersgruppen?

Eine Hypothese des Projekts lautete, dass Personen mit höherer Ausbildung sich häufiger beruflich weiterbilden und darüber hinaus ein größeres Interesse und eine größere Bereitschaft haben, dies auch in Zukunft zu tun sowie über Informationsvorsprünge und bessere Finanzierungsmöglichkeiten verfügen. Kurz: Die positiven Effekte höherer Ausbildung zeigen sich in größeren Chancen zu beruflicher Weiterbildung. Umgekehrt: Personen mit niedriger Ausbildung besitzen weniger Chancen für die Teilnahme an beruflicher Weiterbildung.

Aufgrund dieser Hypothesen wurde für den Untersuchungszweck als relevante Grundgesamtheit die „erwerbstätige Wiener Wohnbevölkerung“ festgelegt. Dadurch wurden beispielsweise Lehrlinge ausgeschieden, weil sie sich noch in einem Ausbildungsverhältnis befinden und noch nicht zu den Erwerbstätigen gerechnet werden; desgleichen Pensionist*innen, weil sie keine Erwerbstätigkeit mehr ausüben. Ausgeklammert werden musste auch die gesamte Gruppe der illegal Erwerbstätigen, weil es zu dieser Personengruppe keine statistisch zuverlässigen Informationen gibt. Relevant waren hingegen arbeitslose Personen, weil sie auch in der Arbeitslosigkeit berufliche Weiterbildung in Anspruch nehmen können.

Somit wurden als Personen, über die Aussagen getroffen werden sollten, „alle erwerbstätigen und arbeitslosen Wiener*innen im Alter von 19-64 Jahren“ festgelegt, wobei als Definition für Erwerbstätigkeit das Labour Force-Konzept der International Labour Organization genutzt wurde. Die definierte Gruppe stellte die Grundgesamtheit der Untersuchung dar. Als Untersuchungseinheiten wiesen alle diese Personen im Sinne des interessierenden Merkmals ein gewisses Ausmaß an beruflicher Weiterbildung auf, das von keiner bis zu sehr intensiver Weiterbildungsbeteiligung reichen konnte.

Das Beispiel zeigt damit, dass die Grundgesamtheit jene Menge von Personen oder Fällen ist, über die Aussagen gemacht werden sollen.

> **!** Unter der **angestrebten Grundgesamtheit** ist „jene Menge von Individuen, Fällen, Ereignissen zu verstehen, auf die sich die Aussagen der Untersuchung beziehen sollen und die im Hinblick auf die Fragestellung und die Operationalisierung vorher genau abgegrenzt werden muss“ (Kromrey et al., 2016, S. 256).

Diese Definition bezieht sich auf die *angestrebte* Grundgesamtheit und wird daher auch *Zielpopulation* oder *target population* genannt. Denn die Grundgesamtheit ist nicht statistisch, sondern durch Erkenntnisziele und inhaltliche Überlegungen definiert. Allerdings steht man in der Forschungspraxis häufig vor dem Problem, dass diese angestrebte Grundgesamtheit nicht immer vollständig und korrekt erfasst bzw. erfassbar ist. Dafür kann es unterschiedliche Gründe geben: Möglicherweise hält sich eine Teilmenge der Grundgesamtheit nicht im Untersuchungsgebiet auf oder ist dort noch nicht oder nicht mehr registriert und erreichbar (z.B. über Einwohnerregister, Telefonbücher). Es kann also sein, dass nicht alle Elemente, die zur

Grundgesamtheit gehören, die Chance haben, überhaupt in die **Auswahlgesamtheit** (auch Erhebungs-Grundgesamtheit) zu kommen. Die Auswahlgesamtheit ist jene Menge, aus der *faktisch* die Stichprobe gezogen wird (Kromrey et al., 2016, S. 258). Sie entspricht allen Elementen, die eine reelle Chance haben, in die Stichprobe aufgenommen zu werden. Die Auswahlgesamtheit kann wiederum von der so genannten **Survey Population** abweichen, wenn entweder Fälle, die nicht als Untersuchungseinheit definiert wurden, in die Stichprobe gelangen, oder Fälle, die in die Stichprobe gelangen sollten, nicht Eingang finden. Im ersten Fall spricht man von *Overcoverage,* im zweiten Fall von *Undercoverage* (Groves et al., 2009, S. 72ff.).

Denken wir an Telefonlisten: Manche Personen oder Firmen sind mit mehr als einer Nummer im Telefonbuch vertreten und haben damit höhere Chancen, in die Stichprobe zu gelangen als andere Fälle, die nur einmal vertreten sind. Das kann man allerdings nachvollziehen und kontrollieren. Personen, die keinen offiziellen Telefonanschluss haben, werden hingegen Gefahr laufen, unterrepräsentiert zu sein und es gibt keine Möglichkeit, diese Verzerrung statistisch zu korrigieren.

Abbildung 20 – Over- und Undercoverage

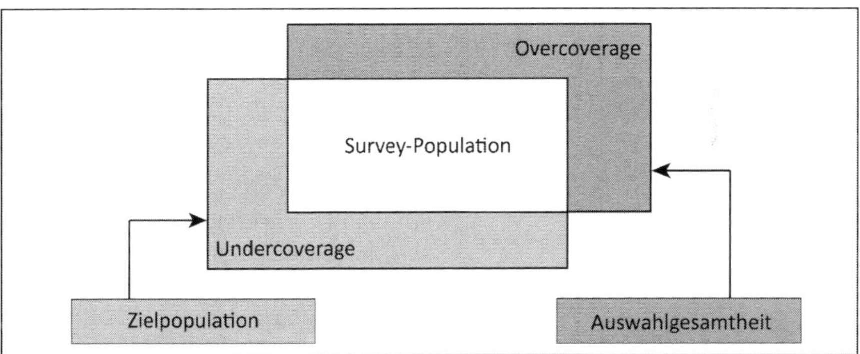

Kurzum: Die *Zielpopulation* ist jene Menge, die grundsätzlich untersucht werden soll, bei der aber eine vollständige Erhebung nicht immer möglich ist. Die *Auswahlgesamtheit* ist der Teil der Grundgesamtheit, aus der die tatsächliche Stichprobe gezogen wird. Zieht man im nächsten Schritt noch die Fälle ab, die nicht zur eigentlichen Zielpopulation gehören, erhält man die *Survey-Population* (Abbildung 20).

!	Eine methodisch korrekte „Auswahl" oder „Stichprobe" liegt dann vor, wenn vor der Untersuchung in einem Auswahlplan die Regeln festgelegt werden, welche Elemente in eine Teilerhebung aufgenommen werden und auf welche Weise deren Auswahl vorgenommen wird. Eine korrekte Anwendung von Auswahlverfahren unterstützt die Minimierung von Verzerrungen in der Stichprobe.

Es ist möglich, dass die angestrebte Grundgesamtheit von der Auswahlgesamtheit unter Umständen erheblich abweicht. Je größer diese Abweichung ausfällt, desto schwerwiegender sind die Konsequenzen für die Repräsentativität der Stichprobe. Denn auch wenn das Auswahlverfahren noch so korrekt durchgeführt wird, kann die Stichprobe nur für jene Fälle repräsentativ sein, auf die das Stichprobenverfahren angewendet wird, also für die Auswahlgesamtheit und nicht für die angestrebte Grundgesamtheit. Um diese Differenz so gering wie möglich zu halten, ist es erforderlich, die Auswahl von Teilmengen korrekt zu planen und durchzuführen.

Für die konkrete Auswahl der Untersuchungseinheiten gibt es mehrere Verfahren, die gebräuchlichsten werden in der Folge besprochen. Dabei kann zunächst zwischen *zufallsgesteuerten* und *nicht zufallsgesteuerten Verfahren* unterschieden werden.

5.2. Zufallsgesteuerte Stichproben

Als Faustregel gilt, dass probabilistische Auswahlverfahren oder Zufallsstichproben immer dann genutzt werden sollten, wenn über die Verteilung der untersuchungsrelevanten Merkmale (praktisch) nichts bekannt ist. Aber was bedeutet in diesem Zusammenhang „zufallsgesteuert"? Anzustreben ist, dass es sich bei der Stichprobe um ein Miniaturbild der Grundgesamtheit im Hinblick auf die spezifischen untersuchungsrelevanten Merkmale handeln soll. Durch eine zufällige Auswahl – ohne hier auf statistische Details einzugehen – nähert man sich diesem Ideal sehr gut an. Allerdings bedeutet zufällig: *nicht beliebig* oder *willkürlich*. Die zufällige Auswahl einer Teilmenge aus einer Grundgesamtheit erfolgt systematisch, indem ein Auswahlplan verwendet wird. Genau genommen stellen wir durch bestimmte *Kontrollen* sicher, dass der *Zufall* auch wirklich eintreten kann (Diaz-Bone, 2019, S. 135f.). Dafür stehen im Rahmen der zufallsgesteuerten Auswahlverfahren unterschiedliche Möglichkeiten zur Verfügung (Abbildung 21). Die wichtigsten werden in den folgenden Abschnitten besprochen.

Abbildung 21 – Zufallsgesteuerte Auswahlverfahren[36]

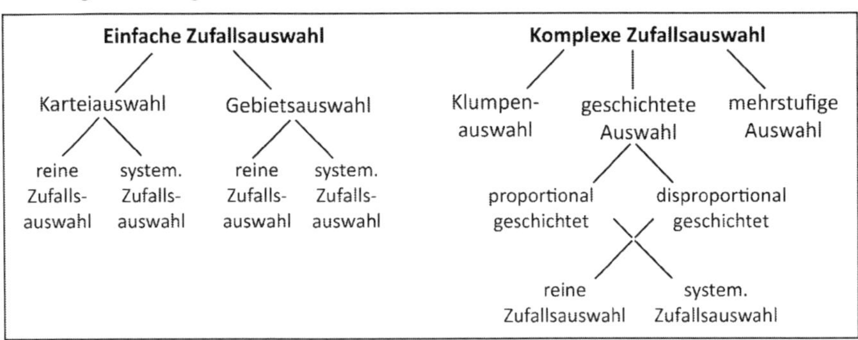

[36] Entnommen von Kromrey et al. (2016, S. 266).

5.2.1. Einfache Zufallsauswahl

Denken wir an das bekannte Beispiel der wöchentlichen Lotto-Ziehung. Die zufällige Ziehung der Zahlen läuft wie folgt ab: Alle Elemente (Kugeln) kommen in einen Container, der gut durchmischt wird. Durch entsprechende Mechanik werden in sechs Durchgängen sechs Elemente gezogen (plus die siebente Ziehung für die Zusatzzahl). Dabei wird streng darauf geachtet, dass nach jeder erfolgten Ziehung die verbliebenen Elemente wieder gut durchmischt werden. Auf diese Weise werden zwei Bedingungen gewährleistet: Erstens, die Bestimmung jeder einzelnen Zahl geschieht tatsächlich durch Zufall; und zweitens, der Zufall ist durch Kontrollen gesichert. Es handelt sich um eine **reine Zufallsauswahl** (*simple random sample*).

Von der reinen Zufallsauswahl unterscheidet sich die **systematische Zufallsauswahl**. Systematisch bedeutet, dass aus einer Liste oder Kartei (z.B. einer Adressenliste) der erste Fall zufällig gezogen wird (z.B. durch Würfeln oder durch Bestimmung einer Zufallszahl). Alle weiteren Einheiten werden systematisch bestimmt, indem zum Beispiel jeder weitere 100. Fall aufgenommen wird. Bei einer Erhebungsgesamtheit von N = 100.000, einer Stichprobengröße von n = 1.000 und dem zufällig 26. Fall als ersten Fall wären die weiteren Einheiten die Nummern 126, 226, 326, ... 99.926. Auch bei dieser Vorgehensweise ist sichergestellt, dass vor Beginn des Auswahlprozesses jedes Element die gleiche Chance hat, in die Stichprobe aufgenommen zu werden. Solche Zufallsauswahlen kommen nicht nur bei der sogenannten Karteiauswahl, sondern auch bei Gebietsauswahlen (auch: Flächenstichprobe) zur Anwendung. Der Auswahlplan wird dabei nicht auf eine Kartei, sondern auf räumliche Einheiten angewandt, von denen angenommen werden kann, dass sie die Erhebungseinheiten bestimmen (z.B. Wohnblöcke, Stadtbezirke, etc.).

!	„Listen" mit Angaben über alle Elemente der Auswahlgesamtheit sind unverzichtbare Bestandteile von einfachen wie komplexen Zufallsauswahlen. Diese Listen können in Form von Einwohnerregistern, Telefonbüchern, Mitgliederverzeichnissen, User-Verzeichnissen oder anderen Auflistungen von Personen, Firmen, Haushalten etc. vorliegen. Vor der Stichprobenziehung sind Beschränkungen und Verzerrungen zu klären, die sich durch die Systematik dieser Listen ergeben können (Vollständigkeit, Aktualität, Over- und Undercoverage).

Die wichtigsten Voraussetzungen für eine einfache Zufallsauswahl bestehen darin, dass ein *vollständiges Verzeichnis* aller Elemente der Grundgesamtheit existiert (Liste) und dass diese Liste aktuell ist. In Österreich existiert ein zentrales Melderegister (ZMR) mit aktuellen Identitäts- und Wohnsitzdaten für alle Gemeinden und Städte. Entsprechende „Listen" gibt es in vielen Organisationen, etwa, wenn ein Unternehmen über ein vollständiges Verzeichnis aller Kund*innen verfügt, wenn ein Verein ein vollständiges Mitgliederregister führt oder eine Universität alle Studierenden vollständig erfasst.

Allerdings bedeutet das Vorliegen einer Liste noch nicht, dass alle Elemente der Auswahlgesamtheit auch tatsächlich erreicht werden können. So kann es sein, dass derartige Aufzeichnungen für die Sozialforschung aus unterschiedlichen Gründen (z.B. Datenschutzbestimmungen) nicht oder nur eingeschränkt zugänglich sind. Darüber hinaus kann auch eine gute Auflistung in der Praxis einige Probleme bereiten, wenn zum Beispiel die in der Liste enthaltenen Elemente regional weit verstreut sind und sich die Erreichbarkeit von Proband*innen schwierig gestaltet. In diesem Fall müssten beispielsweise für eine Face-to-face-Befragung in allen Gebieten ausreichend Interviewer*innen zur Verfügung stehen, was einigen Aufwand und erhebliche Kosten zur Folge haben kann.

Sind die Voraussetzungen gegeben, ist grundsätzlich eine einfache, einstufige Zufallsauswahl möglich. Allerdings kann auch das Auswahlverfahren selbst mit systematischen Fehlern behaftet sein. Die Folge wäre eine Verletzung des Zufallsprinzips und somit eine Verzerrung der Stichprobe (*bias*). Hängen diese Schwierigkeiten mit dem Auswahlverfahren zusammen, sprechen wir von einem *sampling bias*, hängen sie mit dem jeweiligen Erhebungsverfahren zusammen, dann sprechen wir von einem *non-sampling bias*. In der Praxis treten besonders häufig folgende Schwierigkeiten auf:

- In der Grundgesamtheit gibt es Untergruppen, die zwar für die Fragestellung wichtig sind, aber in der Stichprobe mit zu geringen Fallzahlen vertreten sind, sodass sie nicht mehr separat ausgewertet werden können (z.B. Randgruppen).
- Wie bereits erwähnt, können Listen unvollständig und/oder nicht aktuell sein und bestimmte Teile der Grundgesamtheit aus diesem Grund unberücksichtigt bleiben oder überproportional vertreten sein (*Over-* und *Undercoverage*).
- Bei allen Formen der standardisierten Befragung (postalisch, telefonisch, face-to-face, online) können relevante Teile der Zielpopulation die Teilnahme an der Erhebung verweigern (*Non-Response-Problem*).

Treten derartige Probleme bei einer Studie auf und lassen sich nicht beseitigen, sind komplexe Auswahlverfahren gefragt. Der Unterschied besteht darin, dass nicht mehr jedes Element der Grundgesamtheit die gleiche Chance hat, in die Stichprobe aufgenommen zu werden, sondern eine *bekannte, berechenbare Chance* haben muss, ausgewählt zu werden.

5.2.2. Komplexe Zufallsauswahl

Die **geschichtete Zufallsstichprobe** beruht meist auf der Absicht, die Stichprobendaten auch getrennt für bestimmte Untergruppen auszuwerten. Nehmen wir an, es soll das Durchschnittsalter einer Population geschätzt werden. Würden mittels einfacher Zufallsauswahl 500 Menschen in einer Großstadt ausgewählt, wären in dieser Stichprobe möglicherweise einige Altersgruppen über- bzw. unterrepräsentiert. Mit hoher Wahrscheinlichkeit wird daher die Schätzung des Durchschnittsalters (arithmetisches Mittel) eine gewisse Fehlerbreite aufweisen. In diesem Fall bietet sich eine *Schichtung* der Stichprobe an. Die Grundüberlegung der geschichteten Zufallsstichprobe besteht darin, die Grundgesamtheit nach bestimmten Merkmalen bzw. Schichtungskriterien in verschiedene Schichten *(***strata**) zu unterteilen. Solche Schichtungskriterien können z.B. Geschlecht, Alter oder höchster Bildungsabschluss sein. Aus jeder Schicht wird dann im nächsten Schritt eine einfache Zufallsstichprobe gezogen (Noelle-Neumann & Petersen, 2005, S. 236), wobei jedes Element der Grundgesamtheit nur einer Schicht zugerechnet werden darf (Schnell et al., 2018, S. 252).

So könnte im Hinblick auf das Merkmal Alter eine Unterteilung in drei Altersgruppen „niedriges Alter", „mittleres Alter", und „hohes Alter" vorgenommen werden. An dieser Stelle lässt sich schon erahnen, dass für die Schichtung einer Stichprobe eine wichtige Bedingung erfüllt sein muss: Die Anzahl der Personen in jeder interessierenden Schichtungsvariable muss bekannt sein.

!	Für eine geschichtete Stichprobe ist die *Kenntnis* der Verteilung des Schichtungsmerkmals (oder mehrerer interessierender Schichtungsmerkmale) in der Grundgesamtheit erforderlich. Dazu stehen in der Regel öffentliche Statistiken zur Verfügung, die Auskunft über die Größe von Altersgruppen, der Geschlechterverteilung oder andere relevante Merkmale geben. Es sollte immer darauf geachtet werden, dass die Informationen über Schichtungsmerkmale auf dem aktuellen Stand sind. Bei älteren Informationen besteht nämlich die Gefahr, die Verteilung bzw. Größe der einzelnen Schichten falsch einzuschätzen.

Eine geschichtete Zufallsauswahl kann zwei Formen annehmen: Sind die Anteile der Teilgruppen in der Stichprobe genau so groß wie ihre Anteile in der Grundgesamtheit, handelt es sich um eine **proportional geschichtete Stichprobe**. Die prozentuelle Verteilung des Schichtungsmerkmals in der Stichprobe entspricht in diesem Fall der Merkmalsverteilung in der Grundgesamtheit. Eine **disproportional geschichtete Stichprobe** liegt hingegen vor, wenn die anteilsmäßige Verteilung des Schichtungsmerkmals in der Stichprobe *nicht* seiner Verteilung in der Grundgesamtheit entspricht. Das kann manchmal gewünscht sein, um gerade eine Undercoverage von bestimmten Teilgruppen zu vermeiden.

Die geschichtete Zufallsauswahl ist eines der in der Praxis am häufigsten verwendeten Auswahlverfahren, weil es wesentliche Vorteile gegenüber der einfachen Zufallsstichprobe aufweist (Diekmann, 2018, S. 389):

- Das Fehlerintervall der Schätzung ist in der Regel geringer als bei einer einfachen Zufallsauswahl.
- Innerhalb der Schichten wird die Variation des Schichtungsmerkmals verringert (Homogenität innerhalb der Schichten) und seine Variation zwischen den Schichten vergrößert sich (Heterogenität zwischen den Schichten). Durch diesen *Schichtungseffekt*

kann die Genauigkeit der Schätzung und die Verlässlichkeit von Verallgemeinerungen verbessert werden.

- Der erforderliche Stichprobenumfang kann so klein wie möglich gehalten werden, wodurch sich auch Kostenvorteile ergeben.

Ein weiteres Verfahren der komplexen Zufallsauswahl ist die **Klumpenstichprobe**. Manchmal ist wenig über die Grundgesamtheit bekannt, weil zum Beispiel keine Liste aller Elemente der Grundgesamtheit existiert. In solchen Fällen kann sich eine Auswahl nicht auf einzelne Personen richten, sondern wird sich auf Teilkollektive beziehen müssen. Nehmen wir an, es sollen Manager*innen in der Automobilindustrie befragt werden. Eine vollständige Liste an Manager*innen existiert nicht, wohl aber eine vollständige Zusammenstellung von Unternehmen der Automobilindustrie. Daraus kann dann auf der ersten Stufe des Auswahlverfahrens eine Zufallsstichprobe gezogen werden; auf diese Weise wird ein Klumpen erzeugt. Auf der zweiten Stufe der Auswahl werden sodann alle Elemente (Manager*innen) der ausgewählten Klumpen (ausgewählte Unternehmen der Automobilindustrie) befragt.

> Beispiel: Eine Klumpenauswahl kann auch mehrstufig erfolgen. Ein bekanntes Beispiel dafür ist die PISA-Studie. So wird bei PISA auf Grundlage einer Liste mit allen Schulen eines Landes im ersten Schritt eine Zufallsauswahl an Schulen in einzelnen Bundesländern vorgenommen; auf der zweiten Stufe wird wiederum eine Zufallsauswahl der Schulklassen vorgenommen; auf der dritten Stufe werden dann alle Elemente (= Schüler*innen) befragt.[37]

Die Klumpenauswahl ist dann praktikabel, wenn die Grundgesamtheit in einfach unterscheidbare (natürliche) Klumpen zerlegt werden kann. Es ist darüber hinaus keine vollständige und aktuelle Liste (z.B. aller Schüler*innen) notwendig. Ausreichend ist eine Liste aller relevanten Teilkollektive, weil sich davon ausgehen lässt, dass über diese Liste alle Personen, die befragt werden sollen, auch tatsächlich erreicht werden, egal, ob dies in einer Stufe oder in mehreren Stufen geschieht.

Dem stehen jedoch statistische Nachteile gegenüber. Sind die Unterschiede zwischen den Klumpen sehr groß (unterscheiden sich beispielsweise die ausgewählten Unternehmen durch besondere Faktoren stark voneinander), dann sind die Elemente innerhalb der Klumpen ähnlicher als bei einer einfachen Zufallsstichprobe. Dieser „Klumpeneffekt" führt zu einer größeren Ungenauigkeit der Schätzungen gegenüber einer Zufallsstichprobe (Schnell et al., 2018, S. 253ff.). Daraus resultiert, dass das Fehlerintervall von Parameterschätzungen (z.B. des Mittelwerts) oder von Anteilswerten in der Grundgesamtheit größer ist als bei einfachen Zufallsstichproben. Die mit der Klumpenstichprobe verbundenen Fehler können zumindest reduziert werden, wenn eine *größere Anzahl* an Klumpen befragt wird, *kleinere Klumpen* ausgewählt

[37] Grundlegende Informationen zum Design der von der OECD initiierten PISA-Studie bietet www.pisa.oecd.org. Wie für Klumpenverfahren charakteristisch, interessiert im Rahmen der PISA-Befragung nicht die individuelle Leistung von Schüler*innen, sondern die Leistungen von Schüler*innen in bestimmten Schulstufen bzw. Altersgruppen, die in weiterer Folge länderweise miteinander verglichen werden.

werden, die Klumpen in sich *möglichst heterogen sind* und die *Heterogenität zwischen den Klumpen möglichst groß* ist.

In vielen Fällen sind die bisher beschriebenen Auswahlverfahren nicht angebracht oder nicht durchführbar und es bedarf **mehrstufiger Auswahlverfahren**. Speziell bei Untersuchungen, deren Grundgesamtheit die allgemeine Bevölkerung darstellt, sind oft mehrstufige Auswahlverfahren erforderlich, bei denen nacheinander Zufallsstichproben gezogen werden.[38] Dabei wird die Grundgesamtheit auf der ersten Stufe in Gruppen von Elementen, in sogenannte Primäreinheiten, unterteilt. Aus diesen Primäreinheiten werden dann wiederum zufällig die Sekundäreinheiten als Auswahleinheiten der zweiten Stufe gezogen. Manchmal sind weitere Auswahlstufen notwendig. Ist das nicht der Fall, bilden die Auswahleinheiten der zweiten Stufe bereits die Erhebungseinheiten.

Dieses Verfahren ähnelt zwar der Klumpenauswahl, unterscheidet sich aber in einem wichtigen Punkt. Im Gegensatz zu einer Klumpenstichprobe werden *nicht alle* Elemente der ausgewählten Klumpen befragt, sondern es wird aus jedem Klumpen eine *Zufalls*stichprobe gezogen. Unabhängig von der Anzahl der Stufen bildet die Zufallsauswahl jeder Stufe die Auswahlgrundlage der folgenden Zufallsstichprobe, bis die Erhebungseinheiten auf der letzten Stufe ermittelt sind (Schnell et al., 2018, S. 255ff.). Wie die Klumpenauswahl kommt auch die mehrstufige Auswahl häufig dann zum Einsatz, wenn keine Liste aller Elemente der Grundgesamtheit verfügbar ist.

Mehrstufige Auswahlverfahren werden bei Stichprobenkontrollen im Qualitätsmanagement eingesetzt, wenn z.B. ein pharmazeutisches Unternehmen regelmäßig Qualitätskontrollen bei den Lieferant*innen seiner Rohstoffe durchführt.

1. Stufe: Zunächst werden durch Zufallsauswahl „Klumpen" von Lastwagen mit Wirkstoffen bestimmt. Dabei ist es vorteilhaft, wenn die Lastwagen in der Regel die gleiche Menge an Kisten mit Wirkstoffen transportieren. Die ausgewählten Lastwagen sind die Basis für die 2. Stufe.

2. Stufe: Aus jedem Lastwagen wird jeweils eine gleich große Anzahl von Kisten ausgewählt, in denen wiederum ungefähr gleich viele Dosen mit Wirkstoffen enthalten sind. Diese Kisten sind die Grundlage für die 3. Stufe.

3. Stufe: Es werden nun aus jeder ausgewählten Kiste nach einem bestimmten Muster eine bestimmte Anzahl von Dosen entnommen, deren Inhaltsstoffe dann der eigentlichen Kontrolle unterzogen werden.

In diesem Fall erfolgt die Auswahl in drei Stufen und die Stichprobenziehung nach dem Zufallsprinzip; auch die Wahrscheinlichkeit der Auswahl ist auf jeder Stufe bekannt.

[38] Das wohl bekannteste mehrstufige Auswahlverfahren ist das ADM-Design (Diekmann, 2018; M. Häder, 2019; Schnell et al., 2018).

5.3. Nicht zufallsgesteuerte Stichproben

Im Unterschied zu zufallsgesteuerten Auswahlverfahren werden bei der *nicht-zufallsgesteuerten* Auswahl die Zielpersonen oder Fälle durch eine **willkürliche Auswahl**, sozusagen aufs Geratewohl bestimmt. Das kann etwa dadurch geschehen, dass Interviewer*innen an einem beliebigen Ort zu einem beliebigen Zeitpunkt beliebige Personen für eine Befragung herausgreifen. Diese Vorgehensweise können wir in Einkaufsstraßen beobachten. Es ist unschwer erkennbar, dass eine willkürlich gezogene Stichprobe keinesfalls ein Miniaturbild einer Grundgesamtheit sein kann, denn schließlich kann weder die Grundgesamtheit angegeben werden noch sind die Stichprobenelemente genau definiert. Die Konsequenz ist eindeutig: *Willkürliche Auswahl ist für statistisch kontrollierte Aussagen wertlos* (Kromrey et al., 2016, S. 267).

Im Unterschied dazu gibt es weiters die *nicht-zufallsgesteuerte* ***bewusste Auswahl***, die *planvoll* zustande kommt, weil sie bestimmten Kriterien entspricht, die für eine Untersuchung sinnvoll erscheinen und weil sie intersubjektiv nachvollziehbar ist. So können aufgrund entsprechender Überlegungen für eine Erhebung spezifische Expert*innen oder typische Fälle in die Auswahl aufgenommen werden, wobei die Auswahl sehr differenziert auf der Basis eines theoretisch begründeten Modells der Grundgesamtheit vorgenommen werden sollte. In der Regel ist dies bei wichtigen Verfahren der qualitativen Sozialforschung der Fall.[39]

Innerhalb der nicht zufallsgesteuerten Auswahlverfahren stellt die **Quoten-Auswahl** (*quota sample*) ein weit verbreitetes Verfahren in der kommerziellen Umfrage- und Meinungsforschung dar. Die Quoten-Auswahl ist genau genommen eine *Kombination von bewusster und willkürlicher Auswahl*. Den Interviewer*innen wird dabei vorgegeben, nur Personen mit bestimmten Merkmalen (*bewusster Teil – Art der Schichtung*) für die Befragung zu suchen (*willkürlicher Teil – etwa Suche auf der Straße*). Diese Quoten sind meist eine Kombination von bestimmten Merkmalen wie z.B. Alter, Geschlecht und Bildungsstand. Entscheidend für die korrekte Umsetzung einer Quoten-Auswahl durch die Interviewer*innen ist die genaue *Einhaltung der Quotenvorgaben (bspw. ist ein Mann über 65+ gesucht)*, um zu einer den Quoten entsprechenden Struktur der Stichprobe zu kommen. Im Idealfall entspricht die Stichprobenstruktur der Struktur der Grundgesamtheit. Dazu müssen zumindest zwei Voraussetzungen erfüllt sein:

- Um überhaupt *sinnvolle Quotenvorgaben* erstellen zu können, muss zunächst die Struktur der Grundgesamtheit im Detail bekannt sein. Benötigt werden insbesondere die Kombinationen der interessierenden Merkmale, damit die entsprechenden Quotenvorgaben erstellt werden können, also zum Beispiel die jeweiligen Anteile von

[39] Das Verfahren des theoretical sampling wurde zum Zweck der gegenstandsnahen Theoriebildung (grounded theory) entwickelt und stellt eine methodisch fundierte Variante der bewussten, von theoretischen Kriterien bestimmten Auswahl dar (Glaser & Strauss, 2008).

Männern und Frauen in bestimmten Altersgruppen mit spezifischen Bildungsabschlüssen. Diese Informationen sind in der Regel über amtliche Statistiken erhältlich.

- Die Quotierung muss für die Interviewer*innen einfach erkennbar und abfragbar sein, sollte also nicht zu komplex sein. Bestimmte Merkmale wie z.B. persönliche Einstellungen eignen sich nicht als Quote. Realistisch sind nur einfache, zum Teil recht grobe Merkmale bzw. Merkmalskombinationen wie die bereits genannten.

Die Quotenauswahl wird wie erwähnt in der kommerziellen Markt- und Umfrageforschung häufig verwendet. Da sie weniger aufwändig und daher wesentlich kostengünstiger ist, können mit diesem Verfahren relativ kurze Feldzeiten realisiert werden (Häder, 2019, S. 179ff.). Trotz dieser Vorteile ist der Einsatz von Quotenvorgaben aus praktischen und statistischen Gründen umstritten. In praktischer Hinsicht wird häufig kritisiert, dass die Quotenpläne aufgrund fehlender Regeln für ihre Erstellung schwer nachvollziehbar sind und die Kontrolle der Interviewer*innen bei den Quotenauswahlen besonders schwierig ist. Der statistisch wichtigste Kritikpunkt resultiert daraus, dass bei einer Quotenauswahl die Auswahlgesamtheit nicht angegeben werden kann. Aus diesem Grund lassen sich auch die gebräuchlichen statistischen Schätzverfahren nicht anwenden; auch die Berechnung von Konfidenzintervallen ist nicht zulässig. Zugunsten der Quotenauswahl wird festgestellt, dass ein Quotenplan dem Design einer geschichteten Stichprobe mit proportionaler Schichtung entspricht, dass die Quotenmerkmale aufgrund ihrer Korrelation mit anderen Merkmalsverteilungen der Grundgesamtheit als repräsentativ zu betrachten sind und, dass bei strikter Kontrolle der Interviewer*innen diese faktisch eine Zufallsauswahl treffen.[40]

Die folgenden Angaben sind ein Auszug aus einem Quotenplan und zeigen die Zahl an Interviews, die pro Interviewenden durchzuführen sind bzw. welche spezifischen Merkmale die Respondent*innen aufweisen sollen. Zusammengerechnet sollte die Stichprobenstruktur der Struktur der Grundgesamtheit entsprechen.

Interviewer*in	Anzahl an Interviews	Altersgruppe		Geschlecht	
		unter 65	65 und älter	männlich	weiblich
X	6	4	2	3	3
y	10	6	4	4	6

Das Beispiel ist kurz gehalten, zeigt aber, dass Interviewer*in X insgesamt 6 Personen interviewen soll/muss, wobei vier Personen unter 65 alt sowie zwei 65 Jahre oder älter sein sollen; sowie drei männlichen und drei weiblichen Geschlechts. Da keine vertiefende Kombination in diesem Beispiel gefordert wird könnte Interviewer*in X drei Frauen unter 65 sowie einen Mann unter 65 und zwei Männer über 65 interviewen. Eine andere Kombination wäre ebenso denkbar.

Das Beispiel zeigt ein häufiges Problem der Praxis, dass die Quotenvorgaben in der Regel separat und nicht als Merkmalskombination abgefragt werden. Aus diesem Grund ist auch die

[40] Zu dieser kontrovers geführten Diskussion siehe Schnell et al. (2018, S. 274ff.).

von den Befürworter*innen der Quotenauswahl formulierte Hoffnung, dass sich „trotz getrennter Vorgaben von Quoten für *einzelne* Merkmale auch die *Merkmalskombinationen* auf die Werte der Grundgesamtheit einpendeln“ (Kromrey et al., 2016, S. 274), trügerisch. Grundsätzlich ist nicht gesichert, dass so der überproportionale Anteil an Frauen in höheren Alterskategorien (damit Grundgesamtheit) in der Stichprobe abgebildet wird.

In Summe ist zu bezweifeln, dass ein Quotenverfahren die wahrscheinlichkeitstheoretische Zuverlässigkeit einer Zufallsauswahl beanspruchen kann. Das ist auch der wesentliche Unterschied zwischen geschichteter Zufallsauswahl und Quotenauswahl: Erstere ist repräsentativ, letztere nicht. Bei der Quotenauswahl werden Befragungsteilnehmer*innen in der Regel auch unterschiedlich oft kontaktiert. Somit ist eine weitere Voraussetzung der Repräsentativität einer Stichprobe verletzt, nämlich, dass alle Elemente der Grundgesamtheit die gleiche Chance haben, in die Stichprobe zu gelangen.

5.4. Verallgemeinerbarkeit auf die Grundgesamtheit

In der Regel werden Stichprobenerhebungen mit dem Ziel durchgeführt, Verallgemeinerungen von der realisierten Stichprobe auf die Grundgesamtheit vorzunehmen. Dieser Schluss von den Stichprobenergebnissen auf die Grundgesamtheit wird als **Repräsentationsschluss** bezeichnet. Man geht davon aus, dass die Ergebnisse, die für die Stichprobe ermittelt wurden, auf die Grundgesamtheit verallgemeinerbar sind. Hierzu soll im Folgenden näher auf die **Repräsentativität** und **Konfidenzintervalle** eingegangen werden.

Oft wird gefragt, wie groß die Stichprobe sein muss, damit die Ergebnisse repräsentativ sind, denn es wird angenommen, Repräsentativität hinge nur von einer bestimmten Zahl an Fällen ab, die in einer Untersuchung erhoben wird. Der Begriff Repräsentativität wird zudem häufig verwendet, um die Qualität oder die Zuverlässigkeit von Ergebnissen zu betonen. Dabei handelt es sich meistens um falsche oder gar irreführende Verwendungen. Wie schon bei den einzelnen Auswahlverfahren dargestellt wurde, kann Repräsentativität bei nicht-zufallsgesteuerten Auswahlverfahren aus statistischen Gründen nicht gegeben sein.

Repräsentativität zeigt an, wie gut die Merkmalszusammensetzung oder die Struktur der interessierenden Merkmale in der Stichprobe die Merkmalszusammensetzung oder die Struktur der interessierenden Merkmale in der Grundgesamtheit widerspiegelt.

Ergebnisse können ausschließlich Repräsentativität beanspruchen, wenn (1) *die Verfahren der Erhebung methodisch korrekt eingesetzt wurden* und (2) die *Verteilung der relevanten Merkmale in der Grundgesamtheit bekannt ist oder die Daten auf Grundlage einer Zufallsauswahl erhoben* wurden.

In den meisten Fällen muss man jedoch davon ausgehen, dass man nicht alle *relevanten* Merkmale kennt oder deren Verteilung adäquat abbilden kann. Hierfür ist näher auf die Merkmale zu blicken: analytisch ist es sinnvoll, zwischen abhängigen und unabhängigen Merkmalen zu unterscheiden, wobei Merkmale zusätzlich im Zusammenhang stehen und damit Merkmalskombinationen bzw. in der Grundgesamtheit Strukturen von Merkmalskombinationen bilden. Merkmale kovariieren also und das in häufig unbekannter oder unüberblickbarer Weise.

2018 waren von der österreichischen Bevölkerung 50,84% Frauen und 49,16% Männer, zudem waren 1,10% der Bevölkerung 20 Jahre und 0,21% waren 90 Jahre alt. Beides ließe sich unabhängig voneinander recht einfach in einer Stichprobe abbilden. Beachtet man nun aber, dass Alter und Geschlecht kovariieren, so zeigt sich, dass das Geschlechterverhältnis bei 20-Jährigen mit 52,17% zugunsten der Männer und bei 90-Jährigen mit 68,28% zugunsten der Frauen ausschlägt. Nun ließe sich die Sache weiter verkomplizieren, wenn man etwa den höchsten formalen Bildungsabschluss hinzunehmen würde, der mit dem Geschlecht und mit dem Alter kovariiert. Ein Quotenplan stößt hier schnell an seine Grenzen und die Verteilungen von Merkmalskombinationen können nicht adäquat erfasst werden.

In einem anderen Beispiel soll untersucht werden, wie viele Personen in Österreich täglich rauchen, wobei davon ausgegangen wird, dass die Häufigkeit vom Alter abhängt und mit steigendem Alter abnimmt. Bei der Passung der Merkmalsstruktur zwischen Grundgesamtheit und Stichprobe wurde dabei nur auf das Alter geachtet. Problematisch ist nun, dass das Rauchen in der Realität nicht nur entlang des Alters, sondern auch entlang des Geschlechts variiert. Hat man jedoch die Merkmalskombinationen Alter/Geschlecht nicht adäquat abgebildet, so wird die Analyse zu keinen repräsentativen Ergebnissen gelangen können. Wären Männer etwa in den hohen Altersgruppen in der Stichprobe überrepräsentiert (und real raucht ein größerer Anteil der älteren Männer im Vergleich zu älteren Frauen), so wäre die Häufigkeit des Rauchens im Alter durch unsere Stichprobe überschätzt worden. Kurzum: aufgrund der Fehlverteilung der Männer in der Stichprobe und weil Männer real häufiger rauchen sowie das Geschlecht und das Alter real kovariieren, kommt es zu einer Fehlschätzung auf Basis der Stichprobe. Würde man nun noch die Bildung einbeziehen, die ebenso nicht adäquat, also der Grundgesamtheit entsprechend, erfasst wurde, so wäre das Malheur perfekt. Es wäre somit unmöglich, die Struktur des Rauchens entlang von Alter, Geschlecht und Bildung adäquat abzubilden.

Hingegen wird durch eine Zufallsauswahl die Häufigkeit der Merkmalskombinationen annäherungsweise der Grundgesamtheit entsprechend in der Stichprobe abgebildet, wenn ansonsten keine Fehler im *Verfahren der Erhebung* auftreten. Auf Basis einer Zufallsstichprobe zeigt sich dann auch, wie komplex die Struktur des Rauchens entlang soziodemografischer Merkmale in Österreich ist (Klimont, 2016, S. 62):

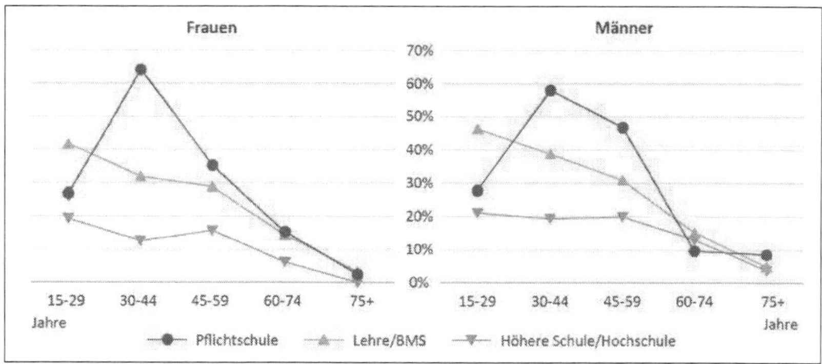

Neben der Problematik, alle inhaltlich relevanten Merkmale zu beachten, muss man auch bei einer sorgfältig konzipierten Erhebung davon ausgehen, dass eine *realisierte* Stichprobe mit gewissen Fehlern behaftet ist. Diese Schwierigkeiten können durch fehlerhafte Stichprobenziehung (*sampling errors*) oder durch Fehler entstehen, die nicht im Bereich der Stichprobenziehung liegen (*non-sampling errors*). Zu letzteren zählen die bereits dargestellten Coverage-Probleme. Eine weiterer häufiger Nicht-Stichprobenfehler, der zu Verzerrungen führen kann, ist das Non-Response-Problem, d.h. die Nicht-Teilnahme (von Teilgruppen) an ganzen Befragungen bzw. die Nicht-Beantwortung einzelner Fragebereiche oder Items einer Befragung. Schwierigkeiten dieser Art hängen auch stark mit dem Fragebogendesign und der Formulierung von Fragen und Items zusammen. Stichprobenfehler und Nicht-Stichprobenfehler setzen sich zum *Total Survey Error* zusammen.[41]

Bei der Ziehung von Zufallsstichproben möchte man nun wissen, wie gut eine Stichprobe die Grundgesamtheit repräsentiert. Für die Beurteilung der Güte einer Stichprobe werden in der Statistik der **Stichprobenfehler** und das **Vertrauensintervall** verwendet.

Das *Ziel einer Stichprobenerhebung* besteht darin, aus den Stichprobendaten Rückschlüsse auf die Grundgesamtheit zu ziehen. Wie beschrieben ist das nur zulässig, wenn die Verteilung der Merkmale in der Stichprobe der Verteilung dieser Merkmale in der Grundgesamtheit entspricht. Diese Entsprechung ist jedoch aus unterschiedlichen Gründen fehleranfällig und jede Stichprobenziehung ist mit einem *Stichprobenfehler* behaftet. Der Stichprobenfehler e gibt an, wie groß die Differenz zwischen dem aus der Zufallsstichprobe ermittelten Wert eines Merkmals und dem tatsächlichen Wert des Merkmals in der Grundgesamtheit ist. Die Größe des Fehlers (wenn wirklich zufällig gezogen wurde) hängt von der (1) *Größe der Stichprobe* (je größer die Stichprobe, umso kleiner der Fehler) und (2) von der *Streuung des Merkmals in der Grundgesamtheit* (je größer die Streuung, umso größer der Fehler) ab.

Um sich dem wahren Wert in der Grundgesamtheit anzunähern, gibt es sozusagen eine empirische oder statistische Lösung. Würde man häufig eine Zufallsstichprobe ziehen, so schwankt der in den einzelnen Stichproben ermittelte Mittelwert. Man erhält also durch wiederholte Stichprobenziehung eine Reihe von Durchschnittswerten des interessierenden Merkmals (bspw. Alter), die voneinander mehr oder weniger abweichen, aber um den *wahren Wert* streuen. Die Mittelwerte aller gezogenen Stichproben haben also ihre eigene Verteilung, die annähernd normalverteilt ist. Und diese Normalverteilung hat wieder einen eigenen Mittelwert, der den präzisesten Schätzwert für das Merkmal in der Grundgesamtheit darstellt. Da es sich bei der unendlichen Ziehung von Stichproben um keinen praktikablen Weg handelt, muss eine wahrscheinlichkeitstheoretische Lösung genügen. Hierzu ist aber die Annahme wichtig, dass eben auch die Verteilung der Mittelwerte vieler (unendlicher) Stichproben einer Normalverteilung folgt.

[41] Für eine Übersicht zu Stichproben- und Nicht-Stichprobenfehlern siehe Faulbaum (2019, S. 23ff.).

Für Normalverteilungen gilt in der Statistik, dass 95% der Werte im Bereich von ± 1,96 Standardabweichungen vom Mittelwert liegen. Als Richtwert hat sich in den Sozialwissenschaften das *95%-Konfidenzniveau* etabliert. Das bedeutet, dass bei 100 gezogenen Stichproben in 95 Fällen der gefundene Stichprobenmittelwert im Bereich von ± *1,96 Standardabweichungen* vom Mittelwert der Grundgesamtheit liegt, in fünf Fällen befindet sich der Stichprobenmittelwert außerhalb dieses Bereichs. Anders formuliert: Wir können in 95% der (hypothetischen) Fälle davon ausgehen, dass sich der Mittelwert einer Stichprobe innerhalb des Vertrauensintervalls befindet bzw. gibt das Konfidenz- bzw. Vertrauensintervall jenen Bereich an, innerhalb dessen der Parameter (Mittelwert) der Grundgesamtheit liegt.[42]

$$\mu = \bar{x} \pm 1{,}96\, \sigma_{\bar{X}} \quad = \quad \bar{x} \pm 1{,}96 * \frac{s_x}{\sqrt{n}}$$

μ = *Arithm. Mittel der Grundgesamtheit*
$\bar{x}$ = *Arithm. Mittel der Stichprobe*
$\sigma_{\bar{X}}$ = *Schätzung der Standardabweichung der Grundgesamtheit*
s_x = *Standardabweichung der Stichprobe*
n = *Fallzahl der Stichprobe*

Solche Konfidenzintervalle können aber nicht nur für Mittelwerte von metrischen Variablen, sondern auch für Häufigkeiten, also das Auftreten eines Merkmals, berechnet werden. Dies ist der Schluss vom Stichprobenprozentsatz oder -anteil auf den Prozentsatz in der Grundgesamtheit. Auch an dieser Stelle wird die Statistik abgekürzt (Sahner, 2008, S. 57ff.) und wir behandeln den einfachsten Fall eines Merkmals mit zwei Ausprägungen. Dafür ergibt sich folgende Formel:

$$P = p \pm 1{,}96\, \sigma_p \quad = \quad p \pm 1{,}96 * \sqrt{\frac{p\,(1-p)}{n}}$$

P = *Prozentsatz der Grundgesamtheit*
p = *Stichprobenprozentsatz* (Anteil der Ausprägung in der Stichprobe)
σ_p = *Schätzung des Standardfehlers eines Prozentsatzes*
n = *Fallzahl der Stichprobe*

Gehen wir von diesem 95%-Konfidenzintervall aus (damit haben wir 1,96 Standardabweichungen/Standardfehler wie in obigen Formeln angegeben) und nehmen wir des Weiteren an, der Anteilswert des interessierenden Merkmals in der Stichprobe liegt bei 35% bzw. *p*=0,35 (z.B. 35% der Befragten gehen davon aus, dass das staatliche Pensionssystem sicher ist, 65% teilen diese Ansicht daher nicht). Je nach Stichprobengrößen (einsetzen in *n*) ergeben sich nun unterschiedliche Schwankungsbreiten der Konfidenzintervalle. Tabelle 5 zeigt die abnehmende Schwankungsbreite in Relation zur zunehmenden Stichprobengröße für unterschiedliche

[42] An dieser Stelle wird deutlich abgekürzt und es werden viele Aspekte der schließenden Statistik nicht ausgeführt. Es lohnt sich jedoch, diesen Bereich näher zu ergründen. Hierfür ist die Einführung von Sahner (2008) sehr zu empfehlen.

Anteilswerte. Bei einem Anteilswert von 35% und 100 Befragten würde das Vertrauensintervall ± 9,7%, bei 500 Befragten ± 4,3% und bei 1000 Befragten ± 3,0% groß sein.

Tabelle 5 – Konfidenzintervalle für Anteilswerte nach Stichprobengröße[43]

Anteilswert		20/80	25/75	30/70	35/65	40/60	45/55	50/50
n	100	8.0	8.7	9.2	9.7	9.8	9.9	10.0
	200	5.7	6.1	6.5	6.7	6.9	7.0	7.1
	300	4.6	5.0	5.3	5.5	5.7	5.7	5.8
	500	3.6	3.9	4.1	4.3	4.3	4.4	4.5
	700	3.0	3.3	3.5	3.6	3.7	3.7	3.8
	1.000	2.5	2.7	2.9	3.0	3.1	3.1	3.2
	5.000	1.1	1.2	1.3	1.4	1.4	1.4	1.4

5.5. Rücklauf und Ausschöpfungsquoten

Die Bemühungen um eine korrekte Auswahl und eine gut durchgeführte Erhebung sollten natürlich auch belohnt werden: in Form eines hohen Rücklaufs oder einer hohen Ausschöpfungsquote. Von **Rücklauf** wird in der Regel dann gesprochen, wenn die Proband*innen per E-Mail oder postalisch einen Fragebogen erhalten und diesen nach Beantwortung zurücksenden. Telefonische Befragungen unterscheiden sich von anderen Befragungen dadurch, dass mitunter mehrere Kontaktversuche bei einer Adresse durchgeführt werden müssen, um die Zielperson für ein Interview zu erreichen. Bei Online-Befragungen, die die zufälligen Nutzer*innen einer Website direkt mittels Pop-up zur Teilnahme an der Befragung motivieren wollen, kann eine Rücklaufquote nicht sinnvoll angegeben werden, sondern nur die Beteiligung in absoluten Zahlen.

Der Rücklauf einer Erhebung wird sehr stark von der spezifischen Erhebungsmethode beeinflusst (Tabelle 6). Ein weiterer wesentlicher Faktor ist die organisatorische Abwicklung einer Befragung. Erfahrungsgemäß fällt die Beteiligung höher aus, wenn einige Punkte berücksichtigt werden, die im Rahmen der *Total-Design-Methode* (Dillman, 1978) entwickelt wurden und sich seither bewährt haben. Dieser Ansatz beruht generell auf der Idee, den Befragten einerseits die Teilnahme zu erleichtern und sie zu motivieren, z.B. durch freundliche Anschreiben, Erinnerungsaktionen bis hin zu kleinen Aufmerksamkeiten als Dankeschön.

Da Sozialforschungsinstitute Rücklaufquoten ungern preisgeben und auch Lehrbücher diesbezüglich sehr sparsam mit Auskünften sind, stehen nur grobe Erfahrungswerte als Anhaltspunkte zur Verfügung. Außerdem hängt der Rücklauf bzw. die Ausschöpfung von sehr vielen unterschiedlichen Faktoren ab, wobei unter anderem die Erhebungsmethode, die Art der Zielpopulation (Bevölkerung, Unternehmen, Mitarbeiter*innen, Kund*innen u.a.m.), der Grad

[43] Nach Braunecker (2016, S. 104) und Hofte-Fankhauser & Wälty (2013, S. 51).

der Identifikation der Befragten mit dem Befragungsthema, Anreizsysteme, Befragungszeitpunkte und weitere Faktoren eine Rolle spielen. Bei der Planung von Forschungsprojekten sollte immer beachtet werden, dass bei sorgfältiger Vorbereitung und Planung eine Steigerung des Rücklaufs durchaus möglich ist.

Für Rücklaufquoten bei telefonischen Befragungen sind kaum realistische Zahlen bekannt. Sie wären jedoch auch schwer vergleichbar, weil telefonische Stichproben oft auf einer Quotierung beruhen. Rücklaufquoten um 70% sind überdurchschnittliche Werte. Generell scheint sich ein Trend herauszukristallisieren, wonach die Bereitschaft zur Teilnahme an allen Erhebungen eher abnimmt.

Tabelle 6 – Exemplarische Rücklaufquoten

Zielpopulation	**Erhebung / Erhebungsmethode**	**Rücklaufquote**	**Quelle**
Unternehmen	CIS – Community Innovation Survey der Europäischen Union Österreich: Online- und downloadbarer Fragebogen Deutschland: Kombination von postalischer und Online-Befragung	48,2% Österreich 26,4% Deutschland	(Statistik Austria, 2020d) Rammer (2019)
Bevölkerung	European Social Survey, Round 9 2018 (face-to-face)	27,6% - 69,4% (Bandbreite Mitgliedsstaaten)	ESS (2021)
US-amerikanische Haushalte	Panel Study of Income Dynamics (PSID) 2015 / 2017 (face-to-face, mit monetärem Anreiz)	2015: 59,9% 2017: 88,6%	McGonagle (2020)
Young Urbans	Panel Recruiting (Online Survey mit Quiz als Incentive)	25-26% (Teilnehmer*innen mit Smartphone) 13-14% (Teilnehmer*innen mit PC)	Lugtig et al. (2019)

6. Primärdaten

In der empirischen Sozialforschung gibt es unterschiedliche Möglichkeiten der Datengenese, wobei sich drei zentrale Arten der Datenerhebung unterscheiden lassen: Befragung, Beobachtung und Inhaltsanalyse (Abbildung 22). Jede Methode der Datenerhebung kann wiederum die Form von spezifischen Verfahren annehmen.

Abbildung 22 – Methoden der Datenerhebung

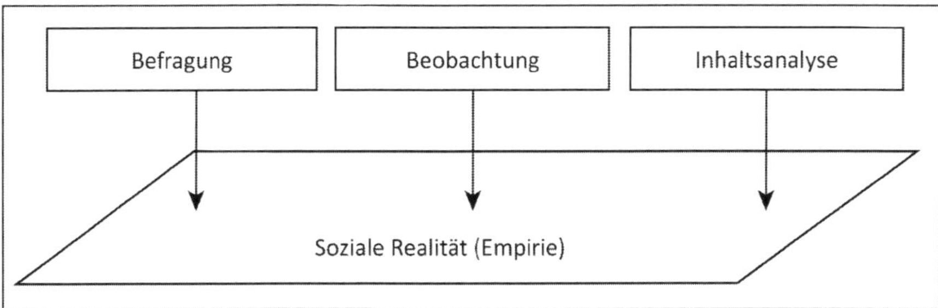

Die Befragung ist die am häufigsten verwendete Erhebungsmethode in der empirischen Sozialforschung. Ihre Varianten stehen im Mittelpunkt dieses Kapitels. Alternative Erhebungsmethoden wie die Beobachtung oder die Inhaltsanalyse werden im nachfolgenden Exkurs in der Differenzierung *reaktive und nicht-reaktive Verfahren* kurz vorgestellt.

6.1. Reaktive und nicht-reaktive Methoden

Ein grundlegender Unterschied zwischen den drei genannten Arten der Datenerhebung bezieht sich auf die Reaktivität des Untersuchungsgegenstandes. Nach Diekmann (2018, S. 627) bedeutet reaktiv, „dass nichtkontrollierte Merkmale des Messinstruments, des Anwenders des Messinstruments (Verhalten des Versuchsleiters, des Interviewers) oder der Untersuchungssituation das Ergebnis der Messung systematisch beeinflussen können. Kurz und einfach formuliert: Erhebungsmethoden sind reaktiv, wenn die Gefahr besteht, dass der Messvorgang das Messergebnis beeinflussen und verfälschen kann". Aus diesem Grund wird zwischen so genannten **reaktiven** und **nicht-reaktiven Verfahren** der Messung bzw. der Datenerhebung unterschieden.

Befragung als reaktive Methode

Kurzum: *alle Formen* der Befragung stellen reaktive Erhebungs- und Messvorgänge dar. Somit sind nicht nur die in der quantitativen Sozialforschung verwendeten Befragungsmodi und experimentellen Untersuchungen, sondern auch die in der qualitativen Sozialforschung eingesetzten Methoden der Befragung reaktiv.

Die Reaktivität bei der Befragung bringt einige Probleme mit sich, die durch eine Reihe von Faktoren verursacht werden können bspw. die Besonderheiten der Befragungssituation. So ist es etwa nicht für alle Befragungspersonen selbstverständlich, in künstlichen Gesprächssituationen authentisch zu antworten. Auch die Art des persönlichen Kontakts zwischen Befragten und Interviewer*in, die Merkmale von Interviewer*innen, die besonderen Merkmale des Befragungsinstruments, aber auch die jeweilige Stimmung der befragten Person, die Erhebungssituation selbst oder soziale Normen können deren Antwortverhalten beeinflussen. So kann etwa die Antwort einer Befragungsperson durch sozial erwünschtes Antwortverhalten verzerrt werden.

Inhaltsanalyse als nicht-reaktive Methode

Um die mit der Reaktivität verbundenen Probleme zu minimieren bzw. zu eliminieren, werden in der empirischen Sozialforschung auch nicht-reaktive Methoden verwendet. Dazu zählen vor allem die **Inhalts-** oder **Artefaktanalysen**, also die Untersuchung von „Verhaltensspuren" und prozessproduzierten Daten. Die Inhaltsanalyse (*content analysis*) ist eine systematische Methode zur Erhebung und Auswertung von Text-, Ton- und Bilddokumenten (häufig werden auch die Ausdrücke „Dokumentenanalyse" oder „Bedeutungsanalyse" verwendet). Bei den Inhalten oder Artefakten handelt es sich um Daten, die, im Unterschied zur Befragung, als Folge von alltäglichem Handeln und somit – wie dies generell bei nicht-reaktiven Verfahren der Fall ist – *nicht bewusst* für Forschungszwecke *produziert* wurden. Die Inhaltsanalyse wurde ursprünglich als „Forschungstechnik für die objektive, systematische und quantitative Beschreibung des manifesten Inhalts von Kommunikation" (Berelson, 1952, S. 18) definiert. Während dieser Ansatz vorwiegend die formalen Aspekte der Kommunikation sowie ihre statistische Auswertung betont, fand die Inhaltsanalyse auch in der qualitativen Sozialforschung für die „systematische, intersubjektiv nachvollziehbare Beschreibung inhaltlicher und formaler Merkmale von Mitteilungen" (Früh, 2017, S. 29) eine schnelle Verbreitung. Die beiden grundlegenden Ziele der Inhaltsanalyse bestehen darin, (1) anhand der in den Dokumenten enthaltenen Daten auf *manifeste und latente Bedeutungen in diesen selbst zu schließen*, um (2) auf Grundlage der so ermittelten Informationen *Schlussfolgerungen auf die soziale Realität außerhalb des Dokuments* vorzunehmen (z.B. über Produzent*innen eines Textes, über ihre Adressat*innen, über den sozialen Kontext oder auf die Kommunikationssituation, die der Entstehung des Dokuments zugrunde lag).

Ein Hauptanwendungsgebiet für Inhaltsanalysen ist die Medien- und Kommunikationsforschung. So können im Sinne der quantitativen Sozialforschung Sitzungsprotokolle oder TV-Diskussionen beispielsweise danach untersucht werden, wer was zu wem wie oft und mit welcher Wirkung sagte.[44] Am bekanntesten ist wohl die Nutzung der Inhaltsanalyse für die

[44] Einfache Ausprägungen der quantitativen Inhaltsanalyse stellen die Ansätze zur Messung der Medienpräsenz von Politiker*innen dar. In Österreich wird eine auf der Nennung von Politiker*innen in österreichischen

Untersuchung der Medienpräsenz von Politiker*innen. Die Inhaltsanalyse wird auch in der qualitativen Sozialforschung eingesetzt, wobei je nach Ausrichtung mal mehr oder weniger in diesen Analysen eine quantitative Orientierung zu attestieren ist (Mayring, 2019). Mit dem Begriff der Artefaktanalyse wird versucht, die interpretative Seite und damit die (Re-)Konstruktion latenter Sinndimensionen stärker zu betonen (Froschauer, 2009; Lueger, 2010).

Beobachtung als Mischform

Während die Inhaltsanalyse zur Gänze zu den nicht-reaktiven Methoden gezählt wird, sind die unterschiedlichen Techniken der Beobachtung überwiegend den reaktiven Methoden zuzuordnen. Beobachtung bedeutet das systematische „Erfassen von Ablauf und Bedeutung einzelner Handlungen und Handlungszusammenhänge" (Kromrey et al., 2016, S. 325). Sie kann nach mehreren Gesichtspunkten unterschieden werden:

- Einerseits nach dem *Grad der Offenlegung* der Rolle der Forscher*innen: Bei der *offenen Beobachtung* wissen die beobachteten Personen, dass sie beobachtet werden; bei der *verdeckten* Beobachtung ist ihnen der Beobachtungsvorgang durch Forscher*innen nicht bekannt.
- Andererseits lässt sich nach dem *Grad der Involviertheit* der Forscher*innen differenzieren: Bei der *teilnehmenden Beobachtung* ist der/die Beobachter*in gleichzeitig Interaktionspartner*in der beobachteten Personen; bei der *nicht-teilnehmenden* Beobachtung werden die Interaktionen lediglich protokolliert.
- Weitere Unterscheidungen sind jene zwischen *strukturierter* (auch systematische Beobachtung genannt) und *unstrukturierter* (unsystematischer) Beobachtung – erstere setzt auf theoretisch fundierte Analyseschemata wie die Interaktionsprozessanalyse (IPA) von Bales (1975) bzw. Grümer (1974).

Unter den genannten Arten der Beobachtung handelt es sich nur bei der verdeckten Beobachtung um eine nicht-reaktive Form der Beobachtung. Die Frage der Reaktivität von Datenerhebungsmethoden ist keine rein akademische Frage. Für die Praxis der Sozialforschung bringt jede Variante unterschiedliche Anforderungen an die Objektivität, Reliabilität (Zuverlässigkeit) und Validität (Gültigkeit) mit sich. Im Hinblick auf die standardisierte Befragung wurden die Gütekriterien in Abschnitt 3.4 besprochen.

6.2. Formen der Befragung

Die Befragung stellt ein planmäßiges Vorgehen dar, mit dem Daten zu jenen Indikatoren erhoben werden, die im Zuge der Operationalisierung ausgearbeitet worden sind. Das Ziel der sozialwissenschaftlichen Befragung besteht darin, durch regulierte Kommunikation (bzw. im

---

Tageszeitungen basierende Inhaltsanalyse kontinuierlich von der Austria Presseagentur (APA) durchgeführt: http://www.apa-mediawatch.at/cms/mediawatch (02.07.2009).

Sinne eines formalisierten Verfahrens) reliable und valide Informationen, also Daten über den Forschungsgegenstand zu erhalten. „Alle im Interview gestellten Fragen sind nicht Bestandteile einer zweckfreien Kommunikationssituation, sondern haben rein instrumentellen Charakter: Sie sind Mittel zu dem gewünschten Zweck: den Antworten" (Kromrey et al., 2016, S. 338). Anders formuliert sind Befragungen eine Art Aufforderung zur Selbstbeschreibung, darum wird auch von Introspektion (Strack, 1994, S. 7) gesprochen. Die oder der Befragte gibt folglich selbst Auskunft über das eigene Verhalten oder seine persönlichen Einstellungen bzw. Sichtweisen und beobachtet sich damit in gewisser Weise selbst. Genauso ist jene*r Befragte in der Lage, über seine/ihre Umwelt Einschätzungen oder Auskünfte zu geben.

Zum Zweck der Informationsgewinnung stehen mehrere Formen der *standardisierten Befragung*[45] zur Verfügung: die persönliche (face-to-face), die schriftliche, die telefonische Befragung sowie die Online-Befragung. Vollständig standardisiert sind Befragungen dann, wenn drei Merkmale vorliegen: (1) alle Fragen werden mit (2) vorgegebenen Antwortkategorien (3) in der gleichen festgelegten Reihenfolge gestellt. Annahme ist, wenn alle Befragten mit demselben Instrument befragt werden, dann ist es für die Informationsgewinnung unerheblich, wer die Interviews führt, wie sie geführt werden und welche Personen die erhobenen Daten auswerten. Befragungen mit einem vollstandardisierten Fragebogen bedürfen einer stark strukturierten Interviewführung, die sowohl der interviewten als auch der interviewenden Person nur geringe Freiräume gewährt. Als Nachteil der standardisierten Befragung wird vor allem auf die Beschränkung des Informationsgehaltes hingewiesen, der mit geschlossenen Fragen einhergeht.

Befragungen sind weiters als eine Form der sozialen Interaktion aufzufassen, die von alltäglichen Interaktionen in gewissen Punkten abweichen. So wird zwar bei der Durchführung von sozialwissenschaftlichen Befragungen versucht, an die Alltagssituation der Befragten (Fragestellungen, Information im Gespräch) anzuknüpfen, allerdings sind folgende Punkte zu beachten (Helfferich, 2019; Kromrey et al., 2016; Scholl, 2018): Es handelt sich (1) um eine *künstliche Situation* (2) mit *asymmetrischem Charakter* entlang (3) einer *distanzierten, neutralen* und *anonymen* Gesprächsform und ist (4) für alle Beteiligten folgenlos.

Das Wissen um den Interaktionsprozess ist insofern von Bedeutung, da auch dieser situationale Umstand das Antworten auf die Fragen rahmt. Zudem hebt die Standardisierung die sozialwissenschaftliche Befragung von natürlichen Befragungssituationen ab – durch die Standardisierung wird der Kommunikationsprozess restringiert, denn der Interviewer bzw. die Interviewerin kann dem oder der Befragten bei Verständnisschwierigkeiten nicht oder nur im Rahmen der Intervieweranweisungen helfen, da dies die Standardisierung gefährden würde. Hinzuweisen ist auch, dass Interpretationen von sprachlichen Äußerungen oft in der sozialen

[45] Der Gegenpol stellt die *unstandardisierte* Befragung dar, die in der interpretativen Sozialforschung eine zentrale Rolle spielt; zwischen den beiden Polen befinden sich zudem teilstandardisierte Befragungsformen (Atteslander, 2010).

Interaktion ausgehandelt werden. Da in sozialwissenschaftlichen Befragungen diese Möglichkeit nun nicht oder nur bedingt zur Verfügung steht, wird unter anderem aus diesem Grund bei der Interpretation einer Frage auf den Kontext der Befragung (bspw. was ist das Thema, wer sind die Auftraggeber*innen), auf vorangegangene Fragen (wie steht diese Frage zu anderen in Bezug) und Antwortskalen zurückgegriffen.

Die Nutzung neuer Technologien hat das Spektrum der standardisierten Befragungsformen wesentlich bereichert. Gegenüber der persönlichen Befragung und dem **Paper- and Pencil-Interview** (**PAPI**) als klassische Varianten der mündlichen Befragung gewann vor allem die telefonische Befragung enorm an Bedeutung – laut Arbeitskreis Deutscher Markt- und Sozialforschungsinstitute e.V. wurden zu Beginn der 2000er Jahre etwas über 40% der Interviews durch die Mitgliedinstitute telefonisch durchgeführt (ADM, 2020). Mittlerweile haben sich in der Marktforschung Online-Befragungen durchgesetzt (46%), wenngleich Telefonbefragungen (21%) und face-to-face Interviews (23%) weiterhin eine wichtige Rolle spielen.[46] Die Angaben sind mit Vorsicht zu interpretieren, da Marktforschungsinstitute häufig, aber nicht ausschließlich die Durchführung von sozialwissenschaftlichen Befragungen übernehmen. In der akademischen Forschung dürfte der Stellenwert von telefonischen und face-to-face Befragungen deutlich höher sein, auch wenn die Online-Befragung an Attraktivität gewinnt. Wichtig ist zu betonen, dass bereits die Form der Befragung (bspw. wer wird erreicht, welcher Umfang kann abgefragt werden) Einfluss auf die Datenqualität hat und unterschiedliche Interaktionssituationen hervorbringt. Online-Befragungen sind deshalb durchaus problematisch, wenn (1) weiterhin Teile der Bevölkerung nicht online sind, so haben 32% der Östereicher*innen zwischen 65 bis 74 Jahre bis 2020 das Internet noch nie benutzt (Statistik Austria, 2020a) oder (2) keine bzw. nur mit großem Aufwand eine Zufallsstichprobe hergestellt werden kann (Wagner-Schelewsky & Hering, 2019).

Anschließend werden die wichtigsten Formen der Befragungen und ihre Vor- und Nachteile kurz erörtert.

6.2.1. Face-to-face Interview

Bei diesem Interviewtyp werden die Befragten direkt von dem bzw. der Interviewer*in befragt, indem die Fragen vorgelesen und die Antworten von den Interviewer*innen eingetragen werden. Dieses Interview basiert auf der Anwesenheit von einem/einer (in seltenen Fällen zwei) Interviewer*innen und einem/einer (bzw. selten mehreren) Befragten. Diese Interviewform kann mit klassischen Papierfragebögen (PAPI) – mittlerweile wohl selten und eher bei studentischen Arbeiten anzutreffen – oder mittels Laptop bzw. Tablet (**CAPI - Computer Assisted Personal Interview**) durchgeführt werden. Persönliche Interviews müssen genaue Anweisungen für die Interviewer*innen enthalten. Diese Anweisungen können sich u.a. auf folgende Punkte beziehen:

---

[46] Klassische schriftliche Befragungen spielen eine untergeordnete Rolle (6%) und Befragungen über spezifische Apps werden erst seit kurzer Zeit eingesetzt (4%).

1. Dokumentation von formalen Aspekten des Interviews (z.B. Startzeit, Dauer etc.)
2. Frageführung (z.B. Überspringen von Fragen nach Filterfragen)
3. Unterstützung der Beantwortung (z.B. durch Vorlegen von Fragelisten)
4. Anweisung zum Eintragen von Antworten
5. Anweisungen zum Verhalten bei „weiß nicht"- oder „sonstiges"-Antworten
6. Anweisungen zum Verhalten bei der Dokumentation von Antworten auf offene Fragen

!	Genaue **Instruktionen** für Interviewer*innen sind bei persönlichen Befragungen von enormer Bedeutung für das Gelingen und für die Datenqualität! Vor der Erhebung müssen die Interviewer*innen sorgfältig eingeschult werden. Nach dem Pretest sollte eine genaue Reflexion erfolgen, um die Instruktionen zu präzisieren bzw. Kontrollen des Interviewer*innenverhaltens zu verbessern.

Zusammen haben persönlich-mündliche Befragungen einige Vor- und Nachteile, wie nachfolgende Liste aufzeigen soll (Scholl, 2018, S. 37ff.). Besonders hervorzuheben ist die zentrale Position der Interviewer*innen, welche sowohl negative als auch positive Effekte auf das Interview und damit auf die Qualität der Daten haben (Bogner & Landrock, 2014). Kurz: wichtig ist eine gute Schulung der Interviewer*innen, um negative Effekte möglichst zu reduzieren und zugleich die Vorteile zu nutzen.

Nachteile	**Vorteile**
• Das Interview wirkt durch die Anwesenheit des oder der Interviewer*in für Befragte weniger anonym. • Mit gewissen Interviewereffekten ist zu rechnen (daher sollten Interviewer*innen nur eine begrenzte Zahl an Interviews in einer Befragung durchführen). • Es kann sein, dass Interviewer*innen die Instruktionen nicht befolgen oder manipulativ einwirken. • Der Aufwand ist allgemein sehr hoch einzuschätzen, da die Feldphase verhältnismäßig viel Zeit in Anspruch nimmt, viele Interviewer*innen bei hohen Fallzahlen benötigt werden und diese adäquat im geographischen Raum verteilt bzw. mobil sein müssen. • Die Kosten sind entsprechend hoch, das persönliche Interview gilt als die teuerste Erhebungsform.	• Motivation der Befragten durch Anwesenheit der Interviewer*innen meist relativ hoch. • Abbruchwahrscheinlichkeit bei langen Befragungen geringer (als etwa bei Telefonbefragungen). • Ausschöpfungsquote ist meist hoch (vor allem bei warmer Kontaktnahme – d.h. die Leute werden vor der Befragung informiert). • Hilfestellung bei Unklarheiten durch Interviewer*innen. • Nachhaken ist bei ungenauen oder unpassenden Antworten durch Interviewer*innen möglich. • Interviewer*innen können auf die Einhaltung von Instruktionen achten. • Schaubilder und weiteres Testmaterial können genutzt werden (Testungen mit anderen Messinstrumenten; Beobachtungen; usw.).

Zudem lassen face-to-face Interviews komplexe Messungen zu, d.h. nicht nur Fragen mit vielen Antwortkategorien (die etwa auf Showcards abgebildet sind), sondern auch Testungen mit

Messgeräten (z.B.: zur Messung der Greifkraft). Trotz vieler Vorteile nimmt der Anteil dieser Befragungen eher ab, dies liegt vor allem an den hohen Kosten dieser Erhebungsform.

6.2.2. Schriftliche Befragung

Bei der **schriftlichen Befragung** wird den Untersuchungspersonen ein Fragebogen ausgehändigt mit der Bitte, diesen selbständig auszufüllen. Die Übermittlung des Fragebogens an die Untersuchungspersonen erfolgt meist als *postalische Befragung*. Auch Befragungen z.B. in Klassenzimmern oder am Ende von Lehrveranstaltungen sind dem Typ der schriftlichen Befragungen zuzurechnen (Gruppenbefragung). Bis vor wenigen Jahren wurde PISA (nicht nur der Test, sondern auch die daran anschließenden Schüler*innenbefragungen) in Österreich schriftlich durchgeführt.

Die Vorteile der schriftlichen Befragung liegen im Wegfall von *Interviewereffekten* sowie im geringeren Aufwand und in der größeren Anonymität. Allerdings bestehen auch Probleme: So kann beim Mail-Survey in der Regel nicht mit Sicherheit geklärt werden, wer den Fragebogen tatsächlich ausgefüllt hat. Eine gewisse Schwierigkeit zeigt sich häufig im Vergleich zu anderen Formen der Befragung in den zumeist niedrigen Rücklaufquoten, da die Rückübermittlung der beantworteten Fragebögen zusätzliche Aktivitäten seitens der Befragten voraussetzt. Schnell (2019, S. 249) macht zudem darauf aufmerksam, dass vor allem bei bevölkerungsweiten Umfragen vielleicht ein Teil der Zielpopulation nicht in der Lage ist zu lesen bzw. zu schreiben wie bspw. funktionelle Analphabet*innen und Menschen mit Sehbehinderung. Trotzdem kann in kleinerem Umfang oder bei partiellen Abfragen, etwa bei Zufriedenheits- oder Bewertungsfragen von Kund*innen direkt vor Ort, die schriftliche Befragung sinnvoll sein. Eine Übersicht der Vor- und Nachteile, bietet nachfolgende Liste (Scholl, 2018, S. 37ff.).

Nachteile	Vorteile
• Bei Problemen zum Frageverständnis kann nicht geholfen werden. • Mittelschichtsbias, da schriftliche Befragungen eine relativ hohe Lesekompetenz voraussetzen. • Ausschöpfungsquoten sind verhältnismäßig gering. • Wer tatsächlich den postalischen Fragebogen ausfüllt, kann nicht immer nachvollzogen werden. • Die Befragungssituation ist wiederum bei Mail-Surveys nicht kontrollierbar.	• Im Vergleich zum persönlichen und telefonischen Interview sind die Kosten geringer. • Keine Interviewer*innen von Nöten. • Damit weder negative noch positive Interviewer*inneneffekte. • Ausdehnung des Befragungsraumes und Anzahl der Fälle können verhältnismäßig leicht variiert werden. • Die Befragte bzw. der Befragte kann selbst entscheiden, wann sie bzw. er die Befragung durchführen möchte.

Sind bei der persönlichen Befragung klare Instruktionen für die Interviewer*innen wichtig, so gilt dies bei der schriftlichen Befragung umso mehr für den Fragebogen selbst: Gerade weil Unklarheiten in der Erhebungssituation nicht durch eine unterstützende Person geklärt werden können, müssen schriftliche Fragebögen einfach zu verstehen und zu beantworten sein. Bei Befragungsformen, in denen keine direkte Unterstützung für die Befragten und Kontrolle der Erhebungssituation möglich sind, hängt die Rücklaufquote, der Umfang und die Qualität der Daten besonders stark von der Gestaltung des Erhebungsinstruments selbst ab.

Weitere wichtige Punkte sind die Vorinformation der Befragten und die Gestaltung von Erinnerungsaktionen während des Erhebungszeitraumes, weil dadurch erfahrungsgemäß der Rücklauf positiv beeinflusst werden kann. Durch die Anwendung von Elementen der Total-Design-Methode kann die Rücklaufquote erfahrungsgemäß wesentlich gesteigert werden.

6.2.3. Telefonische Befragung

Die **telefonische Befragung** stellt in der empirischen Sozialforschung einen guten Mittelweg zwischen Kosten und Qualität dar. Sie unterscheidet sich in einigen Aspekten der Durchführung von anderen Formen der Befragung. Professionelle Sozial- und Marktforschungsinstitute verwenden in der Regel **Computer Assisted Telephone Interviews** (**CATI**), die den Ablauf administrieren, d.h. in welchen Adressenverwaltung, Stichprobenziehung, Fragebogenprogrammierung, Instruktionen für Interviewer*innen und Befragungsdokumentation ablaufen (z.B. Anzahl der telefonischen Kontaktversuche, Dauer des Interviews). In eigenen Telefonlabors führen die Interviewer*innen, ausgestattet mit Headsets, vor dem PC-Bildschirm die Interviews durch. Mittlerweile werden die Tätigkeiten auch im Home-Office ausgeführt.

Ein weiterer Vorteil sind die recht verlässlichen Ausschöpfungsquoten – professionelle Planung und Durchführung von Telefonbefragungen vorausgesetzt. Häufig werden *Ausschöpfungsquoten* um die 50% erzielt. Nicht zuletzt bietet die CATI-Befragung auch den Vorteil, dass die Daten wie bei der Online-Befragung sehr rasch für Auswertungszwecke verfügbar sind, weil eine manuelle oder scannergestützte Datenerfassung unterbleiben kann.

Die Dauer eines Telefoninterviews unterscheidet sich erheblich von anderen Erhebungsformen. Während beim persönlichen und schriftlichen Interview eine Länge von einer Stunde und mehr vertretbar ist, nimmt die Abbruchquote beim telefonischen Interview bereits deutlich früher zu. Für die Befragung von Privathaushalten gilt als Faustregel, dass 30 Minuten Interviewdauer nicht überschritten werden sollen; ideal wären ca. 20 Minuten. Bei Befragungen von Personen im Arbeitskontext sollte aufgrund des Umstands, dass die Teilnahme am Interview für die befragten Personen meist eine Unterbrechung oder Verzögerung des gewohnten Arbeitsablaufs bedeutet, erfahrungsgemäß eine Interviewdauer von 15 bis 20 Minuten nicht überschritten werden, um Abbrüche in Grenzen zu halten.

Ein besonders wichtiger Aspekt am Beginn von Telefoninterviews ist die Identifizierung der Zielperson, also jener Untersuchungsperson, die befragt werden soll. Wenn bei telefonischen Haushaltsbefragungen nur ein bestimmtes Haushaltsmitglied oder bei Unternehmensbefragungen nur ein/e bestimmte/r Funktionsträger*in befragt werden soll, dann ist auch einleuchtend, dass genaue Anweisungen formuliert sein müssen, welche spezifische Person interviewt werden kann. In Abbildung 23 sind die einleitende Dokumentation und die Fragen zur Identifikation der Zielperson inklusive Interviewer*innenanweisungen aus einer Telefonbefragung zur Weiterbildungsbeteiligung von Erwerbstätigen in Wien wiedergegeben (Kerschbaumer et al., 2006). Zielpersonen waren selbst- und unselbständige, arbeitslose und in Karenzurlaub befindliche Personen. Wurde die Zielperson nicht angetroffen, war das Interview nicht durchführbar bzw. musste ein neuer Interviewtermin vereinbart werden.

Abbildung 23 – Anweisungen zur Identifizierung der Zielperson

Fragebogen „Berufliche Weiterbildung in Wien"

[Zielpopulation: Unselbständig Erwerbstätige (auch Karenz, Arbeitslose) in Wien ohne Beamte und PensionistInnen lt. Screening]

Interviewernummer: | | | |

Nummer laut Adressenliste: | | | | | |

<u>**Frage 0**</u>

(**INTERVIEWER/IN BITTE EINSTUFEN**:) Ergebnis des Anrufs

kein Anschluss, kein Privathaushalt .... 1 → **ABBRUCH**
Anrufbeantworter .... 2 → **ABBRUCH**
nach 45 Sekunden niemand abgehoben .... 3 → **ABBRUCH, NEUER KONTAKTVERSUCH**
Person erreicht, Vereinbarung neuer Termin .... 4 → **DOKUMENTATION TERMIN**
Person erreicht, Interview kann gestartet werden ..... 5 → **WEITER MIT FRAGE 1**

Guten Tag, mein Name ist [Name InterviewerIn] vom Sozialforschungsinstitut [Name Institut]. Wir führen für [Name Auftraggeber] eine Befragung zum Thema Beruf und berufliche Weiterbildung durch und würden dazu auch Ihnen gerne einige Fragen stellen, falls Sie in die Zielgruppe der Untersuchung passen. Ihre Antworten werden ausschließlich für Forschungszwecke verwendet und anonym ausgewertet. Ihre Informationen werden keinesfalls an andere Personen weitergegeben und alle Daten werden nach Abschluss der anonymisierten Auswertung vernichtet.

<u>**Frage 1**</u>

Sind Sie derzeit...? (**VORLESEN**)

selbständig erwerbstätig .... 1 → **WEITER MIT FRAGE 2**
unselbständig erwerbstätig .... 2 → **WEITER MIT FRAGE 3**
arbeitslos .... 3 → **WEITER MIT FRAGE 6**
in Karenz .... 4 → **WEITER MIT FRAGE 7**
in Ausbildung (StudentIn, SchülerIn) .... 5 → **ABBRUCH INTERVIEW**
in Pension .... 6 → **ABBRUCH INTERVIEW**

Zusätzlich sind die Besonderheiten der Stichprobenziehung bei telefonischen Befragungen zu beachten. Insbesondere die Entwicklung der mobilen Telefonie und der deutliche Rückgang des Telefonbuchs erschweren eine, aus zufallstheoretischer Perspektive notwendige qualitätsvolle Ziehung (Häder & Glemser, 2006). Zwar führt die hohe Netzdichte zu einer theoretisch guten Erreichbarkeit der Mitglieder der Zielpopulation (nur wenige Gruppen haben heute kein (mobiles) Telefon), der Besitz von mehreren Nummern pro Haushalt oder pro Person, das Bestehen von Festnetz- und Mobilnummern, Rufnummernmitnahmen usw. erschweren jedoch eine Ziehung mit gleicher Auswahlwahrscheinlichkeit. Ein elaboriertes Konzept stellt der Dual Frame Approach dar (Häder, 2009), wenngleich Erhebungen auf regionaler Ebene problematisch sind, da Mobilfunkvorwahlen keine geografische Einteilung in Österreich oder Deutschland zulassen (Sand, 2014). Nachfolgende Liste fasst einige wichtige Vor- und Nachteile der telefonischen Befragung zusammen (Häder, 2019, S. 266ff.).

Nachteile	**Vorteile**
• Unsicherheit der Interviewer*innen bei der Kontaktaufnahme muss durch spezielle Schulungen kompensiert werden, um Abbrüche zu verringern. • Häufigere Abbrüche durch die Befragten, vor allem bei zunehmender Länge des Interviews. • Keine Möglichkeit der Verwendung von Hilfsmitteln (mit Ausnahme von Audiodateien). • Geringere Bereitschaft zur detaillierten Beantwortung von offenen Fragen. • Recency-Effekt: Befragte tendieren zur Angabe der zuletzt vorgelesenen Antwortkategorien. • Zeitliche Limitierung der Interviewdauer. • Stichprobenziehung mittlerweile komplex.	• Bessere Feldkontrolle und Standardisierung des Interviewerverhaltens durch computergestützte Steuerung der Befragungssituation (bei CATI-Erhebungen). • Recht hohe Akzeptanz auf Seiten der Befragten durch höhere Anonymität der Befragungssituation. • Kurzfristige Verfügbarkeit der Daten. • Geringere Tendenz zu sozial erwünschtem Verhalten. • Möglichkeit des Rückrufs für die Befragten (z.B. bei Wunsch, nähere Auskünfte über durchführendes Institut und Auftraggeber*innen zu erhalten). • Reduktion des so genannten Primacy Effekts, also der Tendenz zur Auswahl der ersten Antwortkategorie.

Der *Arbeitskreis deutscher Markt- und Sozialforschungsinstitute e.V.* hat spezifische Richtlinien für telefonische Befragungen erstellt (ADM, 2018), die auf die Einhaltung von Datenschutzbestimmungen und auf die Qualitätssicherung gerichtet sind und damit eine gute Orientierung für die Planung und Durchführung von Telefoninterviews bieten.

6.2.4. Online-Befragung

Online-Befragungen sind streng genommen computerunterstützte schriftliche Befragungen. Trotzdem macht es Sinn, diese als eigene Form zu behandeln. Im Vergleich zur klassischen

Form der schriftlichen Befragung können sie einerseits interaktive und multimediale Elemente enthalten und andererseits haben sie zum Teil andere Vor- und Nachteile bzw. Eigenheiten. Aufgrund der vielfältig einsetzbaren Techniken und der mittlerweile umfangreichen und gut einsetzbaren Programme, welche eine schnelle Erstellung von Online-Umfragen ermöglichen, wird bei der Online-Befragung auch von **Computer Assisted Web Interview** (**CAWI**) gesprochen.

Nicht nur die Möglichkeiten, sondern auch die vergleichsweise geringeren Kosten, die mit Online-Befragungen verbunden sind, sprechen für diese Form der Befragung. Somit hat sie sich in den letzten Jahren (wohl oder vor allem durch den bestehenden Kostendruck) zur meist genutzten Erhebungsart in der kommerziellen Markt- und Meinungsforschung entwickelt. Für die Online-Befragung sind jedoch zusätzlich zu den genannten Aspekten der schriftlichen Befragung einige weitere Punkte zu bedenken. Die Hauptproblematik bei sozialwissenschaftlichen Bevölkerungsumfragen liegt in der Stichprobenziehung, weil die Ziehung einer randomisierten Stichprobe – Grundbedingung für die Schätzung von Populationsparametern – nur möglich ist, wenn alle in Frage kommenden Erhebungselemente *die gleiche (oder zumindest bekannte) Auswahlwahrscheinlichkeit* besitzen, d.h. die gleiche Chance haben, für die Befragung ausgewählt zu werden (Abschnitt 5.4). Kurzum muss dafür die Grundgesamtheit bekannt und zugänglich sein. Diese Voraussetzung ist beispielsweise bei Unternehmen gegeben, wenn sie eine vollständige Datei mit E-Mail-Adressen der Einkäufer*innen, Kooperationspartner*innen oder Kund*innen besitzen und aus diesen Listen zufällig zu befragende Personen auswählen. Es werden bei so einer Auswahl auch nur Aussagen über die jeweiligen Einkäufer*innen, Kooperationspartner*innen oder Kund*innen gemacht.

Die Krux bei der Online-Befragung ist, dies sei nochmals erwähnt, die Erreichbarkeit der Zielpopulation: alle sollten erreichbar sein (Offliner und Personen mit unterschiedlichem Nutzungsverhalten werden diskriminiert) und das mit gleicher (oder zumindest bekannter) Wahrscheinlichkeit (Problem der unendlich vielen unbekannten E-Mail-Adressen, wobei viele Personen sehr wahrscheinlich mehrere Adressen besitzen). Diese Voraussetzungen sind dann nicht gegeben, wenn einfach über *Schneeballsysteme* Personen zur Befragungsteilnahme angeworben oder über Pop-up-Fenster auf Websites um Teilnahme an der Befragung ersucht werden (Problem der *Selbstselektion)*.[47] Solchermaßen durchgeführte Erhebungen erfüllen nur sehr eingeschränkt, wenn überhaupt die Kriterien einer wissenschaftlich korrekten und für Schätzungen der Populationsparameter geeigneten Umfrage. Auch für andere Zwecke ist die Aussagekraft stark limitiert.

---

[47] In manchen Fällen könnten solche Verfahren legitim sein, wenn Sie etwa im Kontext experimenteller Verfahren (hier wird trotzdem zufallstheoretisch bei der Zuteilung in Test- und Kontrollgruppe gearbeitet) genutzt werden oder die beabsichtige Grundgesamtheit getroffen werden kann – was eine Frage der Definition ist. Ein Banner auf einer Unternehmenswebseite zur Befragung wäre denkbar, wenn man eine Untersuchung der Grundgesamtheit „alle Kund*innen, die sich in Zeitraum x auf der Unternehmenswebseite aufgehalten haben" durchführen möchte (*Intercept-Befragungen*).

Online-Befragungen sind ohne Zweifel aus der angewandten sozialwissenschaftlichen Forschung nicht mehr wegzudenken und auch in anerkannten Surveys werden sie bereits genutzt oder zumindest angedacht, wobei hier die Rekrutierung der Befragten in manchen Fällen aus Qualitätsgründen offline und nur die Beantwortung des Fragebogens online erfolgt. Es gibt also auch *Mixed-Methods-Ansätze*. Allgemein kann man feststellen, dass die Varianten der Online-Befragung immer ausgefeilter werden. Aufgrund dessen und da es sich weiterhin um ein junges Forschungsgebiet handelt, das permanent von technischen Entwicklungen begleitet ist, kann kein allgemeingültiges bzw. abschließendes Fazit über dieses Verfahren gezogen werden – im Gegenteil, es sind die Entwicklung und der methodische Diskurs beständig im Auge zu behalten (siehe u.a. Blom et al., 2016; Häder, 2014; Jackob et al., 2009; Kuckartz et al., 2009).[48] Ergebnisse aus Online-Befragungen sind nach wie vor und wesentlich nachdrücklicher als bei den anderen Befragungsmodi immer mit einem kritischen Blick zu hinterfragen. Mit Schlagwörtern wie z.B. *Repräsentativität* darf und kann man sich nicht zufriedengeben. In der Liste sind einige Vor- und Nachteile zusammengefasst.

Nachteile	**Vorteile**
• Personen, die keinen Internetanschluss haben, werden in der Stichprobe nicht repräsentiert. Online Befragungen eignen sich daher weiterhin nicht, um ältere Personen zu befragen. • Wer tatsächlich den Fragebogen ausfüllt, kann nicht nachvollzogen werden. • Die häufige Vergabe von Incentives können dazu führen, dass Personen mehrfach die Befragung durchführen. • Hoher Grad der Anonymität lässt die Zuverlässigkeit sinken.	• Online Befragungen sind aktuell die günstigste Variante der Befragung. • Laut Scholl (2018, S. 58) wird von den Befragten die Anonymität bei Online-Befragungen als noch höher als bei der herkömmlichen schriftlichen Befragung empfunden. • Theoretisch lassen sich Track-Systeme für die Maus usw. einsetzen, um damit die Befragungssituation zu kontrollieren. • Häufig wird zudem Video- bzw. Audiomaterial genutzt (bspw. „Kennen Sie folgende Werbung?").

6.3. Die Fragebogenkonstruktion

Eine besondere Herausforderung in der Methodenlehre ist die Vermittlung der Bedeutung der Item- und Fragebogenkonstruktion. Einen guten Fragebogen zu entwickeln braucht Zeit und Energie; Schnellentwürfe entpuppen sich häufig in der Auswertung als Konstruktionsfehler, die im Nachgang nicht mehr behoben werden können. Die Vermittlungsproblematik scheint vor allem darin begründet, dass jeder Mensch glaubt zu wissen, wie man Fragen stellt, da es sich um etwas Normales in der alltäglichen Kommunikation zu handeln scheint. Es ist jedoch

[48] Eine Sammlung an wissenschaftlichen Artikeln mit Online-Erhebungsmethoden bietet das Portal www.websm.org.

zu beachten, dass ein sozialwissenschaftlicher Fragebogen „nicht eine schlicht empiristische Aneinanderreihung von Fragen [ist], sondern eine theoretisch begründete und systematisch präsentierte Auswahl von Fragen, mit denen wir das zugrundeliegende theoretisch definierte Erkenntnisinteresse anhand der mit dem Fragebogen zu gewinnenden Daten empirisch zu prüfen versuchen" (Porst, 2014, S. 16). Das bedeutet, dass Fragen im Fragebogen weitgehend mit dem Forschungsziel übereinstimmen müssen bzw. mit ihnen erreicht werden soll. Zwei Formen der Übereinstimmung lassen sich nach Porst (2014) unterscheiden:

- **Quantitative Übereinstimmung**: Der Fragebogen deckt sich mit dem Forschungsziel (möglichst) vollständig.
- **Qualitative Übereinstimmung**: Die Operationalisierung aller Hypothesen bzw. Variablen des zugrundeliegenden theoretischen Konzepts ist inhaltlich angemessen.

Daraus ergibt sich folgende Faustregel: (1) *alle theoretischen Begriffe müssen im Fragebogen abgebildet sein* (dies betrifft nicht die sprachliche, sondern die inhaltliche Ebene) und (2) *die Frageformulierungen bzw. die Antwortkategorien müssen insbesondere reliabel und valide sein*.

In der Praxis ist es gar nicht so einfach, Fragen zu stellen und einen Fragebogen zu konstruieren, der von allen Befragten gleich verstanden wird und letztlich das misst, was zur Messung beabsichtigt ist. Hierin besteht der neuralgische Punkt der Fragebogen- und Itemkonstruktion. Importanz gewinnt die Thematik, wenn man sich den Stellenwert des Fragebogens im Erkenntnisprozess verdeutlicht: Er ist für das **Forschungsvorhaben das Herzstück** der quantitativen Forschungsarbeit und „das zentrale Steuerungselement des gesamten Forschungsprozesses" (Petersen, 2014, S. 16).

!	„Even after years of experience, no expert can write a perfect questionnaire. Among the three authors, we have more than one hundred years of experience in questionnaire construction, and we have never written a perfect questionnaire on the first or second draft, nor do we know any professional social scientists who claim they can write questionnaires that need no revision" (Bradburn et al., 2004, S. 317).

Die nachfolgenden Abschnitte geben einen Überblick über die Fragebogen- und Itemkonstruktion und sollen zu einer kritischen Auseinandersetzung anregen. Denn eines sollte bei der Konstruktion von Fragen immer bedacht werden: Menschen antworten auf nahezu jede Frage, entscheidend ist dabei, welche Information sie uns aus ihrer Sicht (und nicht aus unserer Sicht) mitgeteilt haben. Zwischen dem von uns intendierten Ziel der Frage und dem Inhalt der Antwort klaffen schnell unbewusste Lücken, die sich durch eine gute Konstruktion verhindern oder zumindest minimieren lassen – nur so ist es möglich, das zu messen, was man eigentlich messen will.

6.3.1. Kognitionspsychologische Grundlagen des Fragens

Mit dem Erhebungsinstrument werden jene Daten erhoben, die für die Messung der interessierenden Merkmale und Sachverhalte benötigt werden. Dazu ist eine Voraussetzung unbedingt notwendig: Die zu befragenden Personen müssen die im Fragebogen enthaltenen Fragen *eindeutig* verstehen. Bei genauerer Betrachtung ist das aber gar nicht selbstverständlich. Das Antworten auf eine Frage ist nämlich eine durchaus komplexe und kognitiv anspruchsvolle Tätigkeit. Grundsätzlich lassen sich vier Abschnitte im Prozess der Beantwortung unterscheiden (Strack, 1994): Zum Beginn müssen die Befragten die vorgelegten *Fragen verstehen* und sich die *Bedeutung erschließen* (**Comprehension**). Danach sind die für die Beantwortung relevanten *Informationen* aus dem Gedächtnis *abzurufen* (**Retrieval**). Sie bilden die Grundlage für eine *Urteilsbildung* (**Judgement**) und dieses Ergebnis wird in einem letzten Schritt *formuliert* und anhand der gegebenenfalls vorhandenen Antwortvarianten (**Response**) *kommuniziert* (Häder, 2019; Schnell, 2019).

Abbildung 24 – Antwortprozess[49]

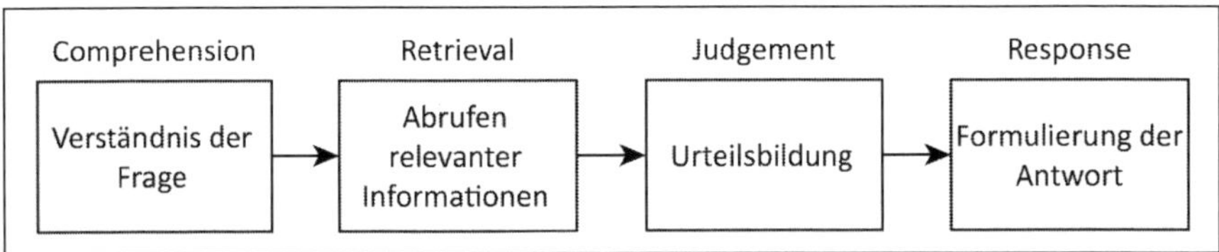

Frage verstehen: Das Verständnis der Frage ist die zentrale Voraussetzung für eine aus der Sicht des oder der Fragenden – dies ist zu betonen – sinnvolle Antwort. Dies bedeutet, wenn eine Frage gestellt wird, ist darauf zu achten, dass Befragungspersonen die Frage so verstehen, wie sie intendiert ist. Ähnlich der semantischen Analyse der Konzeptspezifikation muss auch der Interpret oder die Interpretin einer Frage den Bedeutungsgehalt von Begriffen in der Frage bzw. den gesamten Fragetext erfassen. Was bedeutet zum Beispiel der Begriff „Einkommen", wenn man die persönliche Einkommenshöhe einer Person erfragen möchte. Handelt es sich hierbei um das Jahreseinkommen oder Monatseinkommen, wie ist mit Sonderzahlungen umzugehen, wie sollen Boni berücksichtigt werden, handelt es sich um das Brutto- oder Nettoeinkommen? Das Verstehen einer Frage ist, wie Strack (1994) konstatiert, aber nicht nur vom Fragetext, sondern auch vom Kontext, in welchem die Frage eingebettet ist, abhängig (etwa dem Thema der Befragung, vorangegangene Fragen, zur Verfügung stehende Antwortkategorien).

Informationen abrufen: Nachdem der/die Interviewte die Bedeutung der gestellten Frage bestimmt hat, müssen nun Informationen aus dem Gedächtnis abgerufen werden, die zur Beantwortung der Frage beitragen. Meist bedarf es zur Informationsfindung einer geistigen

[49] In Anlehnung an Häder (2019, S. 215).

Anstrengung – es muss also (länger) überlegt werden. Eine zentrale Erkenntnis besteht zudem darin, dass Menschen nicht alle Informationen abrufen, die von Belang sind. „Stattdessen rufen Menschen nur so viele Informationen aus dem Gedächtnis ab, bis sie subjektiv der Meinung sind, nun mit hinreichender Genauigkeit die Frage beantworten zu können" (Mummendey & Grau, 2014, S. 43).

Urteil bilden (und editieren): Basierend auf den Informationen formulieren die Befragten zunächst eine vorläufige Antwort. Der Aspekt der Urteilseditierung ist in der Befragungsforschung negativ konnotiert und verweist darauf, dass das Urteil bzw. damit die Antworten vom „wahren" Wert bewusst abweichend formuliert werden. Als wahr kann hier etwa verstanden werden, dass eine Person tatsächlich am Tag 6 Stunden fernsieht (vorläufige Antwort), diese Information auch erfolgreich abgerufen hat, jedoch vor dem Hintergrund anderer Erfahrungen davon ausgeht, dass dieser Wert eine Abweichung von einem „normalen" oder der Situation angepassten Verhalten darstellt. Im schlimmsten Falle weichen Befragte aufgrund von Vorstellungen über die soziale Erwünschtheit eines Verhaltens von ihrem eigenen Verhalten ab (vorläufige Antwort) und korrigieren bspw. die Zahl der Fernsehstunden in ihrer Antwort nach unten (abschließende Antwort). Solche Anpassungen erfolgen relational etwa in Hinblick auf Vergleichsgruppen und situationsspezifisch etwa auf Basis der möglichen Antwortkategorien (in Folge werden bspw. Extremwerte/Randwerte vermieden) oder aufgrund von Interviewereffekten – bspw. möchte man dem Gegenüber imponieren oder passt Antworten über Fragen zu älteren Menschen gegenüber einem oder einer älteren Interviewer*in an.

Urteil auf Antwortformat einpassen: Mit der Abgabe einer Antwort endet dem kognitionspsychologischen Modell zufolge der Antwortprozess. Hierfür müssen die Befragten ihre individuellen Urteile auf die vorgegebenen Antwortmöglichkeiten übertragen. Problematisch ist, wenn Urteil und Antwortkategorien nicht zueinander passen bzw. müssen auch die Antwortkategorien in ihrer Bedeutung überhaupt verstanden werden. Auch hier bedarf es also einer Übersetzungsleistung, die nur bei einer adäquaten Passung von Frage und Antwortkategorien gelingen kann.

Allgemein gilt zu bedenken, dass die Beantwortung einer Frage in der Regel in kurzer Zeit – oft in wenigen Sekunden – erfolgt und daher für den einzelnen Schritt nur wenig Zeit bleibt, gleichzeitig aber eine sorgfältige und zutreffende Beantwortung von Fragen ein kognitiv aufwendiger Prozess ist. Befragte müssen daher ausreichend fähig oder motiviert sein. Die Satisficing-Theorie (Krosnick, 1991) geht nun davon aus, dass Befragte die vier grundlegenden kognitiven Prozesse mit variierenden Graden der Sorgfalt und Vollständigkeit absolvieren. Den idealen Fall stellt das *Optimizing* dar, bei welcher eine gewissenhafte Ausführung aller Schritte des Antwortprozesses erfolgt. Mit zunehmender Belastung und abnehmender Motivation steigt jedoch die Wahrscheinlichkeit einer geringeren Sorgfalt bei den befragten Personen. Die Folgen sind Verkürzungen der kognitiven Schritte durch die Befragten, die Antworten erscheinen nur mehr akzeptabel oder zufriedenstellend. Die Anpassung der Antwortstrategie hin zu einer weniger sorgfältigen Beantwortung der Fragen wird als *Weak Satisficing* bezeichnet (Roßmann, 2017).Dies kann aber auch soweit führen, dass sich die Befragten nur mehr auf plausibel erscheinende Antworten beschränken oder nur mehr eine willkürliche Auswahl aus den Antwortkategorien treffen. Dies wird als *Strong Satisficing* bezeichnet.

Kurzum: Das Beantworten von Fragen ist grundsätzlich eine Anstrengung und gar nicht so einfach; dieses kann aber gelingen, wenn Fragebogen- und Itemkonstruktion unterstützend und motivierend wirken. Letztlich werden damit aber auch die Grenzen für Befragungen ersichtlich, denn nicht bei jedem Thema werden Befragte eine große Motivation aufweisen, weshalb Befragungen aufgrund der zunehmenden Wahrscheinlichkeit von Satisficing auch nicht zu lange dauern sollten.

6.3.2. Der Aufbau eines Fragebogens

Ein Fragebogen folgt einer bestimmten Dramaturgie, dazu haben sich gewisse bewährte Konzepte etabliert. Einige wichtige Punkte werden im Weiteren vorgestellt, trotzdem ist festzuhalten, dass es nicht per se ein allgemeingültiges Rezept gibt. So gilt, dass eine bestimmte Konstruktionsform für eine spezifische wissenschaftliche Fragestellung adäquat sein kann, während sie für andere ungeeignet ist. Letztlich folgt die Konstruktion dem Forschungsziel. Beispielsweise ist abzuwägen, ob man die Frage, wie man seinen Gesundheitszustand einschätzt, zu Beginn eines Moduls über Gesundheit stellt oder erst zum Ende. Mit sehr hoher Wahrscheinlichkeit werden beide Versionen nicht genau zum gleichen Ergebnis führen. Erklärbar ist dieser Umstand damit, dass auch bei dieser Frage nur ein gewisses Spektrum an Informationen zur Urteilsbildung abgerufen wird. Hat man sich aufgrund anderer Frage vertiefend mit dem Thema beschäftigt, wird die Abschätzung mit hoher Wahrscheinlichkeit durch diese vorangegangenen Beantwortungsprozesse beeinflusst. Ob erste oder zweite Variante bevorzugt wird, hängt vom Ziel der Forschung ab. Damit soll verdeutlicht werden, dass selbst vermeintlich unbedeutende Details Auswirkungen auf die Datenerhebung haben.

Bei der Fragebogenplanung kann zwischen **Makroplanung** und **Mikroplanung** unterschieden werden. Bei der Makroplanung stehen die Abfolge der Themen eines Fragebogens und die Gestaltung des Fragebogens in seiner Gesamtheit im Vordergrund, während sich die Mikroplanung auf die Abfolge einzelner Fragen innerhalb eines Themenbereichs bezieht.

Auf der Ebene der Makroplanung sind folgende Aspekte zu beachten (Diekmann, 2018), wobei innerhalb der angeführten Punkte auch Hinweise zur Mikroplanung angeführt sind:

1. Der Fragebogen beginnt nicht mit dem ersten Frageitem, sondern einer **Einleitung** im Sinne eines Vorspanns. Nach Steiner & Benesch (2018, S. 54) sollten zumindest folgende Inhalte kurz dargestellt werden:
   - Eine klare und kurze Darstellung, warum die Erhebung durchgeführt wird.
   - Eine grobe Darstellung der Thematik und eine Erklärung über die Weiterverwendung der gewonnenen Daten (*Achtung: DSGVO – Verordnung zum Datenschutz – beachten*).

- Ein Hinweis, dass jede Teilnahme sehr wichtig ist.
- Ein Ersuchen um eine aufrichtige Beantwortung der Items mit dem Hinweis, dass es weder richtige noch falsche Antworten gibt.
- Zusicherung der Anonymität, d.h. keine Weitergabe persönlicher Daten an Dritte.
- Ein Dank für die Beteiligung.

2. Der eigentliche Fragebogen beginnt mit einer **Eröffnungsfrage**, die auf das Thema hinführt und sensibilisiert sowie bei den Befragten Interesse wecken soll. Die Gestaltung der einleitenden Fragen ist wichtig, weil diese für das weitere Beantwortungsverhalten entscheidende Impulse setzt. Werden die ersten drei oder vier Fragen beantwortet, steigt die Chance auf die Beantwortung aller weiterer Fragen beträchtlich. Daher sollten die Einleitungsfragen interessant und zugleich neutral formuliert sowie einfach zu beantworten sein, um eine eventuelle Skepsis der Befragten abzubauen. Als Einleitung eignen sich besonders sogenannte *Eisbrecherfragen*, die die Befragten dabei unterstützen, einen inhaltlichen Bezug zur Thematik herzustellen und Vertrauen zu entwickeln. Diese Eisbrecherfragen dienen nur diesem Zweck und werden in der Regel nicht ausgewertet.
3. Die **Aufmerksamkeit** steigt zu Beginn der Befragung und sinkt dann mit zunehmender Fragedauer. Die wichtigsten Fragen werden daher in der Regel im zweiten Drittel des Fragebogens platziert, wo die Aufmerksamkeit noch relativ hoch ist und sich bereits eine gewisse Vertrauensbasis etablieren konnte. Im Hinblick auf die inhaltliche Gestaltung ist die Anordnung von Fragen in thematisch zusammenhängenden **Frageblöcken** sinnvoll. Durch spezifische **Fragebatterien** innerhalb solcher Blöcke können Sachverhalte durch mehrere Indikatoren (etwa Likert-Skala) genauer erfasst werden.
4. **Filterfragen** können die Befragungszeit reduzieren und ermöglichen den Befragten für sie nicht beantwortbare Themen zu überspringen. Die Filter und Verzweigungen müssen im Fragebogen klar erkenntlich und dürfen nicht übermäßig kompliziert sein. Es ist darauf zu achten, dass sich in der Konstruktion keine Sackgassen einschleichen bzw. aufgrund der Filterführung nur mehr sehr wenige Personen zu den Items geführt werden. Allgemein sollten Filterfragen daher mit Bedacht eingesetzt werden, denn insbesondere nicht berücksichtigte, kleiner werdende Fallzahlen entpuppen sich in der statistischen Analyse rasch als Problem. Sollten Filter genützt werden, dann spielen computergestützte Verfahren hier ihre Stärke aus, denn weder die Interviewer*innen noch Befragte (bei einem Selbstausfüller) müssen sich hier um die Interviewführung kümmern.
5. Bei Mehr-Themen-Umfragen bzw. Omnibus-Umfragen sind zwischen den einzelnen Frageblöcken **Überleitungen** vorzusehen, um auf das neue Thema vorzubereiten.
6. **Soziodemografische Angaben** sind für die Befragten zwar meist weniger interessant, können aber als relativ privat empfunden werden (etwa Fragen über das Alter oder das Einkommen), weshalb es verstärkt zu einem Abbruch oder einer teilweisen Verweigerung kommen kann. Die sozialstatistischen Fragen werden daher in der Regel am Ende des Fragebogens angeführt. Generell wird empfohlen, besonders sensible Fragen an das Ende eines Fragebogens zu stellen. Je nach Forschungsinteresse können mitunter Abweichungen von diesen Gestaltungsregeln erforderlich sein, z.B. um bestimmte Personen, die nicht als

Zielpersonen definiert wurden, aufgrund spezifischer Merkmale von einer weiteren Befragung auszuschließen. In Hinblick auf die Mikroplanung empfiehlt es sich, die Abfrage der soziodemographischen Daten nicht auf die leichte Schulter zu nehmen. In vielen statistischen Analysen spielen diese Daten zumindest als Kontrollvariablen eine wichtige Rolle. Abfragen zur formalen Bildung können sich bei komplexen und über die Zeit veränderlichen Schulsystemen zur Herausforderung entwickeln. Als Orientierungshilfe kann etwa dem Fragebogen des **Mikrozensus** (Statistik Austria, 2020c) oder den Empfehlungen des **Demografischen Standard** (Beckmann et al., 2016) gefolgt werden.

Ein Fragebogen kann nach folgendem Schema strukturiert sein (Abbildung 25):

Abbildung 25 – Aufbau des Fragebogens

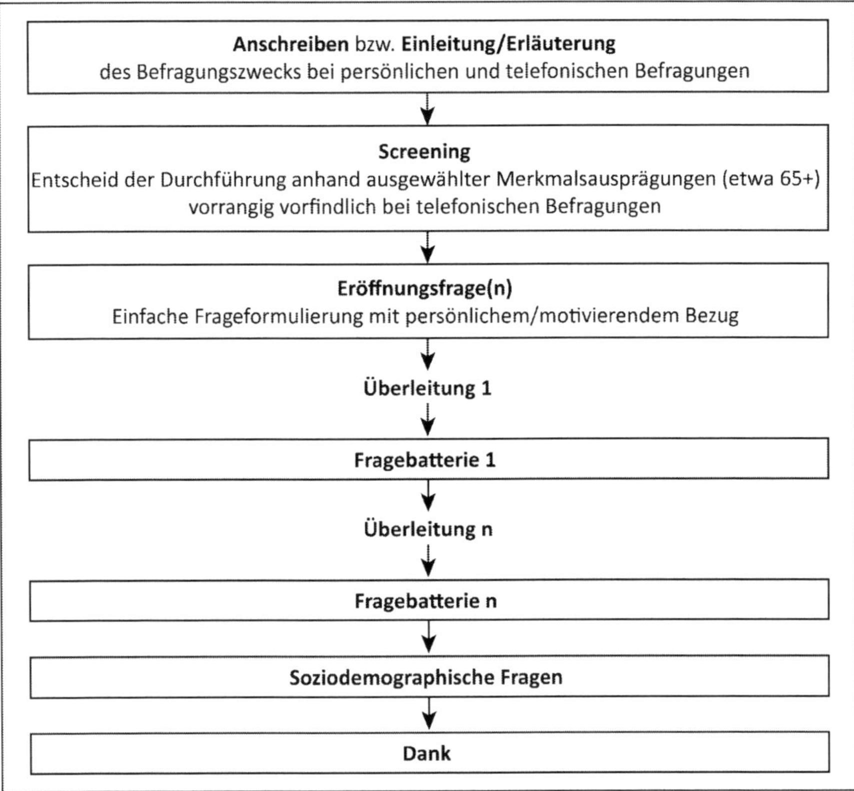

6.3.3. Fragen und Fragetypen

Kernstück einer jeden Befragung sind selbstredend die Fragen oder **Items**. Genauer betrachtet setzt sich ein Item aus dem *Fragetext*, also der eigentlichen Frage, und der *Antwortmöglichkeit* zusammen. Meistens ist letztere in der quantitativen Sozialforschung standardisiert und die Befragten haben es mit einer Auswahl an vorgegebenen *Antwortkategorien* zu tun. Unter einem Item ist also nicht nur den Fragetext, sondern sind auch die Antwortoptionen zu verstehen, beide zusammen bilden sie die Basis der Datengewinnung, müssen deshalb gut überlegt und aufeinander abgestimmt sein. „The discrete question plays a role in survey research analogous to that of atoms in chemistry; it is the distinctive unit of interaction in the course of administering a survey and the necessary building block in any analysis of data" (Martin et al., 1984, S. 129).

Grundsätzlich können Fragen nach mehreren Kriterien unterschieden werden. Zu diesen zählen: (1) die *Art der Antwortvorgabe*; (2) die *Art ihrer Formulierung*; (3) *der inhaltliche Bezug der Frage*; (4) *die Funktion der Frage im Fragebogen*.

Fragetypen nach der Art der Antwortvorgabe

Nach der Art der Antwortvorgabe wird zwischen offenen und geschlossenen Fragen unterschieden. Offene Fragen sind solche, die den Befragten keine Antworten vorgeben; es ist diesen überlassen, die für sie passende Formulierung in einer gewissen Länge zu finden. Bei geschlossenen Fragen sind die Antwortkategorien vorgegeben. Beide Fragetypen werden für spezifische Zwecke eingesetzt und stellen unterschiedliche Anforderungen an die Befragten.

Offene Fragen werden vor allem für *explorative Zwecke* verwendet, d.h., wenn Themen untersucht werden sollen, über die noch zu wenig Wissen besteht, um bereits spezifische Antwortkategorien vorgeben zu können. Allerdings setzt die Verwendung von offenen Fragen auf Seiten der Befragten eine gewisse Artikulationsfähigkeit, Informiertheit und Motivation voraus. Daher sollte berücksichtigt werden, dass die Möglichkeit der Beantwortung von offenen Fragen auch von sozialen Merkmalen der Befragten beeinflusst wird. So tendieren Angehörige höherer sozialer Schichten verstärkt dazu, offene Fragen ausführlicher zu beantworten (Kromrey et al., 2016, S. 351f.). Offene Fragen bedeuten einen zusätzlichen und zeitintensiven Arbeitsschritt in der Datenaufbereitung, da sie erst quantifiziert werden müssen – was bei größeren Befragungen zu einem deutlichen Anstieg der Arbeitslast führen kann. Zudem bereitet es gewisse Schwierigkeiten, offene Fragen auswertungstechnisch so zu codieren, dass Zusammenhänge mit standardisierten Fragen hergestellt werden können, sodass letztlich auch eine entsprechende Interpretation ermöglicht wird. Erfahrungsgemäß ist der Anteil der beantworteten offenen Fragen im Vergleich zu den meist durchgängig beantworteten standardisierten Fragen wesentlich geringer. Offene Fragen sind daher nach Möglichkeit zu vermeiden, es sei denn, es werden damit spezifische Zwecke verfolgt. Die gezielte Verwendung von offenen Fragen empfiehlt sich dann, wenn geschlossene Fragen versagen, vor allem für folgende Zwecke (Noelle-Neumann & Petersen, 2005; Porst, 2014):

1. zur Überprüfung von Wissen,
2. zum Kennenlernen des Sprachgebrauchs der Befragten zu einem bestimmten Thema,
3. wenn Lenkungseffekte der Antwortkategorien vermieden werden sollen,

4. zur Exploration von weitgehend unbekannten Fragestellungen oder von Themen mit besonderer Vielfalt.

Der eigentliche Zweck von Erhebungsinstrumenten in der quantitativen Sozialforschung ist die standardisierte Messung von Einstellungen und anderen Merkmalen. Daraus ergibt sich auch die dominierende Bedeutung von **geschlossenen Fragen**, die die zu messenden Eigenschaften mit Hilfe von Skalen erfassen, welche wiederum im Fragebogen als Antwortvorgaben bzw. Antwortkategorien dargestellt werden. Grundsätzlich soll – der Logik des Messens und der Theorie der Frage folgend – versucht werden, quantitative Fragen zu formulieren. „Derartige Fragen sind dadurch gekennzeichnet, dass sie den Befragten dazu veranlassen, mit einer Quantität zu antworten oder dass der Frage ein bestimmtes Antwortschema beigegeben wird, dessen einzelnen Kategorien Zahlen zugeordnet werden können, von denen behauptet werden darf, dass sie kardinaler Art sind" (Holm, 1976, S. 99).

Sogenannte **halboffene** oder **hybride Fragen** wiederum sehen zusätzlich zu den vorgegebenen Antwortmöglichkeiten eine offene Kategorie vor (z.B. „sonstiges: ....“). Dieser Fragetyp bietet sich dann an, wenn zwar eine Reihe von möglichen Antworten bekannt ist, aber noch mit zusätzlichen, *noch nicht bekannten Antwortoptionen* gerechnet werden muss. Halboffene Fragen stellen damit einen akkuraten Mittelweg dar und bieten sich an, wenn sich die möglichen Antworten auf eine Frage zwar gut abschätzen lassen (geschlossener Frageteil), aber nicht definitiv bestimmt werden können (offene Frage). Ein Beispiel hierzu ist etwa die Frage nach dem höchsten formalen Bildungsabschluss. Zwar lassen sich in einem umgrenzten Rahmen (wie Österreich) die möglichen Antworten gut vorhersehen (betrachtet man das österreichische Bildungssystem), jene Fälle aber, die einen Bildungsabschluss erworben haben, der nicht direkt mit dem österreichischen System kompatibel ist bzw. diese Transformation von den Befragten nicht geleistet werden kann, sind nicht abgedeckt. In diesem Fall würde sich eine halboffene Frage anbieten, nach der Erhebung ließe sich die Frage etwa auf Basis der ISCED Klassifikation kategorisieren.

Fragetypen nach der Art der Formulierung

Grundsätzlich sollten Fragen **direkt** formuliert werden, d.h. dass die Befragten auf ihre persönliche Einstellung oder ihr persönliches Verhalten zu einem bestimmten Thema angesprochen werden. Es kann jedoch unter Umständen zweckmäßig sein, Fragen **indirekt** zu formulieren. Das ist etwa dann der Fall, wenn man vermuten kann, dass die Befragten zu direkt gestellten Fragen eventuell keine „wahre“ oder „ehrliche“ Antwort geben würden. In diesem Fall werden Fragen mit einem kurzen einleitenden Statement oder auch einer kurzen Geschichte versehen, an die die eigentliche Frage anschließt.

Direkte Formulierung:

Sollen Ihrer Meinung nach Ausländer*innen für begangene Straftaten schwerer bestraft werden als Inländer*innen?

Indirekte Formulierung:

Manche Österreicher*innen sind der Meinung, dass Ausländer*innen für begangene Straftaten schwerer bestraft werden sollen als Inländer*innen. Teilen Sie diese Meinung?

In diesem Beispiel tendiert indirekte Formulierung zu einer sogenannten projektiven Frage. Dieser Fragetyp ist dadurch gekennzeichnet, dass Fragen nach anderen Personen gestellt werden, wobei angenommen wird, dass die Befragten sich selbst an die Stelle der anderen setzen und so „in Wahrheit" die eigene Meinung wiedergeben.

Fragetypen nach dem inhaltlichen Bezug

Neben den bisher angeführten Unterscheidungen werden in der quantitativen Sozialforschung vorrangig vier inhaltlich zu differenzierende Typen von Fragen verwendet (Diekmann, 2018):[50]

- Fragen nach **Einstellungen** oder Meinungen;
- Fragen nach **Überzeugungen**;
- Fragen nach dem **Verhalten**;
- Fragen nach **Eigenschaften**.

Mit **Einstellungs- bzw. Meinungsfragen** werden Aspekte der Wünschbarkeit bzw. positive oder negative Beurteilungen erfasst, die die Befragten mit einer Frage oder einem Item verbinden. Charakteristische Formulierungen sind – in unterschiedlichen Abstufungen – beispielsweise „stimme nicht zu/stimme zu", „gut/schlecht" oder „sollte/sollte nicht". Meist werden jedoch mehrgliedrige Antwortskalen genutzt und in der Regel als Ratingskalen (Döring & Bortz, 2016) bezeichnet („stimme gar nicht zu – stimme wenig zu – teils-teils – stimme eher zu – stimme völlig zu").

Ausländer*innen, die ein Jahr in Österreich leben, sollen die österreichische Staatsbürgerschaft beantragen können.

stimme zu ☐
stimme nicht zu ☐

Überzeugungsfragen beziehen sich darauf, was Befragte persönlich für wahr oder falsch halten, d.h. diese Fragen zielen auf subjektive Aussagen über Sachverhalte.

Sind Ausländer*innen, die ein Jahr in Österreich leben, berechtigt, die österreichische Staatsbürgerschaft zu beantragen.

stimmt ☐
stimmt nicht ☐

[50] Die Einteilungen sind jedoch nicht einheitlich; bspw. nennt Petersen (2014) neben den Einstellungs- und Verhaltensfragen, Wissens-, Fakten- und Motivfragen. Die Einteilungen sind zudem nicht trennscharf und dienen mehr der Orientierung.

Verhaltensfragen beziehen sich auf Handlungen und Verhaltensweisen von Befragten. Mit diesen retrospektiven Fragen werden Art, Häufigkeit und Dauer von Handlungen in der Vergangenheit, also *berichtetes Verhalten*, erfasst.

Wie häufig haben Sie in den letzten 12 Monaten Übergriffe gegen Ausländer*innen beobachtet?

häufig ☐
manchmal ☐
selten ☐
nie ☐

Eigenschafts- oder Merkmalsfragen beziehen sich in der Regel auf soziodemografische Merkmale im weitesten Sinn, um statistische Zusammenhänge zwischen ihnen und den Einstellungen, Überzeugungen und Verhaltensweisen der Befragten zu ermitteln.

Welchen Familienstand haben Sie?

Verheiratet und lebe mit meinem/r Ehepartner*in zusammen ☐
Verheiratet und lebe von meinem/r Ehepartner*in getrennt ☐
Ledig ☐
Geschieden ☐
Verwitwet ☐
Anderes, und zwar: ....

Fragetypen nach der Funktion im Fragebogen

Eine weitere Möglichkeit der Einteilung von Fragen kann nach ihrer Funktion im Fragebogen vorgenommen werden (Diekmann, 2018). Zu den wichtigsten Fragetypen zählen in dieser Hinsicht:

- die Kontrollfrage;
- die Filter- bzw. Gabelfrage;
- die Trichterfrage.

Kontrollfragen dienen dazu, die Antwort auf eine gestellte Frage zu prüfen. D.h. eine Kontrollfrage hat grundsätzlich den gleichen Inhalt wie eine bereits gestellte Frage, aber entweder nicht den gleichen Fragetext oder mit umgekehrt codierten Antwortvorgaben. Erfolgreich ist die Kontrolle, wenn die befragte Person bei beiden Fragen inhaltlich gleich antwortet. Für eine adäquate Überprüfung sollten einerseits die Kontrollfragen für die Befragten nicht erkennbar sein, andererseits muss sich die Kontrollfrage auf den gleichen Inhalt wie die zu kontrollierende Frage beziehen. Es ist nicht einfach, eine inhaltliche Gleichheit von Fragetexten herzustellen, meistens weichen diese ein wenig voneinander ab. Eine Möglichkeit besteht darin, den Fragetext durch eine Verneinung umzukehren. Da Verneinungen in der Regel schwerer zu beantworten sind und die Befragungsdauer aufgrund der Kosten häufig eng bemessen ist, werden Kontrollfragen normalerweise eher selten und wohlüberlegt eingesetzt.

Filter- bzw. Gabelfragen dienen dazu, Befragte über Teile hinweg zu führen, die für sie nicht relevant sind, weil sie bspw. keine Erfahrung mit dem Sachverhalt haben. Die Filterfrage wird vor den potenziell irrelevanten Frageblöcken platziert. Eine Erweiterung der Filterfrage ist die so genannte Gabel. Dabei werden die Personen je nach Antwort in der Filterfrage gebeten, mit spezifischen Frageblöcken fortzusetzen – die Befragten werden so zu ihren für sie relevanten Blöcken weitergeleitet.

Abbildung 26 aus der Mikrozensusbefragung (Statistik Austria, 2020c) verdeutlicht beide Fragetypen: bei B2 wird bei Bejahung auf B4 weitergeleitet (Filter), bei B3 geht es entweder je nach Antwort weiter mit B4 oder B3a oder B3b (Gabel).

Abbildung 26 – Filter- und Gabelfrage

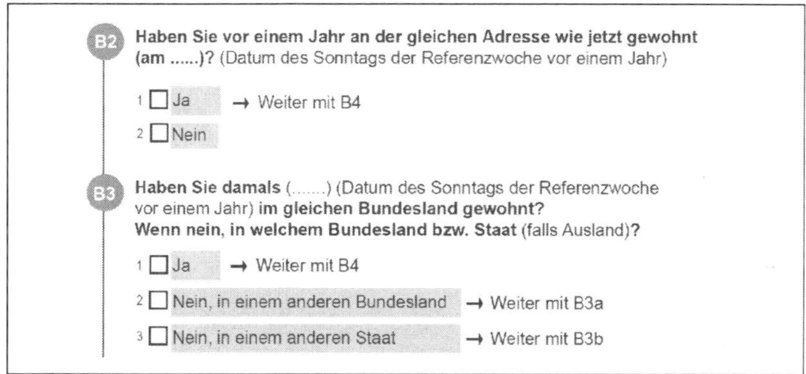

B2 **Haben Sie vor einem Jahr an der gleichen Adresse wie jetzt gewohnt (am ......)?** (Datum des Sonntags der Referenzwoche vor einem Jahr)

1 ☐ Ja → Weiter mit B4

2 ☐ Nein

B3 **Haben Sie damals** (.......) (Datum des Sonntags der Referenzwoche vor einem Jahr) **im gleichen Bundesland gewohnt?**
Wenn nein, in welchem Bundesland bzw. Staat (falls Ausland)?

1 ☐ Ja → Weiter mit B4

2 ☐ Nein, in einem anderen Bundesland → Weiter mit B3a

3 ☐ Nein, in einem anderen Staat → Weiter mit B3b

Mittels **Trichterfragen** werden die Frage- bzw. Itemformulierungen schrittweise vom Allgemeinen zum Besonderen hin genauer formuliert. Diese Technik wird vor allem bei heiklen Fragen genutzt, etwa zu Fragen, die auf die Erfassung von abweichenden Verhaltensmustern oder Einstellungen abzielen. Erfahrungsgemäß ist die Verweigerungsrate geringer und die Antwortbereitschaft höher, wenn im Fragebogen zunächst unverfänglichere Statements formuliert werden und in den darauffolgenden Statements eine schrittweise Annäherung an sensible Themen vorgenommen wird. Allerdings kann bei Trichterfragen der Effekt eintreten, dass das Antwortverhalten der anfänglichen Fragen auch bei den nachfolgenden Fragen beibehalten wird, d.h. eine oder mehrere Fragen strahlen auf nachfolgende aus (Diekmann, 2018, S. 478).

6.3.4. Regeln der Frage- und Antwortformulierung

Empfehlung oder Regeln bezüglich der Frageformulierung finden sich in vielen Lehrbüchern. Zu bedenken ist aber, dass es Ausnahmen geben kann, wo anders vorgegangen werden muss, um auch tatsächlich das zu erheben, was vor dem Hintergrund der Forschungsfrage erhoben werden soll. Im Vergleich von Diekmann (2018), Porst (2014) und Mayer (2013) lassen sich aber nach unserer Ansicht neun Zutaten auf drei Ebenen für ein (relativ) passables Kochrezept für Fragen identifizieren:

Ebene 1 - Begriffe

- **Einfache und klare Begriffe**: Kein Slang, kein Dialekt, keine Fachausdrücke und Fremdwörter.
- **Neutrale Begriffe**: Stark konnotierte oder diskriminierende Begriffe sind zu vermeiden.

Ebene 2 – Fragetext

- **Kurz und präzise**: So kurz und verständlich wie möglich.
- **Eindimensionale Frage**: Immer nur einen Aspekt, eine Tätigkeit, oder eine Einstellung in einer Frage benennen.
- **Keine doppelte Verneinung:** Aussagen wie – *„sie sind nicht unglücklich"* – unbedingt vermeiden.
- **Keine Suggestivfragen**: Fragen sollten so neutral formuliert sein, dass sie keine bestimmte Antworttendenzen bspw. aufgrund sozialer Erwünschtheit provozieren.
- **Anforderungsniveau balancieren:** Fragen müssen einfach beantwortbar sein, daher komplexe Sachverhalte (etwa Anteil der Wohnkosten am Haushalteinkommen) herunterbrechen.

Ebene 3 – Antwortkategorien

- **Klare, passende und disjunkte Antwortkategorien:** Nicht nur auf den Fragetext, sondern auch die Antwortkategorien achten.
- **Balancierte Antwortmöglichkeiten:** Die Antwortkategorien sollten gespiegelte Pole aufweisen (bspw. „sehr schlecht – sehr gut" oder „stimme zu – stimme nicht zu").

Es ist empfehlenswert, die Items nach Möglichkeit entlang dieser neun Aspekte auszurichten, auch wenn diese nicht ganz widerspruchsfrei sind – man bedenke die Aufforderung nach einem kurzen, aber präzisen Fragetext. Letztlich geht es immer darum, einen akkuraten Mittelweg zu finden. In manchen Fällen wird daher auch empfohlen, hypothetische und indirekte Fragen zu vermeiden. Wenngleich dies eine wichtige Empfehlung ist, so ist zu erwidern, dass solche Fragen als bewusstes, teils vielleicht sogar notwendiges Mittel in manchen Themenbereichen eingesetzt werden. Im Nachfolgenden werden daher ein paar weitere Überlegungen zur Formulierung von Items angestellt.

Die **Eindimensionalität und Eindeutigkeit** von Fragen sind besonders wichtig, daher genauer: (1) Die Frage sollte tatsächlich *nur eine Frage* enthalten mit (2) *einer inhaltlichen Bedeutung* und muss (3) in einem *einheitlichen Bezugsrahmen* stehen; auch mehrere Fragen sollen in einen einheitlichen Bezugsrahmen eingebettet sein und (4) bei Fragen, die sich auf vergangene Aktivitäten beziehen, muss ein *klarer zeitlicher Bezugsrahmen* formuliert werden.

Das Kriterium der Eindeutigkeit ist auch für scheinbar klare Begriffe notwendig. So ist zum Beispiel zu erläutern, was mit Begriffen wie „Nettoeinkommen", „Wohnungsgröße" oder

„berufliche Weiterbildung" gemeint ist. Was gehört zum Nettoeinkommen, was nicht? Worauf bezieht sich die Wohnungsgröße genau: Sollen Nebenräume, Keller- und Balkonflächen in die Wohnungsgröße eingerechnet werden? Welche Aktivitäten sollen die Befragten zur beruflichen Weiterbildung im Unterschied zur privaten Weiterbildung zählen?

Eine **sachbezogene, neutrale Sprache** ist ebenso wichtig, was bedeutet, explizit und implizit wertende Formulierungen und Begriffe zu vermeiden. Explizit wertend sind beispielsweise Begriffe wie „Verbrechensflut", „Überfremdung" oder ähnliches. Insbesondere ist auf Formulierungen zu achten (Suggestivfragen oder wertende Sprache), die Befragte dazu anregen, nicht ihrer tatsächlichen Einstellung entsprechend, sondern *sozial erwünscht* zu antworten. Darunter versteht man die Tendenz von Befragten, die eigenen Antworten an – vermeintlich – sozial anerkannte und erwünschte Normen und Werthaltungen auszurichten (Bogner & Landrock, 2014).

Ein häufiger Fehler ist ein zu hohes **Anforderungsniveau** an den Wissensstand von Befragten. Fremdwörter und Fachausdrücke sind für viele Menschen nicht ohne Nachdenken (wenn überhaupt) verständlich. Wenn Sie wirklich verwendet werden müssen, dann sind Sie in einem kurzen Statement zu erläutern. Der primäre Zweck eines Fragebogens ist die authentische Auskunft von Befragten. Problematisch ist weiters, wenn komplexe Sachverhalte in lange Erklärungen oder Fragetexte ausarten – insbesondere bei Telefonbefragungen können viele Interviewte diesen nicht folgen bzw. erhöht sich die Gefahr des Satisficing. Wichtig ist, die Befragten nicht aus den Augen zu verlieren, sie persönlich anzusprechen und ihnen dezent, aber bestimmt zu vermitteln, dass ihre persönliche Meinung gefragt ist.

Wie die Fragen selbst müssen auch die **Antwortkategorien** unmissverständlich und disjunkt formuliert sein. Bei der Auswahl der Antwortvorgaben ist darauf zu achten, dass diese das *gesamte Spektrum* möglicher Antworten abdecken und ausbalanciert sind. Zugleich ist zu bedenken, dass mit zunehmender Zahl der Antwortvorgaben, die Wahrscheinlichkeit steigt, die Befragten zu verwirren. Vor allem bei Telefoninterviews ist auf die Anzahl der Kategorien zu achten.

Bei der Konstruktion eines Fragebogens stellt sich die Frage, ob *mittlere Antwortvorgaben* (z.B. „teils, teils" oder „mittelmäßig") enthalten sein sollen. Dies ist methodisch nicht entschieden: Eine Position plädiert dafür, mittlere Kategorien prinzipiell vorzusehen, weil es sich dabei um relevante Kategorien für die Befragten handelt; außerdem lässt sich damit eher von metrischen Daten sprechen, was statistisch nicht unerheblich ist. Es stellt sich nämlich die Frage, ob die mittlere Ausprägung nicht für eine äquidistante, d.h. gleiche Abstände aufweisende Stufung nötig ist und erst damit das jeweilige Item als intervallskaliert angesehen werden kann. Die zweite Position plädiert dafür, Antwortkategorien im Sinne einer notwendig positiven oder negativen Beurteilung zu formulieren („sehr gut, gut, schlecht, sehr schlecht"), d.h. eine gerade Anzahl von Skalenstufen anzugeben. Befragte sollen sich somit für eine (eher) positive oder (eher) negative Antwort entscheiden, wodurch eine *Antworttendenz zur Mitte* verhindert wird. Außerdem ist zu bedenken, dass es Themen gibt, mit welchen sich die Befragten bereits beschäftigt haben und durchaus in der Lage sind, eine gerichtete Meinungsäußerung abgeben zu können.

Letztlich hängt die Entscheidung für eine gerade (empfehlenswert sind 4, 6 oder 8) bzw. eine ungerade Anzahl (empfehlenswert sind etwa 5, 7 oder 9) von Antwortkategorien von den Zielen, Inhalten und den angestrebten Auswertungsstrategien der Studie ab (Franzen, 2019; Menold & Bogner, 2014).

6.3.5. Störfaktoren

Wie bereits an einigen Stellen angedeutet, ist es nahezu unmöglich, einen fehlerfreien Fragebogen zu konstruieren. Neben Schwierigkeiten, die aus Frageformulierungen resultieren, treten weitere Störquellen hinzu (Bogner & Landrock, 2014), die in der Reaktivität von Befragungen begründet liegen. Drei Arten von Fehlerquellen lassen sich unterscheiden (Diekmann, 2018):

- Ebene der **Items**;
- Ebene der **Befragten**;
- Ebene der **Interviewer*innen** und der **Interviewsituation.**

Störfaktoren auf der **Ebene der Items** treten praktisch in jeder Befragung auf. Bekannt sind vor allem Probleme, die mit der Frageformulierung in Verbindung stehen. Neben den bereits erwähnten Aspekten ist weiters zu bedenken, dass Befragte auf schärfere Formulierungen mit größerer Ablehnung reagieren als auf weichere. Auch die Entscheidung, eine interessierende Dimension als Rating- oder Ranking-Frage zu formulieren, kann erhebliche Konsequenzen für die Beantwortung haben. Während bei Rating-Fragen das Ausmaß der Zustimmung zu einem vorgegebenen Set an Items erfragt wird (= Einschätzung), werden bei Ranking-Fragen die Interviewten gebeten, die Themen nach Wichtigkeit zu ordnen (= Reihung). Ein weiterer Effekt, der zu berücksichtigen ist, ist der *Fragereiheneffekt* (auch **Halo-Effekt** genannt). Er bezieht sich auf den Umstand, dass das Antwortverhalten auch von der Positionierung der Fragen im Fragebogen abhängt, weil eine Frage auf weitere ausstrahlen kann. Der Effekt besteht konkret darin, dass die Gedanken, Gefühle oder Erinnerungen, die in Verbindung mit einer bestimmten Frage bzw. deren Inhalt ausgelöst werden, auch die Beantwortung von nachfolgenden Frage(n) beeinflussen kann. Marktforschungsstudien haben ergeben, dass das im Bewusstsein verankerte Image einer Marke das Antwortverhalten bei Produktvergleichen deutlich beeinflusst. Es wirkt sich also ein dominanter Eindruck, der bei einer Frage aktiviert wird, auf das Antwortverhalten bei weiteren Fragen (etwa zu weiteren Produkten oder Produkteigenschaften) aus. Die Veränderung der Reihenfolge von Fragen kann hier Abhilfe schaffen, etwa, indem ursprünglich zusammenhängende Fragen im Fragebogen stärker voneinander getrennt werden.

Auf der **Ebene der Befragten** ist die *soziale Erwünschtheit* ein nicht zu unterschätzender Störfaktor. Mit Erwünschtheit ist die Tendenz von Befragten gemeint, Antworten zu geben, die ihrer Meinung nach eher auf Zustimmung stoßen oder keine Sanktion erwarten lassen, als die für sie tatsächlich zutreffende Antwort. Anonymität durch Telefon- oder Online-Befragungen und neutrale Formulierungen können die soziale Erwünschtheit reduzieren. Bei persönlichen Interviews kann eine Quasi-Anonymisierung der Antwortsituation, etwa durch die Bitte, Antworten auf heikle Fragen in einem geschlossenen Kuvert den Interviewer*innen zu überreichen, negative Effekte mildern. Problematisch und teils mit dem Satisficing in Zusammenhang stehend sind sogenannte formale Antwortstile *(Response-Sets)*, d.h. systematische Antwortmuster, die unabhängig vom Inhalt der Fragen zustande kommen. So tendieren Befragte manchmal dazu, auf Skalen unabhängig vom Frageinhalt vorrangig die mittlere Antwortkategorie anzukreuzen (*Tendenz zur Mitte*) oder hauptsächlich Antwortkategorien auszuwählen, die Zustimmung ausdrücken (*Akquieszenz*). Darüber hinaus kann es vorkommen, dass Befragte auch dann eine Antwort auf Fragen geben, wenn sie tatsächlich gar keine Meinung zu einem Thema haben. Das Problem der *Meinungslosigkeit* kann am ehesten durch Filterfragen umgangen werden, etwa indem vor den eigentlich interessierenden Fragen erfasst wird, ob jemand zu diesen Fragen überhaupt eine Meinung hat. Allerdings haben Filterfragen für manche Befragte auch eine abschreckende Wirkung oder werden strategisch zur Minimierung der Fragezeit genutzt. In diesem Fall kann das Problem dadurch entschärft werden, dass zusätzlich Fragen zur Intensität der eigenen Beschäftigung mit dem betreffenden Thema oder zur persönlichen Vertrautheit mit dem Thema gestellt werden. Weitere und detailliertere Informationen zur Reduktion von Störquellen auf der Befragtenebene finden sich bei Bogner & Landrock, (2014), Mummendey & Grau, (2014) und Schnell (2019).

Auf der **Ebene der Interviewer*innen** können mehrere Fehlerquellen auftreten, die je nach Kontrollmöglichkeiten (abhängig von der Befragungsform) mehr oder weniger in Erscheinung treten:

- **Scheininterviews**: Die Interviewer*innen füllen den Fragebogen selbst aus: Hier kann durch eine Nachbefragung, ob das Interview tatsächlich durchgeführt wurde, Abhilfe geschaffen werden.
- **Fälschung von Interviewteilen** durch die Interviewer*innen.
- **Manipulation** des Antwortverhaltens als Folge der Beeinflussung der Antworten durch Interviewer*innen (z.B. durch Formulierung von eigenen Ansichten und Meinungen, aber auch durch Gesten, Mimik etc.)
- Schlechte Einschulung und Bezahlung senken die **Leistungsmotivation** von Interviewer*innen bzw. fördern Fehlverhalten.

Abseits solcher im Wesentlichen bewussten Störfaktoren können auch unbeabsichtigte Effekte auf das Antwortverhalten der Befragten auftreten (bspw. durch äußere Merkmale wie Geschlecht, Kleidung und Alter).[51] Generell lassen sich solche Fehlerquellen durch möglichst zufällige Zuweisung von Interviewer*innen zu Befragten, durch gründliche Einschulung, Interviewkontrollen sowie durch den Einsatz technischer Befragungssysteme verhindern oder zumindest reduzieren.

Generell darf die **Interviewsituation** selbst nicht vernachlässigt werden; so ist die *Anwesenheit Dritter* während einer Befragung ein nicht zu unterschätzender Faktor, weil dadurch sowohl das Antwortverhalten der befragten Person im Sinne der sozialen Erwünschtheit, aber auch durch direkte Beeinflussung der Meinung durch die dritte Person verzerrt werden können. Eine weitere Störquelle hängt mit dem *Sponsorship-Effekt* zusammen. Sobald Befragte den Auftraggeber einer Untersuchung kennen, können sie zu einem Antwortverhalten tendieren, das nicht ihrer tatsächlichen Meinung entspricht. Insbesondere ist damit gemeint, dass Befragte sich Antworten zurechtlegen, die ihrer Meinung nach dem Auftraggeber*inneninteresse eher entsprechen könnten.

!	Grundsätzlich zeigen die letzten zwei Abschnitte die Wichtigkeit von **Pretests** zur frühzeitigen Identifikation und möglichst umfassenden Beseitigung von Störfaktoren. Der Gewinn, den Pretests für die Konstruktion von Erhebungsinstrumenten mit möglichst geringer Fehleranfälligkeit, für die Instruktion von Interviewer*innen und für die vorausschauende Gestaltung von Interviewsituationen mit sich bringen, übersteigt den Aufwand um ein Vielfaches!

6.3.6. Der Pretest

Der bei ersten quantitativen Projekten gerne unterschätzte Arbeitsaufwand der Fragebogenkonstruktion kann in der Aussparung oder einem gering ambitionierten Pretest gipfeln, was gravierende Folgen auf die Datenqualität haben kann. Neu entwickelte Fragebögen sollten in jedem Fall einem Pretest unterzogen werden. So kann nicht nur die durchschnittliche Befragungszeit ermittelt werden, was hinsichtlich der Kostenschätzung wichtig ist, sondern auch inhaltliche und formale Aspekte des Erhebungsinstruments wie die *Verständlichkeit* von Fragen, die *Kontinuität* des Befragungsablaufs sowie der *Güte* der Fragen und der Filterführung überprüft werden. Bei größeren Bevölkerungsbefragungen wird manchmal sogar eine Pretest-Stichprobengröße von 100 Befragten erreicht. Damit kann die Varianz ermittelt, Item-Batterien auf Konsistenz geprüft und Faktorenanalysen durchgeführt werden. Nicht zuletzt werden Pretests auch genutzt, um die Feldbedingungen, d.h. die Verwendbarkeit des

[51] So zeigte sich etwa, dass bei Telefonbefragungen das Geschlecht der Interviewer*innen einen Einfluss auf das Antwortverhalten von männlichen und weiblichen Befragten haben kann. Beispielsweise vertraten Männer gegenüber männlichen Interviewern eher konservative Einstellungen, Frauen gegenüber männlichen Interviewern eher feministische Einstellungen (Koll, 2002).

Erhebungsinstruments in der Feldsituation einzuschätzen und das Interesse der Befragten zu eruieren. Kurzum: Pretests erfüllen bei der Fragebogenkonstruktion eine zentrale Funktion. Ohne Pretest gleicht die Erhebung mehr einem Blindflug, der im schlimmsten Fall am Datenfriedhof endet – Pretests sind heute Standard.

Grundsätzlich gibt es nicht nur eine Form des Pretests, sondern es stehen mehrere Methoden zur Verfügung, die unterschiedliche Blickwinkel haben (ausführlicher bei M. Häder, 2019; Porst, 2014; Weichbold, 2019). Zu den gebräuchlichsten Techniken zählen:

- Standard Pretest (Beobachtungspretest);
- Behaviour Coding;
- Think-Aloud-Methode;
- Paraphrasing.

Beim **Standard Pretest** bzw. Beobachtungspretest werden möglichst realistische Befragungsbedingungen hergestellt, die Handhabbarkeit getestet und auch Auffälligkeiten sowie Probleme (etwa Verständnisprobleme) notiert. Ein verstärkt reaktives Vorgehen, etwa das Verständnis von Fragen aktiv zu hinterfragen, steht nicht im Vordergrund. Anders formuliert: Standard Pretests sind Praxistests mit im Vergleich zur Haupterhebung verkleinerten Stichproben mit 10 bis 200 Personen aus der Zielpopulation. Im Mittelpunkt steht die Prüfung der Tauglichkeit der Befragung. Hierzu zählt ebenfalls, dass zwischen dem rein gedachten und dem gesprochenen Wort deutliche Unterschiede liegen können. D.h., eine im Kopf gut klingende Frage kann durch den Sprachakt selbst oder durch schlechte sprachliche Betonung und Akzentuierung an Klarheit verlieren. Bei Telefonbefragungen bedarf es gleichfalls Formulierungen, die für Interviewer*innen gut auszusprechen sind. Eine systematischere Variante des Standard Pretests ist das so genannte **Behaviour Coding**, bei dem das Verhalten von Interviewer*innen und Befragten einer strukturierten Beobachtung und Protokollierung durch Dritte unterzogen wird. Dabei werden u.a. spezifische Wahrnehmungsmuster, Ermüdungserscheinungen oder Konzentrationsprobleme analysiert. Diese Verfahren können durch Ton- oder Videomitschnitte ergänzt werden.

Zu der Gruppe der kognitiven Pretests gehören unter anderem die Think-Aloud-Methode und das Paraphrasing (Kurz et al., 1999). Kognitive Pretests sind reaktive bzw. aktive Verfahren, durch die Einblicke in die kognitiven Prozesse bzw. Gedanken der Befragten während der Befragung gewonnen werden sollen. Bei der **Think-Aloud-Methode** werden die Befragten gebeten, während *(Concurrent Think Aloud)* oder nach (*Retrospective Think Aloud*) der Beantwortung einer Frage „laut zu denken" und die eigene Verständnisweise wiederzugeben. Für die Think-Aloud-Methode, die speziell für die Überprüfung des Verständnisses von Frage- und Antwortformulierungen geeignet ist, empfiehlt sich eine Tonbandaufzeichnung. Ebenfalls gut geeignet für das Verständnis des Frageninhalts ist das **Paraphrasing**, bei dem die Befragten gebeten werden, nach der Beantwortung die Frage mit eigenen Worten zu wiederholen. Damit lässt sich relativ einfach überprüfen, ob Fragen in ähnlicher Weise wie intendiert verstanden werden. Kommt es zu Abweichungen bzw. sind deutliche inhaltliche Divergenzen in den Paraphrasierungen festzustellen, so muss die Validität (was wird hier eigentlich gemessen?) angezweifelt werden.

Wir empfehlen als Mindeststandard eine Kombination aus Paraphrasing und Standard Pretest. Hiermit kann abgesteckt werden, ob die Befragung überhaupt durchführbar ist, was ihre Grundparameter sind (z.B. zeitliche Länge) und ob die Fragen ähnlich verstanden werden. Die Ergebnisse eines Pretests sind zudem nur dann hilfreich, wenn sie auch systematisch dokumentiert und ausgewertet werden. In der Regel werden aufgrund der Ergebnisse die Fragebögen modifiziert und nach Möglichkeit auch gekürzt. Bei umfangreichen Modifikationen ist es ratsam, einen nochmaligen Pretest durchzuführen – man testet im Prinzip ein neues Instrument. Ein Pretest kann auch für die Einschulung von Interviewer*innen genutzt werden.

!	Erfahrungsgemäß werden durch einen Pretest entscheidende Verbesserungen des Erhebungsinstruments erreicht. Der zusätzliche Aufwand ist zudem überschaubar und der Vorteil der besseren Verständlichkeit des Erhebungsinstruments schlägt sich in einer deutlich höheren Datenqualität nieder.

Für die Stichprobengröße eines Pretests lassen sich aus der Literatur Anhaltspunkte angeben. Bei größeren Befragungsprojekten sollte die Pretest-Stichprobe eine Größe aufweisen, die auch bestimmte statistische Prüfverfahren ermöglicht (z.B. Itemkonsistenzanalysen). Steht hingegen die Verständlichkeit von Fragen und Antwortvorgaben im Vordergrund, kann auch mit weniger Pretest-Probanden das Auslangen gefunden werden. Empfohlen wird, eine Anzahl von 10 Befragten im Pretest nicht zu unterschreiten, häufig pendeln die Pretest-Stichprobengrößen zwischen 20 und 50 Befragten.

6.4. Praxistipps für die Durchführung von auftragsbezogenen Erhebungen

Die einzelnen Arbeitsschritte von der Konkretisierung des Forschungsproblems über die Konzeptspezifikation und Operationalisierung bis zur Konstruktion des endgültigen Erhebungsinstruments sind sehr arbeitsintensiv. Die vollbrachte Leistung muss in weiterer Folge „auf den Boden gebracht" werden, damit kommen wir zur Datenerhebung. Die folgenden Abschnitte sollen hierzu einige Praxistipps liefern.

6.4.1. Exploration und Zugang zum Feld

Prinzipiell muss vor einer Erhebung überlegt werden, unter welchen Rahmenbedingungen die eigentliche Feldarbeit durchgeführt werden kann. So sind die Bedingungen für eine Befragung von Konsument*innen in einem Einkaufszentrum völlig anders beschaffen als bei einer Mitarbeiter*innenbefragung in einem Unternehmen oder bei einer Bevölkerungsbefragung in einem bestimmten politischen Bezirk. Um unliebsame Überraschungen zu vermeiden, sollten im Zuge der Felderkundung vor der Datenerhebung einige wesentliche Informationen gesammelt und vorbereitende Schritte für den reibungslosen Ablauf der Erhebung getroffen werden.

Vor allem in der Auftragsforschung ist es ratsam, die grundsätzlichen *Modalitäten* eines Befragungsprojekts, insbesondere die Organisation der Erhebung, aber auch die Formen der Ergebniskommunikation, mit den zuständigen Stellen vor der Datenerhebung im Detail zu besprechen. Es sind alle potenziell relevanten Akteure des Feldes über inhaltliche und praktische Aspekte der Erhebung zu informieren. Dies ist auch empfehlenswert, weil Befragungen innerhalb der beauftragenden Organisation Interesse und Erwartungen, aber auch Widerstände wecken können. Umfassende Erläuterungen den Auftraggeber*innen gegenüber ermöglicht es diesen, bei Bedarf den eigenen Mitarbeiter*innen oder Kund*innen Informationen bereitzustellen bzw. für Rückfragen zur Verfügung zu stehen.

!	Als Grundregel der vorbereitenden Feldarbeit gilt, dass alle Vorkehrungen für größtmögliche **Transparenz** der Befragung getroffen werden sollten, weil dies nicht nur den Zugang zum Untersuchungsfeld, sondern auch die Akzeptanz des Projekts, die Motivation zur Teilnahme und letztlich die Daten- und Ergebnisqualität maßgeblich unterstützt. Eine funktionierende Zusammenarbeit mit Auftraggeber*innen ist ein wichtiger Schlüssel zur erfolgreichen Feldarbeit.

Bei Mitarbeiter*innenbefragungen hat es sich bewährt, nicht nur die Unternehmensleitung und die Personalabteilung, sondern auch die Belegschaftsvertretung, also den Betriebsrat, über die Zielsetzungen des Projekts, die Inhalte und den praktischen Ablauf der Befragung zu informieren. Bei Patient*innenbefragungen wird neben der Krankenhausleitung und der Personalabteilung möglicherweise auch die für die Qualitätssicherung zuständige Abteilung ein wichtiger Ansprechpartner sein (abseits von Bewilligungen durch Ethikkommissionen). Eine derartige Vorgehensweise ist für die organisatorische Unterstützung der Befragung durch die Auftraggeber*innen wichtig – so sollten beispielsweise Auftraggeber*innen selbst sowie Personalvertreter*innen Informationsschreiben über die bevorstehende Befragung an die Befragungspersonen versenden.

Wesentlich ist auch, die praktischen Aspekte der Befragungsorganisation im Detail mit Auftraggeber*innen festzulegen. Dazu gehören:

- die Bereitstellung von grundlegenden Informationen über die Befragungspopulation,
- die Information der Befragungspersonen über die Erhebung, insbesondere ihre Zielsetzungen,
- die Klärung des Zeitraums, in dem die Befragung durchgeführt werden soll (die *Feldzeit*),
- die Form der Verteilung und Einsammlung von Fragebögen in Unternehmen (z.B. Abgabe des Fragebogens in bereitgestellten Urnen oder Postfächern),

- die Übermittlung von Informationen über den Rücklauf während der Befragung (z.B. durch die Personalabteilung),
- die Festlegung von Personen, die den Befragungspersonen Informationen und Unterstützung während der Erhebung bieten (z.B. durch den Kundenservice),
- Häufigkeiten und Intervalle von Erinnerungsaktionen.

Um eine effiziente Organisation der Erhebung zu gewährleisten, ist häufig eine **Feldexploration** sinnvoll. Vor Konsument*innenbefragungen in Einkaufszentren ist es beispielsweise empfehlenswert, im Rahmen einer Begehung Informationen über räumliche Gegebenheiten, Kund*innenfrequenzen und Interviewer*innenstandorte zu sammeln. Welche Orte in einem Einkaufszentrum bieten sowohl gute Kund*innenfrequenzen als auch ansprechende Orte für die Durchführung von Interviews? Kann von den Auftraggeber*innen oder anderen verantwortlichen Stellen – besonders im Fall von längeren Interviews – ein eigener abgeschirmter Raum für Interviewzwecke bereitgestellt werden? Welche Zeiten sind ideal für die Erhebung?

Anders verhält es sich bei Mitarbeiter*innenbefragungen. Hier ist vor der Erhebung auf Urlaubszeiten und auf die konkrete Arbeitszeitorganisation zu achten. Eine Erhebung, die sich mit Haupturlaubszeiten überschneidet, ist wohl kaum ratsam. Auch die Form der Erhebung (z.B. online, Hauspost oder Urnenmodell) hat einige Konsequenzen für die Distribution und Retournierung der beantworteten Fragebögen.

Bei Bevölkerungsbefragungen spielen neben den spezifischen Befragungsmethoden häufig die Zusammenarbeit mit Verwaltung und Politik, räumliche Entfernungen oder die Mobilität von Interviewer*innen eine wesentliche Rolle für das Gelingen eines Erhebungsprojekts.

6.4.2. Statistische Grundlageninformationen

Es ist evident, dass vollständige und aktuelle Listen der Grundgesamtheit eine wesentliche Voraussetzung für die Stichprobenziehung darstellen. Während solche Listen bei Bevölkerungsumfragen über amtliche Dokumentationen generiert werden können, müssen sie in der Auftragsforschung, meist in Zusammenarbeit mit Auftraggeber*innen, bereitgestellt werden (z.B. Adressdateien von Kund*innen, Mitarbeiter*innen, Patient*innen etc.). Oft erhält man erst aufgrund dieser Listen erste Informationen über den Umfang und die Struktur der Untersuchungspopulation, die dann Aufschlüsse für die Untersuchungsplanung geben. Die Bereitstellung solcher Listen bedeutet für Auftraggeber*innen in der Regel einen gewissen Aufwand, wenn etwa Verzeichnisse von Mitarbeiter*innen, Kund*innen oder Patient*innen in tabellarischer Form durch das hauseigenen EDV-System erstellt werden. Die Bereitschaft der IT-Abteilung, der Stand der Technik und folglich auch die Möglichkeiten variieren nach eigenen Erfahrungen zwischen den Organisationen und Behörden in einem doch beträchtlichen Ausmaß. Obwohl es sich um Auftragsforschung handelt, ist trotzdem damit zu rechnen, dass teilweise Überzeugungsarbeit geleistet bzw. nach vereinbarten Leistungen nachgefragt werden muss.

Die gewonnenen Informationen geben Aufschluss über ganz konkrete und praktische Fragen: Wie viele Fragebögen sind überhaupt zu versenden bzw. wie viele Befragungsteilnehmer*innen sind persönlich zu kontaktieren? Welche Kosten und welcher Zeitaufwand sind damit verbunden? Welcher Zeitrahmen wird für die Befragung zu veranschlagen sein? Diese Informationen können darüber hinaus bereits Anhaltspunkte liefern, welche statistischen Auswertungsmöglichkeiten genutzt werden können.

In der Praxis kann etwa eine Patient*innenbefragung im Auftrag eines Krankenhausbetreibers eine vollständige Adressenliste der im letzten Jahr entlassenen Patient*innen die Grundlage für die Organisation der Befragung darstellen. Besonders vorteilhaft ist es, wenn bereits vorab bekannt ist, in welchen Abteilungen die zu befragenden Patient*innen behandelt wurden. Derartige Informationen liefern bereits Hinweise über die Verteilung von Merkmalen in der Grundgesamtheit. Entsprechende Aufstellungen erleichtern nicht nur die Erhebungsplanung (z.B. für die Bestimmung der angestrebten Stichprobengröße bzw. der Stichprobenquoten), sondern auch qualitätssichernde Maßnahmen der Befragungsorganisation wie die Rücklaufkontrolle. Bei einer Mitarbeiter*innenbefragung ist es bspw. hilfreich, wenn die Personalabteilung anonymisierte Informationen über die Geschlechterverteilung, die Anzahl von Mitarbeiter*innen an verschiedenen Unternehmensstandorten oder die Verteilung der beruflichen Stellung der Mitarbeiter*innen (z.B. Arbeiter*innen, Angestellte mit und ohne Leitungsfunktionen) etc. geben kann.

6.4.3. Organisation und Umsetzung von Erhebungen

Erhebungsprozesse sind aktiv zu managen und die Erhebungsphase ist in gewisser Weise ein Projekt im Projekt. Entsprechend sind für diese Phase des Forschungsprozesses die erforderlichen Ressourcen und der zeitliche Ablauf der Erhebung zu planen. Werden Interviewer*innen eingesetzt, müssen diese geschult und mit klaren Anweisungen für die Feldarbeit ausgestattet werden. Darüber hinaus sind auch deren Arbeitszeiten und Einsatzgebiete zu kalkulieren. Bei der Organisation von Erhebungen ist zu berücksichtigen, welcher Output in einem bestimmten Zeitrahmen mit den zur Verfügung stehenden Ressourcen erzielt werden kann, wobei sich der Begriff *Output* hier auf die letztlich zu erzielende Anzahl an vollständig durchgeführten Interviews bezieht. Zwar kann diese Output-Größe nicht mit absoluter Sicherheit erreicht werden, je nach Stichprobenziehung und Fragestellung wird aber für bestimmte Auswertungen ein Mindestmaß an Fällen benötigt.

Sowohl für die Planung als auch zur Orientierung für Auftraggeber*innen ist ein Zeitplan empfehlenswert, der den Ablauf der Erhebung wiedergibt. Dabei sind zu beachten:

- der Zeitpunkt der Vorinformation an die Befragten,
- der Anfangs- und Endzeitpunkt der Erhebung,
- der Zeitpunkt und die Form der Dank- und Erinnerungsaktionen,
- sowie ein Reservezeitraum (i.d.R. 1-2 Wochen).

Zur Frage der idealen Dauer von Erhebungen gibt es keine Faustregel, weil von Variationen zwischen verschiedenen Befragungsmodi auszugehen ist. Die Erfahrung zeigt, dass *postalische Befragungen* in mehrfacher Hinsicht sehr aufwändig sein können. So muss bei postalischen Befragungen schon aufgrund der Postwege für Anschreiben, Versand und Retournierung der Fragebögen sowie für Erinnerungsaktionen mit *deutlich höheren Feldzeiten* gerechnet werden als bei Online- oder Telefonbefragungen. Bei postalischen Befragungen von z.B. 1.000 befragten Haushalten ist eine Feldzeit von rund acht Wochen ab Versand der Fragebögen zu kalkulieren. Sofern die Rücklaufquote nicht zu einem früheren Zeitpunkt als ausreichend beurteilt werden kann, ist ein länger als acht Wochen dauerndes Zeitfenster bei ein bis zwei Erinnerungswellen allerdings nicht mehr sinnvoll, da der Effekt im Sinne von zusätzlich einlangenden Fragebögen mit zunehmender Dauer immer geringer wird. Spätestens nach der zweiten Nachfassaktion kommen nur mehr vereinzelt Fragebögen retour. Erfahrungsgemäß langt bei postalischen Befragungen der Großteil der beantworteten Fragebögen innerhalb der ersten zwei bis drei Wochen ein. Bei *Telefonbefragungen* und *Online-Umfragen* steht ein Großteil der beantworteten Fragebögen mitunter bereits innerhalb einiger Tage für die weitere Bearbeitung zur Verfügung. In der Regel kann wegen der direkten Beobachtbarkeit des Rücklaufs die Feldzeit frühzeitig eingeschätzt werden.

Zufriedenstellende Rücklauf- bzw. Ausschöpfungsquoten ergeben sich nicht von selbst, vielmehr sind sie das Resultat gut organisierter Feldarbeit. Praktische Hinweise für eine professionelle Erhebungsorganisation gibt die **Tailored-Design Methode** (Weiterentwicklung der *Total-Design-Methode*). Dieses TDM-Vorgehen beruht auf mehreren Überlegungen: Die Befragungsteilnehmer*innen werden als *kompetente Akteur*innen* betrachtet, denen die Teilnahme und Beantwortung der Fragen wesentlich erleichtert werden soll. Die *Herstellung von Vertrauen* minimiert zudem die sozialen Kosten für die Befragungsteilnehmer*innen. Schlussendlich sollte für die Befragten der Gewinn möglichst hoch sein. Die TDM besteht aus einem Bündel an Regeln, die von der Fragebogengestaltung bis zur Gestaltung des Befragtenkontakts bei postalischen und internetbasierten Umfragen reichen. Die wesentlichen Elemente der Methode sind (Dillman et al., 2009):

- Ein für Befragte optimierter Fragebogen;
- fünffache Kontaktaufnahme (Ankündigungsbrief, ein paar Tage später Zusendung der Befragung, eine Woche danach Dankesschreiben, 2-4 Wochen danach die Zusendung eines Ersatzfragebogens, eine finale andersartige (Telefon, eingeschriebener Brief) Kontaktaufnahme;
- bei postalischen Befragungen: Versendung der Fragebögen mit einem frankierten Antwortkuvert;
- personalisierte Schreiben (etwa mit echt unterzeichneter Signatur);
- materielle oder finanzielle Anreize zur Surveyteilnahme.

Hinzuzufügen ist, dass bei Befragungen für öffentliche Auftraggeber*innen ein offizielles Begleitschreiben die Wichtigkeit der Studie betonen kann und die Motivation zur Teilnahme tendenziell unterstützt. Gleichwohl sollte immer abgewogen werden, welche Effekte solche offiziellen Schreiben verursachen könnten. Der Rücklauf ist zudem von der Fragebogenlänge abhängig; bei längeren Fragebögen sinkt die Rücklaufwahrscheinlichkeit. Kurze Fragebögen (ca. 3-4 Seiten) können dagegen von Befragten als weniger relevante Studie eingestuft werden.

Incentives, also materielle oder monetäre Anreize führen nach aktuellem Wissensstand zu höheren Beteiligungsraten (Singer & Ye, 2013). Derartige Anreize haben einen stärkeren positiven Effekt auf den Rücklauf, wenn diese vorab gegeben und nicht bloß in Aussicht gestellt werden (Becker & Glauser, 2018; Becker & Mehlkop, 2011) – theoretisch lässt sich dies über Reziprozitätsnormen bzw. soziale Austauschtheorien erklären.

Soziale Austauschtheorien postulieren, dass Individuen ihr Handeln an Nutzen bzw. Belohnungen orientieren, die ihnen als Folge ihrer Handlung entgegengebracht werden. Diese Annahmen basieren auf einem entscheidungstheoretischen Modell: Der soziale Austausch unterscheidet sich von einer rein rationalen, ökonomischen Entscheidung insofern als angenommen wird, dass nicht nur eine individuelle Nutzenmaximierung erfolgt, sondern Individuen versuchen, im sozialen Austausch den Individualnutzen auszugleichen. So lässt sich davon ausgehen, dass zuvor gegebene Incentives bei einem Teil der Befragten als Vorschuss betrachtet und durch ihre Teilnahme an der Befragung ausgeglichen wird.

Strittig bliebt jedoch die Frage, ob Incentives die Qualität der Daten beeinflussen, dazu bedarf es aber weiterer Methodenforschung. Teils zeigten sich positive Befunde, teils negative und in vielen Fällen hatten Incentives überhaupt keine Wirkung auf die Datenqualität (Singer & Ye, 2013). Allgemein scheint es ratsam, sich sehr genau zu überlegen, wie und wann Incentives eingesetzt werden sollen. Sie können positive Effekte entfalten, dafür müssen sie jedoch taktisch klug und auf die Zielpopulation abgestimmt eingesetzt werden und sind sicherlich nicht immer von Nöten.

7. Sekundärdaten

Auch wenn viele Surveys den meisten Menschen unbekannt sind, so ist deren Zahl heute beträchtlich und Forscher*innen können auf einen immer weiterwachsenden Datenbestand zurückgreifen. Die Zeit für Sekundäranalysen ist, pointiert formuliert, so günstig wie noch nie. Gleichwohl ist die Dichte der verfügbaren Daten je Land unterschiedlich und hängt einerseits von den Steuerungs- (ein wichtiger Grund der Datengenese) und Transparenzbestrebungen (sonst sind die Daten für die Wissenschaft häufig nicht zugänglich) der Regierungen bei Prozessdaten und andererseits vom Forschungsvolumen bei rein sozialwissenschaftlichen Befragungsdaten in den einzelnen Staaten ab. Kurzum: die Datenbestände divergieren und selbst gleich bezeichnete Daten können aufgrund divergenter Messvorgänge leicht unterschiedliche inhaltliche Bedeutung haben. Dieser Schieflage wirken internationale Institutionalisierungsprozesse (bspw. ist eine zentrale Aufgabe der OECD die Bereitstellung von Daten) und Harmonisierungsbestrebungen (um die bereitgestellten Daten auch vergleichbar zu machen) entgegen und münden immer öfter in international angelegte und harmonisierte Befragungen. Zur Ausweitung der sozialwissenschaftlichen Daten in Österreich trug nicht zuletzt die Europäische Union bei. So wurden und werden – wenn auch durch nationale Institutionen (mit)finanziert – viele wichtige Befragungen wie AES, SILC, ATHIS, SHARE, ESS, EQLS, EWCS durch die EU angestoßen und sind über Verordnungen in der Union verankert. Die Zahl der Daten wächst und mit ihr die Zahl der Akteur*innen, welche Instrumente entwickeln, Daten erheben und archivieren. Immer häufiger kommt es nicht zum Problem, dass es keine Daten gibt, sondern die Frage ist, wo diese zu finden sind. Im Nachfolgenden werden daher ein paar ausgewählte (internationale) Erhebungen und anschließend wichtige Orte der Beschaffung kurz vorgestellt.

7.1. Auswahl wichtiger Surveys

Aufgrund der großen Zahl an Surveys ist es mittlerweile schwierig, eine repräsentative Auswahl zu treffen und letztlich muss die Liste unvollständig bleiben (für eine umfangreichere Sammlung siehe Mallock et al. (2016)). Im Weiteren beschränken sich die Ausführungen daher auf (europäische) Befragungsdaten, die auch, aber nicht nur, im deutschsprachigen Raum (vorrangig Österreich) erhoben werden, wobei eine breite Streuung der Themengebiete und keine vollständige Abbildung aller Befragungsdaten zu einem Thema im Vordergrund steht. Die vorgestellten Surveys sollen daher eher als ein erstes Heranführen an die vielfältigen Möglichkeiten verstanden werden. Möchte man mit Sekundärdaten arbeiten, dann ist es unabdingbar, selbst nach den bestmöglichen und aktuell vorhandenen Daten zu recherchieren – hierfür eignen sich die Hinweise aus Abschnitt 7.2.

7.1.1. Adult Education Survey – AES

Der *Adult Education Survey* (AES), auch Erwachsenenbildungserhebung genannt, dient der Erfassung der Bildungs- und Lernaktivitäten Erwachsener in verschiedenen Bereichen und Formen. Der Schwerpunkt liegt dabei auf den Themen des lebenslangen Lernens.

Ziel	Erfassung aller Formen organisierter Aus- und Weiterbildung sowie nicht-organisierter Lernaktivitäten
Design	Trenddesign (bisher 3 Wellen, ab der zweiten Welle circa alle 5 Jahre)
Grundgesamtheit	Letztstand (Welle 3): Österreichische Wohnbevölkerung im Alter von 25 bis 64 Jahren
Stichprobe	Geschichtete Zufallsstichprobe; n=5.620 (Welle 3)
Erhebungstechnik	Letztstand (Welle 3): CAPI oder CAWI
Erhebungszeitraum	September 2016 bis März 2017 (Welle 3)
Themenschwerpunkte	
Bildung	Art der Ausbildung (Schul-/Hochschulwesen), Weiterbildungsaktivität, Bildungsfeld, Gründe für Teilnahme, Zeitaufwand, finanzieller Aufwand, Unterstützung durch den Arbeitgeber, Anbieter der Weiterbildungsaktivität, Anwendbarkeit, Nutzen der Ausbildung, Weiterbildung
Informelles Lernen	Art der Lernaktivität, Fachgebiet und Inhalt
Bildungshindernisse	Gründe für keine (weitere) Teilnahme an Aus- oder Weiterbildungsaktivitäten
Informationsbeschaffung	Informationssuche, Informationsquelle
Technik	Computer- oder Internetaktivitäten
Sprachkenntnisse und -praxis	Muttersprache(n), Fremdsprache(n), Kenntnisse der Fremdsprache(n)
Kulturelle und soziale Beteiligung	Kulturelle Partizipation, Leseverhalten, soziale Partizipation, kulturelle Veranstaltungen, Freizeitaktivitäten, Freiwilligenarbeit
Einstellung zum Lernen	Einstellungsfragen zu Bildung und Lernen

Im Fokus des AES stehen insbesondere nicht-formale Bildungsaktivitäten wie Kurse, Seminare, Workshops, Vorträge, Privatunterricht und Einzelschulungen am Arbeitsplatz. Darüber hinaus wird die Teilnahme an Ausbildungen im Schul- bzw. Hochschulwesen sowie informelles Lernen, d.h. im Selbststudium oder mittels Computer, abgefragt. Ebenso werden Angaben zum Informationszugang über Bildungsangebote und zu möglichen Bildungshindernissen erfasst. Zusätzlich werden Informationen zur Nutzung von Informations- und Kommunikationstechnologien, zu Sprachkenntnis und -praxis sowie kultureller und sozialer Beteiligung und zum sozialen Hintergrund erhoben. Der AES stellt somit eine wichtige Ergänzung dar: zum CVTS (Erhebung der betrieblichen Weiterbildung), zur Schul- und Hochschulstatistik (Erhebung der formalen Bildung) und zur AKE (Arbeitskräfteerhebung), die zwar auch Fragen zu formaler Ausbildung und informaler Weiterbildung beinhalten, jedoch nicht in der Tiefe des AES (Statistik Austria, 2018).

Durch das Trenddesign ist es möglich, Veränderungen im Weiterbildungsverhalten der österreichischen Bevölkerung im Erwerbsalter zu untersuchen. Erstmalig durchgeführt wurde der AES 2005 bis 2007 in beinahe allen EU-Ländern (ausgenommen Irland und Luxemburg) sowie in Kroatien, Norwegen, der Schweiz und der Türkei. Seit 2011 wird der AES im Abstand von 5 Jahren in allen EU-Ländern erhoben (Statistik Austria, 2018). Die vierte Welle ist für 2022 geplant.

Anhand des AES lässt sich der Wandel der Erhebungstechnik gut verfolgen. Während in der ersten Welle ein standardisierter Papierfragebogen verwendet wurde (Statistik Austria, 2010), welchen Interviewer*innen ausfüllten und an die Statistik Austria übermittelten, fand die Befragung in der zweiten Welle mittels CAPI statt (Statistik Austria, 2015), in der dritten Welle kamen sowohl CAPI als auch CAWI zum Einsatz (Statistik Austria, 2018). Letzteres war jedoch als Ergänzung gedacht: CAPI-Non-Response wurden mittels höheren Incentives an einer Teilnahme der Erhebung über das Internet ersucht. Zielpersonen, die den expliziten Wunsch hatten, an der Web-Erhebung teilzunehmen, wurde ebenfalls die Möglichkeit gegeben.

Grundgesamtheit der Befragung 2016/17 ist die 25- bis 64-jährige Wohnbevölkerung in Österreich (Personen mit regulärem Wohnsitz in Österreich). Ausgeschlossen sind Personen in Anstaltshaushalten (z.B. Altersheime). Die Bruttostichprobe beträgt 11.334 Personenadressen und basiert auf einer geschichteten Zufallsauswahl, wobei die Schichtung aufgrund von Interviewersprengeln und von drei Gruppen mit unterschiedlich erwarteter Teilnahmequote (niedrig/mittel/hoch) für nichtformale Bildung definiert wurde. Insgesamt konnten in der Erhebungsphase 5.627 Interviews abgeschlossen werden. Nach Datenbereinigung beträgt die Nettostichprobe der aktuellen Erhebung 5.620; davon wurden 147 via CAWI erhoben.

Der europäische Gesamtbestand der anonymisierten Mikrodaten kann bei Eurostat für Forschungsprojekte angefragt werden. Ein Subsample der österreichischen anonymisierten Mikrodaten wird für Forschung und Lehre von der Statistik Austria zur Verfügung gestellt bzw. kann als standardisierter Datensatz kostenlos bezogen werden. Der österreichische Gesamtbestand der anonymisierten Mikrodaten kann kostenpflichtig für Forschungsarbeiten erworben werden.

Ein Beispiel für die Verwendung des AES in der Wissenschaft:

Wozny & Schneider (2014). A matter of degree: The continuing training gap for women in Europe. Socio-Economic Review, 12(2), 353–379. https://doi.org/10.1093/ser/mwu008

7.1.2. Austrian Health Interview Survey – ATHIS

Die *österreichische Gesundheitsbefragung* (Austrian Health Interview Survey – ATHIS) wird von der Statistik Austria durchgeführt und dient als Datengrundlage für die Gesundheitsberichterstattung. Sie soll der Politik und Wissenschaft wichtige Gesundheitsdaten zur Verfügung stellen (Statistik Austria, 2009, 2016). Anhand der Informationen der Gesundheitsbefragung können Zusammenhänge von Morbidität, Gesundheitsverhalten und gesundheitsrelevanten Risikofaktoren nach sozialen bzw. umweltbedingten Einflussfaktoren überprüft werden. Zudem geben die Daten Auskunft über die Inanspruchnahme von Versorgungseinrichtungen und die Teilnahme der Bevölkerung an Präventionsangeboten (Statistik Austria, 2016).

Ziel	Gesundheitszustand, Einflussfaktoren auf die Gesundheit und medizinische Versorgung
Design	Trendstudie (bisher 3 Wellen)
Grundgesamtheit	Letztstand (Welle 3): Personen in Privathaushalten im Alter von 15 Jahren und älter
Stichprobe	Geschichtete Zufallsstichprobe; n=15.461 (Welle 3)
Erhebungstechnik	Letztstand (Welle 3): CAPI (+ Selbstausfüller) oder CAWI
Erhebungszeitraum	Oktober 2018 bis September 2019 (Welle 3)
Themenschwerpunkte	
Gesundheitszustand	Subjektive Gesundheitswahrnehmung, chronische Krankheiten und Gesundheitsprobleme, Unfälle/Verletzungen, funktionelle Beeinträchtigungen, psychische Gesundheit
Gesundheits- bzw. Risikoverhalten	Risikofaktoren, gesundheitsrelevantes Verhalten, Inanspruchnahme von Leistungen des Gesundheitssystems, Vorsorgeverhalten
Gesundheitsversorgung	Inanspruchnahme von Leistungen des Gesundheitssystems, Medikamentenkonsum, ungedeckter Bedarf an Gesundheitsdiensten
Nationale Ergänzungen	Zufriedenheit mit dem Gesundheitssystem, Kindergesundheit und Lebensqualität

Gesundheitsbefragungen werden in Österreich seit den 1970er Jahren durchgeführt. Während dies bis Ende der 1990er Jahre im Rahmen des Mikrozensus geschah, wurde die Gesundheitsbefragung erstmals 2006/07 (ATHIS 2006/07) als eigenständige Erhebung mit neuem Erhebungsdesign und Frageprogramm entwickelt (Statistik Austria, 2009). Die Studie ist als Trenddesign konzipiert – wobei die Vergleichbarkeit durch Änderungen vor allem von der ersten zur zweiten Welle noch eingeschränkt ist – und soll alle fünf Jahre durchgeführt werden (Statistik Austria, 2016); die dritte und bisher aktuellste Welle wurde von 2018 bis 2019 (ATHIS 2019) erhoben. Der ATHIS basiert auf der Europäischen Gesundheitsbefragung (EHIS), erweitert um nationale Fragen zu gesundheitspolitischen Themen. Die europäischen Zielvariablen (inklusive Ausprägungen) sind mittels Durchführungsverordnung festgelegt (EHIS-Teil) und durch Leitlinien für Methodik sowie Durchführung der Erhebung ergänzt. Durchgeführt wird die Erhebung in Österreich durch die Statistik Austria, welche zusammen mit dem Robert Koch-Institut in Berlin die deutschsprachige Übersetzung des von Eurostat vorgegebenen englischen Musterfragebogens akkordiert und um einen nationalen Teil erweitert. Kurzum: ATHIS ist EHIS plus nationale Ergänzungen.

Die aktuelle Gesundheitsbefragung wurde 2018/19 vorwiegend mittels CAPI erhoben, wobei für sensiblere Themen ein selbstauszufüllender Fragebogen zur Anwendung kam. Daneben wurde bei einer geringen Fallzahl (circa 1/10) CAWI eingesetzt, hierbei füllen die Befragten die gesamte Befragung webbasiert selbstständig aus. Für den Fall, dass Kinder unter 18 Jahren im Haushalt lebten, wurden beim ATHIS 2019 von einem Elternteil am Ende des eigenen Interviews (Hauptbefragung) Angaben zum Gesundheitszustand des Kindes gemacht (Klimont, 2020). Für die Teilnahme erhielten alle Befragten einen Einkaufsgutschein.

Die Stichprobe des ATHIS 2019 ist eine geschichte Zufallsstichprobe. Sie wird nach den 32 Versorgungsregionen Österreichs (gemäß österreichischem Strukturplan Gesundheit) geschichtet, d.h. es wird pro Versorgungsregion die gleiche Anzahl an Personen in die Stichprobe miteinbezogen – im Normalfall 475 Personen (Wien: 575 Personen) bzw. zumindest 300 Personen in dünn besiedelten Versorgungsregionen. Diese räumliche Schichtung wird angewandt, um für jede Versorgungsregion einen möglichst gleich großen Stichprobenfehler, d.h. die gleiche Genauigkeit der Ergebnisse, zu erlangen (Klimont, 2020; Statistik Austria, 2009, 2016). Das genaue Stichprobendesign der Erhebungen variiert etwas in den drei Durchgängen; in der aktuellen Welle erfolgte die Ziehung über das Zentrale Melderegister (ZMR), um Rekrutierungsprobleme von ATHIS 2014 (die Rekrutierung der Stichprobe erfolgte damals aus dem Mikrozensus) zu umgehen.

Die Grundgesamtheit von ATHIS 2019 ist die Bevölkerung Österreichs im Alter ab 15 Jahren, wobei (1) Zielpersonen (wenn vorhanden) zum Gesundheitszustand ihrer im Haushalt lebenden Kinder unter 18 Jahren befragt wurden und (2) die Anstaltsbevölkerung bei der Stichprobenziehung nicht ausgeschlossen war. Insgesamt beantworteten 15.461 Personen die Gesundheitsbefragung 2019 bzw. beträgt die Ausschöpfungsquote 50,5%. Im ATHIS 2014 lag sie bei 40,7% und im ATHIS 2006/07 bei 63,1% (Klimont, 2020; Statistik Austria, 2009, 2016).

Die österreichischen anonymisierten Mikrodaten stehen für die Forschung über die Statistik Austria zur Verfügung und können als standardisierter Datensatz kostenlos bezogen werden.

Ein Beispiel für die Verwendung des ATHIS in der Wissenschaft:

Richter & Reiger (2021). Gesundheitsverhaltensmuster der Wiener Bevölkerung: Assoziationen von Health Lifestyle und sozioökonomischen Determinanten. *Österreichische Zeitschrift für Soziologie*. https://doi.org/10.1007/s11614-021-00447-y

7.1.3. European Quality of Life Survey – EQLS

Der *European Quality of Life Survey* (EQLS) ist einer von mehreren Surveys von Eurofound, der Europäischen Stiftung zur Verbesserung der Lebens- und Arbeitsbedingungen, welche von der Europäischen Kommission finanziert wird. Ziel des EQLS ist es, die Lebensbedingungen und Lebensumstände der Europäer*innen, sowohl objektiv als auch subjektiv, zu erfassen.

Ziel	Objektive und subjektive Aspekte der Lebensqualität der Bürger*innen Europas
Design	Trendstudie (bisher 4 Wellen)
Grundgesamtheit	Letztstand (Welle 4): Personen im Alter von 18 Jahren und mehr, deren ordentlicher Wohnsitz in einem an der Umfrage teilnehmenden Länder liegt
Stichprobe	Mehrstufige Zufallsstichprobe mittels Register bzw. Random Route Verfahren; n=36.908 (Welle 4)
Erhebungstechnik	Letztstand (Welle 4): CAPI
Erhebungszeitraum	September 2016 bis März 2017 (Welle 4)
Themenschwerpunkte	
Objektive und subjektive Lebensqualität	Beschäftigung, Einkommen, Bildung, Familie, Wohnen, subjektives Wohlbefinden, Glück, Lebenszufriedenheit, Optimismus, Gesundheit, Lebensstandard und Deprivation, Vereinbarkeit von Arbeits- und Privatleben
Qualität der Gesellschaft	Soziale Unsicherheit, Wahrnehmung sozialer Exklusion und sozialer Spannungen, Vertrauen in Menschen und Institutionen, Partizipation und gemeinnütziges Engagement, Beteiligung an Training/lebenslangem Lernen
Qualität öffentlicher Dienstleistungen	Gesundheitsversorgung, Langzeitpflege, Kinderbetreuung, Schulen

Im EQLS werden Informationen zu Arbeit, Einkommen, Bildung, Wohnen, Familie, Gesundheit, Work-Life Balance, Wohlbefinden, Glück, Lebenszufriedenheit, Qualität von öffentlichen Dienstleistungen, Vertrauen in Menschen und Institutionen, lebenslangem Lernen und Partizipation erhoben (Eurofound, 2017). Durch das Trenddesign ist es möglich, Entwicklungen hinsichtlich der Lebensqualität der Europäer*innen (über einen längeren Zeitraum hinweg) zu dokumentieren und zu analysieren. Der EQLS stellt zudem eine wertvolle Ergänzung zu herkömmlichen Indikatoren von Wirtschaftswachstum und Lebensstandard wie dem Bruttoinlandsprodukt (BIP) oder Einkommen dar.

Wie an den Themenschwerpunkten ersichtlich zielt der EQLS vorwiegend auf eine breite Themenabdeckung hinsichtlich der Lebensqualität ab, weshalb die einzelnen Bereiche nur in einem begrenzten Umfang erhoben werden können. Ebenso können aufgrund der Stichprobengröße Subgruppen nicht spezifisch erfasst werden (Fahey et al., 2004). Demgegenüber steht die bereits erwähnte umfängliche Erfassung objektiver und subjektiver Komponenten der Lebensqualität sowie die große Anzahl der an der Befragung teilnehmenden europäischen

Länder, die (zum Zeitpunkt der jeweiligen Erhebung) sämtliche EU-Mitgliedsstaaten plus weitere Staaten umfasst.

Die Daten wurden im EQLS 2016 mittels CAPI in den damaligen 28 Mitgliedsstaaten der EU und in den fünf EU-Kandidatenländern (Albanien, ehemalige jugoslawische Republik Mazedonien, Montenegro, Serbien und Türkei) erhoben (Eurofound, 2018). Zu beachten ist, dass bei internationalen Befragungen eine einfache Darstellung der Methodologie erschwert ist, da trotz aller Harmonisierungsbestrebungen bei so umfangreichen Vorhaben zumindest leichte Variationen auftreten. So wurden z.B. in manchen Ländern wie Österreich für die Teilnahme Incentives vergeben und selbst die durchschnittliche Interviewdauer variierte im EQLS in der vierten Welle zwischen 54 (Schweden) und 33 Minuten (Rumänien).

In den meisten Ländern wurde in der aktuellen Welle eine mehrstufige, geschichtete Zufallsstichprobe gezogen. Die Schichtung basiert meist auf Regionen und dem Verstädterungsgrad. Die Personen bzw. Haushalte werden entweder zufällig aus einem Register ausgewählt oder es wird ein Random-Route Verfahren angewandt. Findet die Auswahl der zu interviewenden Personen auf Haushaltsebene statt und leben mehr als eine über 18-jährige Person im Haushalt, wird ein weiterer Auswahlprozess gestartet. Das Erhebungsskript verlangt, dass die Interviewer*innen die Anzahl der Personen im Haushalt auflisten (z.B. Person 1=JD, Person 2=AB, usw.), anschließend wird ein Zufallszahlengenerator eingesetzt, um die zu befragende Zielperson auszuwählen, so dass jede Person die gleiche Auswahlwahrscheinlichkeit hat.

Die Grundgesamtheit im EQLS 2016 sind Personen im Alter von 18 Jahren und mehr, deren gewöhnlicher Wohnsitz sich in einem der teilnehmenden Länder befindet, die mindestens sechs Monate vor der Befragung in diesem Land gelebt haben und die Landessprache gut genug sprechen, um an der Befragung teilzunehmen. Personen, die in Institutionen leben, werden aus der Befragung ausgeschlossen. Die Zielgröße der Stichprobe betrug im EQLS 2016 zwischen 1.000 bis 2.000 Personen pro Land; bei den meisten liegt die Größe bei 1.000; Ausnahmen sind etwa Deutschland mit 1.600 oder Italien mit 2.000. In der vierten Welle wurden nahezu 36.908 Personen interviewt und eine Ausschöpfungsrate von 37% erreicht (Eurofound, 2017).

Grundsätzlich werden die Datenreihen für die Öffentlichkeit spätestens zwei Jahre nach Abschluss der Feldarbeit bereitgestellt. Der EQLS sowie andere Daten von Eurofound sind über UK Data Service (UKDS) kostenlos verfügbar.

Ein Beispiel für die Verwendung des EQLS in der Wissenschaft:

Priestley et al. (2016). The political participation of disabled people in Europe: Rights, accessibility and activism. *Electoral Studies*, *42*, 1–9. https://doi.org/10.1016/j.electstud.2016.01.009

7.1.4. European Social Survey – ESS

Der *European Social Survey* (ESS), eine länderübergreifende Befragung, wurde 2002/2003 zum ersten Mal mit dem Ziel durchgeführt, Veränderungen von Einstellungen und Werten in Europa zu erheben und deren Zusammenhang mit den sich wandelnden Institutionen in Europa zu untersuchen. Darüber hinaus sollen mittels ESS methodische Aspekte in der ländervergleichenden Forschung verbessert und eine Reihe von sozialen Indikatoren bzw. neue Instrumente entwickelt werden (ESS, 2021). Neben SHARE (Abschnitt 7.1.7) ist der ESS der einzige Survey im Rang eines *European Research Infrastructure Consortiums*, welcher eine eigene Rechtsform besitzt und als juristische Person Förderprojekte beantragen kann.

Ziel	Veränderungen von Einstellungen und Werten in Europa und deren Zusammenhang mit den sich wandelnden Institutionen
Design	Querschnitt- und Trendstudie (bisher 9 Wellen)
Grundgesamtheit	Alle Personen in Privathaushalten, die 15 Jahre und älter sind und in einem der an der Befragung teilnehmenden Länder leben
Stichprobe	Meist mehrstufige (geschichtete) Zufallsstichproben; n=49.519 (Welle 9)
Erhebungstechnik	Letztstand (Welle 9): hauptsächlich CAPI (ein Land PAPI)
Erhebungszeitraum	August 2018 bis Februar 2019 (Welle 9);
Themenschwerpunkte	
Kernthemen	Medien und soziales Vertrauen, Politik, subjektives Wohlbefinden, soziale Ausgrenzung, Religion, wahrgenommene Diskriminierung und nationale und ethnische Identität, Geschlecht, Haushalt, Werte
Zusatz/Rotationsthemen	2002 – Immigration, Bürger*innenbeteiligung 2004 – Gesundheit und Pflege, Wirtschaftsmoral, Familie und Arbeit 2006 – Timing des Lebens, persönliches und soziales Wohlergehen 2008 – Einstellung zum Wohlfahrtsstaat, Ageism 2010 – Familie und Arbeit, Gerechtigkeit 2012 – persönliches und soziales Wohlergehen, Demokratie 2014 – Immigration, gesundheitliche Ungleichheit 2016 – Einstellung zum Wohlfahrtsstaat und Klimawandel 2018 – Timing des Lebens, Gerechtigkeit und Fairness

Der ESS besteht aus zwei Teilen: einerseits den Kernmodulen und andererseits wechselnden Zusatz- bzw. Rotationsthemen (siehe obige Liste), womit der ESS teils als Trend- und in manchen Teilen als Querschnittserhebung (wenn Zusatzthemen erstmalig erhoben werden) zu behandeln ist. In einem etwa einstündigen persönlichen Interview (CAPI) werden die verschiedenen Themenbereiche abgefragt. Mittlerweile besteht das Erhebungsinstrument aus einem Hauptfragebogen (eine frühere Zusatzbefragung wurde integriert), welcher in englischer Sprache entwickelt wird. Das Design des ESS-Quellfragebogens ist hierbei sequentiell, d.h. ein Quellfragebogen wird vor Beginn der Übersetzung entwickelt und fertiggestellt. Im Anschluss erfolgen die Übersetzungen in die nationalen Landessprachen, wobei hier das TRAPD-Verfahren zur Anwendung kommt. TRAPD ist ein Akronym für **T**ranslation, **R**eview, **A**djudication, **Pre**-

testing und **D**ocumentation; diese fünf miteinander verbundenen Schritte bilden im ESS den Übersetzungs- und Bewertungsprozess (ESS, 2018b). Der Aufwand für die Übersetzung ist als hoch zu bezeichnen und wird im ESS selbst zum Forschungsgegenstand gemacht, denn nur so lässt sich gewährleisten, dass in allen Länder dieselben Daten erhoben werden.

Allgemein liefert der ESS daher nicht nur Sekundärdaten, sondern vom ESS Team wird selbst methodische Forschung betrieben. Hierzu zählen die Bereiche: Interviewerverhalten und Interviewereffekte; Verbesserung der Antwortraten und Minimierung von Nonresponse-Bias; Modi der Datenerfassung; Korrektur von Messfehlern bei Umfragedaten; Qualität bei Übersetzungsprozeduren und die Entwicklung von Indikatoren bzw. Instrumenten.

Bis zur Welle 8 haben 38 Länder mindestens einmal am ESS teilgenommen, wobei die Zusammensetzung der Länder pro Erhebungswelle nicht konstant ist; im Schnitt zeigt sich, dass circa 30 vorrangig europäische Länder pro Welle teilnehmen. Mehrfach wurde die Erhebung zudem in Israel und Russland, zweimal in der Türkei durchgeführt. Für die Grundgesamtheit und Stichprobenziehung gelten im ESS gemeinsame Standards, womit gleichwertige Stichprobenpläne in allen teilnehmenden Ländern gewährleistet werden sollen. Die Stichprobenziehung im ESS orientiert sich an folgenden Grundprinzipien (ESS, 2018a):

- Die Stichproben müssen repräsentativ sein für alle Personen ab 15 Jahren (keine obere Altersgrenze), die in privaten Haushalten in jedem teilnehmenden Land leben, unabhängig von ihrer Nationalität, Staatsangehörigkeit oder Sprache.
- Individuen werden in jeder Phase nach Zufallsmethoden ausgewählt, Quotenstichproben sind daher in keiner Phase erlaubt.
- Es können Stichprobenrahmen von Einzelpersonen, Haushalten und Adressen verwendet werden.
- Alle Länder müssen eine *effective achieved sample size* von mindestens 1.500 Befragten (bzw. 800 in Ländern mit einer Bevölkerung von weniger als 2 Millionen) anstreben.

Der ESS zeichnet sich durch eine umfangreiche und detaillierte Dokumentation aus, welche frei zugänglich ist. Daten des ESS können rasch und kostenlos über die Webseite nach Registrierung bezogen werden; zudem bietet der ESS ein eigenes eLearning Programm zum Umgang mit dem Datensatz an (https://essedunet.nsd.no/) bzw. können die Daten auch online einer ersten einfachen Analyse unterzogen werden (http://nesstar.ess.nsd.uib.no/). In Summe ist der ESS für Abschlussarbeiten durch seine Zugänglichkeit sehr zu empfehlen.

Ein Beispiel für die Verwendung des ESS in der Wissenschaft:

Bratt et al. (2017). Perceived Age Discrimination Across Age in Europe: From an Ageing Society to a Society for All Ages. *Developmental Psychology*. https://doi.org/10.1037/dev0000398

7.1.5. European Values Study – EVS

Die EVS (European Values Study), auch *Europäische Wertestudie* genannt, ist eine länderübergreifende, longitudinale Erhebung von Einstellungen und Werten der Europäer*innen. Anhand der Daten der EVS können Unterschiede und Gemeinsamkeiten in den Wertvorstellungen verschiedener Bevölkerungsgruppen sowohl auf nationaler als auch internationaler Ebene untersucht werden. Das Trenddesign ermöglicht es zudem, Veränderungen der Werthaltungen und Einstellungen im Zeitverlauf zu überprüfen.

Ziel	Untersuchung von Unterschieden bzw. Gemeinsamkeiten und Veränderungen der Einstellungen, Ansichten, Meinungen und Wertvorstellungen der Europäer*innen
Design	Länderübergreifende Trendstudie (bisher 16 bis 47 Länder in 5 Wellen; Neunjahres-Abstand der Erhebungen)
Grundgesamtheit	Bevölkerung der teilnehmenden (vorwiegend europäischen) Länder ab 18 Jahren
Stichprobe	Einfache oder geschichtete Zufallsstichproben (Welle 5); n=56.491
Erhebungstechnik	Letztstand (Welle 5): hauptsächlich CAPI oder/und PAPI, teilweise Mischmodus mit Web- oder Web-/Mail-Format
Erhebungszeitraum	Juli 2017 bis Jänner 2020 (Welle 5);
Themenschwerpunkte	
Familie	Heirat, Kinder, bedingungslose Liebe, Rolle der Frau, Weitergabe von Werten
Arbeit	Stellenwert der Arbeit, Arbeitsethos
Religion	Kirchenbesuch, Vertrauen in die Kirche, Bedeutung von Gott, traditioneller Glaube
Politik	Politisches Interesse, Bereitschaft an politischen Aktionen teilzunehmen, Links-rechts Einordnung, Postmaterialismus, Unterstützung der Demokratie
Gesellschaft	Soziale Netzwerke, Vertrauen in Andere, Solidarität, Toleranz, Permissivität
Leben	Wohlbefinden, Glück, Lebenszufriedenheit, Kontrollüberzeugung

Die Inhalte und Fragen der EVS sind über die verschiedenen Wellen hinweg vergleichbar. So umfasste die zweite Welle größtenteils dieselben Fragen wie die erste Welle. In der dritten Welle wurden neue Themenbereiche in Form von Fragen zu Solidarität, sozialem Kapital, Demokratie und Arbeitsethos eingeführt. In der vierten Erhebungswelle kamen Fragen zu bisherigen Lebenserfahrungen und -ereignissen der Befragten hinzu. Die Themen und die Zahl der Variablen blieben in der fünften und aktuellen Welle nahezu unverändert. Die abgefragten Inhalte beziehen sich auf Vorstellungen über das Leben, Freizeitgestaltung, Arbeit und Arbeitsumfeld, Religion, Familie und Heirat, Politik und Gesellschaft, moralische Grundhaltungen, Umwelt, Lebenserfahrungen und demographische Informationen. Klar im Vordergrund stehen – wie der Name bereits verrät – Wertfragen, während Fragen über das Verhalten im EVS selten vorkommen.

Am EVS nahmen mittlerweile über 45 Länder, an der aktuellen Welle 37 Länder teil, wobei jedoch die zeitlich nicht unwesentlich auseinanderliegenden Feldzeiten (von 2017 in Island bis 2020 in Portugal) zu beachten sind. Die bisher größte Befragung fand 2008 anstatt – sie wurde in 47 Ländern durchgeführt, über alle Länder hinweg liegen Daten von 66.281 Personen vor (EVS, 2016). Erwähnenswert ist auch, dass der EVS mit dem World Values Survey in seiner Entstehungsgesichte eng verknüpft und eine Datenintegration möglich ist (aktuell EVS/WVS 2017-2020).

Hauptmodus des EVS 2017 ist die persönliche Befragung (CAPI oder PAPI). Zudem ist alternativ eine selbstadministrierte Form möglich, wobei es sich um einen parallel gemischten Modus handelt, d.h. es gibt keine Wahlmöglichkeit für die Befragten zwischen den Modi: entweder wird er/sie dem Face-to-Face- oder dem Web- bzw. E-Mail-Format zugeordnet. Diese neu eingeführte Mixed-Mode-Strategie erlaubt jedoch den Erhebungsinstituten in den einzelnen Ländern zwischen intervieweradministrierten und selbstadministrierten Befragungen bei der Durchführung der Umfrage zu wechseln (EVS, 2020b) – in Summe wurde jedoch deutlich häufiger auf eine intervieweradministrierte Befragung, insbesondere via CAPI, gesetzt.

Für die EVS 2017 wurden einstufige oder mehrstufige Zufallsstichproben der erwachsenen Bevölkerung der jeweiligen Länder ab 18 Jahren verwendet. Der Stichprobenumfang wurde als effektive Stichprobengröße festgelegt: 1.200 für Länder mit mehr als 2 Millionen Einwohnern, 1.000 für Länder mit weniger als 2 Millionen Einwohnern. Einige Länder wichen von den Vorgaben ab und planten mit einem effektiven Stichprobenumfang unterhalb der festgelegten Schwelle. Deutschland, die Niederlande, Island und die Schweiz haben aufgrund des Mixed-Mode-Designs nur einen Teil (50% oder mehr) des effektiven Stichprobenumfangs dem intervieweradministrierten Modus zugewiesen (EVS, 2020a). Das integrierte Datenfile des EVS 2017 hat eine Samplegröße von 56.491 Befragten. Bspw. lag in Österreich die Ausschöpfungsquote bei knapp 42%, in Deutschland bei 28% (EVS, 2020a).

Der EVS wird wie der ESS auf einer eigenen Website präsentiert und hält dort eine Fülle an Informationen bereit. Eine Besonderheit ist der EVS Atlas, welcher auf einer Landkarte die wichtigsten Ergebnisse interaktiv präsentiert (https://www.atlasofeuropeanvalues.eu/). Die Daten des EVS werden durch GESIS (siehe Abschnitt 7.2) kostenlos bereitgestellt bzw. können über das Online-Tool ZACAT von GESIS gesichtet werden (https://zacat.gesis.org/).

Ein Beispiel für die Verwendung des EVS in der Wissenschaft:

Hubatková & Doseděl (2021).The Expansion of Higher Education and Post-Materialistic Attitudes to Work in Europe: Evidence from the European Values Study. *Czech Sociological Review*, *56*(6), 767–790. https://doi.org/10.13060/csr.2020.050

7.1.6. Mikrozensus

Der Mikrozensus ist eine Stichprobenerhebung der österreichischen Bevölkerung, die seit 1968 durchgeführt wird und 2004 (unter anderem, um den von der EU gestellten Anforderungen an die Stichprobe der Europäischen Arbeitskräfteerhebung zu entsprechen) neu konzipiert wurde (Kytir & Stadler, 2004).

Ziel	Erwerbsstatistik und Wohnungsstatistik, wirtschaftliche und soziale Lage der österreichischen Wohnbevölkerung, international vergleichbare Daten zu Erwerbstätigkeit, Arbeitslosigkeit und Bildung
Design	Längsschnittstudie (Periodizität: vierteljährlich)
Grundgesamtheit	Österreichische Wohnbevölkerung in Privathaushalten
Stichprobe	nach NUTS-2-Regionen (Bundesländer) geschichtete Zufallsstichprobe von privaten Haushalten (= Stichprobeneinheiten); n=22.500 Haushalte
Erhebungstechnik	Letztstand: CAPI
Erhebungszeitraum	quartalsweise
Themenschwerpunkte	
Erwerbstätigkeit	Beruf, Arbeitszeiten und Arbeitsausmaß, Arbeitssuche, frühere Tätigkeiten, Lebensunterhalt, Ausbildung
Wohnen	Alter des Wohnraums, Größe, Ausstattung, Wohnungsaufwand
Ad-hoc Module	2010 - Vereinbarkeit von Beruf und Familie 2011 - Erwerbstätigkeit von Menschen mit Beeinträchtigungen 2012 - Übergang vom Erwerbsleben in den Ruhestand 2013 - Arbeitsunfälle und arbeitsbezogene Gesundheitsprobleme 2014 - Arbeitsmarktsituation von Migrantinnen und Migranten 2015 - Arbeitsorganisation und Arbeitszeitgestaltung 2016 - Junge Menschen auf dem Arbeitsmarkt 2017 - Selbständige Erwerbstätigkeit 2018 - Vereinbarkeit von Beruf und Familie 2019 - Arbeitsorganisation und Arbeitszeitgestaltung 2020 - Arbeitsunfälle und arbeitsbezogene Gesundheitsprobleme 2021 - Arbeitsmarktsituation von Migrantinnen und Migranten

Kontinuierliche Themenschwerpunkte des Mikrozensus sind Erwerbstätigkeit und Wohnen; diese beiden Kernmodule, wobei ersteres einen deutlich größeren Umfang an Fragen aufweist, haben sich seit der Neukonzeption 2004 nicht wesentlich verändert (Statistik Austria, 2020b). Zusätzlich wird jedes Jahr ein wechselndes Ad-hoc-Modul zu einem Thema, das für den Arbeitsmarkt von besonderer Bedeutung ist, erhoben (siehe obige Liste). Dazu kommen einige wenige soziodemografische Fragen (Geburtsdatum, Geschlecht, Schulbildung und ähnliches). Dem Mikrozensus kommt hohe arbeitsmarktpolitische Bedeutung zu, was sich unter anderem an der verpflichtenden Teilnahme und der sehr großen Stichprobe zeigt. Im Vergleich dazu ist die Zahl der wissenschaftlichen Publikationen jedoch als verhältnismäßig gering einzustufen, was wohl auf die geringe Vielfalt der Themen und der damit verminderten Möglichkeiten (umfänglicher) multivariater Analysen zurückzuführen ist. Wer sich aber tiefgreifend mit dem Arbeitsmarkt beschäftigen will, hat mit dem Mikrozensus die detailliertesten Daten an der Hand.

In der Regel erfolgt die erste Befragung eines Haushalts als Face-to-Face Interview (CAPI) in der Wohnung bzw. im Haus der bzw. des Befragten. Die vier Folgebefragungen werden mittels CATI erhoben. Der Mikrozensus ist demnach als Panelstudie konzipiert, da eben mehrmals dieselben Haushalte befragt werden. Die Besonderheit liegt darin, dass nach insgesamt fünf quartalsweisen Befragungen eine Auswechselung erfolgt. Das Modell wird Fünftel-Rotation genannt, d.h. 1/5 der Haushalte wird pro Befragung ausgetauscht, die neuen Haushalte verbleiben für fünf Befragungen im Panel (Haslinger & Kytir, 2006).

Die einfach geschichtete (Bundesländer) Zufallsstichprobe wird auf Haushaltsebene aus all jenen privaten Haushalten gezogen, in denen zu Beginn des Vorquartals laut dem Zentralen Melderegister (ZMR) zumindest eine Person hauptwohnsitzgemeldet war; die Zielstichprobe umfasst ca. 22.500 private Haushalte. Aufgrund der Fünftel-Rotation werden also jedes Mal circa 4.500 Haushalte neu ausgewählt. Nach der Auswahl werden von den Interviewer*innen jeweils alle Haushaltsmitglieder befragt. Die Stichprobe ist nach NUTS-2-Regionen (Bundesländern) geschichtet. Das ZMR dürfte die wohl genaueste Liste für Stichprobenziehungen von Haushalten in Österreich darstellen. Deren Nutzung für statistische Zwecke ist jedoch auf einen sehr engen Kreis gesetzlich beschränkt.

Aufgrund der in der Erwerbs- und Wohnungsstatistikverordnung (EWStV) verankerten Auskunftspflicht liegt die Ausschöpfungsquote des Mikrozensus mit über 96% weit über jener anderer sozialwissenschaftlicher Befragungen (Haslinger & Kytir, 2006). In Kombination mit dem ZMR ergibt sich damit ein sehr genaues Bild der österreichischen Bevölkerung bzw. der Arbeitsmarktsituation und ermöglicht durch die große Stichprobe auch kleinräumige Analysen.

Zugang zu den Daten erhält man mittlerweile über AUSSDA (siehe Abschnitt 7.2), wo der Datenzugang für ein wissenschaftliches Projekt kostenlos beantragt werden kann.

Ein Beispiel für die Verwendung des Mikrozensus in der Wissenschaft:

Böheim et al. (2013). The distribution of the gender wage gap in Austria: Evidence from matched employer-employee data and tax records. *Journal for Labour Market Research*, *46*(1), 19–34. https://doi.org/10.1007/s12651-012-0113-y

7.1.7. Survey of Health, Ageing and Retirement – SHARE

Der Survey of Health, Ageing and Retirement in Europe (SHARE) hat die Erforschung von gesundheitlichen, sozialen und ökonomischen Aspekten des demografischen Wandels in Europa zum Ziel. SHARE soll untersuchen, wie verschiedene kulturelle Einflüsse, Lebensbedingungen und politische Rahmenbedingungen direkt vor und nach der Pensionierung auf die Lebensqualität der Europäer*innen wirken.

Ziel	Datengenese über individuelle und gesellschaftliche Alterungsprozesse
Design	Länderübergreifende Panelstudie (bisher 8 Wellen)
Grundgesamtheit	Personen im Alter von 50 Jahren und mehr, deren ordentlicher Wohnsitz in einem der an der Umfrage teilnehmenden Länder liegt
Stichprobe	Flexibles Design mit Ziel einer Zufallsstichprobe
Erhebungstechnik	Hauptsächlich persönliche Befragung mittels CAPI und zusätzlich (teilweise) PAPI
Erhebungszeitraum	Oktober 2019 bis August 2020 (Welle 8)
Themenschwerpunkte	
Gesundheit	Physische Gesundheit (Selbsteinschätzung, Gewicht, ADL, IADL), mentale Gesundheit (EURO-D), kognitive Fähigkeiten (Selbsteinschätzung, Testungen)
Gesundheitsverhalten und Gesundheitsvorsorge	Rauch- und Trinkverhalten, Ernährung und physische Aktivität, Arztbesuche, Ausgaben für Gesundheit oder Aufenthalte in Spitälern
Erwerb und Pension	Erwerbsstatus, Einkommen, Arbeitsqualität
Kinder	Anzahl und demographische Indikatoren
Soziale Unterstützung	Hilfe in der Pflege bzw. finanzielle Unterstützung
Wohnen	Rechtsgrund für die Wohnungsbenützung, Anzahl der Wohnräume, Ausstattung
Einkommen, Konsum, Vermögen	Einkommensquellen aller Haushaltsmitglieder, Ausgaben für Nahrung bzw. teilweise für Leistungen im Haushalt, Bank- und Aktienvermögen, etc.
Aktivitäten und Erwartungen	Freiwilligenarbeit, Lebensqualität, zukünftige Erwartungen

In den bisherigen Wellen des SHARE wurden umfassende Informationen zu verschiedenen Lebensbereichen gesammelt: Unter anderem werden die psychische und körperliche Befindlichkeit, beispielsweise in Form von Fragen zur subjektiven Einschätzung des eigenen Gesundheitszustandes, zu körperlichen Funktionen, der Lebenszufriedenheit oder dem Wohlbefinden erhoben. Daneben werden sogenannte Biomarker wie etwa die Greifkraft oder der BMI gemessen. Neben gesundheitlichen werden auch sozioökonomische Aspekte wie der Erwerbsstatus, mögliche Einkommensquellen, Wohnen, Konsum, Bildung und Wohlstand erfasst. Diese Informationen dienen auch der Bestimmung des Deprivationsrisikos. Zudem wird das Ausmaß der sozialen Unterstützung unter anderem in Form der persönlichen Hilfe und der finanziellen Zuwendungen innerhalb bzw. außerhalb der Familie bestimmt oder die sozialen Netzwerke erhoben (Malter & Börsch-Supan, 2015).

Aufgrund der Schwerpunktsetzung auf das Thema *Altern*, welches sowohl auf individueller als auch auf gesellschaftlicher Ebene keinen Zustand, sondern einen Prozess darstellt, der im Zeitverlauf betrachtet werden muss, wurde der SHARE als Längsschnittstudie konzipiert. Das vorrangige Ziel ist es, dieselben Personen in regelmäßigen Abständen zu interviewen (Börsch-Supan et al., 2008). Bisher wurden die Daten aus sieben der acht erhobenen Wellen (2004/05, 2006/07, 2008/09, 2010/11, 2013, 2015, 2017 und 2019/2020) veröffentlicht und in Summe mehr als 380.000 Interviews geführt. Da SHARE mit der *English Longitudinal Study of Ageing* (ELSA, Großbritannien) und der *Health and Retirement Study* (HRS, USA) kompatibel sein soll, sind viele Themengebiete in ihrer Erhebung mit diesen Surveys harmonisiert.

Zur Zielpopulation gehören alle Personen, die im jeweiligen Jahr der Erhebung 50 Jahre oder älter (geworden) sind, ihren Hauptwohnsitz in dem Land der Erhebung haben und die dortige Landessprache sprechen. Da sich viele Fragen auf die Haushaltsebene beziehen, sind auch deren Partner*innen (unabhängig vom jeweiligen Alter) Teil der Zielpopulation. Ausgeschlossen werden jene Personen, die sich zum Zeitpunkt der Erhebung im Ausland oder in einer Institution (Gefängnis, Krankenhaus, Alters- oder Pflegeheim) befinden. Die konkrete Art und Weise der Stichprobenziehung im SHARE divergiert sowohl zwischen den Erhebungswellen als auch zwischen den verschiedenen Ländern und ist bei einer Verwendung der Daten genau zu prüfen. Die damit verbundene Flexibilität ermöglicht es zwar, das Stichprobendesign an die in einem Land zu einem gegebenen Zeitpunkt vorhandenen Stichprobenpläne bestmöglich anzupassen, um damit dem Ziel einer Zufallsstichprobe so nahe wie möglich zu kommen (Malter & Börsch-Supan 2015, 76ff.), die Qualität der Daten schwankt allerdings zwischen den Ländern.

Zusammenfassend bietet SHARE eine Fülle an Informationen bei verhältnismäßig hohem Komplexitätsgrad unter anderem aufgrund des Paneldesigns. Zu SHARE wird daher auf der eigenen Webseite eine umfangreiche Dokumentation angeboten; zudem gibt es mit dem sogenannten easySHARE für Studierende und weniger erfahrenen Forscher*innen einen vereinfachten Datensatz. Die Daten können nach einer Registrierung von der Webseite kostenlos bezogen werden.

Ein Beispiel für die Verwendung des SHARE in der Wissenschaft:

Angrisani et al. (2020). The gender gap in education and late-life cognition: Evidence from multiple countries and birth cohorts. *The Journal of the Economics of Ageing*, *16*, 100232. https://doi.org/10.1016/j.jeoa.2019.100232

7.1.8. European Union Statistics on Income and Living Conditions – EU-SILC

Die EU-SILC Erhebung bzw. „Community Statistics on Income and Living Conditions" lässt sich als ein zentrales Element der europäischen Sozialstatistik bezeichnen und liefert harmonisierte Informationen über die Lebensbedingungen der europäischen Bevölkerung (Bauer & Lamei, 2005).

Ziel	Beschäftigungssituation, Einkommen der Haushaltsmitglieder, die Ausstattung der Haushalte, die Wohnsituation einschließlich der Ausgaben für das Wohnen, Bildung, Gesundheit und Zufriedenheit
Design	Integrierte Quer- und Längsschnitterhebung (bzw. rotierende Panelerhebung)
Grundgesamtheit	Wohnbevölkerung in Privathaushalten in Österreich
Stichprobe	Einstufige, stratifizierte Wahrscheinlichkeitsstichprobe mit disproportionaler Allokation (aktuelles Verfahren)
Erhebungstechnik	CAPI bzw. CATI unter Einbeziehung von Verwaltungsdaten
Erhebungszeitraum	jährlich
Themenschwerpunkte	
Wohnungsmerkmale	Gebäude, Ausstattung der Wohnung, Rechtsverhältnis, Wohnprobleme
Wohnkosten	Energiekosten, Wohnkosten, Kreditrückzahlungen, Wohnkostenbelastung, Zahlungsrückstände
Lebensstandard	Finanzielle Kapazitäten des Haushalts
Haushaltseinkommen	Gesamtes Haushaltseinkommen, Auskommen mit Haushaltseinkommen, Sozialleistungen von Land oder Gemeinde, Unterhaltszahlungen
Einkommensquellen	Einkommen aus selbständiger Erwerbstätigkeit, Zahlung von Einkommenssteuer/Sozialversicherung, Einzahlung in private Pensionsvorsorge, Bezug einer Privatpension, Leistungen von privaten Kranken- oder Unfallversicherungen, bezogene und geleistete Privattransfers, geleistete Unterhaltszahlungen, Wertanlagen
Ad-hoc-Module	2016 – Zugang zu Dienstleistungen 2017 – Gesundheit und Gesundheit von Kindern 2018 – Materielle Deprivation, Wohlbefinden und Wohnungsnot 2019 – Intergenerationale Weitergabe von Benachteiligung 2020 – Überschuldung, Konsum und Vermögen

Eine Besonderheit ist der rechtlich bürokratische Charakter, so wird SILC auf Basis von EU-Verordnungen und einer nationalen Verordnung (im Kontext von Österreich) durchgeführt: Basis ist die EU VO (EG) Nr. 1177/2003 und reicht von der Festlegung der Stichprobengröße bis hin zur zeitlichen Veröffentlichung der Ergebnisse bzw. zum Zugang der Daten für wissenschaftliche Zwecke. Die Verordnung Nr. 1980/2003 regelt Definitionen von EU-SILC (bspw. wer als Haushaltsmitglied zu gelten hat), die Verordnung Nr. 1981/2003 bestimmt Aspekte der Feldarbeit und die anzuwendenden Imputationsverfahren, mit deren Hilfe Nonresponsefälle korrigiert werden. Selbst die jährlichen Modulfragen werden in eigenen Verordnungen normiert.

Obwohl SILC unter dem Vorzeichen eines sozialpolitischen Steuerungsmechanismus (Stichwort: offene Methode der Koordinierung; auch OMK) zu sehen ist und die meisten Daten aufgrund definierter Sozialindikatoren erhoben werden (u.a. Eurostat, 1998, 2012), lassen sich die gewonnenen Informationen sehr wohl für sozialwissenschaftliche Arbeiten nutzen. Die Kernfragen von SILC werden darüber hinaus meist nur gering angepasst. Das Erhebungsinstrument wird vorwiegend, anders als in vielen anderen Erhebungen, nicht über den Input, sondern zum Großteil über den Output harmonisiert. D.h. Eurostat gibt die zu erhebenden Variablen und deren Operationalisierung vor, ohne jedoch die Frage (Item im Fragebogen) zu bestimmen, die zu diesem Output führt. Einige Variablen sind aber auch hinsichtlich ihrer Fragestellung harmonisiert (Inputharmonisierung).

Erstbefragungshaushalte werden grundsätzlich mittels CAPI befragt, Folgebefragungshaushalte entweder mit CAPI oder mit CATI. Bspw. wurden im Jahr 2016 von den 6.000 Haushaltsinterviews 3.200 Interviews mit CAPI (53%) und 2.800 Interviews mit CATI durchgeführt (47%). Das Design wird bei SILC als integrierte Quer- und Längsschnitterhebung bezeichnet: Ingesamt werden pro Erhebungsjahr vier Rotationsgruppen befragt, wobei jede Rotationsgruppe vier Jahre im Panel verbleibt. Jedes Jahr wird eine neue Rotationsgruppe mittels Erstbefragung hinzugefügt, während die älteste Rotationsgruppe aus dem Panel fällt.

Die Grundgesamtheit des „EU-SILC besteht aus allen Privathaushalten und ihren Mitgliedern, die zum Zeitpunkt der Datenerhebung im Hoheitsgebiet des betreffenden Mitgliedstaats ansässig sind" (Nr. 1177/2003 – Artikel 7, Absatz 1). Eingeschlossen sind damit alle Personen, die an Adressen von Privathaushalten leben, in denen mindestens eine Person laut Zentralem Melderegister (ZMR) ihren Hauptwohnsitz hat und mindestens 16 Jahre alt ist. Erhebungseinheit sind private Haushalte, gefasst als wirtschaftliche Einheiten; „befragt werden alle Personen eines für die Erhebung ausgewählten Haushalts" (Statistik Austria, 2017, S. 11). Ausgenommen sind wiederum Personen in Anstaltshaushalten bzw. Gemeinschaftsunterkünften und Personen ohne festen Wohnsitz. Die effektive Stichprobengröße für Österreich ist per Verordnung 1177/2003 auf 4.500 Haushalte normiert, liegt tatsächlich aber bei 6.000 Haushalten.

Ein Beispiel für die Verwendung des SILC in der Wissenschaft:

Tøge & Blekesaune (2015). Unemployment transitions and self-rated health in Europe: A longitudinal analysis of EU-SILC from 2008 to 2011. *Social Science & Medicine, 143*, 171–178. https://doi.org/10.1016/j.socscimed.2015.08.0406

7.2. Weitere Zugriffspunkte

Wie wir gesehen haben wächst die Zahl von Daten zu sozialwissenschaftlichen Themenbereichen stetig und zugleich die Orte ihrer Beschaffung (*data repositories*). So erfreulich dieser Zustand an sich sein mag, so schnell kann die aktuelle Situation überfordern. Kritisch ist anzumerken, dass Daten im Sinne eines OpenAccess Gedankens zwar rasch und für (fast) alle verfügbar gemacht werden, diese jedoch bezogen auf die Datenqualität nur teilweise einer Kontrolle unterliegen bzw. unter wissenschaftlichen Kriterien entstanden sind, ebenso fehlen Dokumentationen zur Handhabung und zur Beurteilung ihrer Qualität. *Ready-to-Use-Daten* gibt es in der Wissenschaft nicht, immer – egal, woher die Daten stammen – ist deren Ursprung, Entstehungsgeschichte und -bedingungen und damit letztlich deren inhaltliche Bedeutung zu prüfen. Missinterpretationen und damit (noch weitgehend harmlose) Peinlichkeiten in der Wissenschaft bis hin zur Unterfütterung von Verschwörungstheorien und falschen Entscheidungsgrundlagen für die Politik fußen nicht selten auf einem fehlenden bzw. inkorrekten Datenverständnis. Auch wenn mit Sekundärdaten gearbeitet wird, so liegt die Verantwortung, die Daten bestmöglich zu prüfen und im Falle von Unstimmigkeiten nicht zu verwenden, bei den Nutzer*innen selbst. Vertrauenswürdige Quellen können diesen Prozess der Überprüfung unterstützen, von dieser Verpflichtung aber nicht entbinden.

Für die nachfolgende Zusammenstellung ergibt sich damit ein Problem. Einerseits lässt sich eine vollständige Liste aller Zugriffspunkte nicht mehr erstellen, weil laufend neue Plattformen entstehen. An dieser Stelle möchten wir die *Social Sciences & Humanities Open Cloud (SSHOC)* erwähnen. Dieses Projekt zielt darauf ab, eine offene Plattform zu schaffen, auf der Daten, Werkzeuge und Schulungen für Nutzer*innen sozial- und geisteswissenschaftlicher Daten verfügbar und zugänglich sein werden. Die derzeit zerstückelte sozial- und geisteswissenschaftliche Datenlandschaft mit ihren separaten Einrichtungen soll in ein integriertes, cloudbasiertes Netzwerk miteinander verbundener Dateninfrastrukturen gewandelt werden. Dies mag die Problematik der Dezentralität womöglich ein Stück weit lösen. Erwähnt seien zudem andere wichtige Zugriffpunkte wie etwa über Eurostat, OECD, WHO, Weltbank usw.

Auf der anderen Seite stellt sich die Frage, ob *Open-Data-Plattformen*, die weniger in einem sozialwissenschaftlichen Kontext entstandene Daten bereitstellen, wenngleich diese für sozialwissenschaftliche Analysen relevant sein mögen, hier erwähnt werden sollen. Da es sich in diesem Bereich um eine wachsende Ressource handelt, werden im nachfolgenden drei Plattformen erwähnt, aber nochmals mit dem Hinweis, dass eine besondere Sorgfaltspflicht bei den Nutzer*innen der Daten liegt. Auf der Metaebene ist das *European Data Portal* zu erwähnen, welches Informationen über Daten des öffentlichen Sektors bereitstellt, die auf öffentlichen Datenportalen in europäischen Ländern zur Verfügung stehen. Zudem *Data.gv.at*, ein zentraler Katalog über Metadaten der dezentralen Datenkataloge der Verwaltung in Österreich, und das *OpenDataPortal,* auf welchem sich Daten aus den Bereichen Wirtschaft, Kultur, NGO/NPO, Forschung und Zivilgesellschaft aus Österreich finden.

Von besonderer Relevanz (und Qualität) für den Bezug von sozialwissenschaftlichen Daten sind **GESIS** und **UK Data Archive**, die einen großen Teil der wichtigsten sozialwissenschaftlichen Datensätze (von EQLS, ALLBUS, usw.) listen und auch zum Download bereitstellen (in beiden finden sich auch Daten von Befragungen aus Österreich). **AUSSDA** wird in Zukunft als zentrale Plattform der sozialwissenschaftlichen Community in Österreich dienen, befindet sich aktuell in einer frühen Phase. Zudem ist ein Blick auf die **CESSDA** sinnvoll, dem Consortium of European Social Science Data Archives, wo viele weitere anerkannte Archive genannt sind. Die Nutzung von Datenrepositorien ist zwar häufig kostenlos, jedoch an spezifische Regeln gebunden, die sich von Anbieter*in zu Anbieter*in unterscheiden.

GESIS - Leibniz-Institut für Sozialwissenschaften

GESIS - Leibniz-Institut für Sozialwissenschaften ist die größte deutsche Infrastruktureinrichtung für die Sozialwissenschaften. Die Abteilung *Datenarchiv für Sozialwissenschaften* ist die zentrale Infrastruktureinrichtung zur Registrierung, Dokumentation und Archivierung von quantitativen Forschungsdaten. GESIS stellt aktuell etwa 6.500 Datensätze bereit, darunter auch den *Eurobarometer* oder *EVS*. **www.gesis.org**

AUSSDA – The Austrian Social Science Data Archive

AUSSDA ist eine relativ junge Dateninfrastruktur für die sozialwissenschaftliche Community in Österreich. Der Datenkatalog wird aktuell beständig ausgebaut, teils werden Daten der Statistik Austria bereitgestellt bzw. finden sich aktuelle Daten des *Austrian Corona Panel* oder des *SSÖ (Sozialer Survey Österreich)* auf der Plattform. **www.aussda.at**

UK Data Archive

Das UK Data Archive ist eine Infrastruktureinrichtung für den Erwerb, die Kuratierung und den Zugang zu sozial- und geisteswissenschaftlichen Daten. Die Daten sind thematisch breit gefächert, zumindest aktuell werden noch alle Daten von Eurofound (unter anderem der EQLS oder der EWCS) dort gelagert. **www.data-archive.ac.uk**

CESSDA – Consortium of European Social Science Data Archives

CESSDA soll sozialwissenschaftliche Datenarchive aus ganz Europa zusammenbringen, mit dem Ziel, die Ergebnisse sozialwissenschaftlicher Forschung zu fördern sowie nationale und internationale Forschung und Zusammenarbeit zu unterstützen. **www.cessda.eu**

Und trotzdem: keines der vorgestellten Archive beinhaltet eine vollständige Liste aller Datensätze. Eine Recherche in mehreren Archiven, den Webseiten einzelner großer Surveys, Statistikämtern der Länder und wichtiger Institutionen wie OECD und Eurostat ist derzeit noch unerlässlich und notwendig.

8. Auswertungsverfahren

In diesem Kapitel werden einige grundlegende statistische Auswertungsmethoden im Überblick dargestellt, wobei der Schwerpunkt auf der Logik und der Anwendung der Verfahren liegt. Dezidiert nicht behandelt werden die Grundlagen der Statistik sowie Statistik-Programme, dazu möchten wir auf einschlägige Lehrbücher und Online-Tools verweisen.

8.1. Datenübertragung und Datenaufbereitung

Bevor mit den erhobenen Daten Auswertungen durchgeführt werden können, ist es notwendig, die Daten in eine für eine Auswertung geeignete Form zu bringen und für die Analyse aufzubereiten. Dieser Schritt ist sehr wichtig und Fehler haben weitreichende Konsequenzen, da sie sich unmittelbar auf die Ergebnisse der statistischen Analyse auswirken.

Bei Online- oder Telefonbefragungen erfolgt die Übertragung der Daten in ein Datenfile in der Regel automatisiert während der Datenerhebung, sodass die Rohdaten bereits mit Abschluss der Feldarbeit zur Verfügung stehen. Die mittels PAPI erhobenen Daten müssen hingegen entweder manuell oder maschinell (z.B. durch Einlesen der Fragebögen mittels Scanner) in ein entsprechendes Datenformat gebracht werden. Für die Erstellung eines fertigen Datenfiles sind folgende vorbereitende Schritte erforderlich:[52]

- Erstellung eines Codeplans;
- Fehlerkontrolle und Fehlerbereinigung;
- Behandlung fehlender Werte („missing values");
- Umformung und Umcodierung von Variablen.

Im ersten Schritt wird ein **Codeplan** erstellt. Ein Codeplan ist eine Auflistung aller verwendeten Variablen und enthält alle relevanten Informationen darüber, welche inhaltlichen Bedeutungen die numerischen Codes besitzen. Empfehlenswert sind auch eine fortlaufende Nummerierung und eine kurze Benennung aller Variablen (Variablenname). Tabelle 7 enthält ein Beispiel für einen derartigen Codeplan. Der Codeplan hat zwei grundlegende Zwecke: Zum einen erleichtert er die *Kontrolle* von falschen Werten im Datensatz. Wenn daher in Tabelle 7 etwa bei der Variablen V2 im Datensatz bei einem Befragten der Wert „6" auftauchen würde, handelt es sich um einen Fehler der Datenübertragung, der nach einem Blick in den entsprechenden Fragebogen zu bereinigen ist. Zum anderen stellen die numerischen Codes eben jene Werte dar, mit denen die statistischen Berechnungen durchgeführt werden. Eine korrekte Datenübertragung ist daher die Voraussetzung für korrekte statistische Analysen.

---

[52] Im Zuge der Datenaufbereitung sind auch der Stellenwert und die Behandlung offener Fragen zu klären. Da die quantitative Sozialforschung vorrangig mit standardisierten Mess- und Erhebungsinstrumenten arbeitet, wird darauf in dieser Einführung nicht eingegangen.

Tabelle 7 – Auszug aus einem Codeplan

Nummerierung	Variablenname	Ausprägungen (Codes)	Erläuterung
V1	geschl	1 = männlich 2 = weiblich 9 = keine Angabe (Missing values)	Geschlecht Befragungsperson
V2	educ	1 = ohne Pflichtschulabschluss 2 = Pflichtschule 3 = Lehrabschluss oder Abschluss einer Berufsbildenden Mittleren Schule (BMS) 4 = AHS oder BHS (mit Matura) 5 = Akademie, (Fach-)Hochschule & höher 98 = weiß nicht 99 = keine Angabe (Missing values)	Höchste abgeschlossene Ausbildung

Im zweiten Schritt ist eine **Fehlerkontrolle** und **Fehlerbereinigung** durchzuführen. Dabei müssen mehrere Möglichkeiten überprüft werden:

- Tauchen im Datensatz Codes auf, die nicht im Codeplan definiert sind (*Wild Codes*), wird zunächst ein Abgleich in den Erhebungsunterlagen und eine Korrektur vorgenommen. Ist eine Korrektur unmöglich, sind diese Werte als **missing values** zu codieren.
- Tauchen unplausible Werte auf (Person ist 15 Jahre alt und verheiratet), ist zunächst das Zustandekommen dieses Werts zu überprüfen. Möglicherweise geht aus dem entsprechenden Fragebogen eindeutig hervor, dass die Person nicht 15, sondern 51 Jahre alt ist. In diesem Fall ist der Wert zu korrigieren und kann so im Datensatz verbleiben.
- Auch die Konsistenz von Antworten muss geprüft werden. So werden 15-jährige AHS-Schüler*innen keine Angaben zur zuletzt gewählten Partei machen können. Inkonsistente Werte müssen aus dem Datensatz entfernt werden, sofern die richtigen Werte nicht im Zuge der Überprüfung ermittelt werden können.

Derartige Schwierigkeiten treten in Online- und Telefonbefragungen so gut wie nicht auf, weil mit den entsprechenden Softwaresystemen Vorkehrungen für eine korrekte Beantwortung und damit Codierung getroffen werden (z.B. durch automatische Blockierung der nächsten Frage bei unvollständiger oder unkorrekter Beantwortung einer Frage oder durch Instruktionen für die Befragten in Form eines Pop-up-Fensters).

Bei **fehlenden Werten** und „Weiß nicht"-Antworten wird in der Regel folgendermaßen vorgegangen. Als Konvention werden in der quantitativen Sozialforschung für *„Weiß nicht"*-Antworten der Code *„98"* und für *„keine Angabe"* die Codes *„9"*, *„99"* usw. vergeben. Wesentlich ist dabei, auf die natürlichen Ausprägungen von Variablen zu achten. So wird man beispielsweise bei der Variable „Alter" die Codes „98" nicht für „weiß nicht" und den Code „99" nicht für

„keine Angabe" verwenden, da diese Codes eventuell gültige Werte repräsentieren können (Befragte können tatsächlich 98 oder 99 Jahre alt sein). In diesem Fall behilft man sich mit den nächsthöheren Kategorien (z.B. 998 und 999). Bei Filterfragen im Rahmen von Online- oder Telefonbefragungen ist es üblich, für eine Variable, die im Zuge der Filterführung von den Befragten übersprungen werden kann, den Code „97" zu vergeben (= für „Frage nicht gestellt" oder „Frage nicht anwendbar").

Für Analysen ist es mitunter notwendig, eine **Umformung** und **Umcodierung** vorzunehmen. Dafür bieten die gängigen Statistikprogramme entsprechende Routinen. So könnte z.B. für Auswertungszwecke die V2 in Tabelle 7 durch Zusammenziehung in nur zwei Kategorien („niedrige Bildung" = ohne Pflichtschulabschluss und Pflichtschulabschluss und „höhere Bildung" = alle übrigen Bildungskategorien) zusammengefasst werden.

Ist der Datensatz bereinigt, kann mit den eigentlichen Analysen begonnen werden. Die Auswertungsverfahren der Deskriptiv- und Inferenzstatistik werden nach der Anzahl der berücksichtigten Variablen untergliedert:

- **Univariat**: Verfahren zur Beschreibung der Verteilung einzelner Variablen;
- **Bivariat**: Verfahren zur Analyse des Zusammenhangs bzw. des Unterschieds zwischen zwei Variablen;
- **Multivariat**: Verfahren zur Analyse des Zusammenhangs zwischen drei und mehr Variablen (Modellanalysen).

8.2. Univariate Analysen

Am Beginn jeder Auswertung sollte man sich einen Überblick über die Datenlage verschaffen, indem man auf dem Weg der univariaten Deskription eine möglichst knappe Charakterisierung und zusammenfassende Beschreibung jeder einzelnen Variablen durchführt (Benninghaus, 2014, S. 15). Dieses Vorgehen ist einerseits zu empfehlen, um bei einer Primärerhebung die Daten zur Sicherheit zu überprüfen und andererseits bei Sekundärdaten diese überhaupt einmal näher kennenzulernen. So ist es gut möglich, dass einzelne Antwortkategorien von keinem bzw. keiner Befragten benannt worden sind oder die Daten womöglich besonders schief oder ungewöhnlich verteilt sind.

8.2.1. Lageparameter und Streuungsmaße

Die Lagemaße geben an, wie oft einzelne Ausprägungen einer Variablen absolut bzw. relativ in der untersuchten Stichprobe genannt worden sind und welche Merkmale die Verteilungen der Variablenwerte aufweisen. Die Darstellung und Beschreibung der Häufigkeitsverteilungen können in zweifacher Gestalt erfolgen: (1) auf grafischem Weg in Form von **Tabellen oder Diagrammen** und (2) durch **Maßzahlen**, die die Eigenschaften von Verteilungen aufzeigen bzw. sie charakterisieren (Tabelle 8).

Tabelle 8 – Häufigkeitsverteilung „Höchster Schulabschluss"[53]

		Häufigkeit	Gültige Prozente	Kumulierte Prozente
Gültig	Keine Angabe	0	0,0	0,0
	Kein Schulabschluss	14	1,0	1,0
	Pflichtschule	227	15,1	16,1
	Lehre	466	31,1	47,1
	Berufsbildende Mittlere Schule (BMS)	177	11,8	58,9
	Berufsbildende Höhere Schule (BHS)	129	8,6	67,5
	Allgemeinbildende Höhere Schule (AHS)	210	14,0	81,5
	Akademie, Fachhochschule, Universität	277	18,5	100,0
Fehlend	Filter	0	0.0	
	Keine Angabe	0	0.0	
Gesamt		1.500	100,0	

Für die univariate Analyse werden vor allem Maßzahlen der zentralen Tendenz (Mittelwerte) und Maßzahlen der Dispersion (Streuung) verwendet. Die Mittelwerte geben an, in welchem Bereich das *Schwergewicht* der Häufigkeitsverteilung einer Variablen liegt. Der Mittelwert ist wiederum Voraussetzung für die Berechnung der Streuungsmaße. Die Streuungsmaße zeigen, wie weit die einzelnen Werte einer Variablen von der Mitte der gegebenen Häufigkeitsverteilung abweichen, z.B. wie viele Jahre die Altersangaben von Befragten im Schnitt vom ermittelten Durchschnittsalter aller Befragten abweichen. Je nach Skalenniveau der Daten (Abschnitt 3.2.1) werden unterschiedliche Maßzahlen verwendet (Diekmann, 2018, S. 687):

!	**Skalenniveau**	**Maße zentraler Tendenz**	**Streuungsmaße**
	Nominalskala	Modus (häufigster Wert)	Range
	Ordinalskala	Median (Zentralwert)	Quartilsabstand
	Intervallskala	Arithmetisches Mittel	Standardabweichung, Varianz
	Ratioskala	Geometrisches Mittel	Variationskoeffizient, Gini-Koeffizient

Für die Darstellung des Mittelwerts bei *klassifikatorischen Nominalskalen* (z.B. Berufe, Familienstand) kann kein arithmetischer Mittelwert berechnet werden; es kommt in diesem Fall als Maß der zentralen Tendenz nur der **Modalwert** in Betracht, der angibt, welches Objekt (z.B. welcher Beruf) in der Stichprobe am häufigsten vertreten ist. Anders formuliert: er ist der am häufigsten vorkommende Wert einer Variablen. Der Modus ist nur bei diskreten Variablen

[53] Daten stammen aus dem Datensatz der Weiterbildungsstudie Kerschbaumer et al. (2007).

sinnvoll. Liegt mindestens eine *Ordinalskala* vor, wird für die Darstellung der zentralen Tendenz der **Median** verwendet. Der Median unterteilt eine Häufigkeitsverteilung in zwei gleich große Hälften: 50% der Werte einer Variablen liegen „vor" und 50% „nach" dem Median. Der Median eignet sich auch für die Ermittlung des Mittelwerts bei kleinen Stichproben mit extremen Werteverteilungen. Bei einer *Intervallskala* wird davon ausgegangen, dass die Abstände zwischen den einzelnen Variablenwerten als gleich groß aufgefasst werden. Hier wird der **arithmetische Mittelwert** als Maßzahl der zentralen Tendenz verwendet. Charakteristisch für den arithmetischen Mittelwert ist, dass jeder Wert einer Verteilung Eingang in seine Berechnung findet. Nachteilig ist aber aus eben diesem Grund, dass Extremwerte bzw. links- oder rechtsschiefe Verteilungen einen verzerrenden Einfluss haben können, weshalb in diesen Fällen der arithmetische Mittelwert die Verteilung nicht sinnvoll repräsentiert. Wenn dies zutrifft, wird normalerweise der Median berechnet.

In der Weiterbildungsstudie (Kerschbaumer et al. 2007) wurde z.B. gefragt, wie viele betreuungspflichtige Kinder im Haushalt der befragten Person leben. Der arithmetische Mittelwert beträgt in diesem Beispiel 0,68 betreuungspflichtige Kinder pro Haushalt.

		Häufigkeit	Prozent	Gültige Prozente	Kumulierte Prozente
Gültig	0	899	60,0	60,0	60,0
	1	280	18,7	18,7	78,7
	2	238	15,9	15,9	94,5
	3	65	4,3	4,3	98,9
	4	15	1,0	1,0	99,9
	5	1	,1	,1	99,9
	6	1	,1	,1	100,0
	Gesamt	1.499	100,0	100,0	

Frage 12: Wie viele betreuungspflichtige Kinder leben in Ihrem Haushalt?

Der aus vorheriger Tabelle hervorgegangene Mittelwert bedeutet also, dass 0,68 betreuungspflichtige Kinder im Haushalt der befragten Person leben. Was zwar einen Hinweis auf eine relativ geringe Anzahl an Kindern liefert, durch einen Blick auf die Antwortverteilungen zeigt sich aber genauer, dass diese Interpretation noch wenig aussagekräftig ist, da mehr als die Hälfte der Befragten überhaupt keine Kinder hat. Allgemein ist es daher immer sinnvoll, Streuungsmaße im Detail zu betrachten.

Genauere Informationen über die *Verteilung* der Variablenwerte liefern die *Maße der Dispersion* bzw. die *Streuungsmaße*. Für die Berechnung der Streuung stehen mehrere Varianten zur Verfügung:

- Der **Range** gibt die Spannweite zwischen maximalem und minimalem Wert wieder. Im obigen Beispiel beträgt die Spannweite 6 - 0 = 6. Eine hohe Spannweite deutet an, dass ein niedriges arithmetisches Mittel kaum aussagekräftig ist, daher wird bei nominalskalierten Daten meist die Verwendung des Modalwerts empfohlen.
- Bei ordinalskalierten Daten kann der **Quartilsabstand** berechnet werden. Dabei werden die Variablenwerte für die untersten 25% (Q_1) und die obersten 25% (Q_3) einer Verteilung ermittelt, also jene Werte, die das untere und obere Viertel einer

Verteilung abschneiden. Der Quartilsabstand (QA) misst die Streuung der Verteilung, indem die Differenz zwischen dem oberen (dritten) und dem unteren (ersten) Quartil berechnet wird: QA = Q3 - Q1. Innerhalb des Quartilsabstands liegen die mittleren 50% der Variablenwerte. Ein Vorteil des Quartilsabstands liegt darin, dass auch offene Antwortkategorien (z.B. Einkommen: 2.500 Euro und mehr) berücksichtigt werden können.

- Die wichtigste Maßzahl für die Streuung metrischer Daten ist die **Standardabweichung *s***. Sie gibt an, wie weit die einzelnen Werte einer Variablen von ihrem eigenen arithmetischen Mittel im Durchschnitt abweichen. Die Ermittlung der Standardabweichung setzt die Berechnung der Varianz s^2 voraus, die definiert ist als Summe der quadrierten Abweichungen der Variablenwerte vom arithmetischen Mittel dividiert durch die Anzahl aller Messwerte. Die Standardabweichung wiederum ist die Wurzel der Varianz.

$$s = \sqrt{\frac{1}{n}\sum_{i=1}^{n}(\bar{x} - x_i)^2}$$

Für die Berechnung der Standardabweichung sollten mindestens 100 Fälle gegeben sein, deren Variablenwerte durch Normalverteilung gekennzeichnet sind. In diesem Fall (Abbildung 27) gibt die Standardabweichung an, dass sich

- **68% der Werte** in einem Intervall plus/minus einer **einfachen Standardabweichung** um den Mittelwert befinden ($\bar{x} + s$).
- **95% der Werte** in einem Intervall plus/minus der **zweifachen Standardabweichung** um den Mittelwert befinden ($\bar{x} + 2s$).
- **99% der Werte** in einem Intervall plus/minus der **dreifachen Standardabweichung** um den Mittelwert befinden ($\bar{x} + 3s$).

Abbildung 27 – Streuungsbereiche in der Normalverteilung

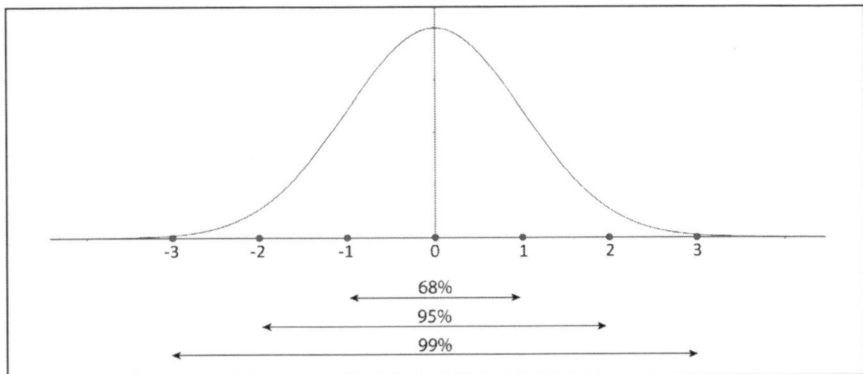

Im obigen Beispiel zur Anzahl der betreuungspflichtigen Kinder im Haushalt beträgt die Standardabweichung $s = 0{,}97$. Das bedeutet, dass die Messwerte (= die erhobenen Antworten) um 0,97 Einheiten von ihrem arithmetischen Mittel abweichen bzw. anders formuliert: Die Messwerte weichen im Durchschnitt um 0,97 betreuungspflichtige Kinder von der durchschnittlichen Anzahl der betreuungspflichtigen Kinder (0,68) ab. Gemäß den Richtwerten der Streuungsbereiche müssen 68% aller Messwerte innerhalb der Standardabweichung liegen.

8.2.2. Normalverteilungstests

Die Normalverteilung ist eine besonders wichtige Anforderung an Daten, weil sie eine Voraussetzung für zahlreiche statistische Verfahren ab dem Niveau von intervallskalierten Daten, im Besonderen für die meisten bivariaten und multivariaten Analysen, darstellt. Die Normalverteilung nimmt die Form der so genannten Gauß'schen Glockenkurve an. Sie ist gekennzeichnet durch eine symmetrische, eingipfelige Verteilung der Variablenwerte, bei der sich die meisten Werte um den Mittelwert gruppieren und die Häufigkeiten nach beiden Seiten gleichmäßig abfallen. Die Verteilungen einer Variablen können in der Realität aber sehr unterschiedliche Formen aufweisen (Abbildung 28).

Abbildung 28 – Verteilungsformen

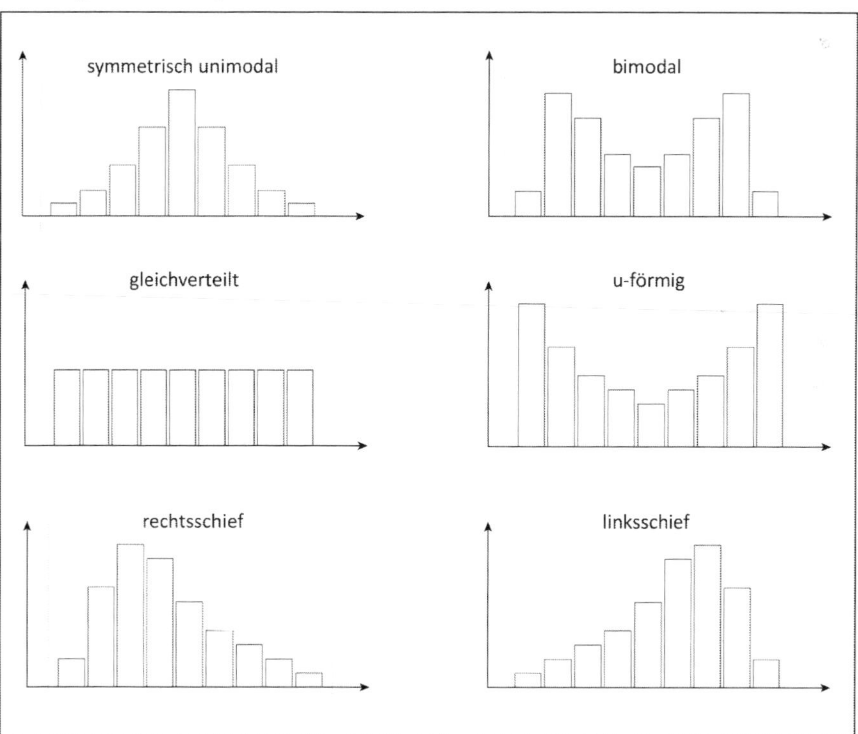

!	In der Realität kommen selten *genau* normalverteilte Daten vor. Deshalb ist eine **Prüfung** mit spezifischen statistischen Verfahren erforderlich, um festzustellen, ob die Variablenwerte **annähernd** und **hinreichend** normalverteilt sind.

Ob eine Normalverteilung der Daten vorliegt, lässt sich in einem ersten Schritt mithilfe des Histogramms veranschaulichen. Ist eine Prüfung auf Normalverteilung mittels Histogrammen nicht möglich bzw. nicht ausreichend, kann man auf zwei Verfahren zugreifen, den **Chi²-** und den **Kolmogorov-Smirnov-Anpassungstest**.

Mit dem **Chi²-Anpassungstest *auf Normalverteilung*** (χ^2-Test) wird geprüft, ob die beobachtete Verteilung der Variablenwerte der erwarteten Verteilung entspricht. Voraussetzungen für die Verwendung des Chi-Test auf Normalverteilung sind: (1) kategoriale Daten (nominal oder ordinal) in gruppierter Form; (2) 80% der erwarteten Häufigkeiten in den Zellen sind größer oder gleich 5; (3) alle erwarteten Häufigkeiten sind größer als 1. Dem χ^2-Test auf Normalverteilung liegen zwei Hypothesen zugrunde:

H_0: Die Werte (Häufigkeiten) sind normalverteilt.

H_1: Die Werte sind nicht normalverteilt.

Die maßgeblichen Kennziffern des Chi²-Tests auf Normalverteilung sind der beobachtete und der kritische χ^2-Wert, die Freiheitsgrade df und der p-Wert für das Signifikanzniveau:

- Die **Kennziffer χ^2** ist ein Maß für die Übereinstimmung zwischen der beobachteten Verteilung und der erwarteten Verteilung. Wenn beide vollständig übereinstimmen, wird $\chi^2 = 0$. Je mehr sich die beiden Verteilungen unterscheiden, desto größer wird χ^2 und desto eher wird die Nullhypothese abgelehnt.
- Die **Freiheitsgrade** (*degrees of freedom*) errechnen sich aus der Anzahl der Merkmalsausprägungen der Variablen k, abzüglich der Anzahl der Parameter m (bei Normalverteilungstests sind dies der Mittelwert μ und die Varianz s^2) minus 1; somit df = k-m-1.
- Das **Signifikanzniveau α** ist jene Maßzahl, die als Entscheidungsgrenze angibt, wie groß die Wahrscheinlichkeit sein darf, mit der die Nullhypothese fälschlicherweise verworfen werden kann, daher wird **α** auch als *Irrtumswahrscheinlichkeit* bezeichnet. Beim χ^2-Anpassungstest wird üblicherweise ein $\alpha = 0{,}05$ angenommen.

Der χ^2-Anpassungstest kann vor allem für große Stichproben verwendet werden. Je größer der Stichprobenumfang und je kleiner das Signifikanzniveau α, desto aussagekräftiger ist der Test. Es gilt:

- beobachteter χ^2-Wert **>** kritischer χ^2-Wert = H_0 wird verworfen – die Daten sind **nicht normalverteilt**
- beobachteter χ^2-Wert **<** kritischer χ^2-Wert = H_0 wird beibehalten – die Daten sind **normalverteilt**

Der χ^2-Anpassungstest lässt sich auf Basis eines fiktiven Beispiels einfach durchspielen: Ausgangspunkt ist eine Variable mit 16 Variablenwerten; diese wurden in sieben Klassen gruppiert, somit k=7; es sind zwei Parameter: μ und s^2, somit m=2; daher df = 7-2-1 = 4. Aus der χ^2-Verteilung, die in Statistik-Lehrbüchern zu finden ist, wird bei df = 4 für das empfohlene Signifikanzniveau von $\alpha < 0{,}05$ der kritische χ^2-Wert ermittelt. In unserem Fall ist dieser: $\chi^2 = 9{,}49$. Im nächsten Schritt wird der beobachtete χ^2-Wert berechnet. In unserem fiktiven Beispiel beträgt der beobachtete χ^2-Wert: 4269,252. Da der beobachtete χ^2-Wert größer als der kritische χ^2-Wert ist, wird H_0 verworfen und es gilt: Die Daten sind nicht normalverteilt.

> **!** Als Interpretationsregel beim Chi²-Test auf Normalverteilung gilt: Um H_0 (Daten sind normalverteilt) beibehalten zu können, muss der beobachtete χ^2-Wert kleiner sein als der kritische χ^2-Wert.

Der χ^2-Anpassungstest hat den Nachteil, dass bei stetigen Variablen eine Gruppierung der Werte erforderlich ist. Die Klassenbildung kann die Teststatistik und somit das Testergebnis beeinflussen, ein Problem, das sich besonders bei kleinen Stichproben auswirkt.

Daher wird für die Prüfung der Normalverteilung auch der gegenüber der Stichprobengröße robustere **Kolmogorov-Smirnov-Test** (K-S-Test) verwendet. Er beruht ebenfalls auf dem Konzept der erwartbaren Häufigkeiten. Für den K-S-Test gilt als Null - bzw. Alternativhypothese:

H_0: Die Daten sind normalverteilt.

H_1: Die Daten sind nicht normalverteilt.

Die entscheidenden Kennziffern für den K-S-Test sind das **Signifikanzniveau α** und die **Irrtumswahrscheinlichkeit *p***. Die eigentlich relevante Testgröße beim K-S-Test ist der *p*-Wert. Für die Prüfung der Hypothesen gilt:

- $p > 0{,}05$: Die Nullhypothese wird beibehalten – die Daten sind **normalverteilt**
- $p \leq 0{,}05$: Die Nullhypothese wird verworfen – die Daten sind nicht normalverteilt.

Wenn der aus der Teststatistik berechnete *p-Wert* größer 0,05 ist, dann wird die Nullhypothese beibehalten und Normalverteilung liegt vor. Im Unterschied zu den übrigen Signifikanztests (z.B. t-Test) wird beim K-S-Test die Signifikanz aber (**Achtung!**) im umgekehrten Sinn interpretiert: Dies bedeutet, dass wir hier auf einen nicht signifikanten Wert ($p > 0{,}05$) „hoffen". Im Gegensatz „hoffen" wir bei einem t-Test, der Gruppenunterschiede prüft, auf ein signifikantes Ergebnis ($p < 0{,}05$).

Nehmen wir aus der Weiterbildungsstudie das Beispiel der wöchentlichen Arbeitszeit der Befragten. Einen ersten Eindruck, ob die Daten normalverteilt sind, bietet ein einfaches Histogramm. Es zeigt sich recht eindeutig, dass die beobachtete Verteilung von der Normalverteilungskurve abweicht (Abbildung 29).

Abbildung 29 – Histogramm mit Beispieldaten

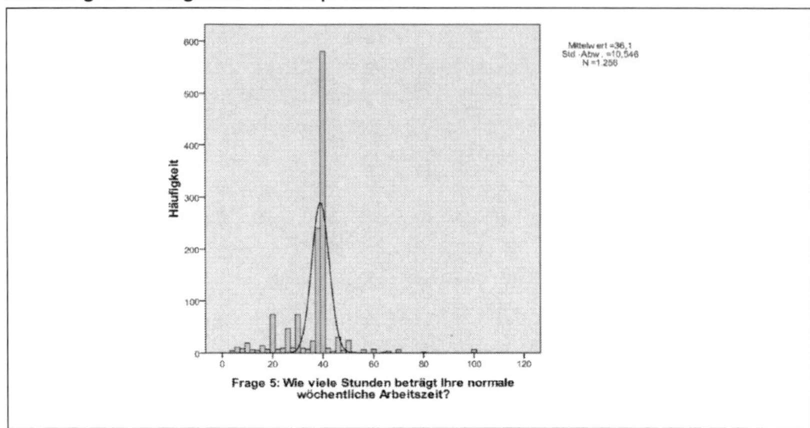

Der mit dem Statistikprogramm SPSS durchgeführte K-S-Test ergibt folgenden Output:

		Frage 5: Wie viele Stunden beträgt Ihre normale wöchentliche Arbeitszeit?
N		1256
Parameter der Normalverteilung [a,,b]	Mittelwert	36,10
	Standardabweichung	10,546
Extremste Differenzen	Absolut	,301
	Positiv	,275
	Negativ	-,301
Kolmogorov-Smirnov-Z		10,656
Asymptotische Signifikanz (2-seitig)		,000
a. Die zu testende Verteilung ist eine Normalverteilung. b. Aus den Daten berechnet.		

Auch der K-S-Anpassungstest zeigt mit einem p = 0,000, dass die Signifikanz deutlich unter dem für eine Normalverteilungsannahme geforderten Niveau von $p > 0{,}05$ liegt. Dies bedeutet, die Werte der Variablen „wöchentliche Arbeitszeit" sind nicht normalverteilt.

Der K-S-Test weist gegenüber dem χ^2-Anpassungstest einige Vorteile auf: Er unterliegt bezüglich dem Stichprobenumfang keinerlei Einschränkungen, erfordert keine Klassifizierungen, ist anschaulich und in der Anwendung einfach. Als Nachteil sollte beachtet werden, dass der Test manchmal wenig trennscharf ist. Bei manchen Stichproben werden mit dem K-S-Test Nullhypothesen akzeptiert, die nach dem χ^2-Anpassungstest abgelehnt werden müssten.

8.3. Bivariate Analysen

Bivariate Verfahren zielen auf die Analyse des Zusammenhangs zwischen zwei Variablen. Auch wenn häufig komplexere Modelle angestrebt werden, um bspw. durch Drittvariablenkontrollen ein tieferes Verständnis von Zusammenhängen zu erhalten, so können manche

Fragestellungen bereits gut mit bivariaten Verfahren beantwortet werden bzw. sind bivariate Verfahren ein wichtiger Schritt, bevor mit multivarianten Verfahren genauere Analysen durchgeführt werden. Auf Basis der bivariaten Verfahren sollen im Folgenden zwei wichtige Aspekte vorgestellt werden: Einerseits die Hypothesenprüfung mit **Signifikanztests,** wodurch geprüft wird, ob mit hoher Wahrscheinlichkeit von einem Zusammenhang in der Grundgesamtheit ausgegangen werden kann und andererseits **Zusammenhangsmaße**, die über Stärke und Richtung der Zusammenhänge Auskunft geben. Beide Aspekte sind nicht der bivariaten Analyse vorbehalten, kommen also auch bei multivariaten Verfahren zur Anwendung, deren Logik lässt sich bei bivariaten Verfahren aber leichter begreifen.

8.3.1. Hypothesenprüfung mit Signifikanztests

Wenn in den Sozial- und Wirtschaftswissenschaften geprüft wird, ob eine Hypothese zutrifft oder nicht, interessieren wir uns nicht nur dafür, ob ein Ergebnis für die spezielle Stichprobe zutrifft, sondern auch, ob diese stichprobenbezogenen Ergebnisse auf alle Elemente der Grundgesamtheit übertragen, also verallgemeinert werden können. Die Verallgemeinerung von Ergebnissen einer Stichprobe auf die Grundgesamtheit setzt voraus, dass man ein zufälliges Zustandekommen des Ergebnisses, z.B. aufgrund gewisser „Unschärfen" der Stichprobenziehung selbst, ausschließen kann. Allerdings kann das nie mit absoluter Sicherheit erwiesen werden. Vielmehr versucht man in der Wissenschaft, die Wahrscheinlichkeit des Irrtums so weit wie möglich zu minimieren. Anders formuliert: Wir möchten die Wahrscheinlichkeit minimieren, dass wir uns bei der Aussage, die Ergebnisse der Stichprobe sind auf die Grundgesamtheit verallgemeinerbar, irren.

Zu diesem Zweck werden **Signifikanztests** mit Stichprobendaten durchgeführt. Die Signifikanz drückt aus, ob ein hypothetisch vermuteter Zusammenhang zwischen zwei Variablen zufällig ist oder ob man mit hoher Wahrscheinlichkeit davon ausgehen kann, dass ein Zusammenhang oder ein Unterschied in der Grundgesamtheit sehr wahrscheinlich vorliegt. Zu diesem Zweck legt man der Hypothesenprüfung immer eine Unterscheidung zwischen einer statistischen Nullhypothese und einer Alternativhypothese zugrunde:

> **Nullhypothese H_0**: Der Zusammenhang ist zufällig (es besteht *kein Zusammenhang*)
> **Alternativhypothese H_1**: Der Zusammenhang ist nicht zufällig (es besteht *ein Zusammenhang*)

Das Ergebnis eines Signifikanztests hilft uns bei der Entscheidung, entweder die Nullhypothese oder die Alternativhypothese anzunehmen. Der Signifikanztest gibt anhand des *p*-Werts die Wahrscheinlichkeit an, ob die beobachteten Daten für oder gegen die Nullhypothese sprechen. Ist der *p*-Wert klein, geht man davon aus, dass die Nullhypothese nicht zutrifft; in diesem Fall wird die Alternativhypothese angenommen. Ist der *p*-Wert groß, wird davon ausgegangen, dass die Nullhypothese zutrifft.

In den Sozial- und Wirtschaftswissenschaften werden im Sinne von Konventionen Signifikanzniveaus von 0,05, 0,01 und 0,001 oder anders formuliert Irrtumswahrscheinlichkeiten von 5%, 1% oder 0,1% verwendet. Welches Signifikanzniveau vorab festgelegt wird, ist eine inhaltliche Frage und eine Frage, wie viel statistische Sicherheit benötigt wird. Für viele Berechnungen wird standardmäßig ein Signifikanzniveau von 0,05 festgelegt. Das bedeutet, dass man einen Zusammenhang als signifikant akzeptiert, der nur in 5 Prozent aller Stichprobenziehungen, also bei jeder 20ten Stichprobe rein zufällig auftreten würde, wenn der vermutete Zusammenhang in der Grundgesamtheit tatsächlich nicht besteht.

Irrtumswahrscheinlichkeit	Bedeutung	Symbolisierung
$p > 0{,}05$	nicht signifikant	n.s.
$p \leq 0{,}05$	signifikant	*
$p \leq 0{,}01$	hoch signifikant	**
$p \leq 0{,}001$	höchst signifikant	***

Nehmen wir ein Beispiel: bei einem aus der Teststatistik berechneten *p*-Wert von 0,02 ist dieses Ergebnis auf dem 5%-Niveau signifikant, also überzufällig, H_1 wird in diesem Fall angenommen, die H_0 verworfen. Hätten wir ein α von 0,01 vor der Hypothesenprüfung festgelegt, wäre bei dem berechneten p-Wert von 0,02 die H_0 beibehalten worden, das heißt, der Zusammenhang oder Unterschiede zwischen den beiden Variablen ist nach unseren Stichprobendaten zufällig, nicht systematisch. Dieses Beispiel weist auf zwei mögliche Fehler hin:

- **α-Fehler** (Fehler 1. Art): In der Stichprobe wird ein Zusammenhang angenommen, der in der Grundgesamtheit nicht existiert. *Die Alternativhypothese wird fälschlicherweise akzeptiert.*
- **β-Fehler** (Fehler 2. Art): In der Stichprobe wird ein Zusammenhang **nicht** angenommen, obwohl er in der Grundgesamtheit existiert. *Die Alternativhypothese wird fälschlicherweise verworfen.*

In der Forschung ist vor allem der α-Fehler relevant (Schnell et al., 2018, S. 452), daher wird versucht, durch Festlegung des Signifikanzniveaus α die Wahrscheinlichkeit zu minimieren, dass die Alternativhypothese fälschlicherweise angenommen wird.

Die Signifikanz ist eine Voraussetzung dafür, dass überhaupt von einem Zusammenhang ausgegangen werden kann. Die Stärke eines Zusammenhangs darf nur auf Grundlage von signifikanten Maßen interpretiert werden!

Bei der Interpretation von Signifikanztests ist ein weit verbreiteter Fehler beobachtbar. Er besteht in der Verwechslung zwischen einem *signifikanten* und einem *starken* Zusammenhang. Ein Zusammenhang kann zwar signifikant, also *statistisch bedeutsam*, aber gleichzeitig so schwach sein, dass er theoretisch und *praktisch bedeutungslos* ist. Signifikanztests geben also keinen Hinweis auf die Stärke eines Zusammenhangs, sondern ob dieser mit hoher Wahrscheinlichkeit in der Grundgesamtheit angenommen werden kann.

Zu den gebräuchlichsten Verfahren der Hypothesenprüfung mittels Signifikanztests zählen der **χ^2-Test,** der **t-Test** sowie die Verfahren der **Varianzanalyse**. Zwischen diesen Tests bestehen Unterschiede im Hinblick auf das Skalenniveau und die verwendeten Kennziffern. Voraussetzung der beiden letztgenannten sind metrisches Skalenniveau sowie annähernd normalverteilte Daten. Fehlen diese Voraussetzungen, werden nicht-parametrische Tests wie der U-Test nach Mann-Whitney, der Wilcoxon-Rangsummentest oder der Kruskal-Wallis-Test verwendet.

8.3.1.1. Chi²-Test

χ^2-Tests werden nicht nur für die Prüfung der Verteilung von Variablenwerten verwendet, sondern auch für die Prüfung der Unabhängigkeit von Variablen. Der **zweidimensionale χ^2-Test** dient zur Prüfung von Hypothesen. Gefragt ist, ob zwei Variablen voneinander unabhängig sind oder ob zwischen ihnen ein Zusammenhang besteht. Die Grundidee des χ^2-Tests besteht darin, die Werte der **Kontingenztabelle** (enthält die beobachteten Werte) mit den Werten der **Indifferenztabelle** (enthält die erwarteten Werte) zu vergleichen. Je mehr die Werte beider Tabellen voneinander abweichen, umso stärker hängen beide Variablen zusammen.

Ein Vorteil des χ^2-Tests besteht darin, dass er für Daten mit beliebigen Skalenniveaus verwendet werden kann. Je nachdem, wie viele Merkmalsausprägungen die Variablen besitzen, kommen in der statistischen Analyse unterschiedliche Koeffizienten zur Anwendung. Die Bezeichnung χ^2-Test ist also eine Art Sammelbegriff für Testverfahren, die auf derselben Logik basieren. Die *Voraussetzungen* für die Anwendung von χ^2-Testverfahren sind:

- Jede Zelle muss besetzt sein.
- Jede Beobachtung muss eindeutig einer Merkmalskategorie oder einer Kombination von Merkmalskategorien zugeordnet werden können.
- Eine *erwartete* Häufigkeit von 5 oder mehr in mindestens 80% aller Zellen.

Betrachten wir die grundlegendste Variante eines zweidimensionalen χ^2-Tests auf Unabhängigkeit, eine Kombination von zwei Variablen mit jeweils zwei dichotomen Merkmalsausprägungen (**Vierfeldertafel** oder **2x2 Kontingenztabelle**). Zunächsten werden wieder eine Null- und eine Alternativhypothese formuliert:

H_0: Die beiden Variablen sind voneinander unabhängig.

H_1: Zwischen den beiden Variablen besteht ein Zusammenhang.

Wie erhält man den Chi²-Wert bzw. dieses Assoziationsmaß? Zuerst erstellt man eine Kontingenztabelle mit den beobachteten (observed) Häufigkeitswerten f_o. Im nächsten Schritt werden die Werte der Indifferenztabelle ermittelt, dazu benötigt man die Zeilen- und Spaltensummen der beobachteten Werte.

Nach der Formel

$$f_e = \frac{Zeilensumme\ *\ Spaltensumme}{Stichprobenumfang\ n}$$

können die erwarteten (expected) Werte f_e eruiert werden. Die Indifferenztabelle enthält also jene Werte, die man erwarten würde, wenn zwischen den beiden dichotomen Variablen keine Beziehung bestehen würde, sie unabhängig voneinander sind. Als Nächstes werden die beobachteten mit den erwarteten Werten zellenweise verglichen und man erhält so den χ^2-Wert:

$$\chi^2 = \sum \frac{(f_o - f_e)^2}{f_e}$$

Nehmen wir zur Illustration Daten aus der Weiterbildungsstudie (Kerschbaumer et al. 2007). Es stellt sich die Frage, ob zwischen der Weiterbildungsteilnahme von Arbeiter*innen und Angestellten ein Unterschied besteht. Es interessierte, ob Arbeiter*innen bzw. Angestellte in den letzten beiden Jahren an Weiterbildungskursen teilgenommen haben oder nicht. In nachfolgender Kontingenztabelle sind die absoluten und relativen Verteilungen der Antworten wiedergegeben.

		Variable „Berufliche Stellung"		
		Arbeiter*innen	Angestellte	**Zeilensumme**
Variable „Weiterbildungsteilnahme"	nicht teilgenommen	138 81%	478 44%	616 49%
	teilgenommen	33 19%	606 56%	639 51%
	Spaltensumme	171 100%	1.084 100%	1.255

Zwischen der Weiterbildungsteilnahme von Arbeiter*innen und Angestellten bestehen deutliche Unterschiede: 19% Arbeiter*innen stehen 56% Angestellte mit Weiterbildungsteilnahme gegenüber. Jetzt können wir die Werte für die Indifferenztabelle berechnen:

$$f_e = \frac{616 * 171}{1255} = 84\ (\boldsymbol{a}) \quad f_e = \frac{616 * 1084}{1255} = (\boldsymbol{b}) \quad f_e = \frac{639 * 171}{1255} = (\boldsymbol{c}) \quad f_e = \frac{639 * 1084}{1255} = (\boldsymbol{d})$$

Für das vorliegende Beispiel ergibt sich durch obige genannte Formel folgende Indifferenztabelle:

		Variable „Berufliche Stellung"				
		Arbeiter*innen		Angestellte		**Zeilensumme**
Variable „Weiterbildungsteilnahme"	nicht teilgenommen	84	**a**	532	**b**	686
	teilgenommen	87	**c**	552	**d**	569
	Spaltensumme	171		1084		1255

Jetzt kann der χ^2-Werts berechnet werden, wobei es sich um die Summe aus der quadrierten Differenz von beobachteter und erwarteter Häufigkeit dividiert durch die erwartete Häufigkeit handelt. Für das Beispiel bedeutet dies:

$$\chi^2 = \frac{(138-84)^2}{84} + \frac{(478-532)^2}{532} + \frac{(33-87)^2}{87} + \frac{(606-552)^2}{552} = 79$$

Der Chi²-Wert von 79 weist auf einen Unterschied zwischen Kontingenz- und Indifferenztabelle hin.

Der χ^2-Wert sagt jedoch nichts über die Signifikanz des Zusammenhangs aus, er ist ein Maß für die Abweichung der beobachteten von den erwarteten Werten. Ein theoretischer χ^2-Wert von Null würde bedeuten, dass alle beobachteten mit allen erwarteten Häufigkeiten völlig übereinstimmen. Je geringer die Übereinstimmung, desto größer ist der χ^2-Wert. Im nächsten Schritt muss daher die Signifikanz geprüft werden. Dafür ist es erforderlich, den χ^2-Wert bei einem festgelegten Signifikanzniveau mit dem zulässigen kritischen χ^2-Wert zu vergleichen. Als Konvention gilt auch hier meist ein Signifikanzniveau von $\alpha = 0{,}05$. Um den kritischen Wert zu finden, müssen zuvor noch die Freiheitsgrade[54] bestimmt werden, erst dann ist eine Interpretation des χ^2-Werts möglich. Die Freiheitsgrade errechnen sich aus dem Produkt der Anzahl der Spalten m und Zeilen n einer Vierfeldertafel, von denen jeweils 1 subtrahiert wird:

$$df = (m - 1) * (n - 1)$$

Bei einer Vierfeldertafel mit 2 Spalten und 2 Zeilen beträgt die Anzahl der Freiheitsgrade somit 1. Für den Vergleich des errechneten mit dem kritischen χ^2-Wert ist es notwendig, in einer Tabelle der χ^2-Verteilungen den zulässigen χ^2-Wert bei dem geforderten Signifikanzniveau zu ermitteln. Der kritische Wert ist der Schnittpunkt zwischen dem errechneten Freiheitsgrad und dem geforderten Signifikanzniveau. Der kritische Wert von 3,84146 befindet sich an der Schnittstelle von df = 1 und dem geforderten Signifikanzniveau $\alpha = 0{,}05$.

Tabelle 9 – Chi²-Verteilungstabelle

α	**0,1**	**0,05**	**0,01**	**0,001**
df				
1	2,706	3,841	6,635	10,828
2	4,605	5,991	9,21	13,816
3	6,251	7,815	11,345	16,266
4	7,779	9,488	13,277	18,467
5	9,236	11,07	15,086	20,515

Zur Erinnerung: Ist der berechnete χ^2-Wert bei dem geforderten Signifikanzniveau von $\alpha < 0{,}05$ größer als der kritische, aus der Tabelle ermittelte Wert, wird H_0 zurückgewiesen und die Alternativhypothese H_1 angenommen.

In unserem Beispiel ist der berechnete χ^2-Wert 79 auf einem Signifikanzniveau von 0,05 höher als der kritische Wert von 3,84 (siehe Tabelle 9). Das bedeutet, dass die Nullhypothese zurückgewiesen und auf dem 5%-Niveau ein signifikanter Zusammenhang zwischen Weiterbildungsteilnahme und beruflicher Stellung angenommen wird. Es zeigt sich, dass der Zusammenhang auch auf dem 1%-Niveau signifikant ist (kritischer χ^2-Wert von 6,63).

8.3.1.2. t-Test

In der Regel wird der t-Test dann verwendet, wenn gefragt ist, ob sich *zwei Gruppen* in einem bestimmten Merkmal systematisch voneinander unterscheiden. Voraussetzung für die Anwendung des t-Tests sind metrische Daten. Er liefert also eine Entscheidungsgrundlage für die

[54] Zum Konzept der Freiheitsgrade siehe Rasch et al. (2014).

Frage, ob ein empirisch gefundener Mittelwertunterschied zufällig (= Nullhypothese) besteht oder ob es zwischen den Werten zweier Variablen bedeutsame, signifikante Unterschiede gibt (= Alternativhypothese). Die Differenz der Gruppenmittelwerte $\bar{X}_1 - \bar{X}_2$ bildet den so genannten Stichprobenkennwert, der für die Berechnung des t-Test zentral ist.

Betrachten wir wiederum ein Beispiel aus der Weiterbildungsstudie: Die Befragten wurden gebeten, mehrere Items zu den Motiven beruflicher Weiterbildung auf einer vierstufigen Ratingskala (1 = „trifft völlig zu", 2 = „trifft ziemlich zu", 3 = „trifft weniger zu", 4 = „trifft überhaupt nicht zu") zu beurteilen. Geprüft werden sollte, ob das Motiv „Karriere machen" bei Männern und Frauen ein unterschiedlich starkes Motiv für die Teilnahme an Weiterbildung darstellt. Folgende Tabelle zeigt, dass die Mittelwerte der Männer (MW = 2,47) und der Frauen (MW = 2,64) leicht voneinander abweichen.

Ich nehme teil ...	Geschlecht	N	Mittelwert	Standardabweichung	Standardfehler des Mittelwertes
Frage 29e: weil ich Karriere machen will	männlich	331	2,47	1,206	,066
	weiblich	349	2,64	1,167	,062

Die Frage lautet nun, ob diese Mittelwertdifferenz zufällig zustande gekommen ist oder nicht, also ob die Beurteilungen von Männern und Frauen einen systematischen oder rein zufälligen Unterschied aufweisen. Diese Frage lässt sich mithilfe des t-Tests beantworten.

Vor dem eigentlichen t-Test ist zu klären, ob eine **Varianzhomogenität** vorliegt. Unterscheiden sich die Streuungen der zwei Gruppen nicht, ist Varianzhomogenität (Gleichheit) gegeben. In diesem Fall ist die Voraussetzung für den t-Test erfüllt. Zur Testung der Varianzhomogenität wird der Levene-Test mit der Testgröße F berechnet.

Ist der Levene-Test nicht signifikant ($p > 0{,}05$), wird die erste Zeile der nachfolgenden Tabelle interpretiert und zwar der Wert in der Spalte der zweiseitigen Signifikanz (*p*-Wert). Ist der Levene-Test signifikant ($p < 0{,}05$), wird der entsprechende Wert in der zweiten Zeile der Tabelle interpretiert. Im vorliegenden Beispiel ist der Levene-Test nicht signifikant mit einem *p*-Wert von 0,231, daher wird die erste Zeile interpretiert. Die Signifikanz des t-Test liegt mit 0,059 knapp (* nach dem Signifikanzwert) über dem festgelegten Signifikanzniveau $\alpha = 0{,}05$. Die Nullhypothese, dass die Unterschiede zufällig sind, kann somit nicht zurückgewiesen werden oder positiv formuliert: die Nullhypothese wird beibehalten.

Test bei unabhängigen Stichproben							
Frage 29e: weil ich Karriere machen will	Levene-Test der Varianzgleichheit		T-Test für die Mittelwertgleichheit				
	F	Signifikanz	T	Df	Sig. (2-seitig)	Mittlere Differenz	Standardfehler der Differenz
Varianzen sind gleich	1,436	***,231***	-1,888	678	***,059****	-,172	,091
Varianzen sind nicht gleich			-1,886	672,5	,060	-,172	,091

Es gibt also keinen signifikanten Unterschied zwischen Männern und Frauen in Bezug auf die Wichtigkeit des Motivs „Karriere machen" für die Teilnahme an Weiterbildung.

8.3.1.3. Varianzanalyse

Mit dem t-Test wird festgestellt, ob zwischen den Mittelwerten von zwei Gruppen systematische Unterschiede bestehen. Will man untersuchen, ob zwischen den Mittelwerten von mehr als zwei Gruppen Unterschiede bestehen, kommen Verfahren der **Varianzanalyse** zur Anwendung (*analysis of variance* oder häufig ANOVA genannt). Die Varianzanalyse gehört zu den strukturprüfenden Verfahren. Sie untersucht den Einfluss einer oder mehrerer UV (in der Varianzanalyse „Faktoren" genannt) auf eine oder mehrere AV („Zielvariable" genannt) durch Feststellung der Mittelwertdifferenzen zwischen zwei oder mehreren Gruppen von Merkmalsträgern. Geprüft wird also, ob die Mittelwerte aller Gruppen identisch sind (Nullhypothese: zwischen den Mittelwerten der Gruppen besteht kein Unterschied; Alternativhypothese: es besteht ein Unterschied). Der Begriff *Varianzanalysen* umfasst dabei eine Reihe von unterschiedlichen Tests. Die verschiedenen Arten können nach der Anzahl der UV und nach der Anzahl der AV eingeteilt werden:

- Wird der Einfluss einer oder mehrerer UVs auf *eine* AV untersucht, handelt es sich um eine *univariate* Varianzanalyse; wird der Einfluss einer oder mehrerer UV auf *mehrere* AV untersucht, berechnet man eine *multivariate* Varianzanalyse.
- Je nach Anzahl der UV sprechen wir bei einer AV von einfaktoriellen, zweifaktoriellen, dreifaktoriellen usw. Varianzanalysen.

Sprachlich gilt es also zu beachten, dass mit der *multivariaten* Varianzanalyse mehrere abhängige Variablen gemeint sind, während mit der Bezeichnung *faktoriell* die Anzahl der unabhängigen Variablen gemeint ist. Zusammenfassend lassen sich die unterschiedlichen Formen der Varianzanalyse folgendermaßen darstellen (Tabelle 10).

Tabelle 10 – Verfahren der Varianzanalyse

Varianzanalyse: untersucht den Einfluss von		**Verfahren**	**Typ**
Anzahl UV	auf Anzahl AV		
1	1	einfaktorielle Varianzanalyse (univariat)	**ANOVA**
2	1	zweifaktorielle Varianzanalyse	
3	1	dreifaktorielle Varianzanalyse	
...	...	...	
≥ 1	≥ 2	multivariate Varianzanalyse	**MANOVA**

Rechnerisch basiert die Varianzanalyse auf drei grundlegenden Schritten:

1. Vorausgesetzt werden *Nominalskalenniveau* (UV) und *Intervallskalenniveau* (AV) sowie *Normalverteilung* und *Varianzhomogenität*. Dem entsprechend müssen zuerst die bereits beschriebenen Methoden zur Prüfung der Normalverteilung (KS-Test) und der

Varianzhomogenität (Levene-Test auf Varianzgleichheit) vor der eigentlichen Varianzanalyse durchgeführt werden.

2. Bei der Varianzanalyse wird die gesamte beobachtete Varianz der Gruppen in die Varianz innerhalb der Gruppen und in die Varianz zwischen den Gruppen zerlegt. Getestet wird, ob die Varianz zwischen den Gruppen größer ist als die Varianz in den Gruppen. Das ist der eigentliche Kern der Varianzanalyse. Das Verhältnis der Varianz innerhalb der Gruppen und der Varianz zwischen den Gruppen ist die Grundlage für die Berechnung der Prüfgröße F, der so genannten F-Verteilung. Ist die H_0 wahr (keine Unterschiede zwischen Gruppen), gibt es keine Varianz der Faktoren. Je mehr F den Wert 1,0 übersteigt, desto größer ist die Wahrscheinlichkeit, dass die UV (bzw. in experimentellen Untersuchungen: das Treatment) einen Effekt auf die AV hat bzw. dass ein systematischer Unterschied im Sinne von H_1 vorliegt.
3. Wenn der F-Wert statistisch signifikant ist, kann mit post-hoc Tests (Einzelvergleichen) untersucht werden, welche Gruppen sich bezüglich der Mittelwerte der AV signifikant voneinander unterscheiden (bzw. ob eine Einteilung in Gruppen (UV) gerechtfertigt ist).

Ein Beispiel für eine einfaktorielle Varianzanalyse ist etwa die Überprüfung der Frage, ob der Konsum von Fastfood (UV) einen Einfluss auf das Körpergewicht (AV) hat. Die UV *Fastfoodkonsum* könnte drei Ausprägungen annehmen: Verweiger*innen, gelegentliche Fastfood-Konsument*innen und starke Fastfood-Konsument*innen. Gemessen an der Anzahl der pro Tag konsumierten Fastfoodprodukte werden die Versuchspersonen einer der drei Gruppen zugeordnet und die individuellen Körpergewichte gemessen. Sind die Voraussetzungen für eine Varianzanalyse (Normalverteilung und Varianzhomogenität) gegeben, kann getestet werden, ob sich die Mittelwerte der AV in drei (oder mehreren) Gruppen unterscheiden.[55]

8.3.2. Zusammenhangsmaße

Im vorhergehenden Abschnitt wurde dargestellt, wie die in Hypothesen formulierten Zusammenhänge zwischen Variablen mittels Signifikanztests überprüft werden können. Zu beachten ist, wenn eine Beziehung zwischen den Variablen besteht, dann müssen die konditionalen Verteilungen – ausgedrückt in Proportionen oder Prozentwerten – voneinander abweichen (Benninghaus, 2014). Auf der nächsten Stufe der Datenanalyse gilt es nun zu klären, welche Art und welche Stärke ein Zusammenhang zwischen zwei Variablen aufweist, man spricht bei kategorialen Daten meist von *Assoziations-* bzw. *Kontingenzmaßen*, bei ordinalen und insbesondere metrischen Daten von *Korrelationsmaßen.*

Wichtig ist zwischen der Stärke und der Richtung eines Zusammenhangs zu differenzieren. Bei nominalskalierten Daten können zwar Zusammenhangsmaße berechnet werden, solche

---

[55] Für nähere Informationen und Beispiele mit SPSS siehe Hatzinger & Nagel (2013).

Kontingenzkoeffizienten verweisen aber nur auf die Stärke, nicht auf die Richtung. Dies ist leicht nachzuvollziehen: Für eine Kreuztabelle aus Geschlecht und der Frage, ob man raucht, lässt sich – sofern ein signifikanter Zusammenhang vorliegt – die Stärke des Zusammenhangs angeben, aber nicht die Richtung, da die Variablen Geschlecht und Tabakkonsum (mit ja/nein) keine Rangordnung aufweisen. Erst für ordinale und metrische Daten lässt sich auch die Richtung des Zusammenhangs bestimmen.

Die gebräuchlichsten Zusammenhangsmaße für die Messung der Stärke und Richtung des Zusammenhangs sind nach den einzelnen Skalenniveaus in Tabelle 11 zusammengefasst.

Tabelle 11 – Zusammenhangsmaße nach Skalenniveau[56]

AV / *UV*	**nominal**	**ordinal**	**metrisch**
nominal	<u>m x n-Tafeln (polytom):</u> Chi²-basierte Koeffizienten **Cramers V** (Wert 0 bis 1) **Kontingenzkoeffizient C** nach Pearson (0 bis 1) <u>2 x 2-Tafeln (dichotom):</u> **Phi**	<u>m x n-Tafeln:</u> Chi²-basierte Koeffizienten **Cramers V** (Wert 0 bis 1) **Kontingenzkoeffizient C** nach Pearson (0 bis 1)	**Eta-Koeffizient** (0 bis 1)
ordinal	<u>m x n-Tafeln:</u> Chi²-basierte Koeffizienten **Cramers V** (Wert 0 bis 1) **Kontingenzkoeffizient C** nach Pearson (0 bis 1)	**Rangkorrelationskoeffizient** nach Spearman (rho, Wert -1 bis 1) **Kendalls τ** (tau b , tau c; Wert -1 bis +1) **Gamma γ**	-
metrisch	-	-	**Produkt-Moment-Korrelationskoeffizient r** nach Pearson (misst lineare Zusammenhänge; Wert -1 bis +1)

Alle genannten Maße geben die Stärke eines Zusammenhangs zwischen Variablen an, wobei bei der Anwendung auf das Skalenniveau der Variablen zu achten ist. Phi beispielsweise kommt nur für 2x2-Tabellen (2 Spalten, 2 Zeilen) zum Einsatz, der Kontingenzkoeffizient C kann auch für größere Tabellen, Cramers V für beliebig große Tabellen verwendet werden, während etwa der **Rangkorrelationskoeffizient** nach Spearman ordinalskalierte und der **Produkt-Moment-Korrelationskoeffizient r** nach Pearson metrische Daten voraussetzt und beide zusätzlich die Richtung des Zusammenhangs angeben. Im Folgenden werden die Maße aufgeteilt nach Kontingenz- und Korrelationsmaßen eingehender erörtert.

[56] In Anlehnung an Janssen & Laatz (2017, S. 268ff.).

8.3.2.1. Assoziations- bzw. Kontingenzmaße

Das Maß der Kontingenz zweier Variablen wird – je nach Datenniveau – mit unterschiedlichen Koeffizienten ausgedrückt. Für die meisten Kontingenzkoeffizienten gilt, dass sie in einem Wertebereich zwischen 0 und +1 liegen. 0 bedeutet, dass kein statistischer Zusammenhang zwischen den Variablen besteht, bei +1 gibt es einen perfekten Zusammenhang.

Betrachten wir an einem Beispiel den Zusammenhang von Alter (3 Altersgruppen) und Weiterbildungsteilnahme; die Variable Weiterbildungsteilnahme wurde für diese Zwecke dichotomisiert.

Weiterbildungsteilnahme		Altersgruppen			Gesamt
		15-34 Jahre	35-54 Jahre	55 J. und älter	
nicht an Weiterbildung teilgenommen	Anzahl	232	491	91	814
	%	54,3%	53,0%	65,9%	54,6%
an Weiterbildung teilgenommen	Anzahl	195	435	47	677
	%	45,7%	47,0%	34,1%	45,4%
Gesamt	Anzahl	427	926	138	1491
	%	100,0%	100,0%	100,0%	100,0%

Die Anzahl der besuchten Weiterbildungskurse in den letzten beiden Jahren wurde grob untergliedert in „keine Teilnahme" (0 Weiterbildungen) und „Teilnahme" (1 bis n Weiterbildungen). Die Signifikanz für den Zusammenhang der beiden nominalskalierten Variablen beträgt 0,017 ($p < 0,05$); somit ist der Zusammenhang signifikant. Die Nullhypothese (es besteht kein Zusammenhang) wird verworfen. Um die Stärke des Zusammenhangs bestimmen zu können, muss nun das entsprechende Assoziationsmaß interpretiert werden.

Nun zur nächsten Tabelle der Zusammenhangmaße. SPSS gibt bei der Berechnung von Zusammenhangsmaßen standardmäßig mehrere Zusammenhangsmaße inklusive der Signifikanzen aus. Welches Zusammenhangsmaß ist das richtige? Phi kommt nach obigen Kriterien hier nicht in Frage. Der Kontingenzkoeffizient C hat den Nachteil, dass er die Grenze von +1 für einen perfekten Zusammenhang nicht erreichen kann – theoretisch könnte man diesen aber nehmen. Das Problem besteht bei Cramers V aber nicht, daher wird für größere Tabellen meist dieses Maß verwendet.

		Wert	Näherungsweise Signifikanz
Nominal- bzgl. Nominalmaß	Phi	,074	,017
	Cramer-V	,074	,017
	Kontingenzkoeffizient	,074	,017
Anzahl der gültigen Fälle		1.491	

Für die Interpretation nehmen wir also Cramers V (im allgemeinen Sinn gilt sie auch für die übrigen angeführten Zusammenhangsmaße). Der Zusammenhang zwischen Alter und Weiterbildungsteilnahme ist mit einem Wert von 0,074 als schwach zu bezeichnen. Als Signifikanztest („Näherungsweise Signifikanz") wurde ein Chi^2-Test mit dem Ergebnis $p = 0,017$ durchgeführt. Das bedeutet, dass eine 1,7%ige Wahrscheinlichkeit besteht, dass das Ergebnis auch dann zufällig zustande gekommen sein kann, wenn in Wirklichkeit die Nullhypothese gilt. Wichtig ist in diesem Zusammenhang, dass einerseits unterschieden wird zwischen der Stärke eines Zusammenhangs, ausgedrückt durch Zusammenhangsmaße, und andererseits der Signifikanz des Zusammenhangs, die Aufschluss über die Wahrscheinlichkeit gibt, die Alternativhypothese fälschlicherweise anzunehmen bzw. zu verwerfen.

8.3.2.2. Korrelationsmaße

Kontingenzkoeffizienten geben im wesentlichen Aufschluss über das Vorliegen von Zusammenhängen und deren Stärke. Mit Korrelationskoeffizienten wird nun zusätzlich die Richtung des Zusammenhangs der zwei Variablen ermittelt. Wie bereits öfters darauf hingewiesen worden ist, ist die Korrelation selbst noch kein Beweis für das Vorliegen einer Kausalbeziehung und darf nicht vorschnell im Sinne eines Kausalmodells interpretiert werden. „Der Korrelationskoeffizient [ist] strikt und ausführlich ein Maß für Gleichklang in den Daten. Von Kausalität, daß also das eine die Ursache für das andere wäre, ist dabei keine Rede" (Krämer, 1992, S. 144). Das bedeutet, dass man zwar sagen kann, dass die Variablen X und Y bspw. negativ korreliert sind, auf dieser Basis lässt sich aber nicht sagen, ob X auf Y oder Y auf X wirkt – hierfür braucht es theoretische Argumente und insbesondere entsprechende Forschungsdesigns. Um von einer Korrelation auf Kausalität schließen zu können, müssen – zusätzlich zur statistisch starken Korrelation von UV und AV – folgende Bedingungen gelten:

- Die *UV geht* der *AV zeitlich voran (entweder bei Paneldaten oder wenn theoretisch gerechtfertigt bei Querschnittsdaten).*
- *Die Korrelation von UV und AV bleibt erhalten, auch wenn man den Einfluss von dritten Variablen kontrolliert (Prüfung von Scheinkorrelationen).*
- Ein weiterer Effekt, der bei nicht-experimentellen Daten auftreten kann, ist die Suppression: Drittvariablen können einen Zusammenhang zwischen X und Y verdecken, der aber in Wirklichkeit existiert.

Das Problem der Scheinkorrelation liegt vor, wenn die Variablen UV und AV zwar korrelieren, jedoch zusätzliche, auf den ersten Blick nicht sichtbare Variablen die AV bzw. die Beziehung zwischen UV und AV beeinflussen. Diese dritte(n) Variable(n) geht (gehen) quasi den beiden eigentlich interessierenden Variablen voraus („Antezedens"). Dieses Problem kann nur durch die Drittvariablenkontrolle behoben werden. Dafür stehen multivariate Verfahren (z.B. partielle Korrelationsanalysen) zur Verfügung, die in dieser Einführung nicht erläutert werden.[57]

Korrelationskoeffizienten weisen Werte zwischen -1 und +1 auf: 0 bedeutet, dass kein statistischer Zusammenhang zwischen den Variablen besteht, -1 drückt einen perfekt negativen Zusammenhang und +1 einen perfekt positiven Zusammenhang aus. Die Korrelation gibt somit auch die Richtung eines Zusammenhangs an:

- **Positive Korrelation**: Der Wert der AV ist umso höher, je höher der Wert der UV ist.
- **Negative Korrelation**: Der Wert der AV ist umso niedriger, je höher der Wert der UV ist.
- **Keine Korrelation**: Werte der UV entsprechen beliebigen Werten der AV und umgekehrt.

---

[57] Für eine detaillierte Behandlung der Drittvariablenkontrolle siehe Benninghaus (2014, S. 257ff.).

Der gebräuchlichste Korrelationskoeffizient ist der **Produkt-Moment-Korrelationskoeffizient** nach Pearson (Pearsons *r*), der metrisch skalierte und normalverteilte Daten sowie eine lineare Beziehung zwischen den Variablen voraussetzt und der **Rangkorrelationskoeffizient** nach Spearman (*rho*), der für (zumindest) ordinalskalierte Daten anwendbar ist.

Im Nachfolgenden wird auf den **Produkt-Moment-Korrelationskoeffizient** eingegangen. Um diesen berechnen zu können, bedarf es zum einen der Varianz s^2, also der durchschnittlichen quadrierten Abweichungen vom Mittelwert (auch definiert als die durchschnittliche Summe der quadrierten Abweichungen der Variablenwerte vom arithmetischen Mittel, dividiert durch die Anzahl aller Messwerte).

$$s^2 = \frac{\sum_{i=1}^{N}(x_i - \overline{x})^2}{N}$$

Und zum anderen bedarf es der **Kovarianz;** hierbei handelt es sich um ein nicht standardisiertes Maß des Zusammenhangs und drückt die gemeinsame Streuung der Werte von X und Y um die jeweiligen Mittelwerte aus.

$$s_{xy} = \frac{\sum_{i=1}^{N}(x_i - \overline{x}) \cdot (y_i - \overline{y})}{N}$$

Bei dem Produkt-Moment-Korrelationskoeffizient nach Pearson handelt es sich um eine Standardisierung der Kovarianz, der Korrelationskoeffizient ergibt sich dabei aus der Kovarianz s_{xy} dividiert durch das Produkt der beiden Standardabweichungen.

$$r\,(x,y) = \frac{s_{xy}}{s_x \cdot s_y}$$

Unter den Bedingungen, dass es sich um metrische und (annähernd) normalverteilte Werte handelt sowie dem Linearitätsgebot, lässt sich r quadrieren und man erhält den Determinationskoeffizienten r^2 (auch Bestimmtheitsmaß genannt und wird uneinheitlich abgekürzt mit R^2). Er gibt genau an, wieviel Prozent der Variation der Werte von Y ausschließlich durch die Werte von X erklärt werden. Er ist demnach ein Maß für die Güte des Modells und gibt Auskunft über den Anteil der durch X erklärten Varianz an der Gesamtvarianz von Y. Sind diese Anforderungen nicht erfüllt, greift man häufig auf die Rangkorrelation nach Spearman (*rho*) zurück.

Um diesen theoretischen Input nun etwas verständlicher zu machen, wird anhand eines Beispiels die Produkt-Moment-Korrelation nach Pearson berechnet. In der Weiterbildungsstudie wurden Einstellungen zu beruflicher Weiterbildung erhoben. Ein Einstellungsitem lautet „Weiterbildung bringt mich beruflich weiter"; die Variable ist vierstufig skaliert. Dabei interessierte, ob ein Zusammenhang mit der Variablen „Alter", gemessen in Lebensjahren, in der folgenden Form besteht: Je höher das Alter, desto stärker stimmt man der Einstellung „Weiterbildung bringt mich beruflich weiter" zu. Der Output in SPSS zeigt folgendes Ergebnis:

		Frage 10: Altern (in Jahren)	Frage 22d: Weiterbildung bringt mich beruflich weiter
Frage 10: Alter (in Jahren)	Korrelation nach Pearson	1	,234**
	Signifikanz (2-seitig)		,000
	N	1.500	1.479
Frage 22d: Weiterbildung bringt mich beruflich weiter	Korrelation nach Pearson	,234**	1
	Signifikanz (2-seitig)	,000	
	N	1.479	1.479
** Die Korrelation ist auf dem Niveau von 0,01 (2-seitig) signifikant.			

Das Ergebnis zeigt mit $p < 0{,}001$ einen höchst signifikanten Zusammenhang. Die Wahrscheinlichkeit, dass der Zusammenhang (somit: die Alternativhypothese) irrtümlich angenommen wird, ist sehr gering. Die Korrelation ist mit $r = 0{,}234$ relativ schwach positiv. Somit besteht ein höchst signifikanter, aber schwacher Zusammenhang zwischen dem Alter und der spezifischen Einstellung. Dieses Ergebnis ist für große Fallzahlen durchaus typisch, weil die Signifikanz mit steigender Fallzahl zunimmt.

Wann ist eine Korrelation als schwach oder stark zu beurteilen? Als Konvention werden in der Praxis Korrelationen zwischen 0,4 – 0,6 bereits als starke Zusammenhänge bewertet. Jedoch muss hier berücksichtigt werden, dass das Maß für die Stärke eines Zusammenhangs ein bestimmtes Signifikanzniveau voraussetzt und die Signifikanz mit der Anzahl der Fälle zunimmt.

Wichtig ist in diesem Zusammenhang, dass der Korrelationskoeffizient nicht bedeutet, dass – wie in unserem Beispiel – 23,4% der *Werte (da* $r = 0{,}234$) der einen Variablen durch die *Werte* der anderen Variablen erklärt werden können. Für die Interpretation ist vielmehr das *Bestimmtheitsmaß* r^2 heranzuziehen. Dieses beträgt in unserem Beispiel 0,055 und gibt an, wie viel Prozent der Varianz, d.h. der Unterschiede der einen Variablen durch die Unterschiede der anderen Variablen erklärt werden können. Im vorliegenden Beispiel sind dies also 5,5%.

8.4. Multivariate Analysen

Die multivariaten Analysen werden in diesem Buch nur in groben Zügen umrissen, da sie erweiterte Grundkenntnisse der Statistik erfordern, die nicht Gegenstand dieser Einführung sind. Erklärt werden zunächst die wesentlichen Anwendungszwecke multivariater Verfahren.

8.4.1. Vorbemerkung

Wesentlich ist die Unterscheidung zwischen **strukturprüfenden** und **strukturentdeckenden** statistischen Verfahren. Zu den strukturprüfenden Verfahren zählen die multiple und die logistische **Regression** sowie die **konfirmatorische Faktorenanalyse**. Das wesentliche Ziel der strukturentdeckenden Verfahren besteht darin, latente Strukturen im Datenmaterial offenzulegen, im Unterschied zu den hypothesenprüfenden Verfahren werden sie für die Generierung von Hypothesen genutzt. Zu den strukturentdeckenden Verfahren zählen die **explorative Faktorenanalyse** und die **Clusteranalyse**, die im Folgenden kurz vorgestellt werden.

Die Grundidee der **Clusteranalyse** besteht darin, eine Menge von Fällen derart in Gruppen (Cluster) zu unterteilen, dass die Fälle, die einer Gruppe zugeordnet werden, möglichst hohe Ähnlichkeiten aufweisen, und zu den Fällen, die anderen Gruppen zugeordnet werden, möglichst große Unterschiede aufweisen. Es werden auf diese Weise Gruppen mit hohen Ähnlichkeiten gebildet, die wiederum möglichst große Unterschiede zu anderen, in sich ähnlichen Gruppen aufweisen, man spricht von (maximaler) *Homogenität in den Gruppen* und (maximaler) *Heterogenität zwischen den Gruppen*. Die Clusteranalyse basiert auf der Berechnung von Abstandsmaßen zwischen den Objekten. In der Marktforschung interessiert es zum Beispiel, ob Kund*innen eines Versandhauses anhand bestimmter Merkmale (z.B. Anzahl der Bestellungen, Art der Bestellung, bevorzugte Zahlungsart etc.) in Gruppen eingeteilt werden können, die sich möglichst ähnlich sind, wobei zwischen den Gruppen möglichst große Unterschiede bestehen sollen. Es werden dabei jene Fälle von Kund*innen als ähnlich gesehen, die sich in der Gesamtheit der interessierenden Merkmale gleichen. Die Clusteranalyse stellt gleichsam einen Oberbegriff für eine Vielzahl an Verfahren dar, die mit mehr oder weniger großem Rechenaufwand diese Clusterbildungen ermöglichen (Schendera, 2010).

Kommen wir zur **Faktorenanalyse**. Unter diesem Begriff werden verschiedene statistische Verfahren subsummiert, die der Frage nachgehen, ob sich eine Vielzahl von Variablen (z.B.: Items in einem Fragebogen) auf einige wenige dahinterstehende latente Variablen (Faktoren, Komponenten) zurückführen lassen. Kurz: Faktorenanalysen dienen der Itemreduktion und der Prüfung auf deren Konsistenz im Rahmen der Reliabilitätsprüfung. Der Einsatz dieser statistischen Methode ist vor allem dann angezeigt, wenn sich eine größere Anzahl von Variablen inhaltlich auf ähnliche Sachverhalte bezieht. In diesem Fall lassen sich die Variablen als Anzeiger oder Indikatoren für eine geringere Anzahl von latenten Faktoren auffassen, die am besten diese repräsentieren, also eine inhaltliche Ebene oder Dimension abbilden. Die empirisch ermittelten Items werden in der Regel zu einer neuen Indexvariablen zusammengefasst, die übrigen Items werden aus der Analyse ausgeschieden.

Bei der am häufigsten eingesetzten Variante, der explorativen Faktorenanalyse, werden aus einem Pool von Indikatoren mehrdimensionale Komponenten berechnet, die in sich eindimensional und damit inhaltlich konsistent sind. Dagegen werden bei der konfirmatorischen Faktorenanalyse theoretische und begründete Hypothesen und Modelle auf ihre Vereinbarkeit mit den zu analysierenden Daten verglichen (siehe Bühner, 2011, S. 380ff.).

Die Bezeichnung Faktorenanalyse wird in den Sozialwissenschaften oft mit der Hauptkomponentenanalyse gleichgesetzt, was statistisch gesehen nicht korrekt ist. Erörterungen über die Unterschiede der mathematischen und statistischen Berechnungsformen sowie Anwendungstipps finden sich in Blasius & Thiessen (2021, S. 355ff.), Hirschle (2015, S. 110ff.), Schendera (2010, S. 179ff.), Backhaus et al. (2018, S. 365ff.) und insbesondere bei Bühner (2011, S. 295ff.). Im Abschnitt 10.2 und im Abschnitt 10.5 werden Beispiele der Faktorenanalyse kurz vorgestellt und diskutiert.

8.4.2. Lineare Regression

Im Folgenden wenden wir uns struktur- bzw. modellprüfenden Analyseverfahren zu, wobei zwei Formen der Regressionsanalyse kurz vorgestellt werden. Unterschieden werden die *einfache* und *multiple lineare* Regression. Bei der **einfachen linearen Regression** wird nur eine unabhängige Variable (Prädiktor) im Regressionsmodell berücksichtigt, d.h. es wird die Beziehung zwischen einer UV und einer AV untersucht, wobei die AV metrisch skaliert sein muss. Bei der **multiplen linearen Regression** wird der gerichtete Einfluss mehrerer UVs auf genau eine AV untersucht – auch hier muss die AV metrisch skaliert sein. Es geht demnach darum, zu klären, inwieweit sich das inhaltlich begründete *Regressionsmodell* mit den Stichprobendaten vereinbaren lässt. Dabei empfiehlt es sich, nicht zu viele UVs in das Modell aufzunehmen und es möglichst „einfach" zu halten.

Während die Korrelationsanalyse für die Ermittlung der Stärke und der Richtung des Zusammenhangs zwischen zwei Variablen verwendet wird, ist mit der Regressionsanalyse zusätzlich die Möglichkeit gegeben, den Wert einer AV (auch als Prognosevariable, Kriterium oder Regressand bezeichnet) aus den Werten anderer UVs (auch Prädiktorvariablen oder Regressoren genannt) vorherzusagen bzw. zu schätzen.[58] Das statistische Grundproblem der Regression ist also die Frage, ob und in welchem Ausmaß UVs eine AV beeinflussen, erklären, determinieren. Die Regressionsanalyse wird z.B. im Marketing für die Schätzung des Zusammenhangs zwischen der Absatzmenge (AV) und Marketing-Instrumenten wie dem Preis und dem Werbebudget (als UV) verwendet. Das Ergebnis einer Regressionsanalyse ist die Darstellung einer abhängigen Variablen Y als Funktion f einer oder mehrerer unabhängiger Variablen X_i. Diese Funktion wird als **Regressionsmodell** bezeichnet. Um die Logik der Regressionsanalyse zu demonstrieren verwenden wir die einfache Regression.

Die Regressionsgleichung drückt den Zusammenhang zwischen den zwei Variablen als Funktion aus und lautet bei einer einfachen linearen Regression:

$$\hat{y} = a + bx$$

Beim vorliegenden einfachen linearen Regressionsmodell werden die Werte der AV (y) als Summe der Konstanten a und der mit dem Regressionskoeffizienten b gewichteten UV (x) vorhergesagt. Der Regressionskoeffizient b gibt das *Ausmaß der Steigung* (Zu- oder Abnahme) der AV an, wenn die UV um eine Einheit zunimmt (Abbildung 30).

[58] Während die Werte der Variablen beobachtbar sind, werden die Parameter der Regressionsfunktion und der sog. Residualfunktionen geschätzt. Siehe für eine detaillierte Darstellung der Schätzung im Rahmen von Regressionsanalysen Urban & Mayerl (2018).

Abbildung 30 – Regressionsgerade

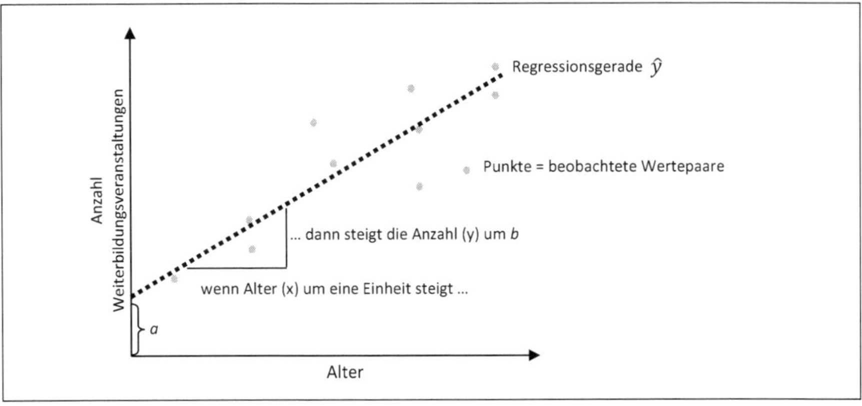

Das Grundprinzip der einfachen linearen Regression besteht somit darin, dass „die Werte der abhängigen Variablen jedes einzelnen Falles als Summe aus einer Konstanten und der mit einem ‚Regressionskoeffizienten' gewichteten unabhängigen Variablen vorhergesagt" (Schnell et al., 2018, S. 455) werden. Die Differenzen zwischen beobachteten und vorhergesagten Werten werden **Residuen** genannt. Sie dürfen bei der linearen Regression keine systematischen Tendenzen zeigen, weil dann Hinweise auf systematische Einflüsse auf die AV vorliegen. Daher muss zur Beurteilung der Güte eines Regressionsmodells eine Analyse der Residuen durchgeführt werden. Das zentrale Maß für die Güte der Regressionsschätzung ist das **Bestimmtheitsmaß R^2** (Quadrat des Korrelationskoeffizienten), das auch Determinationskoeffizient genannt wird. Es stellt das Verhältnis von erklärter Streuung zur Gesamtstreuung dar ($0 \leq R^2 \leq 1$).

$$R^2 = \frac{Varianz\ der\ vorhergesagten\ Werte}{Varianz\ der\ beobachteten\ Werte}$$

Damit lässt sich beurteilen, wie gut die vorhergesagten mit den beobachteten Werten übereinstimmen bzw. wieviel der Varianz von Y durch die Regression korrekt vorhergesagt, also durch das Regressionsmodell erklärt wird. Ob das Ergebnis nur für die Stichprobe gilt, kann mit einer Signifikanzprüfung von R^2 mittels F-Test festgestellt werden. Ist das Resultat signifikant, also liegt die Irrtumswahrscheinlichkeit unter 5%, ist die Güte des Modells mit sehr hoher Wahrscheinlichkeit nicht zufällig und wird entsprechend auch außerhalb der Stichprobe gelten.

Bei der *multiplen linearen Regression* muss zur Berechnung der Güte der Regressionsschätzung ggf. ein Korrekturverfahren gemacht werden, um die höhere Anzahl an Prädiktoren adäquat zu berücksichtigen – das R^2 steigt nämlich im Regelfall allein durch eine höhere Zahl an UVs (Kuckartz et al., 2013, S. 270ff.). Das Ergebnis dieser Korrektur wird dann korrigiertes oder auch **adjustiertes R^2** genannt. Weiters ist bei der multiplen linearen Regression auf die Beziehungen zwischen den UVs zu achten. Anzustreben ist eine geringe **Multikollinearität**, das bedeutet, die Prädiktoren dürfen untereinander kaum bzw. in nur geringem Maße korrelieren, nur so ist der Beitrag jeder einzelnen UV für die Erklärung der AV bestimm- bzw. spezifizierbar. Die Multikollinearität lässt sich mit Hilfe der **Toleranz** oder des **VIF-Koeffizienten** bestimmen (Blasius & Thiessen, 2021, S. 329; Diaz-Bone, 2019, S. 207).

Bei multiplen Regressionsanalysen will man oft wissen, welche Prädiktoren mehr oder weniger Einfluss auf die Zielvariable haben. Die Formel der einfachen Regression erweitert sich um die Anzahl der im Modell berücksichtigten Prädiktoren:

$$\hat{y} = a + b_1x_1 + b_2x_2 + \cdots + b_nx_n$$

Weisen die UVs unterschiedliche Skalierungen bzw. Antwortvorgaben auf, was in der Regel der Fall ist, sind die b-Werte, die sogenannten unstandardisierten Regressionskoeffizienten, nicht aussagekräftig. Stellt sich aber die Frage, welche Prädiktoren den stärksten, welche einen schwächeren Einfluss auf das Kriterium haben, möchte man also die geschätzten Koeffizienten hinsichtlich der Stärke ihres Effekts miteinander vergleichen, berechnet man daher standardisierte Koeffizienten und bezeichnet sie in den Sozialwissenschaften gemeinhin mit β (Beta). Bei ihrer Berechnung erfolgt eine Gewichtung der Regressionskoeffizienten b mit dem Quotienten der Standardabweichung von x und der AV y:

$$\beta_i = b_i \frac{s_x}{s_y}$$

Die β-Werte liegen zwischen -1 und +1 und sind untereinander in ihrem Einfluss auf das Kriterium vergleichbar. Sie sind als standardisierte Veränderungen der Zielvariable bei der Veränderung der Prädiktoren um eine Standardabweichung zu interpretieren. Es ist also nicht möglich – wie bei den b-Werten – die Veränderung der abhängigen Variablen durch die Veränderung der unabhängigen Variablen um eine Einheit zu bestimmen. β-Werte sind ausschließlich zum Vergleich der Einflussstärke von den unabhängigen Variablen geeignet.

Oft entsprechen die Daten mehr oder weniger den Voraussetzungen zur Durchführung einer linearen Regression, z.B. wenn die vorherzusagende Variable nicht metrisch skaliert ist. In diesem Fall können andere Formen der Regressionsanalyse zum Einsatz kommen, eine in der angewandten Forschung weit verbreitete Möglichkeit stellt die logistische Regression dar.

8.4.3. Logistische Regression

Logistische Regressionen werden dann eingesetzt, wenn die Einflüsse auf die AV nicht mit anderen regressionsanalytischen Verfahren untersucht werden können. Das ist dann der Fall, wenn wesentliche Anwendungsvoraussetzungen wie die Normalverteilung der Residuen oder die Varianzhomogenität nicht gegeben sind. In den Sozialwissenschaften kommt die logistische Regression zur Anwendung, weil die verfügbaren Daten häufig in kategorialer Form vorliegen und mit diesem Verfahren die Wahrscheinlichkeit eines Zielereignisses geschätzt wird.

Wie bereits im vorherigen Abschnitt erläutert, wird bei der linearen Regression der Wert der abhängigen Variablen vorhergesagt. Bei der logistischen Regression wird hingegen der Zusammenhang zwischen der **Wahrscheinlichkeit**, dass die AV den Wert 1 annimmt – also P (Y = 1) – und den unabhängigen Variablen X_i untersucht. Kurz gesagt: welchen Einfluss haben die Prädiktoren auf die Wahrscheinlichkeit, dass die AV den Wert 1 annimmt?

Bei der logistischen Regression kann man zwischen einer **binären** und einer **multinomialen logistischen Regression** unterscheiden. Bei der ersten Form ist die AV dichotom und kann nur zwei Werte annehmen (1 oder 0), hat die AV dagegen mehr als zwei Ausprägungen, spricht man von einer multinomialen logistischen Regression (Kuckartz et al., 2013, S. 273). Im Folgenden beschäftigen wir uns ausschließlich mit der binären logistischen Regressionsform.

Bei den Berechnungsvorgängen von logistischen Regressionsmodellen handelt es sich allgemein im Kern um mathematische Umformungen. Bei der binären logistischen Form wird dem Umstand Rechnung getragen, dass die Zielvariable genau zwei Ausprägungen (0 oder 1) hat. Ausgangspunkt ist die logistische Regressionsfunktion, mit deren Hilfe geschätzt werden kann, wie groß die Wahrscheinlichkeit für das Eintreten bestimmter Ereignisse P(Y) ist (siehe auch Rohrlack, 2007):

$$P(Y) = \frac{exp\,(a\ + b_1 x_i)}{1 + exp\,(a + b_1 x_i)}\ = \frac{e^{a_i}}{1 + e^{a_i}}$$

wobei e der Euler'schen Zahl (~2,718) und a der Linearkombination, also der Gleichung der Regressionsgeraden der linearen Regression, entspricht. Die logarithmierte Chance (= Logit) für die AV Y = 1 entspricht dem linearen Regressionsmodell und lässt sich formal folgendermaßen ausdrücken:

$$\ln\left(\frac{p\,(Y = 1)}{1 - p\,(Y = 1)}\right) = Logit =\ a + b_1 x_1 + \cdots + b_i x_i$$

In der logistischen Regression ist *b* der Logit-Koeffizient, der dem Regressionsgewicht *b* in der linearen Regression entspricht. Der Logit-Wert gibt an, wie sich die logarithmierte Chance für Y = 1 ändert, wenn sich die (jeweils) unabhängige Variable um eine Einheit verändert. Zur Schätzung der logistischen Regression wird die Maximum-Likelihood Methode (ML) eingesetzt. Gesucht sind jene Regressionskoeffizienten, die eine logarithmierte Likelihood-Funktion minimieren und damit die beste Trennung zwischen den Ausprägungen der abhängigen Variablen (0 und 1) ermöglichen. Es ist das Äquivalent zur OLS-Regression, die beim linearen Regressionsmodell die Bestimmung der Regressionsgleichung als beste Schätzung mit Hilfe der Methode der kleinsten Quadrate anwendet.

Nun verläuft der Zusammenhang zwischen X und Y bei einer logistischen Regression nicht linear, sondern S-förmig bzw. kurvlinear. Daher sind Auswirkungen einer Erhöhung der X-Werte auf die vorhergesagten Y-Werte nicht konstant und damit schwerer zu bestimmen (Kuckartz et al., 2013, S. 276). Die Logit-Werte sind also nicht äquivalent zur linearen Form interpretierbar. Daher werden die sogenannten Odds Ratio-Werte für die jeweiligen Regressionsgewichte berechnet, indem man die Höhe von b_i als Exponent für e einsetzt.

$$\text{OR für } b_i = exp\ (b_i) = e^{b_i}$$

Anders ausgedrückt erhalten wir die Odds-Ratio-Werte durch das Entlogarithmieren der Logit-Werte. Sie geben die Chance an, aufgrund eines bestimmten Prädiktors die Ausprägung 1 des Kriteriums zu erhalten und helfen beim Verständnis der Ergebnisse. An dieser Stelle ist es wichtig zu betonen, dass es sich hier um **Chancen bzw. Risiken** handelt und nicht um Wahrscheinlichkeiten. Wie im folgenden Beispiel beschrieben steigt oder sinkt die Chance um die jeweils errechnete Einheit. Zur Berechnung der Odds wird die Häufigkeit eines Ereignisses zur Häufigkeit des Gegenereignisses in Beziehung gesetzt. Demnach sind sie keine Wahrscheinlichkeiten, denn diese setzen ein Ereignis zu allen Ereignissen bzw. Beobachtungen in Beziehung (Weins, 2010, S. 78).

Im folgenden Beispiel geht es um die Frage, wodurch die Wahrscheinlichkeit, in Deutschland konfessionslos zu sein, erklärt werden kann bzw. welche Faktoren sie beeinflussen (Beispiel ist gekürzt entnommen von Kopp & Lois, 2014). Die zu erklärende Variable Konfessionslosigkeit wird mit 0 = nein und 1 = ja kodiert. Da mehrere UVs untersucht werden und die AV dichotom ist, wird eine *binär logistische multiple* Regression durchgeführt.

Prädiktoren (X) für Konfessionslosigkeit (Y=1)	**b**	**e^b (OR)**	**z**
Geschlecht (Referenzkategorie Frau)	0,219**	1,245	2,2
Lebensalter in Jahren	-0,030***	0,971	-6,7
Bildungsjahre	0,129***	1,138	5,8
Wohnort (Ref.kat. Westdeutschland)	2,338***	10,360	22,7
Likelihood-Ratio-x^2 (df)	759,2 (11)**		
Log-Likelihood des Nullmodells	-1.645,1		
Log-Likelihood des Endmodells	-1.265,5		
Pseudo-r^2 (McFadden)	0,231		
*: p < 0,10, **: p < 0,05, ***: p < 0,01 Anmerkung: Es werden nicht alle Modellvariablen dargestellt. Die Werte zum Modellfit beziehen aber alle Variablen (zusätzlich Familienstand, Anzahl der Kinder im Haushalt) mit ein.			

Wie in der Tabelle ersichtlich hängt die Konfessionslosigkeit mit dem Wohnort zusammen; der Logit-Koeffizient beträgt b = 2,34; dieses Ergebnis heißt, dass die logarithmierte Chance, konfessionslos zu sein, in Ostdeutschland um 2,34 größer ist als in der Referenzkategorie Westdeutschland (X = 0). Auch zeigt sich, dass das Geschlecht die Chance bzw. das Risiko beeinflusst, in Deutschland konfessionslos zu sein; der b-Wert von 0,22 ist positiv, was bedeutet, dass die Chance einer Konfessionslosigkeit bei Männern größer ist als bei Frauen. Da der b-Wert inhaltlich schwer zu interpretieren ist, wird meist der Odds Ratio-Wert e^b (OR) herangezogen. Dieser besagt, dass die Chance, ohne Konfession zu sein, bei Männern um 24,5 % bzw. um das 0,245-fache größer als bei Frauen ist. Das macht die Aussage der Interpretation um einiges verständlicher.

Die z-Werte in der Tabelle sind das Äquivalent zur t-Statistik der linearen Regression, das heißt mit Hilfe des z-Wertes wird die Nullhypothese überprüft (in SPSS wird die sehr ähnliche Wald-Statistik berechnet) – für weitere Informationen siehe Kopp & Lois (2014, S. 167f.).

Im letzten Teil der Tabelle finden sich Angaben zur Güte des Gesamtmodells, auch **Modellfit** genannt. Diese Werte zeigen an, wie gut das verwendete Modell die daraus resultierenden Werte vorhersagt (Kuckartz et al., 2013, S. 278). Der Likelihood Ratio χ^2-Wert von 759,2 (berechnet sich aus -1.645,1 - (-1.265,5) · 2) ist signifikant und die Nullhypothese, alle Regressionskoeffizienten des Modells sind gleich null, kann verworfen werden. Das bedeutet, dass die Erklärungskraft des Gesamtmodells überzufällig ist. In den zwei folgenden Zeilen finden wir Werte für die beiden logarithmierten **Likelihoodfunktionen** (LL), einmal berechnet nur mit der Konstanten (Nullmodell), das andere Mal mit allen Kovariaten (Endmodell). Die LL-Funktion ist in einem „perfekten" Modell gleich 0, d.h. die Prädiktoren können die abhängige Variable fehlerfrei erklären. In unserem Beispiel liegt die Fehlersumme des Nullmodells bei 1.645,1 Punkten und sinkt durch die im Modell berücksichtigten Kovariaten, die die Vorhersageleistung für die abhängige Variable verbessern, auf 1.265,5 Punkte. Ob diese Reduktion um rund 380 Punkte stark oder schwach ausgefallen ist, lässt sich nur für ein hierarchisches Regressionsmodell angeben, bei dem einzelne oder Blöcke von Prädiktoren in einer festgelegten Reihenfolge in die Berechnung eingehen. Im vorliegenden Modellbeispiel werden dagegen alle Prädiktoren gleichzeitig und gleichwertig in die Berechnung einbezogen. Für diesen Fall ist daher die Interpretation anderer Maßzahlen sinnvoller. Eine davon ist das Pseudo-r^2 nach McFadden. Dieser Koeffizient ist ein sogenanntes PRE-Maß („proportional reduction of error"), das angibt, um wie viel Prozent die Kovariaten die Vorhersage der Zielvariablen verbessern. Das Pseudo-r^2 nach McFadden lässt sich einfach aus den beiden logarithmierten Likelihoodfunktionswerten berechnen: 1 - ((-1.265,5)/(-1.645,1)) und beträgt 0,231. D.h., die soziodemographischen Variablen, die im vorliegenden Modell berücksichtigt worden sind, können die Vorhersage der Zielvariablen insgesamt um 23% verbessern, was auf eine recht gute Erklärungskraft des Modells hindeutet.

Weitere Versuche, das Bestimmtheitsmaß R^2 der linearen Regression auf die logistische Regression zu übertragen, stellen die Maßzahlen von **Nagelkerke** und **Cox/Snell** dar. Auch diese Koeffizienten sind reine Fit-Werte, die den Grad der Anpassung einer Regressionsschätzung an die Stichprobenwerte ermitteln – d.h. Vergleich der Log-Likelihood-Werte des Nullmodells mit jenen des Prädiktorenmodells (Diaz-Bone, 2019, S. 248ff.; Urban & Mayerl, 2018). Für alle drei Koeffizienten gilt, dass sie eine nur eingeschränkte Interpretation der Güte des gesamten Regressionsmodells erlauben – die Bezeichnung „Pseudo" weist darauf hin –, sie darf auf keinen Fall wie die direkte Interpretation von R^2 vorgenommen werden, da sie in der sozialwissenschaftlichen Forschungspraxis nur äußerst selten Werte um bzw. über 0,6 annehmen. Zur Orientierung werden in der Fachliteratur Pseudo-r^2-Werte unter 0,005 als schwach, bis 0,2 als mittel, bis 0,4 als stark und ab 0,4 als ausgezeichnet interpretiert.

9. Dissemination

Die meisten Hochschulen haben für Abschlussarbeiten in Bachelor-, Master- und Doktoratsstudien Richtlinien und Beurteilungsschemata publiziert, die sehr genaue Informationen geben, welche theoretischen, methodischen, inhaltlichen und formalen Kriterien zu berücksichtigen sind bzw. eingefordert werden. Diese Richtlinien und Beurteilungsschemata sollten unbedingt genau gelesen werden, bevor das eigene Projekt gestartet wird. Im Nachfolgenden werden ein paar allgemeine Hinweise gegeben. Grundsätzlich gilt aber, dass den Formalia der eigenen Hochschule oder Universität Vorrang zu geben ist. Viele solcher Richtlinien und Beurteilungsschemata beziehen sich explizit oder implizit auf drei Grundlagen:

- Regeln des wissenschaftlichen Arbeitens und Formalia;
- Gütekriterien der empirischen Forschung;
- Standards der guten wissenschaftlichen Praxis.

Standards und Qualitätskriterien werden von nationalen und internationalen wissenschaftlichen Vereinigungen bzw. von Berufsverbänden der Sozial-, Markt- und Meinungsforschung veröffentlicht. Die am häufigsten genannten Gütekriterien empirischer Forschung sind die *inhaltliche Relevanz* und die *methodische Stringenz* bzw. als „rigour and relevance" bezeichnet. Zunehmend bedeutsamer werden auch die *ethische Strenge* und die *Präsentationsqualität* (Döring, 2015). Die Gütekriterien der Objektivität, Validität und Reliabilität, die die wesentlichen Elemente der methodischen Ebene darstellen, wurden als spezifische Kriterien bereits in Abschnitt 3.4 erläutert. Für Formvorschriften empfiehlt sich die aktuelle Auflage des Publikationsmanuals der American Psychological Association (APA). Dieses mittlerweile sehr umfangreiche Werk bietet nicht nur genaue Informationen zum Zitieren, sondern ganz generell über die Darstellung von Ergebnissen bis hin zur Frage, was einen wissenschaftlichen Schreibstil ausmacht (American Psychological Association, 2019).

9.1. Dokumentation empirischer Forschungsprojekte

Wer ein empirisches Projekt durchführt, sollte bereits in der Projektplanung eine durchgängige und vollständige Dokumentation aller Arbeitsschritte vorsehen und diese geordnete Vorgehensweise bis zur Darstellung bzw. Präsentation der Ergebnisse beibehalten. Grundsätzlich gilt für die Dokumentationsanforderungen bei empirischen Forschungsprojekten, dass alle relevanten Informationen, die für den *Nachvollzug* der Ergebnisse erforderlich sind, so umfassend und detailliert dargestellt werden, dass eine *Überprüfung* der Art des Zustandekommens von Forschungsergebnissen und ihrer Qualität durch Dritte ermöglicht wird. Die zu dokumentierenden Arbeitsschritte und Inhalte sind im Wesentlichen deckungsgleich mit der Struktur einer Abschlussarbeit bzw. eines Forschungsberichts.

Beschreibungen ermöglichen es den Leser*innen, die Vorgehensweise eines Projekts angemessen nachzuvollziehen und sich ein Urteil bilden zu können. Zu diesen Beschreibungen gehören u.a. die Entwicklung der Frage- bzw. Problemstellung, die Herleitung der Hypothesen, die Darstellung des Forschungsdesigns und der Erhebungsinstrumente sowie Informationen zur Datenerhebung. Erst eine derartige Vorgehensweise sichert die Einhaltung der für das Prinzip der Intersubjektivität erforderlichen Transparenz und Nachvollziehbarkeit wissenschaftlicher Forschungsarbeit.

Für diese Zwecke haben wissenschaftliche Vereinigungen und Verbände von Sozial- und Marktforschungsinstituten unterschiedliche Standards formuliert. Ein Beispiel für eine detaillierte Variante im Bereich der Meinungsforschung stellen die *Best Practices* der American Association of Public Opinion Research (2021) dar, deren Einhaltung für die Durchführung von Sozialforschungsprojekten allgemein empfohlen werden kann. Diese Standards umfassen Angaben über Auftraggeber*innen und inhaltliche Zielsetzungen über methodische Aspekte (z.B. Verfahren der Bildung spezieller Werte und Indices) bis zur Dokumentation erhebungsorganisatorischer und -technischer Aspekte (z.B. Zeit und Ort der Erhebung, genaue Stichprobenbeschreibung inkl. Ausfallsstatistik, Interviewer*innenschulung und -instruktionen).

9.2. Gliederung von Abschlussarbeiten und Forschungsberichten

Abschlussarbeiten und Forschungsberichte sind geordnete Darstellungen von Informationen über alle Schritte und Ergebnisse des Forschungsprozesses. Eine allgemeine Struktur von Forschungsberichten enthält jedenfalls die folgenden Abschnitte, die entsprechend auszuarbeiten sind (Schnell et al., 2018, S. 449ff.).

1. Einleitung: In der Einleitung wird zunächst die Motivation für das Projekt (z.B. Zielsetzungen und Anlass) dargestellt, sodann das Forschungsproblem beschrieben und die Relevanz des Forschungsvorhabens begründet. Im nächsten Schritt sollten die spezifischen Aufgabenstellungen und die konkreten Forschungsziele definiert werden. Allgemein empfiehlt sich an dieser Stelle auch eine Gliederung der nachfolgenden Abschnitte im Sinne einer Kurzübersicht.

Kriterien der Wissenschaftlichkeit in diesem Abschnitt:

- Wird die wissenschaftliche und/oder praktische Relevanz des Forschungsthemas bzw. -problems erläutert und begründet?
- Werden die Erkenntnisziele erläutert und begründet?
- Werden potenzielle ethische Probleme des Vorhabens erläutert und gegebenenfalls Vermeidungs- und/oder Lösungsstrategien erläutert?

2. Theorie- und Hypothesenbildung: Der zweite Teil sollte mit einer Diskussion des aktuellen Standes der Erkenntnisse zum Thema (state of the art) beginnen. Aufbauend auf einer Diskussion der theoretischen Erklärungsansätze folgt die Hypothesenbildung, in der die Ableitung der forschungsleitenden Hypothesen und die Hypothesen selbst in Form eines Hypothesenkatalogs dargestellt werden.

Kriterien der Wissenschaftlichkeit in diesem Abschnitt:

- Erfolgt die Aufarbeitung des aktuellen Erkenntnisstandes durch systematische Literaturrecherche?
- Wird eine kritische Auseinandersetzung mit relevanten Theorien geleistet?
- Wird das Thema in den aktuellen Forschungsstand eingeordnet?
- Werden die forschungsleitenden Begriffe durch Literaturverweise hinreichend erläutert bzw. definiert?
- Werden Hypothesen systematisch aus der verwendeten Literatur abgeleitet bzw. unter Verwendung derselben ausgearbeitet?
- Sind die entwickelten Hypothesen in sich widerspruchsfrei, falsifizierbar und operationalisierbar?

3. Forschungsdesign und Methodik: Im dritten Teil wird die Vorgehensweise bei der Untersuchungsplanung und der Auswahl des Forschungsdesigns beschrieben. Darauf folgen die Dokumentation der Konzeptspezifizierung und Operationalisierungsschritte sowie eine Kurzbeschreibung des Erhebungsinstruments (die vollständige Darstellung von Fragebögen erfolgt im Anhang). Des Weiteren sind die Beschreibung der Grundgesamtheit und der Stichprobenziehung sowie eine Kurzdarstellung des Pretests und seiner Ergebnisse Bestandteile dieses Abschnitts. Ebenso werden die angewandten statistischen Verfahren zur Prüfung der Hypothesen (kritisch) erörtert.

Kriterien der Wissenschaftlichkeit in diesem Abschnitt:

- Folgt die Untersuchung der Problem- bzw. Fragestellung einem geordneten Prozess?
- Erfüllen das Forschungsdesign und die Operationalisierung von Hypothesen und Variablen die Anforderungen von Objektivität, Reliabilität, und Validität?
- Entspricht die Stichprobe den Anforderungen der Fragestellung und Hypothesen?
- Werden die für die Überprüfung der Hypothesen gewählten Auswertungsverfahren erläutert und begründet?

4. Datenerhebung: Der Erhebungsprozess wird kurz beschrieben, wobei im Besonderen die Brutto- und Nettostrichprobe, die Ausfallsstatistik und eventuelle Einschränkungen der Repräsentativität im Detail darzustellen sind.

Kriterien der Wissenschaftlichkeit in diesem Abschnitt:

- Werden die für die Datenerhebung eingesetzten Methoden und Instrumente hinreichend beschrieben?
- Werden die Daten im benötigten Umfang und dem für die statistischen Analysen benötigen Detaillierungsgrad erhoben?
- Werden eventuelle Fehlerquellen und/oder Störfaktoren beschrieben und ihre potenziellen Auswirkungen auf Hypothesenprüfung und Ergebnisqualität erläutert?

5. Darstellung und Diskussion der Ergebnisse: Im Ergebnisteil wird die empirische Beweisführung vorgenommen. Zuerst erfolgt eine übersichtliche Darstellung der Ergebnisse, anschließend werden sie inhaltlich interpretiert und diskutiert. Der Ergebnisteil schließt mit allgemeinen Schlussfolgerungen und Überlegungen, in welchem Zusammenhang die eigenen Ergebnisse mit dem aktuellen Erkenntnisstand im jeweiligen Themengebiet stehen.

Kriterien der Wissenschaftlichkeit in diesem Abschnitt:

- Werden alle für die Nachvollziehbarkeit und Überprüfung der Ergebnisse erforderlichen Prüfgrößen und Kennwerte angeführt und richtig interpretiert?
- Werden in der Interpretation der Ergebnisse alle relevanten Ergebnisse und Informationen berücksichtigt?
- Werden die Ergebnisse auf die Fragestellung bezogen?
- Werden etwaige Einschränkungen der Gültigkeit und der Reichweite der Ergebnisse erläutert?
- Werden etwaige ethische Probleme in Verbindung mit der Fragestellung, dem Forschungsprozess und der Ergebnisdarstellung korrekt behandelt?
- Erfolgt eine Diskussion der Ergebnisse und eine Einordnung der Erkenntnisse in den aktuellen Forschungsstand?
- Wird die wissenschaftliche und/oder praktische Relevanz der Erkenntnisse im Verhältnis zur Relevanz der Forschungsfrage erläutert?

6. Zusammenfassung: In der Regel werden die gesamten Ergebnisse, ihre Relevanz und etwaige Einschränkungen unter kurzer Skizzierung auf die forschungsleitenden Hypothesen, Methoden und Daten am Ende eines Forschungsberichts resümiert.

Kriterien der Wissenschaftlichkeit in diesem Abschnitt:

- Wird eine zusammenfassende Darstellung der Hauptergebnisse, ihrer Relevanz und etwaiger Einschränkungen gegeben?
- Schließt die Darstellung an den formulierten Forschungsfragen und Hypothesen an und werden diese damit adäquat beantwortet?

Die Einhaltung dieser der Logik des Forschungsprozesses folgenden Form bietet für Leser*innen eine gute Voraussetzung für die Nachvollziehbarkeit der inhaltlichen Ergebnisse.

9.3. Darstellung und Interpretation von Forschungsergebnissen

Abschlussarbeiten oder Forschungsberichte, in denen ausschließlich Informationen aneinandergereiht werden, sind für Leser*innen schnell ermüdend. Wichtig sind auch die Aufbereitung und die Gestaltung dieser Informationen. Generell sollte ein Mittelweg zwischen der notwendigen Ausführlichkeit und Tiefe der Informationen und einer möglichst prägnanten Darstellungsweise gefunden werden.[59] Vier Aspekte gilt es im Besonderen zu beachten:

---

[59] In der Methodenliteratur sind Hinweise zur Gestaltung eines Forschungsberichts eher selten anzutreffen. Dieser Abschnitt folgt Stangl (2012), der eine gute Übersicht über Regeln der Berichterstattung und Hinweise zur sprachlichen Gestaltung von Forschungsberichten bietet.

- **Prägnanz** setzt voraus, dass angesichts großer Faktenmengen das Wichtige vom Unwichtigen unterschieden und das Letztere weggelassen wird. Wichtig sind die Darstellung der für die Prüfung der Hypothesen erforderlichen Informationen und die Nachvollziehbarkeit der Arbeitsschritte sowie der ihnen zugrunde liegenden Überlegungen. Dafür ist es hilfreich, sich regelmäßig die zentralen Fragestellungen und Zielsetzungen der Arbeit vor Augen zu führen und zu prüfen, welche Informationen (Forschungsprozess, Fragestellungen, Methoden, Auswertungsverfahren und Auswertungen, Interpretationen, Schlussfolgerungen) für die Darstellung der eigentlichen Thematik wichtig sind. Hintergrundinformationen bzw. Informationen, die für die Nachvollziehbarkeit von Überlegungen zwar wichtig sind, aber nicht der eigentlichen Beweisführung oder Argumentation dienen, sollten in Fußnoten dargestellt werden.
- Entscheidend für die Nachvollziehbarkeit eines Projekts ist eine systematische Darstellung. **Systematik** bedeutet, dass die Darstellung von Informationen einer inhaltlich begründeten Gliederung folgt. Im Kern ist diese Systematik bereits in den einleitenden Kapiteln eines Forschungsberichts zu Hypothesenbildung und Methoden festgelegt. Die Systematik der Ergebnisdarstellung sollte den Hauptlinien der in diesen Kapiteln formulierten Fragen und Begründungen entsprechen.
- Auch auf die **Länge** der Kapitel sollte geachtet werden. Eine weit ausholende Einleitung ist ebenso wenig sinnvoll wie lange definitorische Klärungen oder Schilderungen von Erhebungsprozessen. Im Zentrum stehen in der Regel die Ergebnisse und die Schlussfolgerungen und mit ihnen die Art und Weise, wie sie zustande gekommen sind. Diese Abschnitte werden in der Regel den meisten Raum einnehmen.
- **Die Verarbeitungsqualität** ist grundsätzlich im Auge zu behalten, insbesondere sind unzusammenhängende Aneinanderreihungen von Informationen, eine fehlende oder mangelnde logische Herleitung von Schlussfolgerungen, die Ausgabe von Erkenntnissen anderer Autor*innen als eigene Befunde oder auch die Aneinanderreihung von Zitaten (Copy & Paste und Namedropping) zu vermeiden. An der Verarbeitungsqualität lässt sich ablesen, wie vertraut Autor*innen mit dem Thema sind, wie gut sie den dargestellten Sachverhalt selbst verstanden und inwieweit sie ihn gedanklich durchdrungen haben. Die ermittelten Informationen werden nicht nur referiert, sondern auch interpretiert und in einen neuen Zusammenhang integriert. Eine fundierte Analyse zeigt sich häufig daran, dass Schlussfolgerungen oder Urteile aus einer selbständig entwickelten Argumentationslinie hergeleitet und Bewertungen und Kritik begründet werden. Nicht zuletzt ist es auch ein Qualitätsmerkmal von wissenschaftlichen Arbeiten, wenn die Reichweite der eigenen Ergebnisse im Lichte anderer Ergebnisse kritisch betrachtet wird und am Schluss neue, offene Fragestellungen für weitere empirische Untersuchungen aufgeworfen werden.

Die Interpretation von Ergebnissen ist manchmal schwieriger durchzuführen als erwartet. Auf drei grundlegende Formen – kausale Erklärung, funktionale Analyse und Vergleich – der Interpretation und die mit ihnen im Zusammenhang stehenden Fallstricke wird im Folgenden kurz eingegangen:

Wesentliches Ziel von Wissenschaft ist das Erklären von Phänomenen und ihren Ursachen und Verknüpfungen. **Kausale Erklärungen** können jedoch häufig nicht vorgenommen werden, denn wie in Kapitel 8 bereits erwähnt, sind Assoziationen zwischen Variablen eben nicht mehr und auch nicht weniger als *statistische Zusammenhänge* und dürfen nicht vorschnell als kausale Beziehungen interpretiert werden. Kausale Erklärungen im Sinne der Beeinflussung der AV durch die UV sind nur unter bestimmten Voraussetzungen möglich. Die Unterschiede dieser Interpretationsformen werden oft verwischt, wodurch häufig missverständliche oder falsche Interpretationen von korrelativen Beziehungen formuliert werden.

Die **funktionale Analyse** berücksichtigt das Problem einer die Realität auf wenige ausgewählte Ausschnitte reduzierenden Modellbildung in den Sozialwissenschaften (Opp, 2014). Empirische Phänomene lassen sich fast auf einzelne Ursachen zurückführen bzw. durch diese erklären. So haben Managementsitzungen in einem Unternehmen nicht immer die vornehmlich vorrangige Funktion, Lösungen für Probleme zu finden und zu beschließen, sondern zum Beispiel auch ein Forum für die Allianzbildung von konkurrierenden Interessen bereit zu stellen. Für die Erklärung sozialer Phänomene ist es daher ratsam, zwischen *manifesten und latenten Funktionen* von Handlungen zu unterscheiden. Für die inhaltliche Interpretation von statistischen Ergebnissen bedeutet dies, dass gefundene Zusammenhänge in ihrer Bedeutung nicht über- oder unterbewertet werden dürfen – sie sind als Ausschnitte größerer (manifester und latenter) Beziehungsgeflechte zu verstehen.

Vergleiche werden in den Sozial- und Wirtschaftswissenschaften für unterschiedliche Zwecke angestellt. Verfahren zum systematischen Vergleich von Untersuchungseinheiten und ihren Merkmalen werden sowohl für die Überprüfung als auch für die Formulierung von Hypothesen verwendet. Systematische Vergleiche werden u.a. für die folgenden Zwecke genutzt:

- die formale, *rein deskriptive Gegenüberstellung* der Merkmalsausprägungen von gleichen Untersuchungseinheiten;
- die *Bildung von trennscharfen Klassen* von Untersuchungseinheiten nach bestimmten Merkmalen;
- die *Herausarbeitung der besonderen Merkmale* von Typen.

Bei der *vergleichenden Interpretation* ist zu prüfen, ob die Voraussetzungen für einen systematischen Vergleich überhaupt gegeben sind. Mitunter müssen dazu quasi-experimentelle Bedingungen angenommen werden, die in der Realität nicht existieren. Vergleichende Interpretationen können und sollen jedoch im Sinne der Präzisierung der Ergebnisse beispielsweise für Stichproben derselben Population vorgenommen werden.

9.4. Gute wissenschaftliche Praxis

Der Ausdruck der *guten wissenschaftlichen Praxis* ist facettenreich und Teilgebiet der Wissenschaftsethik. Im Bereich der wissenschaftlichen Praxis geht es um die Behandlung moralischer Belange der Wissenschaft als Beruf und es stellt sich die Frage „was gute wissenschaftliche Praxis ausmacht und diese von wissenschaftlichem Fehlverhalten unterscheidet" (Reydon, 2013, S. 13). Warum diese Thematik hier der Dissemination zugeordnet ist, erklärt sich dadurch, dass sich die Vortäuschung wissenschaftlicher Leistungen insbesondere im Plagiat manifestiert und sich damit erst im Schreibprozess materialisiert – grundsätzlich geht die gute wissenschaftliche Praxis aber weit über das Plagiat hinaus. Zu Beginn fassen wir die bereits 1942 geschriebenen und prominent gewordenen vier Maxime über das wissenschaftliche Berufsethos von Merton (1973, S. 268ff.) zusammen. Vier Sets von institutionellen Imperativen – Universalismus, Kommunalismus, Uneigennützigkeit, organisierter Skeptizismus – machen demnach das Ethos der modernen Wissenschaft aus.

Universalismus: Dieser bezieht sich darauf, dass wissenschaftliche Aussagen und Erkenntnisse immer und egal welcher Herkunft vorher aufgestellten und insbesondere unpersönlichen Kriterien unterworfen werden müssen. „Die Kriterien, nach denen Ergebnisse der Forschung durch die wissenschaftliche Gemeinschaft auf ihre Stichhaltigkeit geprüft werden, sollen der Norm des Universalismus nach für alle Ergebnisse gleich sein" (Reydon, 2013, S. 50). Zudem darf die Akzeptanz oder Ablehnung, also die Bewertung von wissenschaftlichen Aussagen, nicht von den persönlichen oder sozialen Eigenschaften der Wissenschaftler*innen abhängen (Merton, 1973, S. 270).

Kommunalismus: „The substantive findings of science are a product of social collaboration and are assigned to the community. They constitute a common heritage in which the equity of the individual producer is severely limited" (Merton, 1973, S. 273). Kurzum: wissenschaftliche Erkenntnis kann nicht (oder sollte nicht) im exklusiven Besitz sein, sondern gehört der Gemeinschaft, auch weil viele neue wissenschaftliche Leistungen ohne vorangegangene Erkenntnisse gar nicht möglich wären. Der Anspruch auf das intellektuelle Eigentum beschränkt sich daher auf die Anerkennung und Wertschätzung, womit der Kommunalismus ein Argument für Zitationen liefert.

Uneigennützigkeit: Das Verhalten von Wissenschaftler*innen ist nicht auf „ihre eigenen Interessen (Voranbringen der eigenen Laufbahn, Erhöhung des eigenen Ansehens, finanzieller Gewinn, Vergrößerung der eigenen Macht innerhalb der Gemeinschaft usw.), sondern auf das Interesse der wissenschaftlichen Gemeinschaft auszurichten" (Reydon, 2013, S. 52).

Organisierter Skeptizismus: Merton (1973, S. 277) postuliert hierbei die distanzierte Prüfung von Überzeugungen auf Basis empirischer und logischer Kriterien, wobei es sich um ein „methodological and an institutional mandate" handelt. Es geht letztlich um die Grundhaltung der Unvoreingenommenheit gegenüber Ergebnissen und Hypothesen sowie Theorien, aber auch um eine neutrale und eben kritische Perspektive auf die eigene Forschung und deren Ergebnisse. Damit schließt diese Maxime an den kritischen Rationalismus an.

Wissenschaftliche Arbeiten sind durch die *Erbringung einer weitgehend eigenständigen wissenschaftlichen Leistung* gekennzeichnet. Jedoch können und sollen alle verfügbaren Vorarbeiten, die andere schon geleistet haben, genutzt werden. In diesem Sinne bauen wissenschaftliche Arbeiten immer auf „den Schultern von Riesen" (Merton, 2017) auf. Das bedeutet auch, dass in wissenschaftlichen Arbeiten klar sichtbar zwischen den eigenen Leistungen und den Vorleistungen anderer unterschieden werden muss. Es gilt also *sorgfältig zu zitieren*, wörtlich und paraphrasierend (Kruse, 2018). Dafür bieten Universitäten in der Regel Richtlinien an bzw. ist es sinnvoll sich an das Publikationsmanual der American Psychological Association (APA, 2019) oder andere internationale Standards zu halten.

!	Ein **Plagiat** liegt nach dem österreichischen Universitätsgesetz § 51 Abs. 2 Z 31 idF. 2021 dann vor, „wenn Texte, Inhalte oder Ideen übernommen und als eigene ausgegeben werden. Dies umfasst insbesondere die Aneignung und Verwendung von Textpassagen, Theorien, Hypothesen, Erkenntnissen oder Daten durch direkte, paraphrasierte oder übersetzte Übernahme ohne entsprechende Kenntlichmachung und Zitierung der Quelle und der Urheberin oder des Urhebers".

Zu ergänzen ist hier, dass auch die unkorrekte Verwendung von Bild- und Sprachwerken aller Art (z.B. Abbildungen, Tabellen, Verschriftlichung oder Paraphrasierung von Podcasts) als Plagiat zu werten ist; zudem ist die Nutzung fremder Daten immer kenntlich zu machen.

Abschließend stellen wir die *sechs Fehlverhaltensweisen* laut Richtlinien der Österreichischen Agentur für wissenschaftliche Integrität (2019, S. 14) zur „Guten Wissenschaftlichen Praxis" in zusammengefasster Form vor. Die ersten drei Aspekte werden auch als *FFP-Definition* – Fabrication, Falsification, Plagiarism – bezeichnet (Reydon, 2013):

- Fehlverhalten: Die **Erfindung** von Daten (fabrication), d.h. die Erfindung von Forschungsresultaten (Messwerten, Beobachtungsdaten, Statistiken).
- Fehlverhalten: Die **Fälschung** von Daten (falsification), z.B. durch die Manipulation des Forschungsprozesses, die Abänderung oder das selektive Weglassen von Daten.
- Fehlverhalten: Das **Plagiieren** von Texten, Inhalten oder Ideen, also insbesondere die Aneignung und Verwendung von Textpassagen, Theorien, Hypothesen, Erkenntnissen oder Daten ohne Kenntlichmachung der Quelle.
- Fehlverhalten: Die unberechtigte **Verweigerung** des Zugangs zu Primär- und Originaldaten sowie der Informationen über ihre Gewinnung bzw. deren Beseitigung.
- Fehlverhalten: Die **Behinderung** der Forschungstätigkeit anderer Wissenschaftler*innen sowie unlautere Versuche, das wissenschaftliche Ansehen anderer zu mindern.
- Fehlverhalten: Die **Sabotage** von Forschungstätigkeiten.

10. Anwendungsbeispiele

Die folgenden Beispiele sollen einen Einblick in die Praxis der empirischen Forschung in den Sozial- und Wirtschaftswissenschaften vermitteln. Am Beginn jedes Beispiels werden kurz die Motivation jeder Studie sowie die zugrundeliegenden Fragestellungen und Erhebungsformen dargestellt.

Aus jeder Studie wird eine spezifische Fragestellung herausgegriffen. Es wird also nicht der Anspruch erhoben, die Studien in ihrer Gesamtheit darzustellen. Vielmehr geht es darum, die Vorgehensweise der Studie bezüglich der Operationalisierung der ausgewählten Fragestellung, die statistische Auswertung und die Interpretation der Ergebnisse zu veranschaulichen.

10.1. Gesundheitliche Ungleichheit – Hypothesen und Operationalisierung

Im Nachfolgenden wird der Artikel „Bildung und Gesundheitsungleichheit im Alter" von Leopold & Engelhardt (2011), publiziert in der Kölner Zeitschrift für Soziologie und Sozialpsychologie, analysiert bzw. dekonstruiert. Damit soll einerseits der Aufbau einer empirischen (sekundäranalytischen) Arbeit und andererseits der Konnex aus Forschungsfrage – Theorie – Sekundärdaten sowie insbesondere die Hypothesenbildung aufgezeigt werden.

Ausgangspunkt des Artikels ist der von Studien konstatierte Unterschied der Gesundheit älterer Menschen entlang der Differenzierungskategorie Bildung. Analysen zeigen, dass diese Unterschiede bei jüngeren Menschen noch nicht bzw. eher gering ausgeprägt sind, bei Personen im Erwachsenenalter hingegen deutlicher ausfallen. Im höheren Alter sind die Ergebnisse im Vergleich zu Personen in der Erwerbsphase uneinheitlich, in manchen Studien wurde eine weitere Zunahme der Ungleichheit (Divergenz), in anderen eine Abnahme (Konvergenz) oder ein Gleichbleiben (Kontinuität) festgestellt. Kurz: Die Frage, wie sich die gesundheitliche Ungleichheit mit zunehmendem Alter entwickelt, wird in der Wissenschaft inkonsistent beantwortet. Vor diesem Hintergrund leitet sich die Forschungslücke ab, welche beantwortet werden soll: „Ziel der vorliegenden Studie ist daher, mit Hilfe eines standardisierten Analyseansatzes vergleichbare Ergebnisse zur bildungsbedingten Entwicklung der körperlichen, der kognitiven und der psychischen Gesundheit im Alter zu erhalten" (Leopold & Engelhardt, 2011).

Dieses Erkenntnisinteresse wird im Kapitel über den Stand der Forschung detaillierter ausgearbeitet und der Wissensstand über den Zusammenhang von Bildung und gesundheitlicher Ungleichheit erörtert. Hierzu werden empirische Ergebnisse und theoretische Implikationen rezitiert, die sich aus der Akkumulations-, Konvergenz- und Kontinuitätsthese ableiten. Zwar wird ein Zusammenhang zwischen Bildung und Gesundheit angenommen, dieser ist jedoch nicht eine einfache Relation, sondern über intervenierende Faktoren vermittelt. Auf Basis wissenschaftlicher Erkenntnisse werden drei zentrale Aspekte angeführt:

Ökonomische Ressourcen: Das Argument ist hierbei, dass sich höhere Bildung in finanziellen Vorteilen niederschlägt, die den Handlungsspielraum von Menschen prinzipiell erweitern. Während höhere Ressourcen die Möglichkeiten der Gesundheitsvorsorge und den Kauf von hochwertigen Lebensmitteln erleichtern, können gesundheitsschädliche Faktoren (zumindest teilweise) vermieden, in ihren Folgen oder Begleiterscheinungen gemildert werden. Belastungen nehmen mit höheren finanziellen Ressourcen daher eher ab. Nicht expliziert, aber aus dem Text ableitbar sind folgende *Arbeitshypothesen*:

AH1a: Je höher die Bildung, umso höher sind die finanziellen Ressourcen. (+)

AH1b: Je höher die finanziellen Ressourcen, umso besser ist der Gesundheitszustand. (+)

AH2a: Je höher die finanziellen Ressourcen, umso leichter fallen Präventionsmaßnahmen für den Erhalt der Gesundheit. (+)

AH2b: Je mehr Präventionsmaßnahmen, umso besser ist der Gesundheitszustand. (+)

Sozial-psychologische Einflüsse: Diese Annahme richtet sich auf die durch Bildung tendenziell vermittelte soziale Position von Menschen, welche mit geringen psychischen Belastungen am Arbeitsplatz sowie mit dem Unterstützungspotential aus sozialen Netzwerken einer Person im Zusammenhang steht. Letzteres fußt auf der Homogenitätsannahme (vereinfacht: „Gleich und Gleich gesellt sich gerne") von sozialen Netzwerken (Otte, 2004) und der Konzeption von sozialem Kapital (Lin, 1999) über die Statusposition von persönlichen Kontakten (vereinfacht: „Wer mit Ärzt*Innen befreundet ist, kann sich der ärztlichen Betreuung eher sicher sein"). Daraus lässt sich ableiten:

AH3a: Je höher die Bildung, umso geringer die psychische Belastungen am Arbeitsplatz. (-)

AH3b: Je geringer die psychischen Belastungen am Arbeitsplatz, umso besser ist die Gesundheit. (-)

AH4a: Je höher die Bildung, umso höher ist das soziale Kapital. (+)

AH4b: Je höher das soziale Kapital, umso besser ist der Gesundheitszustand. (+)

Der Zusammenhang zwischen psychischen Belastungen und Bildung zeigt sich empirisch aber nicht eindeutig. Bspw. sind Stressbelastungen bipolar ausgeprägt – also häufiger bei niedrigem und hohem Bildungsstand vorzufinden. Jedoch wird höheren Bildungsschichten auch ein höheres Potential an Copingstrategien attestiert. Wie bei den anderen Arbeitshypothesen auch handelt es sich daher um eine probabilistische Aussage.

Wissen über die Gesundheit und damit zusammenhängendes **Gesundheitsverhalten**: Hierfür referieren die Autorinnen hauptsächlich auf empirische Ergebnisse vorangegangener Studien, welche für niedrigere Bildungsschichten ein geringeres Maß an Wissen über Gesundheit und geringeres Wahrnehmungspotential ihrer eigenen Gesundheit sowie ein riskanteres Gesundheitsverhalten (etwa höhere Anteile an Raucher*innen in niedrigen Bildungsschichten) feststellen konnten. Als Arbeitshypothesen lassen sich formulieren:

AH5a: Je höher die Bildung, umso größer ist das Wissen um die Gesundheit. (+)

AH5b: Je größer das Gesundheitswissen, umso besser ist der Gesundheitszustand. (+)

AH6a: Je höher die Bildung, umso weniger treten riskante Gesundheitsverhaltensweisen auf. (-)

AH6b: Je weniger riskantes Gesundheitsverhalten, umso besser ist der Gesundheitszustand. (-)

Arbeitshypothesen werden in dem Artikel nicht gesondert geprüft, sondern sind zusammen als ein aus Theorien und empirischen Ergebnissen abgeleitetes Modell zu verstehen, welches den Zusammenhang zwischen Bildung und Gesundheit erklären soll. Dies ist die inhaltliche Basis, entlang der die Relation Bildung/Gesundheit interpretiert wird. Mit diesen Annahmen ist der Zusammenhang zwischen Bildung und Gesundheit sicherlich nicht erschöpfend erklärt, so verweisen Leopold & Engelhardt (2011) auf Kohortenunterschiede, welche beispielsweise auf dem unterschiedlichen Bildungsangebot zur jeweiligen Zeit oder den unterschiedlich strukturellen Bedingungen (etwa Vorsorgesysteme) beruhen.

Das Kernstück der Studie bildet die Frage, inwiefern sich die Niveaus der Ungleichheit für die niedrige und hohe Bildungsschicht im Alterungsprozess entwickeln. Theoretischer Ausgangspunkt, für welchen auch jeweils empirische Ergebnisse sprechen, sind drei in der Sozial-Gerontologie bzw. in der Ungleichheitsforschung parallel existierende Konzepte:

Akkumulationsthese: Hierbei wird davon ausgegangen, dass sich frühere Vorteile im weiteren Lebensverlauf systemisch vergrößern. Es besteht eine gewisse Pfadabhängigkeit, die sich aus einem niedrigeren Ausgangswert (schlechte Gesundheit bereits in der Erwerbsphase) und zusätzlich im Alter ergänzenden Effekten (Auswirkungen des Rauchens) zusammensetzt. Die erste, die Forschungsarbeit anleitende Hypothese lautet:

H1: Je höher das Alter, umso größer sind die gesundheitlichen Unterschiede zwischen den Bildungsschichten.

Konvergenzthese: Sie gründet sich auf Annahmen zu biologischen Prozessen. Argumentiert wird, dass sich der Gesundheitszustand ab einem gewissen Alter verhältnismäßig rasch verschlechtert und diese Entwicklung bei einem zuvor besseren Gesundheitsniveau zu einer drastischeren Verschlechterung führt als es bei einem zuvor schlechteren Gesundheitsniveau möglich wäre. In der Tendenz kommt es damit zu einer Angleichung. Das Phänomen lässt sich aber auch dadurch begründen, dass Personen mit einem zuvor schlechteren Gesundheitsniveau auch früher sterben. Die Angleichung ließe sich daher auf einen sozialen Selektionsprozess („survival of the fittest") in der unteren Bildungsschicht zurückführen. Mit Paneldaten lässt sich solch ein Selektionsbias berücksichtigen, um zu einer genaueren Prüfung und Klärung der Konvergenzthese zu gelangen:

H2: Je höher das Alter, umso geringer sind die gesundheitlichen Unterschiede zwischen den Bildungsschichten.

Kontinuitätshypothese: Faktoren, die soziale Ungleichheit vor dem Renteneintritt beeinflussen, so die Annahmen, wirken auch nach dem Renteneintritt in der gleichen Weise, womit von einer kontinuierlichen Wirkung und damit weder einer substanziellen Vergrößerung noch Verkleinerung der Ungleichheit auszugehen ist. Ein Beispiel ist das österreichische Pensionssystem, welches leistungsorientiert aufgebaut ist. D.h. wer in der Erwerbsphase gut verdient, erhält auch eine relativ hohe Pension im Alter im Gegensatz zu Niedrigverdiener*innen. Im Bereich kognitiver Gesundheit zeigen Studien, dass der gesundheitliche Abbau bei Hochgebildeten ähnlich schnell wie bei den Niedriggebildeten verläuft, jedoch aufgrund des besseren Ausgangszustandes auf einem höheren Niveau. Die letzte Hypothese lautet daher:

> *H3: Das Ausmaß des gesundheitlichen Unterschiedes zwischen den Bildungsschichten bleibt mit zunehmendem Alter konstant.*

Auch wenn in diesem Artikel die Hypothesen nicht explizit ausformuliert wurden – sie liegen wohl zu sehr auf der Hand –, ist dies für studentische bzw. akademische Qualifikationsarbeiten unbedingt zu empfehlen. Die drei extrahierten Hypothesen sind insofern interessant als sie sich gegenseitig ausschließen. Tatsächlich stellen sie den Konnex von Alternativ- und Nullhypothese dar. H1 behauptet einen positiven Zusammenhang zwischen steigendem Alter und wachsender gesundheitlicher Ungleichheit; der Korrelationskoeffizient p (rho) hat daher ein positives Vorzeichen:

$$H1_A: p > 0$$

Die Nullhypothese postuliert das Gegenteil bzw. es besteht kein oder ein negativer Zusammenhang:

$$H1_0: p \leq 0$$

Für H1 sind daher H2 und H3 zusammen die Nullhypothese. Gleiches lässt sich jeweils auch aus der Blickrichtung von H2 und H3 formulieren. Folglich könnte daher auf zwei der Hypothesen verzichtet werden, da bereits eine (etwa H1) die beiden anderen (etwa H2 und H3) als Nullhypothese mitführt. In vielerlei Fällen ist solch ein Vorgehen nicht statthaft – da die Hypothesen in Summe als beliebig erscheinen. Im vorliegenden Fall sind die drei Hypothesen aber Konsequenz der drei konkurrierenden und sich einander ausschließenden Theorien. Die formulierten Hypothesen werden in Folge der inhaltlich-theoretischen Analyse bzw. Operationalisierung zugeführt.

Drei Konstrukte aus den Hypothesen gilt es näher zu bestimmen: Gesundheitszustand, Bildung und Alter. Die inhaltlich-theoretische Analyse fällt in Journalartikeln meist (aus Platzgründen) verkürzt aus und sollte in Qualifikationsarbeiten einen größeren Umfang einnehmen. Gesundheit wird in der Arbeit auf drei Dimensionen aufgeteilt, eine körperliche, eine psychische und eine kognitive Dimension. Erstere wird von den Autorinnen in die Unterdimensionen chronische Erkrankungen, Greifkraft, funktionale Einschränkungen und die subjektive Einschätzung des Gesundheitszustandes untergliedert. Die Verortung von funktionalen Einschränkungen und der subjektiven Bewertung unter den Aspekt körperliche Gesundheit erscheint etwas inkonsistent, weil beide zumindest teilweise auch im Zusammenhang mit psychischen und kognitiven Dimensionen stehen. Da die genannten Aspekte letztendlich in dieser Arbeit getrennt voneinander behandelt werden und jeweils als abhängige Variable fungieren, lässt sich an dieser Stelle die Konzeptspezifikation vereinfachen. Gesundheit gliedert sich in folgende Aspekte:

- chronische Erkrankungen;
- Greifkraft;
- körperliche Mobilitätseinschränkungen (Gehen usw.);
- ADL (Activities of Daily Living, ein Konzept, welches auf die funktionale Dimension referiert) und IADL (Instrumental Activities of Daily Living, die Tätigkeiten sind anspruchsvoller als jene bei ADL);
- subjektiver Gesundheitszustand;
- psychischer Gesundheitszustand (entlang depressiver Symptome nach der EURO-D Skala);
- zeitliche Orientierung und numerische Fähigkeiten;
- Gedächtnis, Kurzzeitgedächtnis und Sprechgeschwindigkeit.

Für all diese Variablen ließe sich H1, H2 und H3 gesondert formulieren; wichtiger ist aber, Indikatoren für diese zu finden bzw. stellt sich die Frage, ob Daten zur Verfügung stehen.

Chronische Erkrankungen werden über ihre Anzahl gemessen, wobei in SHARE (siehe Abschnitt 7.1.7) eine Liste mit Erkrankungen den Befragten vorgelegt wird. Die Befragten sollen jene nennen, die sie wissentlich haben. Die genannten Erkrankungen werden für den Indikator addiert und ergeben so die Summe an chronischen Erkrankungen, an der ein*e Befragte*r leidet.

PH006_ DOCTOR TOLD YOU HAD CONDITIONS

Bitte sehen Sie sich Karte 6 an. Falls Ihnen ein Arzt schon einmal gesagt hat, dass Sie unter einer der dort an geführten Krankheiten leiden, nennen Sie mir bitte die entsprechende Nummer bzw. Nummern.

1. Herzanfall, einschließlich Herzinfarkt, Koronarthrombose oder eine andere Herzkrankheit einschließlich Herzinsuffizienz

2. Bluthochdruck oder Hypertonie

...

14. Oberschenkelhalsbruch

Die **Greifkraft** wird als ein zentraler Indikator für die körperliche Gesundheit aufgefasst, da sie mit der Stärke anderer Muskelgruppen und daraus resultierend mit der körperlichen Leistungsfähigkeit korreliert. Zudem wird diese als Prädiktor für Behinderungen etwa in der alltäglichen Lebensführung sowie für Mortalitätsrisiken gesehen (Hank et al., 2009). In SHARE wird diese durch eine Apparatur direkt bei den Befragten gemessen und vom Interviewer in das Datenfile eingetragen.

Ausschnitt aus der Greifkrafttestung (SHARE):

GS700_Intro: Jetzt möchte ich messen, wie kräftig Sie zugreifen können. Ich werde Sie bitten, diesen Griff für einige Sekunden so fest wie möglich zu drücken und dann loszulassen. Ich zeige Ihnen, wie das geht.

IWER: Demonstrieren Sie den Handkraftmesser.

IWER: Nutzen Sie das Testprotokoll und folgen Sie den Anweisungen für die Handkraftmessung.

GS006_FirstLHand LINKE HAND, ERSTE MESSUNG

Der **subjektive Gesundheitszustand** bzw. das eigene Gesundheitsempfinden dürfte in sozialwissenschaftlichen Befragungen der wohl am häufigsten verwendete Indikator für Gesundheit sein. Wenn auch nicht ganz unkritisch zu sehen, so gilt das Gesundheitsempfinden als verhältnismäßig guter Indikator zur Gesundheitsmessung (Pinquart, 2001). In SHARE wird das Gesundheitsempfinden durch folgendes Item erfragt.

PH002_ HEALTH IN GENERAL QUESTION

Würden Sie sagen, Ihr Gesundheitszustand ist...

Sehr gut (1) Gut (2) Mittelmäßig (3) Schlecht (4) Sehr schlecht (5)

Zusammenfassend werden die Dimensionen der Gesundheit in SHARE einerseits über Items erfragt (im Wesentlichen Selbsteinschätzungen der Befragten) und andere Dimensionen durch kurze Tests erschlossen (neben der Greifkraft zählen hierzu etwa die zeitliche Orientierung, Gedächtnistests oder die numerischen Fähigkeiten). Die funktionale Einschränkung ist in Konzepte zur körperlichen Mobilität ADL (Activities of Daily Living) und IADL (Instrumental activities of daily living) untergliedert. Hierbei werden modifizierte Versionen der ADL-Skala nach Katz et al. (1963) und der IADL-Skala nach Lawton & Brody (1969) genutzt. Solche Skalen sind in Surveys gebräuchlich, sie stellen validierte Messverfahren zur Erhebung bestimmter Konstrukte oder Dimensionen dar. Vereinfacht formuliert haben bereits Katz et al. (1963) dargelegt, über welche Indikatoren gesundheitliche Einschränkungen im alltäglichen Leben gemessen werden können. Auch bei der psychischen Gesundheit wird eine Skala (EURO-D) eingesetzt. Insgesamt wird eine sehr große Zahl an Dimensionen der Gesundheit bei Leopold & Engelhardt (2011) untersucht, welche sich auch teils überschneiden. In Summe betrachtet haben die Autorinnen möglichst viele Daten von SHARE entsprechend dem Forschungsziel verwertet.

Während das Alter verhältnismäßig leicht zu operationalisieren ist, wird auf den Aspekt der Bildung im Artikel nur sehr kurz eingegangen. Die Operationalisierung von Bildung ist aber nicht trivial und sollte bei einer Qualifikationsarbeit einer theoretisch-inhaltlichen Analyse unterzogen werden. So ist etwa zwischen Schul- und Bildungsabschlüssen zu unterscheiden. Leopold & Engelhardt (2011) umgehen dies, indem sie auf die Anzahl der Bildungsjahre zurückgreifen, welche in SHARE ebenso abgefragt wird. Ungeachtet der möglichen Problematik lässt sich damit die Korrespondenzregel formulieren, dass die Zahl der Bildungsjahre als ein Indikator für die Höhe der formalen Bildung gesehen werden kann. Kurz: je mehr Bildungsjahre, umso höher die Bildung. Solche Korrespondenzregeln ließen sich ebenso überprüfen – auf Basis von SHARE wäre dies durch eine Analyse von Bildungsjahren und Angaben zur höchst abgeschlossenen Schulausbildung durchaus möglich. Abschließend werden das Geschlecht und die Länder, aus denen die Daten stammen, als Kontrollvariablen in die Arbeit eingeführt. Letztere sind dem Umstand geschuldet, dass mehrere Länder in die Analyse einbezogen wurden, aufgrund länderspezifischer Unterschiede (etwa der Gesundheitssysteme) sich aber auch die Gesundheit der Befragten zwischen den Ländern etwas unterscheidet. Die Kontrolle des Geschlechts wird von den Autorinnen durch vorangegangene Ergebnisse begründet, welche Unterschiede in der Gesundheit zwischen Männern und Frauen postulieren.

Leopold & Engelhardt (2011) führen nicht nur an, wie die Begriffe operationalisiert wurden, sondern erörtern neben Eingrenzungen der Stichprobe das angewandte statistische Verfahren. Auch wenn beides an dieser Stelle nicht mehr näher erläutert wird, so ist auf die Relevanz solcher Ausführungen zum Zwecke der Nachvollziehbarkeit in wissenschaftlichen Arbeiten hinzuweisen. Erscheint die Erörterung der angewandten Verfahren als selbsterklärend, darf nicht auf ersteren Punkt vergessen werden. Der Ausschluss von bestimmten Personen bzw. Gruppen ist ebenso zu argumentieren, da dies Einfluss auf die Ergebnisse haben kann.

Die Ergebnisse von Leopold & Engelhardt (2011) zeigen, dass in Betrachtung mehrerer Gesundheitsdimensionen unterschiedliche Verläufe auftreten: Am häufigsten treten die Phänomene Divergenz und Kontinuität auf, einzig die Entwicklung der Sprachgeschwindigkeit lässt sich der Konvergenzthese zuordnen.

10.2. Studienabbruchsgründe – Indikatoren und explorative Faktorenanalyse

Trotz der großen Anzahl von Studierenden und ihrer Bedeutung als soziale Gruppe gibt es relativ wenig verlässliche Informationen über die Entwicklung von Studienkarrieren in Österreich. Die Gesellschaft sollte ein Interesse daran haben, dass möglichst viele Studierende das Studium beenden, denn Studienabbrüche können aus ökonomischer Sicht als Fehlinvestitionen betrachtet werden. Vor diesem Hintergrund ging eine an der WU durchgeführte Studie über Studienabbrecher*innen an der WU Wien der Frage nach, durch welche Faktoren frühe Studienabbrüche beeinflusst werden (Reiger, 2010). Die Studie fokussiert darauf, welche Einschätzungen, Einstellungen, Motive und private Lebensumstände einer erfolgreichen Studienkarriere im Wege stehen und die Wahrscheinlichkeit eines Studienabbruchs erhöhen.

Das Forschungsprojekt war als Kohorten- und Querschnittserhebung konzipiert. Im Sinne der Kohortenanalyse wurde ein Jahrgang von Studienanfänger*innen, jene des Studienjahres 2003/04, als zu untersuchende Gruppe ausgewählt. Auf Grundlage dieser Vorgehensweise sollte geprüft werden, ob sich Studienabbrecher*innen und Weiterstudierende in den relevanten Dimensionen *Studienmotivation, Einschätzungen während der Studienphase* und *Einschätzungen der Vereinbarkeit von Studium und Erwerbstätigkeit* unterscheiden. Des Weiteren wollte man herausfinden, welche unterschiedlichen Abbruchgründe aus Sicht der Abbrecher*innen relevant waren. Als Kriterium für den Studienabbruch wurde die Exmatrikulation nach dem 2. Studiensemester definiert – es handelt sich also um echte Studienabbrüche, die nach dem 2. Semester bzw. während des 3. Semesters eingetreten sind.

Die Erhebung erfolgte mittels eines standardisierten Fragebogens, wobei die Studienabbrecher*innen telefonisch, die Weiterstudierenden online befragt wurden. Der Fragebogen war für beide Gruppen in Form, Struktur und Frageformulierung identisch (Fragebogen für die telefonische Befragung im Anhang). Die Organisation der Befragung erfolgte in Anlehnung an die Total-Design-Methode. Im Falle der Studienabbrecher*innen war aufgrund nicht mehr existenter oder geänderter Telefonnummern die Erreichbarkeit der Zielpersonen mitunter sehr aufwändig. Dennoch war die Rücklaufquote sowohl bei den Studienabbrecher*innen mit 38,3% (n = 251) ebenso wie bei den Weiterstudierenden mit 28,4% (n = 429) zufriedenstellend.

Eine Fragestellung bezog sich auf die Untersuchung der Gründe für den Studienabbruch. Zu diesem Zweck wurde im Fragebogen eine Batterie mit 21 Items und zwei unterschiedlichen Einstiegen entwickelt: Die Weiterstudierenden wurden gefragt, ob sie schon einmal an die genannten Gründe für einen Studienabbruch gedacht hatten; die Studienabbrecher*innen danach, welche davon tatsächlich ausschlaggebend waren (siehe V13 des Fragebogens im Anhang). Bereits die unterschiedlichen Prozentsätze der Zustimmung zu den einzelnen Items zeigen, dass sich zwischen Weiterstudierenden und Studienabbrecher*innen deutliche und signifikante Unterschiede von mindesten 10 Prozentpunkten ergeben – siehe Tabelle 12 (Reiger 2010, S. 59).

Tabelle 12 – Zustimmung zu einzelnen Abbruchgründen

	Prozent Zustimmung				
Beweggründe	Dropouts	Weiterstudierende	Gesamt	Odds Ratio	p-Wert
Job auch ohne Abschluss	50	13	35	6,66	<0,001
keine Relevanz für Beruf	28	4	18	9,27	<0,001
Inhalte nicht interessiert	38	20	31	2,48	<0,001
Unvereinbarkeit mit Beruf	23	7	16	3,65	<0,001
zu theorielastig	46	33	41	1,7	<0,010
Studium nur zur Überbrückung	15	2	10	7,51	<0,001
Erwartungen nicht erfüllt	53	41	48	1,63	0,015
nicht bestandene Prüfungen	32	72	49	0,18	<0,001
Prüfungsangst	6	34	18	0,13	<0,001
willkürliche Benotungen	8	26	16	0,26	<0,001
Anonymität an WU	29	43	35	0,54	0,003
unzureichende Betreuung	19	33	25	0,49	0,002
n	238-250	173-176	413-425		

Die Odds Ratio sind ein Maß, das Auskunft über die Stärke des Unterschieds zwischen zwei Gruppen gibt. Dabei werden die Odds (Chancen) der beiden Gruppen zueinander ins Verhältnis gesetzt. Beispielsweise ist das Risiko, das Studium abzubrechen, für Dropouts 9,3 Mal höher, wenn jemand dem Studium keine Relevanz für das zukünftige Berufsleben attestiert. Eine Odds Ratio von genau 1 würde bedeuten, dass es keinen Unterschied zwischen den Gruppen gibt; ein Wert > 1 bedeutet, dass die Odds der ersten Gruppe größer sind; ein Wert < 1, dass die Odds der ersten Gruppe kleiner sind.

Um die Ursachen von Studienabbrüchen genauer zu untersuchen, wurde in weiterer Folge eine explorative Faktorenanalyse durchgeführt. Für die Faktoren- bzw. Hauptkomponentenanalyse wurden jene Studienabbrecher*innen und Weiterstudierende herangezogen, die auf alle relevanten Items geantwortet haben. Die Hauptkomponentenanalyse ergab fünf Dimensionen mit einem Eigenwert größer 1; die erklärte Gesamtvarianz betrug 53%. Die einzelnen Abbruchgründe ließen sich, wie in der nachfolgenden Komponentenmatrix dargestellt, fünf spezifischen Dimensionen zuordnen:

- *Leistungsversagen* (Komponente 1)
- *Studienbedingungen* (Komponente 2)
- *Erwartungshaltung* (Komponente 3)
- *Arbeitsmarktchancen und berufliche Verwertbarkeit des Studiums* (Komponente 4)
- *Gesundheit und Familie* (Komponente 5)

Diese Dimensionen oder Komponenten bzw. die einzelnen auf diese Komponenten ladenden Indikatoren sind in Tabelle 13 gelistet (Reiger 2010, S. 63).

Tabelle 13 – Rotierte Komponentenmatrix

	Komponenten				
	1	2	3	4	5
nicht bestandene Prüfungen	,771				
Anforderungen zu hoch	,753				
Prüfungsangst	,733				
Probleme, Studium selbst zu organisieren	,551				
willkürliche Benotung					
mangelnde Servicequalität der Verwaltung		,782			
unzureichende Betreuung durch Lehrende		,768			
Rahmenbedingungen (Überfüllung usw.)		,742			
Anonymität der WU		,576			
Inhalte decken sich nicht mit Interessen			,576		
Erwartungen nicht erfüllt			,695		
zu theorielastig			,616		
zu wenig wissenschaftlich					
gute Jobchancen auch ohne Abschluss				,791	
unvereinbar mit Beruf				,634	
keine Relevanz für (zukünftigen) Beruf				,580	
Studium war Überbrückung				,548	
familiäre Gründe					,780
gesundheitliche Gründe					,514
finanzielle Gründe					

In der Tabelle 13 sind alle Items, deren Faktorladungen kleiner als 0,5 waren, ausgeschlossen worden (für Items wie „finanzielle Gründe" sind also keine Werte ausgewiesen). Bei diesen Werten handelt es sich um Faktorladungen, also um Korrelationen zwischen Item und Komponente. Die Höhe der jeweiligen Ladungen zeigen an, welche Items diesen Faktor stärker (hohe Ladung) bzw. schwächer (niedrige Ladung) bestimmen bzw. repräsentieren. Die Verteilung der Items auf die Faktoren stellt in der Regel zunächst eine unbefriedigende Lösung dar und ist inhaltlich schwer zu interpretieren, da die Faktoren durch die beiden Itembündel nicht optimal repräsentiert werden. Deshalb erfolgt normalerweise eine Rotation der Faktoren in Form einer Drehung des Koordinatenkreuzes, wobei die Faktorladungen maximiert werden (Varimax-Rotation). Nach der Rotation zeigt die Faktorladungsstruktur eine eindeutige Zuordnung der Items zu jeweils einer Komponente (Tabelle 13).

Wie viele Faktoren sind sinnvoll? Zur Beurteilung dieser Frage verwendet man den sogenannten Eigenwert. Er gibt an, wie groß der Anteil der Gesamtvarianz aller Items ist, die durch einen Faktor erklärt werden. Das heißt, man kann mit ihm feststellen, wieviel Varianz aller Items ein Faktor erklärt. In der Regel orientiert man sich am sogenannten Kaiserkriterium: es werden nur Faktoren mit einem Eigenwert > 1 in die Analyse aufgenommen, weil bei einem geringeren Eigenwert weniger Varianz aufgeklärt wird als bei einer einzigen Variablen.

In unserem Beispiel zeigt sich ein 5-Faktoren-Ergebnis: Leistungsversagen (erklärter Varianzanteil 13%), Studienbedingungen (erklärter Varianzanteil 12%), Erwartungshaltung gegenüber dem WU-Studium (erklärter Varianzanteil 11%), Arbeitsmarktchancen und berufliche Verwertbarkeit des Studiums (erklärter Varianzanteil 10%) und Gesundheit und Familie (erklärter Varianzanteil 7%) – insgesamt erklärt diese Faktorenlösung also 53% der Varianz aller Variablen.

Die Studie ist auch instruktiv für die Verwendung der Faktorwerte für weitere Berechnungen, die durchgeführt wurden, um genauere Erkenntnisse über die Unterschiede zwischen jenen Studierenden, die das Studium vorzeitig beendet haben, und jenen, die oft bzw. manchmal an einen Studienabbruch gedacht haben, zu gewinnen. Zu diesem Zweck wurden die Items, die in die einzelnen Faktoren eingingen, für die Bildung eines gewichteten additiven Index verwendet – es wurden also fünf Indices berechnet. Die zugrundeliegende Überlegung war, die Ausprägung der stärkeren Indikatoren (in diesem Fall: die auf einem Faktor hoch ladenden Items) durch Gewichtung auch stärker in den Index eingehen zu lassen als die Ausprägungen schwächerer Indikatoren. Anders formuliert: Jedes Item geht mit dem entsprechenden Gewicht in den Faktorwert ein. Auf Basis von Tabelle 13 geht beispielsweise das Item „nicht bestandene Prüfungen" mit dem höchsten Gewicht in den Faktorwert als neue Indexvariable ein.

Die weitere Analyse zeigt, dass es speziell drei dieser latenten Variablen sind, die Unterschiede zwischen den drei Studierendengruppen (Abbruch/oft an Abbruch gedacht/manchmal an Abbruch gedacht) deutlich machen: Leistungsversagen, Erwartungshaltung gegenüber dem

Studium sowie Arbeitsmarkt und Beruf.[60] Dropouts unterscheiden sich demnach gegenüber Studierenden, die oft oder manchmal an Abbruch gedacht haben, dadurch, dass für sie die berufliche Verwertbarkeit des Studiums wichtiger ist und dass sie bestimmtere Erwartungen an das Studium hatten. Umgekehrt unterscheiden sich die oft oder manchmal an Abbruch denkenden Studierenden von den Dropouts, dass Leistungsversagen (z.B. Prüfungen nicht zu bestehen) für sie wichtiger ist, während dies für die Dropouts weniger bedeutend ist.

Keine Relevanz für die Unterscheidung zwischen den Studierendengruppen haben hingegen die Indexvariablen gesundheitliche und familiäre Beweggründe sowie die Studienbedingungen. Für die Unterscheidung wurden die Mediane der Faktorwerte herangezogen; waren diese positiv, ist der jeweilige Index für die entsprechende Studierendengruppe relevant (siehe Tabelle 14). Die Studie zeigt, dass mittels Faktorenanalysen nicht nur Typen gebildet werden können; es kann auch durch eine den methodischen Ansprüchen der empirischen Sozialforschung entsprechende Weiterbearbeitung von Faktorwerten ein zusätzlicher Erkenntnisgewinn erreicht werden.

Tabelle 14 – Mediane der Faktorscores für die drei Studierendengruppen

	Studierendengruppe		
	Dropouts	Oft an Abbruch gedacht	Manchmal an Abbruch gedacht
Leistungsversagen	-0,32	0,21	0,36
Studienbedingungen	-0,15	-0,01	-0,12
Erwartungen ans Stud.	0,32	-0,03	-0,39
Arbeitsmarkt & Beruf	0,41	-0,67	-0,73
Gesundheit & Familie	-0,31	-0,24	-0,05
n	234	37	129

10.3. Umweltbewusstsein – Abhängige und unabhängige Variablen

Der deutsche Soziologe Ulrich Beck hat im Jahr 1986 mit dem Satz „Not ist hierarchisch, Smog ist demokratisch" (Beck, 1986, S. 48) darauf hingewiesen, dass Phänomene wie soziale Ungleichheit ein Ausdruck gesellschaftlicher Machtverhältnisse sind, während von Umweltrisiken unterschiedliche Bevölkerungsgruppen gleichermaßen betroffen sind. Es ist nun einerseits mittels moderner Umweltinformationssysteme möglich, die Belastung von Menschen durch Umweltprobleme wie das Ozonloch oder den Treibhauseffekt zu messen. Insofern kann die prinzipiell gleiche Belastung aller durch Umweltrisiken objektiv erfasst werden. Allerdings kann vermutet werden, dass die Wahrnehmung von objektiv gleichen Belastungen subjektiv unterschiedlich ausfällt. Auf dieser Überlegung baut der so genannte „Schweizer Umwelt-Survey" (Diekmann et al., 2009) auf, der in den Jahren 1994 und 2007 durchgeführt wurde. Die Verknüpfung von objektiven Belastungsfaktoren und subjektiver Wahrnehmung von Umweltbelastungen stellt eine besondere Herangehensweise an die Thematik dar, weil in vielen

[60] Die Unterschiede zwischen diesen drei Variablen sind hoch signifikant mit jeweiligen $p < 0{,}001$ (Kruskal-Wallis-Test; dieser wird bei mehr als zwei Variablen und fehlender Vorrausetzungen für die Berechnung einer ANOVA angewandt).

Studien zur Umweltbelastung ausschließlich die subjektive Wahrnehmung – zumeist in Abhängigkeit von soziodemographischen Variablen – erfasst wird.

Die Studie geht von der Überlegung aus, dass mehrere **unabhängige Variablen**, wie die objektive *Umweltbelastung, soziodemographische Merkmale* und das *Umweltbewusstsein*, die subjektive Wahrnehmung von Umweltbelastungen – **die abhängige Variable** – beeinflussen.

Die Untersuchung war als Querschnittserhebung angelegt, um auch innerhalb der verschiedenen Regionen der Schweiz Vergleiche durchführen zu können. Nach der Operationalisierung der Fragestellungen wurde zunächst eine zweistufige Zufallsstichprobe aus der erwachsenen Wohnbevölkerung der Schweiz mit einem registrierten Telefonanschluss gezogen und eine Nettostichprobe von n = 3.369 realisiert. Auf Stufe 1 wurden zunächst die zu erhebenden Haushalte ausgewählt. Innerhalb der zuvor schriftlich um Mitarbeit gebetenen Haushalte wurden dann auf Stufe 2 die zu befragenden Personen aus den über 18 Jahre alten Haushaltsmitgliedern rekrutiert. Die telefonische Befragung erfolgte in einem Zeitraum von fünf Monaten (November 2006 - März 2007).

Die Operationalisierung der subjektiv wahrgenommenen Umweltbelastung (als AV) erfolgte mit Einschätzungsfragen zu den Gefahren von unterschiedlichen Technologien und Umweltproblemen in Form von Frage- und Item-Batterien wie z.B. Lärm (Flug-, Straßen-, Bahnlärm), Feinstaub, Ozon, Strahlung von Handyantennen etc. Die Befragten wurden unter anderem gebeten, die Höhe der Gefahr, die für sie mit jedem dieser Aspekte verbunden ist, auf einer fünfstufigen Skala von 1 = „überhaupt keine Gefahr" bis 5 = „sehr hohe Gefahr" einzustufen. Darüber hinaus wurden soziodemographische Variablen wie Alter, Geschlecht, Bildung etc. gemessen und eine regionale Differenzierung (deutsch-, französisch- und italienischsprachige Schweizer Regionen) vorgenommen. Die Erfassung der subjektiven Umweltbelastung erfolgte über einen additiven Summenindex. Die Reliabilitätsprüfung der Skala und damit die interne Konsistenz der Items fiel mit Cronbachs Alpha = 0,67 tolerabel aus.

Die einzelnen Ergebnisse der multiplen Regressionsanalyse sind in Tabelle 15 dargestellt (in Anlehnung an Diekmann et al. 2009, S. 190). In den Zeilen werden die unabhängigen Variablen angeführt, deren Einfluss auf die als Summenindex operationalisierte abhängige Variable „Subjektive Wahrnehmung von Umweltbelastung" untersucht wurde. Es wurde also beispielsweise geprüft, ob der Status „Ausländer" bzw. „Wohnort Stadt/Land" einen Einfluss auf die subjektiv wahrgenommene Umweltbelastung ausübt. Diese Einflüsse wurden in weiterer Folge gesondert für die gesamte Schweiz sowie die einzelnen Sprachgebiete (deutsch-, französisch- und italienischsprachige Schweiz) geprüft, d.h. es sind unterschiedliche Stichproben gegeben. Man beachte dazu die Angabe der Fallzahlen für das jeweilige Sprachgebiet in der letzten Zeile der Beispieltabelle, die die Basis für die berechneten Prüfgrößen darstellen. In den einzelnen Zellen (Kombination von unabhängigen Variablen und Sprachgebieten) sind die unstandardisierten Regressionskoeffizienten[61] enthalten. In dieser Studie wurde also eine lineare Regression gerechnet. Die unstandardisierten Regressionskoeffizienten geben an, um wie viele (absolute) Einheiten sich Y ändert, wenn sich X um genau eine Einheit ändert. Sie können positive oder negative Werte annehmen. Im Beispiel bedeuten somit – Signifikanz vorausgesetzt – positive Koeffizienten einen Anstieg der subjektiv wahrgenommenen Umweltbelastung, negative hingegen eine Abnahme.

Tabelle 15 – Einflussfaktoren subjektiv wahrgenommener Umweltbelastung

		Subjektiv wahrgenommene Umweltbelastung			
		CH	D-CH	F-CH	I-CH
Frauen	*b-Wert*	-0,13	0,02	-0,34	-0,2
	t-Wert	(-0,74)	(0,12)	(-0,84)	(-0,23)
Alter (geteilt durch 10)	*b-Wert*	-0,02	0,04	-0,13	-0,49
	t-Wert	(-0,34)	(0,57)	(-0,91)	(-1,24)
Bildungsjahre, in Zehnern (BFS 2007)	*b-Wert*	0,16	0,58	-0,42	0,24
	t-Wert	(0,40)	(1,33)	(-0,59)	(0,15)
Äquivalenzeinkommen (monatl. in Tsd.)	*b-Wert*	-0,03	-0,03	-0,02	-0,16
	t-Wert	(-1,39)	(-1,43)	(-0,17)	(-0,85)
Ausländer	*b-Wert*	**1,05****	**1,02****	0,94	1,28
	t-Wert	**(3,36)**	**(2,65)**	(1,72)	(0,98)
Kinder im Haushalt	*b-Wert*	-0,03	0,07	-0,51	1,26
	t-Wert	(-0,13)	(0,33)	(-1,18)	(1,02)
Französische Schweiz	*b-Wert*	-0,02			
	t-Wert	(-0,11)			
Italienische Schweiz	*b-Wert*	**1,99****			
	t-Wert	**(3,95)**			
Stadt	*b-Wert*	**0,84****	**0,68****	**1,37****	-0,68
	t-Wert	(3,77)	(2,84)	(2,54)	(-0,61)
Agglomerationsgemeinde vs. ländliche Gemeinde	*b-Wert*	**-1,15****	**-1,01****	**-1,67****	0,57
	t-Wert	**(-5,71)**	**(-4,42)**	**(-3,90)**	(0,42)
Konstante	*b-Wert*	9,98**	8,97**	11.37**	14,07**
	t-Wert	(16,30)	(13,26)	(9,35)	(5,03)
R-Quadrat		0,077	0,05	0,135	0,083
Anzahl der Fälle		2.320	2.179	1.067	196
** signifikanter Wert					

Aus der Tabelle ist ersichtlich, dass die Variablen „Ausländer", „Wohnort Stadt" und „Wohnort ländliche Gemeinde" überwiegend signifikante Regressionskoeffizienten aufweisen, wobei dies nicht für Sprachgebiete zutrifft. So ergeben sich signifikante Zusammenhänge der Variablen „Ausländer" mit der gesamten Schweiz und der deutschsprachigen Schweiz, nicht jedoch mit anderen Sprachgebieten. In der vorliegenden Studie üben die Variablen „ländliche Gemeinde" mit Ausnahme der italienischsprachigen Schweiz in allen Sprachgebieten einen signifikanten Einfluss auf die subjektiv wahrgenommene Umweltbelastung aus, allerdings in Form

[61] „Unstandardisierte Regressionskoeffizienten sind abhängig von den empirischen Messeinheiten unabhängiger Variablen, aber unabhängig von den Varianzen in den Populationen. Aus diesem Grund können sie zum Vergleich der Einflussstärke einer einzelnen Variablen in verschiedenen Stichproben benutzt werden, allerdings nur, wenn die betreffenden X-Variablen in gleicher Weise gemessen wurden" (Urban & Mayerl, 2018, S. 74). Unstandardisierte Koeffizienten können nicht als Maß für die Einflussstärke interpretiert werden.

einer negativen Beziehung: Angehörige ländlicher Gemeinden fühlen sich also subjektiv in zwei Sprachgebieten weniger von Umweltbelastung betroffen.

Ob ein Prädiktor einen signifikanten Einfluss hat, lässt sich an dem **t-Wert** ablesen. Hierbei wird ein empirischer t-Wert berechnet und mit einem kritischen t-Wert verglichen. Es wird die Nullhypothese, dass X überhaupt keinen Einfluss auf Y ausübt, empirisch überprüft. Übersteigt der errechnete empirische t-Wert den kritischen t-Wert, so wird der b-Koeffizient als signifikant angenommen (Urban & Mayerl, 2018, S. 139ff.). Ein t-Wert von mehr als 1,96 Standardabweichungen zeigt an, dass sich der Regressionskoeffizient mit einer Wahrscheinlichkeit von 95% von 0 unterscheidet bzw. signifikant ist. Konkreter: Mit 95%-iger Wahrscheinlichkeit führt die UV zu einer Veränderung der AV. Zu beachten sind auch beim t-Wert die Vorzeichen, die entweder einen positiven oder negativen Zusammenhang anzeigen.

Eine weitere zentrale Größe ist das Bestimmtheitsmaß R^2, das Aufschluss über die Güte des Gesamtmodells gibt. Je näher dieses bei 1 liegt, desto besser ist das Modell, weil ein hoher Anteil der Gesamtvarianz der AV durch alle im Gesamtmodell berücksichtigten Variablen erklärt werden kann. Wie in Tabelle 15 ersichtlich liegen jeweils bezogen auf die unterschiedlichen Stichproben eher geringe Gesamtvarianzen zwischen 7,7% und 13,5% vor. In einem solchen Fall sollten auch die Ergebnisse vorsichtig interpretiert werden.

Wie mit diesen Detailergebnissen wurde auch mittels anderer Befunde versucht, die These der „Environmental Justice" (Schlosberg, 2007), die eine erhöhte Umweltbelastung benachteiligter Bevölkerungsschichten postuliert, zu examinieren. Um die Hypothese zu prüfen, dass die subjektiv wahrgenommene Umweltbelastung auch mit der objektiven Belastung korreliert, wurden für die Untersuchung Daten des Geoinformationssystems (GIS) zur Schadstoffbelastung mit den Befragungsdaten verknüpft. Auf diese Weise konnte jeder befragten Person die für sie objektiv nachweisbare Schadstoffbelastung zugeordnet werden.

Als Ergebnis ist festzuhalten, dass in manchen Teilen der Untersuchung die Environmental Justice-Hypothese bestätigt werden konnte. Es stellte sich heraus, dass der Wohnort (Stadt vs. Land) und der Status Inländer*in/Ausländer*in in einem Zusammenhang mit der subjektiv wahrgenommenen Umweltbelastung steht. Insgesamt weist jedoch das R^2 als Maß für die Güte des Regressionsmodells für die gesamte Schweiz einen Wert von 0,077 auf. Für die Interpretation des Gesamtmodells bedeutet dies, dass das Regressionsmodell zwar nicht ungültig ist, aber doch nur einen kleinen Teil, nämlich rund 8% der Streuung der abhängigen Variable erklären kann.

10.4. Gender Gap im Verhalten von Männern und Frauen – Mittelwerte

Demographische Analysen zum Bevölkerungswandel sowie zu den Regelmäßigkeiten und zur Struktur von Bevölkerungen bilden seit langer Zeit einen fixen Bestandteil der sozialwissenschaftlichen Forschung. Ein aktuelles Umfrageprogramm, das unterschiedliche Einflussfaktoren der Bevölkerungsentwicklung untersucht, wird im Rahmen des „Generations and Gender Programme" (GGP) in mehreren Ländern durchgeführt. Zu den wichtigsten, im Generation and Gender Survey (GGS) berücksichtigten Variablen zählen beispielsweise sozioökonomische Variable wie Erwerbstätigkeit, Einkommen und materieller Wohlstand, des Weiteren werte- und einstellungsbezogene Variablen sowie Geschlechterbeziehungen, Haushaltsstrukturen, Mobilität, Bildung, Gesundheit, Verteilung von Sozialleistungen und andere Einflussgrößen. Ein wesentliches Ziel des GGP besteht darin, für politische Stellen Informationen aufzubereiten und zur Verfügung zu stellen, die eine systematische Beobachtung der Entwicklung der erwachsenen Bevölkerungsschichten im Hinblick auf Themen wie Bildung und Qualifizierung, Beschäftigung, Wohnsituation und Familienpolitik ermöglichen und aufbauend auf den Ergebnissen der Analysen die Entwicklung und Gestaltung entsprechender politischer Programme unterstützen. Das GGS-Programm ist als Panelstudie konzipiert (Vikat et al., 2007).

Die auf diese Weise erhobenen Daten werden von unterschiedlichen Forschungsteams für themenspezifische Analysen verwendet, so u.a. für die seit einigen Jahren immer bedeutender gewordenen Fragen der sozialen Ungleichheit und der Geschlechterforschung. Im Rahmen einer Konferenz der Vereinten Nationen zum Thema *How Generations and Gender Shape Demographic Change* im Mai 2008 in Genf wurde über unterschiedliche demographische Studien berichtet, die der Frage nachgingen, in welcher Weise das Ausmaß von Gleichheit bzw. Ungleichheit zwischen den Geschlechtern die Bevölkerungsentwicklung beeinflusst. Eine dieser Analysen beschäftigt sich mit der Frage, wie sich die (Un-)Gleichheit zwischen den Geschlechtern im Hinblick auf Erwerbstätigkeit, familiäre Betreuung und finanzielle Ressourcen sowie die Stärke des Kinderwunsches auswirkt und damit die Bevölkerungsentwicklung beeinflussen (Hobcraft, 2009).

Eine Vergleichsebene bezieht sich auf die „Beteiligung von Männern und Frauen an der Kinderbetreuung" sowie die „Beteiligung der Geschlechter an Haushaltstätigkeiten". Die beiden Dimensionen wurden anhand von sechs Items gemessen (Tabelle 16). Die Befragten wurden gebeten, anzugeben, in welchem Ausmaß wer im Haushalt diese Tätigkeiten macht. Für die Item-Batterien wurden die folgenden Antwortkategorien vorgegeben: immer ich (1), überwiegend ich (2), mein Partner und ich gleich oft (3), überwiegend der Partner (4), immer der Partner (5), sowie weiß nicht (98) und keine Angabe (99) – (Hobcraft, 2009).

Tabelle 16 – Beteiligung an Kinderbetreuung und Haushaltsaktivitäten

	Beteiligung an Kinderbetreuung	Beteiligung an Haushaltsaktivitäten
Items	• Kinder ankleiden oder darauf achten, dass sie richtig angezogen sind • die Kinder zu Bett bringen und/oder dafür sorgen, dass sie zu Bett gehen • zu Hause bei den Kindern bleiben, wenn sie krank sind • mit den Kindern spielen und/oder die Freizeit mit ihnen verbringen • den Kindern bei den Hausaufgaben helfen • die Kinder zur Schule, zum Kindergarten, zum Babysitter oder zu Freizeitaktivitäten bringen bzw. von dort abholen	• die täglichen Mahlzeiten zubereiten • Geschirr spülen • Essen einkaufen • Staubsaugen • Rechnungen bezahlen und sich um finanzielle Angelegenheiten kümmern • gemeinsame gesellige Aktivitäten organisieren

Nicht in jedem Fall müssen komplexere statistische Verfahren angewendet werden, um zu aussagekräftigen Ergebnissen zu kommen. In der vorliegenden Untersuchung wurden einfache Verfahren zur Berechnung von Mittelwertunterschieden verwendet, um informative Werte für die Beurteilung von Unterschieden zwischen den Geschlechtern in Bezug auf die unterschiedliche Beteiligung an Kinderbetreuung und Haushaltsaktivitäten zu gewinnen.

Um ungleiche Antworthäufigkeiten bei den einzelnen Items zu berücksichtigen (ob gewisse Aufgaben überhaupt erledigt werden wie Kinder ankleiden oder bei Aufgaben helfen, hängt vom Kindesalter ab), wurde ein *Mittelwert der Mittelwerte* je Geschlecht berechnet. Zuerst wurde hierzu für jedes Item der arithmetische Mittelwert je Geschlecht berechnet; im zweiten Schritt aus den sechs Mittelwerten ein gesamter Mittelwert (oder eben der Mittelwert der Mittelwerte) gebildet. Somit zeigt der gesamte Mittelwert an, ob eine Dimension (Kinderbetreuung und Haushalt) eher von einem selbst (Mittelwert unter 3), gleichberechtigt (Mittelwert bei 3) oder eher vom Partner oder Partnerin (Mittelwert über 3) übernommen wird.

Die errechneten Mittelwerte sind für Männer und Frauen sowie nach Ländern gereiht in Tabelle 17 angegeben. Kurz: bereits an diesen Werten erkennt man, dass die befragten Männer häufiger angeben, die Kinderbetreuung und Haushaltsaufgaben werden durch die Partnerinnen erledigt, während die befragten Frauen häufiger selbst die Aufgaben erledigen.

Tabelle 17 – Mittelwerte der Kinderbetreuung und Haushaltsaufgaben[62]

	Kinderbetreuung		Haushalt	
	Männer	Frauen	Männer	Frauen
Frankreich	3,49	2,26	3,36	2,42
Deutschland	3,41	2,31	3,19	2,6
Bulgarien	3,76	2,04	3,52	2,24
Georgien	4,09	1,7	3,52	2,24
Russische Föderation	3,61	2,05	3,43	2,24
Ungarn	3,57	2,12	3,54	2,18

Um eine bessere Vergleichbarkeit zu erzielen, wurde ein Gender-Ungleichheitsindex ermittelt. Bei einer exakt gleichen Verteilung der Beteiligung von Männern und Frauen müsste die

[62] Werte entnommen von Hobcraft (2009, S. 101).

Differenz der jeweiligen Mittelwerte von Männern und Frauen 0,0 sein. Allerdings weichen, wie Tabelle 18 zeigt, die Mittelwerte der Geschlechter in allen Fällen unterschiedlich stark davon ab. Um auch hier eine vergleichbare Basis zu erhalten, addierte der Autor die Werte des Ungleichheitsindex von Männern und Frauen, um die Summe anschließend durch zwei zu dividieren. Diesen Wert bezeichnet Hobcraft (2009) als gender gap und stellt selbst einen Mittelwert aus den beiden Ungleichheitsindices dar. Für Frankreich würde dies bei der Kinderbetreuung bedeuten: gender gap = (0,49+0,74)/2 = 0,62.

Tabelle 18 – Gender gap[63]

	Kinderbetreuung		Gender gap
	Männer	Frauen	Männer
Frankreich	0,49	0,74	0,62
Deutschland	0,41	0,69	0,55
Bulgarien	0,76	0,96	0,86
Georgien	1,09	1,3	1,19
Russische Föderation	0,61	0,95	0,78
Ungarn	0,57	0,88	0,72

Vor dem Hintergrund der Ergebnisse zeigt sich, dass in allen ausgewählten Länder gender gaps zutage treten, jedoch mit deutlichen Unterschieden: So sind sie in Deutschland am schwächsten und in Georgien mit 1,19 am stärksten ausgeprägt. Bereits der Mittelwert als Maß der zentralen Tendenz kann in diesem Beispiel aussagekräftige Informationen über die ungleiche Verteilung von Aufgaben zwischen den Geschlechtern liefern. Nochmals sei darauf hingewiesen, dass nicht immer die kompliziertesten Berechnungen von Nöten sind – im Gegenteil, meist sind einfache Lösungen auch die elegantesten.

10.5. Internetshopping – Schwierigkeiten inhaltlicher Interpretationen

Der Internethandel hat in den letzten zwei Jahrzehnten an Bedeutung gewonnen. Ob jemand im Internet kauft, hängt dabei vom Vertrauen und der Produktart ab. Ahlert et al. (2007) greifen den Themenbereich Konsument*innenvertrauen im Internet auf und versuchen zwei Forschungsfragen mit ihrer Studie zu beantworten:

- Beeinflusst das Konsument*innenvertrauen das Kaufverhalten im Internet?
- In welcher Beziehung steht der Einfluss des Vertrauens mit der Produktart?

Das Forschungsprojekt richtet sich auf die Zielgruppe der *Internet-User*innen*. Man entschied sich für eine den Kriterien der Selbstselektion folgende Stichprobenziehung, indem Internet-User*innen direkt im Web zur Teilnahme an der Befragung eingeladen wurden. Damit entsteht, wie auch die Autor*innen feststellen, das Problem, eine nicht den allgemeinen Anforderungen der Repräsentativität entsprechende Stichprobe zu ziehen, weil der gewählte Auswahlplan auf Selbstselektion und willkürlicher Teilnahme, also nicht auf Zufall beruht. Im Zuge

63 Werte entnommen von Hobcraft (2009, S. 102).

der Auswertung treten die Effekte dieser Vorgehensweise deutlich zutage: Von insgesamt 249 Befragungsteilnehmer*innen entsprachen zwar die Geschlechterverteilung (47,8% Frauen, 52,2% Männer) nahezu der Internet nutzenden Bevölkerung, jedoch bestand ein deutlicher Überhang an Student*innen (61%) gegenüber der zweitstärksten Gruppe an Befragungsteilnehmer*innen, den Angestellten (21%). Diese Verteilung wirkt sich u.a. auf die Einkommensverteilung im Sample aus: Niedrige Einkommen (unter € 1.000.- pro Monat) sind mit 73,2% deutlich überrepräsentiert. Auf damit zusammenhängende Probleme der Interpretation der statistischen Ergebnisse wird noch eingegangen.

Das Untersuchungsdesign der Studie basiert auf einem Strukturgleichungsmodell. Strukturgleichungsmodelle ermöglichen die Überprüfung der Abhängigkeiten zwischen Konstrukten bzw. latenten Variablen und werden mittels multivariater Methoden berechnet. Im Mittelpunkt des Beispiels steht die Überlegung, dass das zu untersuchende Konstrukt Konsument*innenvertrauen zwei wesentliche Dimensionen aufweist, nämlich das allgemeine „Vertrauen in das Internet" und das spezifische „Vertrauen in Internethändler*innen". Diese beiden Vertrauensdimensionen beeinflussen wiederum, so die weitere Überlegung, die konkrete Kaufabsicht.

In diesem Zusammenhang wurden zwei weitere Annahmen getroffen: a) Das Verhältnis von Vertrauen in das Internet und konkreter Kaufabsicht wird vom wahrgenommenen Risiko, das mit einem Internetkauf verbunden wird, und der jeweiligen Produktkategorie beeinflusst. b) Weiters wird das Verhältnis von Vertrauen in Internethändler*innen und konkreter Kaufabsicht von diesen beiden Faktoren beeinflusst. Zusätzlich wurde davon ausgegangen, dass das Vertrauen in den Internetkauf von einer generellen Vertrauensdisposition beeinflusst wird. Das Strukturgleichungsmodell kann in einem Pfaddiagramm schematisch dargestellt werden (Abbildung 31). Ein Pfaddiagramm ist eine grafische Darstellung der vermuteten Zusammenhänge zwischen den untersuchten Variablen, wobei die Richtung der Beziehungen durch Pfeile angegeben werden.

Abbildung 31 – Pfaddiagramm

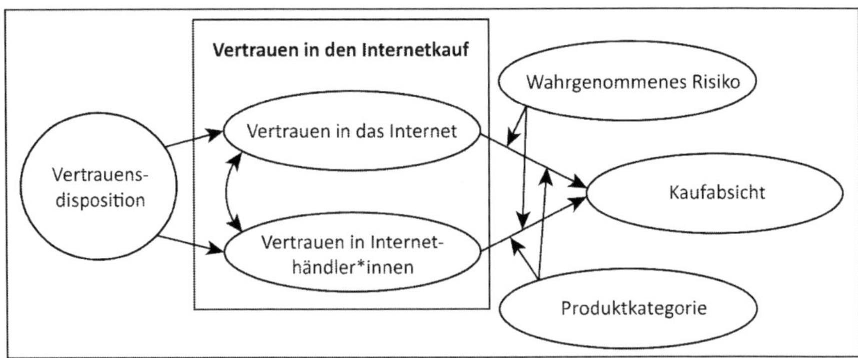

Die dem Modell zugrundeliegenden Konstrukte sind mit entsprechenden Indikatoren operationalisiert worden, die in Form von Multi-Item-Batterien mittels siebenstufigen Skalen mit den Endpunkten 1 = „trifft voll zu" und 7 = „trifft überhaupt nicht zu" gemessen worden sind (Tabelle 19).

Tabelle 19 – Itemliste

Konstrukt	Item	Itemformulierung im Fragebogen
Wahrgenommenes Risiko (Risk)	Risk1	Das Kaufen von Produkten bei einem Internet-Händler ist risikoreich.
	Risk2	Das Kaufen von Produkten bei einem Internet-Händler bringt Unsicherheit und Schadenspotenzial mit sich.
	Risk3	Produkte bei einem Internet-Händler zu kaufen, führt zu negativen Auswirkungen.
	Risk4	Ich finde es gefährlich, bei einem Internet-Händler Produkte zu kaufen.
Vertrauen Internet-Händler (VH)	VH1	Internet-Händler sind vertrauenswürdig.
	VH2	Internet-Händler wollen dafür bekannt sein, ihre Versprechen zu halten und ihren Verpflichtungen nachzukommen.
	VH3	Ich vertraue darauf, dass Internet-Händler nur mein Bestes im Sinn haben.
Vertrauen ins Internet (VI)	VI1	Das Internet bietet ausreichende Schutzmaßnahmen, sodass ich mich wohl fühle, wenn ich es für Transaktionen nutze.
	VI2	Ich bin sicher, dass mich gesetzliche und technologische Vorkehrungen angemessen vor Problemen im Internet schützen.
	VI3	Ich bin zuversichtlich, dass die digitale Verschlüsselung und andere technologische Maßnahmen im Internet Transaktionen sicher machen.
	VI4	Im Allgemeinen stellt das Internet heutzutage eine stabile und sichere Umgebung für die Durchführung von Transaktionen dar.
Kaufabsicht (KA)	KA1	Die Wahrscheinlichkeit, dass ich ein Produkt bei einem Internet-Händler kaufe, ist sehr hoch.
	KA2	Es ist sehr gut möglich, dass ich den Kauf eines Produktes bei einem Internet-Händler in Erwägung ziehe.
	KA3	Meine Bereitschaft, ein Produkt bei einem Internet-Händler zu kaufen, ist sehr hoch.
Vertrauensdisposition (VD)	VD1	Für mich ist es sehr einfach, Personen oder Dingen zu vertrauen.
	VD2	Meine Tendenz, Personen oder Dingen zu vertrauen, ist sehr hoch.
	VD3	Ich tendiere dazu, Personen oder Dingen zu vertrauen, obwohl ich wenig von ihnen weiß.
	VD4	Jemandem oder etwas zu vertrauen, ist überhaupt nicht schwer.

Die Erfassung der Konstrukte mittels Indikatoren hat zur Voraussetzung, dass die gewählten Items die entsprechenden Konstrukte eindimensional messen. Um diese Voraussetzung und damit die Voraussetzungen für eine Kausalanalyse zu prüfen, wurde als Methode eine explorative Faktorenanalyse im Sinne einer Überprüfung der Modellannahmen über die Itemzugehörigkeit angewandt. Hierbei wird geprüft, ob durch die Items auf eine zugrunde liegende latente Variable bzw. Faktoren geschlossen werden kann, wobei diese Faktoren jene Konstrukte darstellen, die im theoretischen Modell angenommen wurden. Das ist für die statistische Praxis bedeutsam, weil die ermittelten Faktoren dann wie Variablen behandelt und für weitere statistische Berechnungen verwendet werden können. Die Faktorenanalyse brachte den in Abbildung 32 dargestellten Output in SPSS (Ahlert et al., 2007, S. 68).

Abbildung 32 – Faktorenmatrix

	Faktor			
	1	2	3	4
Wahrgenommenes Risiko Apo	-,863	-,096	-,244	-,026
Wahrgenommenes Risiko Apo	-,809	-,100	-,314	-,061
Wahrgenommenes Risiko Apo	-,802	-,150	-,276	,022
Wahrgenommenes Risiko Apo	-,711	-,172	-,193	,073
Vertrauen	,685	,138	,509	,082
Vertrauen	,468	,241	,393	,138
Vertrauen	,449	,086	,423	,020
Technologievertrauen	,116	,898	,076	,093
Technologievertrauen	,124	,858	,064	,139
Technologievertrauen	,130	,841	,111	,141
Technologievertrauen	,187	,789	,056	,170
Kaufabsicht Apo	,411	,079	,876	,070
Kaufabsicht Apo	,407	,067	,839	,062
Kaufabsicht Apo	,427	,092	,823	,067
Vertrauensdisposition	,053	,093	,037	,915
Vertrauensdisposition	,071	,119	,029	,899
Vertrauensdisposition	-,036	,077	,080	,751
Vertrauensdisposition	-,012	,206	,039	,696

Extraktionsmethode: Hauptachsen-Faktorenanalyse.
Rotationsmethode: Varimax mit Kaiser-Normalisierung.
a. Die Rotation ist in 6 Iterationen konvergiert.

Wie die Faktorenmatrix zeigt lassen sich die Items – mit Ausnahme jener zum Konstrukt *„Vertrauen in Internethändler*innen"* – auf die vier angenommenen Faktoren statistisch zuordnen, die den hypothetischen Konstrukten in Abbildung 31 entsprechen. Die Werte in der Faktorenmatrix geben die Korrelationen der einzelnen Items mit dem jeweiligen Faktor an, sind also die Faktorladungen. Als Konvention werden in der Faktorenanalyse im Hinblick auf die Faktorladung nur Item-Korrelationskoeffizienten > 0,4 berücksichtigt (in manchen Fällen wird auch 0,5 verlangt). Die Autor*innen haben sich, obwohl die Items zu „Vertrauen in Internethändler*innen" nicht eindeutig einem Faktor zuordenbar sind, sondern auf zwei Faktoren laden (schwarz markiert), dennoch entschlossen, dieses zentrale Konstrukt für die Kausalanalyse zu verwenden. Damit ist eine gewisse Problematik verbunden, auf die noch eingegangen wird.

Nach der hier nicht näher beschriebenen Überprüfung von weiteren Prämissen zur Anwendung der Kausalanalyse wurden in weiterer Folge mit den neu ermittelten Variablen die ursprünglichen Hypothesen geprüft. Hier sollen nur zwei Hypothesen hervorgehoben werden (Abbildung 33):

- H1: Das Vertrauen in das Internet hat eine positive Wirkung auf die Absicht, Produkte online zu kaufen.
- H2: Das Vertrauen in Internethändler*innen hat eine positive Wirkung auf die Absicht, Produkte online zu kaufen.

Abbildung 33 – Pfaddiagramm mit ausgewählten Koeffizienten

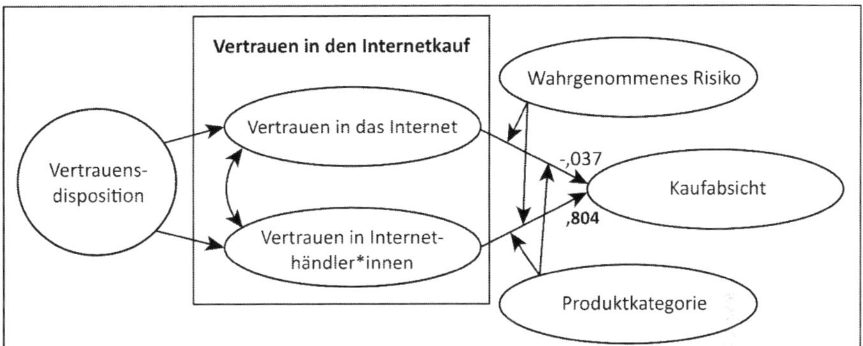

Die Überprüfung der Hypothesen erfolgte mittels Pfadanalyse, einem statistischen Verfahren zur Überprüfung von linearen Kausalmodellen. Pfadkoeffizienten lassen sich aus Korrelationskoeffizienten ableiten oder als partielle Regressionskoeffizienten aus standardisierten Daten berechnen. Die Stärke der kausalen Beziehung zwischen je zwei Variablen wird durch den Pfadkoeffizienten ausgedrückt.

Für die erste Hypothese ergab sich ein leicht negativer, nicht-signifikanter Pfadkoeffizient von $p = -0{,}037$. Für die zweite Hypothese ergab sich ein höchst signifikanter und starker Pfadkoeffizient von $p = 0{,}804$. Dieses Ergebnis lässt sich dahingehend interpretieren, dass das Vertrauen in Internethändler*innen eine wesentliche Voraussetzung für den Kauf im Internet ist, nicht jedoch das allgemeine Vertrauen in das Internet. In der Analyse hat sich des Weiteren herausgestellt, dass Unterschiede zwischen den beiden Vertrauensdimensionen auch von der Vertrauensdisposition der Internet-User*innen abhängig ist, also von der generellen Bereitschaft von Personen, jemandem Vertrauen entgegenzubringen.

Die Studie weist in Summe vier problematische Aspekte auf:

- Wie gezeigt wurde laden einige Items auf zwei Faktoren (1 und 3), wodurch die eindeutige Zuordnung der Items zu einem Faktor erschwert wird. Die Unterschiede zwischen den betreffenden Item-Faktor-Korrelationen (die Items, die sowohl auf Faktor 1 und Faktor 3 laden) sind gering (siehe nochmals Abbildung 32); dies spricht gegen eine Zuordnung, die von den Autor*innen zwar als problematisch konstatiert, dennoch vorgenommen worden ist. Grundsätzlich sollten Items *auf einem Faktor* hoch, auf die übrigen Faktoren niedrig laden.

- Der zweite problematische Aspekt ergibt sich aus dem ersten: Trotz nicht eindeutiger Zuordnung der Items zu einem Faktor wurde dieser als eigenständige Variable (Vertrauen in Internethändler*innen) in der Kausalanalyse behandelt. „Da jedoch gerade das Vertrauen in den Händler als zentrales Konstrukt in diesem Modell eine entscheidende inhaltliche Rolle spielt und bereits in zahlreichen Studien erfolgreich Verwendung gefunden hat, soll es trotz des genannten Ergebnisses der explorativen Faktorenanalyse nicht eliminiert werden und weiterhin in Form des eingesetzten Messmodells Bestandteil der Strukturgleichungsanalyse bleiben" (Ahlert et al., 2007, S. 34). Es muss bezweifelt werden, ob alle für das Modell erforderlichen fünf Variablen in einem mittels Faktorenanalyse bestätigten Sinne vorliegen.
- Wenn man davon ausgeht, dass die Zuordnung von Items zu zwei Faktoren erhebliche Interpretationsschwierigkeiten nach sich zieht und die erforderliche Eindeutigkeit empirisch nicht gegeben ist, stellt sich die Frage bzw. muss der Umstand stark bezweifelt werden, ob die Verwendung von Pfadkoeffizienten für die Kausalanalyse überhaupt zulässig und aussagekräftig ist.
- Ein bereits angesprochenes Problem betrifft die Auswahl der Stichprobe, die bei klaren statistischen Kennwerten nur eine sehr eingeschränkte Interpretation zulässt. Die ermittelten Beziehungen mögen für die Stichprobe selbst gelten. Ein Repräsentationsschluss auf die Gesamtheit der Internet-User*innen verbietet sich allerdings, weil die Grundgesamtheit ebenso wenig bekannt ist wie die Teilmenge der Internetshopper*innen. Auf diese Weise können auch scheinbar klare statistische Befunde eine nur sehr eingeschränkte Gültigkeit beanspruchen.

Literaturverzeichnis

ADM. (2018). *Richtlinie für telefonische Befragungen*. Arbeitskreis Deutscher Markt- und Sozialforschungsinstitute e.V. https://www.adm-ev.de/wp-content/uploads/2018/07/RL-Telefonbefragung.pdf

ADM. (2020). *INTERVIEWS DER ADM MITGLIEDSINSTITUTE: Quantitative Interviews nach Befragungsart*. Arbeitskreis Deutscher Markt- und Sozialforschungsinstitute e.V. https://www.adm-ev.de/die-branche/mafo-zahlen/#

Ahlert, D., Heidebur, S., & Michaelis, M. (2007). Kaufverhaltensrelevante Effekte des Konsumentenvertrauens im Internet. Eine vergleichende Analyse von Online-Händlern. *Internetökonomie und Hybridität, 48*. https://www.econstor.eu/bitstream/10419/46588/1/584625820.pdf

Akremi, L., Baur, N., & Fromm, S. (Hrsg.). (2011). *Datenaufbereitung und uni- und bivariate Statistik* (3.A.). VS Verlag für Sozialwissenschaften.

Alt, J. A. (2019). Karl Poppers Lösungsvorschlag für das Induktionsproblem. In G. Franco (Hrsg.), *Handbuch Karl Popper* (S. 285–302). Springer Fachmedien Wiesbaden. https://doi.org/10.1007/978-3-658-16239-9_17

American Association of Public Opinion Research (AAPOR). (2021). Best Practices for Survey Research. *Standards/Ethics*. https://www.aapor.org/Standards-Ethics/Best-Practices.aspx#best12

American Psychological Association (Hrsg.). (2019). *Publication manual of the American psychological association* (7th ed.). American Psychological Association.

Angrisani, M., Lee, J., & Meijer, E. (2020). The gender gap in education and late-life cognition: Evidence from multiple countries and birth cohorts. *The Journal of the Economics of Ageing, 16*, 100232. https://doi.org/10.1016/j.jeoa.2019.100232

Atteslander, P. (2010). *Methoden der empirischen Sozialforschung* (13.A.). Erich Schmidt Verlag.

Backhaus, K., Erichson, B., Plinke, W., & Weiber, R. (2018). *Multivariate Analysemethoden: Eine anwendungsorientierte Einführung* (15.A.). Springer Gabler.

Bales, R. (1975). Die Interaktionsprozessanalyse: Ein Beobachtungsverfahren zur Untersuchung kleiner Gruppen. In R. König, P. Heintz, & E. K. Scheuch (Hrsg.), *Beobachtung und Experiment in der Sozialforschung* (8.A., S. 148–167). Kiepenheuer & Witsch.

Bauberger, S. (2016). *Wissenschaftstheorie: Eine Einführung*. Verlag W. Kohlhammer.

Bauer, M., & Lamei, N. (2005). EU-SILC - die neue Erhebung zu Einkommen und Lebensbedingungen. *Statistik Austria - Statistische Nachrichten, 3*, 224–231.

Beck, U. (1986). *Risikogesellschaft: Auf dem Weg in eine andere Moderne*. Suhrkamp.

Becker, R., & Glauser, D. (2018). Are Prepaid Monetary Incentives Sufficient for Reducing Panel Attrition and Optimizing the Response Rate? An Experiment in the Context of a Multi-Wave Panel with a Sequential Mixed-Mode Design. *Bulletin of Sociological Methodology/Bulletin de Méthodologie Sociologique*, *139*(1), 74–95. https://doi.org/10.1177/0759106318762456

Becker, R., & Mehlkop, G. (2011). Effects of Prepaid Monetary Incentives on Mail Survey Response Rates and on Self-reporting about Delinquency. *Bulletin of Sociological Methodology/Bulletin de Méthodologie Sociologique*, *111*(1), 5–25. https://doi.org/10.1177/0759106311408870

Beckmann, K., Glemser, A., Heckel, C., von der Heyde, C., Hoffmeyer-Zlotnik, J., Hanefeld, U., Herter-Eschweiler, R., & Kühnen, C. (2016). *Demographische Standards: Eine gemeinsame Empfehlung des ADM, Arbeitskreis Deutscher Markt- und Sozialforschungsinstitute e.V., der Arbeitsgemeinschaft Sozialwissenschaftlicher Institute e.V. (ASI) und des Statistischen Bundesamtes*. Statistisches Bundesamt. https://www.statistischebibliothek.de/mir/receive/DEMonografie_mods_00003695

Benninghaus, H. (2014). *Einführung in die sozialwissenschaftliche Datenanalyse* (7.A.). De Gruyter Oldenbourg.

Berekoven, L., Ellenrieder, P., & Eckert, W. (2009). *Marktforschung Methodische Grundlagen und praktische Anwendung* (12.A.). Gabler Verlag / GWV Fachverlage GmbH, Wiesbaden. https://liverpool.idm.oclc.org/login?url=http://dx.doi.org/10.1007/978-3-8349-8267-4

Berelson, B. (1952). *Content Analysis in Communication Research*. Free Press. https://books.google.at/books?id=f10dAAAAIAAJ

Blasius, J., & Thiessen, V. (2021). *Argumentieren mit Statistik. Eine Einführung für das sozialwissenschaftliche Studium*. Barbara Budrich.

Blom, A. G., Bosnjak, M., Cornilleau, A., Cousteaux, A.-S., Das, M., Douhou, S., & Krieger, U. (2016). A Comparison of Four Probability-Based Online and Mixed-Mode Panels in Europe. *Social Science Computer Review*, *34*(1), 8–25. https://doi.org/10.1177/0894439315574825

Bogner, K., & Landrock, U. (2014). Antworttendenzen in standardisierten Umfragen. *SDM Survey Guidelines*. https://doi.org/10.15465/SDM-SG_016

Böheim, R., Himpele, K., Mahringer, H., & Zulehner, C. (2013). The distribution of the gender wage gap in Austria: Evidence from matched employer-employee data and tax records. *Journal for Labour Market Research*, *46*(1), 19–34. https://doi.org/10.1007/s12651-012-0113-y

Börsch-Supan, A., Brugiavini, A., Jürges, H., Kapteyn, A., Mackenbach, J. P., Siegrist, J., & Weber, G. (Hrsg.). (2008). *First Results from the Survey of Health, Ageing and Retirement in*

Europe (2004-2007). Starting the Longitudinal Dimension. Mannheim Research Institute for the Economics of Aging (MEA).

Bradburn, N. M., Sudman, S., & Wansink, B. (2004). *Asking questions: The definitive guide to questionnaire design-- for market research, political polls, and social and health questionnaires*. Jossey-Bass.

Bratt, C., Abrams, D., Swift, H. J., Vauclair, C.-M., & Marques, S. (2017). Perceived Age Discrimination Across Age in Europe: From an Ageing Society to a Society for All Ages. *Developmental Psychology*. https://doi.org/10.1037/dev0000398

Braunecker, C. (2016). *How to do Empirie, how to do SPSS: Eine Gebrauchsanleitung*. facultas.

Brussig, M., Aurich-Beerheide, P., Kirsch, J., Langer, P., Gabler, A., Kotlenga, S., Nägele, B., Pagels, N., Ivanov, B., Pfeiffer, F., Pohlan, L., Kleinemeier, R., & Puhe, H. (2019). *Evaluation des Bundesprogramms „Soziale Teilhabe am Arbeitsmarkt"* (Forschungsbericht Nr. 535). Bundesministerium für Arbeit und Soziales.

Bühner, M. (2011). *Einführung in die Test- und Fragebogenkonstruktion* (3.A.). Pearson.

Dale, A., Arber, S., & Procter, M. (1988). *Doing Secondary Analysis*. Unwin Hyman.

Diaz-Bone, R. (2019). *Statistik für Soziologen* (4.A.). UVK Verlag.

Diekmann, A. (2018). *Empirische Sozialforschung: Grundlagen, Methoden, Anwendungen* (12.A.). Rowohlt Taschenbuch Verlag.

Diekmann, A., Meyer, R., Mühlemann, C., & Diem, A. (2009). *Schweizer Umweltsurvey 2007. Analysen und Ergebnisse*. ETH Zürich.

Dillman, D. A. (1978). *Mail and telephone surveys: The total design method*. Wiley.

Dillman, D. A., Smyth, J. D., & Christian, L. M. (2009). *Internet, mail, and mixed-mode surveys: The tailored design method* (3rd ed.). Wiley & Sons.

Döring, N. (2015). *Qualitätskriterien für quantitative empirische Studien*. Julius Beltz GmbH & Co. KG. https://doi.org/10.3262/EEO07150345

Döring, N., & Bortz, J. (2016). *Forschungsmethoden und Evaluation in den Sozial- und Humanwissenschaften* (5.A.). Springer.

Edelmann, A., Wolff, T., Montagne, D., & Bail, C. A. (2020). Computational Social Science and Sociology. *Annual Review of Sociology*, *46*(1), 61–81. https://doi.org/10.1146/annurev-soc-121919-054621

Endruweit, G. (2015). *Empirische Sozialforschung: Wissenschaftstheoretische Grundlagen*. UVK Verlag.

ESS. (2018a). *ESS9—Sampling Guidelines: Principles and Implementation*. ESS ERIC Headquarters.

ESS. (2018b). *ESS9—Translation Guidelines*. ESS ERIC Headquarters.

ESS. (2021). *ESS9—Documentation Report*. ESS Data Team at NSD. https://www.europeansocialsurvey.org/docs/round9/survey/ESS9_data_documentation_report_e03_1.pdf

Eurofound. (2017). *European quality of life survey 2016: Quality of life, quality of public services, and quality of society: overview report.* Publications Office of the European Union. https://data.europa.eu/doi/10.2806/964014

Eurofound. (2018). *European Quality of Life Survey 2016: Technical and fieldwork report*. Publications Office of the European Union. https://www.eurofound.europa.eu/sites/default/files/wpef18016.pdf

Eurostat. (1998). *Meeting of the statistical programme committee. Recommendations on Social Exclusion and Poverty statistics* (Nr. 31/2; CPS). Eurostat.

Eurostat. (2012). *Measuring material deprivation in the EU: Indicators for the whole population and child-specific indicators.* Publications Office. http://dx.publications.europa.eu/10.2785/33598

EVS. (2016). *European Values Study (EVS) 2008: Method Report* (Nr. 2016/18; GESIS - Papers).

EVS. (2020a). European Values Study (EVS) 2017: Method Report. *GESIS Papers*. https://doi.org/10.21241/SSOAR.70109

EVS. (2020b). European Values Study (EVS) 2017: Methodological Guidelines. *GESIS Papers*. https://doi.org/10.21241/SSOAR.70110

Fahey, T., Maître, B., Whelan, C. T., Anderson, R., Domański, H., & European Foundation for the Improvement of Living and Working Conditions (Hrsg.). (2004). *Quality of life in Europe: First results of a new pan-European survey*. Office for Offical Publ. of the European Communities.

Farin, E., Kosiol, D., & Fleitz, A. (2008). Der MOSES-Fragebogen zu Mobilität, Selbstversorgung und häuslichem Leben: Ein ICF-orientiertes Assessmentinstrument, welches in einer Patienten- und einer Behandlerversion vorliegt. *Das Gesundheitswesen*, *70*(7). https://doi.org/10.1055/s-0028-1086472

Faulbaum, F. (2019). *Methodische Grundlagen der Umfrageforschung*. Springer Fachmedien Wiesbaden. https://doi.org/10.1007/978-3-531-93278-1

Flick, U. (2011). *Triangulation.* Springer Fachmedien. https://public.ebookcentral.proquest.com/choice/publicfullrecord.aspx?p=748540

Franzen, A. (2019). Antwortskalen in standardisierten Befragungen. In N. Baur & J. Blasius (Hrsg.), *Handbuch Methoden der empirischen Sozialforschung* (2.A., S. 843–854). Springer Fachmedien Wiesbaden. https://doi.org/10.1007/978-3-658-21308-4_58

Froschauer, U. (2009). Artefaktanalyse. In S. Kühl, P. Strodtholz, & A. Taffertshofer (Hrsg.), *Handbuch Methoden der Organisationsforschung: Quantitative und Qualitative Methoden*

(S. 326–347). VS Verlag für Sozialwissenschaften. https://doi.org/10.1007/978-3-531-91570-8_16

Früh, W. (2017). *Inhaltsanalyse: Theorie und Praxis* (9.A.). UVK Verlagsgesellschaft mbH.

Glaser, B. G., & Strauss, A. L. (2008). *Grounded theory: Strategien qualitativer Forschung* (2.A.). Huber.

Glass, G. V. (1976). Primary, Secondary, and Meta-Analysis of Research. *Educational Researcher, 5*(10), 3–8.

Grümer, K.-W. (1974). *Techniken der Datensammlung 2—Beobachtung*. Vieweg+Teubner Verlag. https://doi.org/10.1007/978-3-322-94913-4

Häder, M. (Hrsg.). (2009). *Telefonbefragungen über das Mobilfunknetz: Konzept, Design und Umsetzung einer Strategie zur Datenerhebung*. VS Verlag für Sozialwissenschaften.

Häder, M. (2019). *Empirische Sozialforschung: Eine Einführung*. Springer Fachmedien Wiesbaden. https://doi.org/10.1007/978-3-658-26986-9

Häder, S. (2014). Stichproben in der Praxis. *SDM Survey Guidelines*. https://doi.org/10.15465/SDM-SG_014

Häder, S., & Glemser, A. (2006). Stichprobenziehung für Telefonumfragen in Deutschland. *Methoden der Sozialforschung. Sonderheft, 44*(2004), 148–171.

Hakim, C. (1982). *Secondary analysis in social research. A guide to data sources and methods with examples*. George Allen & Unwin.

Hank, K., Jürges, H., Schupp, J., & Wagner, G. G. (2009). Isometrische Greifkraft und sozialgerontologische Forschung: Ergebnisse und Analysepotentiale des SHARE und SOEP. *Zeitschrift für Gerontologie und Geriatrie, 42*(2), 117–126. https://doi.org/10.1007/s00391-008-0537-8

Haslinger, A., & Kytir, J. (2006). Stichprobendesign, Stichprobenziehung und Hochrechnung des Mikrozensus ab 2004. *Statistische Nachrichten, 6*, 510–519.

Hatzinger, R., & Nagel, H. (2013). *Statistik mit SPSS: Fallbeispiele und Methoden* (2.A.). Pearson Higher Education.

Helfferich, C. (2011). *Die Qualität qualitativer Daten: Manual für die Durchführung qualitativer Interviews* (4.A.). VS Verlag für Sozialwissenschaften.

Helfferich, C. (2019). Leitfaden- und Experteninterviews. In N. Baur & J. Blasius (Hrsg.), *Handbuch Methoden der empirischen Sozialforschung* (2.A., S. 669–686). Springer Fachmedien Wiesbaden. https://doi.org/10.1007/978-3-658-21308-4_44

Hempel, C. G., & Oppenheim, P. (1948). Studies in the Logic of Explanation. *Philosophy of Science, 15*(2), 135–175. https://doi.org/10.1086/286983

Hirschle, J. (2015). *Soziologische Methoden. Eine Einführung*. Beltz Juventa.

Hobcraft, J. (2009). *Circumstances of young adults: Results from the Generations and Gender Programme* (S. 83–106). United Nations. https://unece.org/DAM/pau/_docs/ggp/2008/GGP_2008_GGConf_Publ_1.pdf

Hofte-Fankhauser, K. ter, & Wälty, H. F. (2013). *Marktforschung: Grundlagen mit zahlreichen Beispielen, Repetitionsfragen mit Antworten und Glossar* (5.A.). Compendio Bildungsmedien.

Holm, K. (1976). Theorie der Frage. *Kölner Zeitschrift für Soziologie und Sozialpsychologie, 26*(1), 91–114.

Homann, H. (1989). *Gesetz und Wirklichkeit in den Sozialwissenschaften: Vom Methodenstreit zum Positivismusstreit*. Eberhard-Karls-Universität.

Hubatková, B., & Doseděl, T. (2021). The Expansion of Higher Education and Post-Materialistic Attitudes to Work in Europe: Evidence from the European Values Study. *Czech Sociological Review, 56*(6), 767–790. https://doi.org/10.13060/csr.2020.050

Jackob, N., Schoen, H., & Zerback, T. (Hrsg.). (2009). *Sozialforschung im Internet: Methodologie und Praxis der Online-Befragung*. VS Verlag für Sozialwissenschaften.

Jahoda, M., Lazarsfeld, P. F., & Zeisel, H. (2018). *Die Arbeitslosen von Marienthal: Ein soziographischer Versuch über die Wirkungen langandauernder Arbeitslosigkeit: mit einem Anhang zur Geschichte der Soziographie* (26.A.). Suhrkamp Verlag.

Janssen, J., & Laatz, W. (2017). *Statistische Datenanalyse mit SPSS*. Springer Berlin Heidelberg. https://doi.org/10.1007/978-3-662-53477-9

Jost, G., & Richter, L. (2015). *Grundlagen wissenschaftlichen Arbeitens: Eine prozessbegleitende und reflexive Perspektive*. Facultas.

Jungherr, A. (2019). Normalizing Digital Trace Data. In N. J. Stroud & S. C. McGregor (Hrsg.), *Digital discussions: How big data informs political communication* (S. 9–35). Routledge, Taylor & Francis Group.

Katz, S., Ford, A. B., Moskowitz, R. W., Jackson, B. A., & Jaffe, M. W. (1963). Studies of Illness in the Aged: The Index of ADL: A Standardized Measure of Biological and Psychosocial Function. *JAMA, 185*(12), 914. https://doi.org/10.1001/jama.1963.03060120024016

Kelle, U. (2008). *Die Integration qualitativer und quantitativer Methoden in der empirischen Sozialforschung: Theoretische Grundlagen und methodologische Konzepte* (2.A.). VS Verlag für Sozialwissenschaften.

Kerschbaumer, A., Ithaler, D., & Dietmar, P. (2006). *Berufliche Weiterbildung in Wien*. Zentrum für Bildung und Wirtschaft Forschungs- und Beratungsges. mbH.

Keuschnigg, M., & Wolbring, T. (Hrsg.). (2015). *Experimente in den Sozialwissenschaften*. Nomos.

Kitchin, R. (2014). Big Data, new epistemologies and paradigm shifts. *Big Data & Society, 1*(1). https://doi.org/10.1177/2053951714528481

Klimont, J. (2016). *Soziodemographische und sozioökonomische Determinanten von Gesundheit: Auswertungen der Daten des Austrian Health Interview Survey (ATHIS 2014) zu Kindern, Jugendlichen und Erwachsenen*. Statistik Austria.

Klimont, J. (2020). *Österreichische Gesundheitsbefragung 2019: Hauptergebnisse des Austrian Health Interview Survey (ATHIS) und methodische Dokumentation*. Statistik Austria.

Klingemann, H.-D., & Mochmann, E. (1975). Sekundäranalyse. In J. van Koolwijk & M. Wieken-Mayser (Hrsg.), *Techniken der empirischen Sozialforschung: Bd. 2: Untersuchungsformen* (S. 178–194). Oldenbourg Verlag.

Knorre, S., Müller-Peters, H., & Wagner, F. (2020). *Die Big-Data-Debatte Chancen und Risiken der digital vernetzten Gesellschaft*. Springer Gabler.

Koll, C. (2002). Methodeneffekte in telefonischen Interviews. *SFB-Mitteilungen, 580*(4), 19–25.

Kopp, J., Kunz, C., Lois, D., & Ackermann, D. (2008). *Konstruktion und Validierung einer Guttmann-Skala zur Messung des gegenwärtigen Institutionalisierungsgrades einer Partnerschaft: Ergebnisse eines Pretests und der TIP-Haupterhebung* (Bd. 11). pairfam - Das Beziehungs- und Familienpanel.

Kopp, J., & Lois, D. (2014). *Sozialwissenschaftliche Datenanalyse: Eine Einführung* (2.A.). Springer VS.

Krämer, W. (1992). *Statistik verstehen: Eine Gebrauchsanweisung*. Campus Verlag.

Krebs, D., & Menold, N. (2019). Gütekriterien quantitativer Sozialforschung. In N. Baur & J. Blasius (Hrsg.), *Handbuch Methoden der empirischen Sozialforschung* (S. 489–504). Springer Fachmedien Wiesbaden. https://doi.org/10.1007/978-3-658-21308-4_34

Kromrey, H., Roose, J., & Strübing, J. (2016). *Empirische Sozialforschung: Modelle und Methoden der standardisierten Datenerhebung und Datenauswertung mit Annotationen aus qualitativ-interpretativer Perspektive* (13.A.). UVK Verlagsgesellschaft mbh.

Krosnick, J. A. (1991). Response strategies for coping with the cognitive demands of attitude measures in surveys. *Applied Cognitive Psychology, 5*(3), 213–236. https://doi.org/10.1002/acp.2350050305

Kruse, O. (2018). *Lesen und Schreiben: Der richtige Umgang mit Texten im Studium* (3.A.). UVK Verlag.

Kuckartz, U., Ebert, T., Rädiker, S., & Stefer, C. (2009). *Evaluation online: Internetgestützte Befragung in der Praxis*. VS Verlag für Sozialwissenschaften.

Kuckartz, U., Rädiker, S., Ebert, T., & Schehl, J. (2013). *Statistik: Eine verständliche Einführung* (2.A.). Springer VS.

Künn, S. (2015). The challenges of linking survey and administrative data. *IZA World of Labor*. https://doi.org/10.15185/izawol.214

Kurz, K., Prüfer, P., & Rexroth, M. (1999). Zur Validität von Fragen in standardisierten Erhebungen: Ergebnisse des Einsatzes eines kognitiven Pretestinterviews. *ZUMA Nachrichten, 23*(44), 83–107.

Kytir, J., & Stadler, B. (2004). Die kontinuierliche Arbeitskräfteerhebung im Rahmen des neuen Mikrozensus. Vom „alten" zum „neuen" Mikrozensus. *Statistische Nachrichten, 6*, 511–518.

Lamnek, S., & Krell, C. (2016). *Qualitative Sozialforschung: Mit Online-Material* (6.A.). Beltz.

Latcheva, R., & Davidov, E. (2019). Skalen und Indizes. In N. Baur & J. Blasius (Hrsg.), *Handbuch Methoden der empirischen Sozialforschung* (S. 893–905). Springer Fachmedien Wiesbaden. https://doi.org/10.1007/978-3-658-21308-4_62

Lawton, P. M., & Brody, E. M. (1969). Assessment of Older People: Self-Maintaining and Instrumental Activities of Daily Living. *The Gerontologist*, *9*(3), 179–186. https://doi.org/10.1093/geront/9.3_Part_1.179

Lehner, F. (2011). *Sozialwissenschaft*. VS Verlag für Sozialwissenschaften.

Leopold, L., & Engelhardt, H. (2011). Bildung und Gesundheitsungleichheit im Alter: Divergenz, Konvergenz oder Kontinuität? *Kölner Zeitschrift für Soziologie und Sozialpsychologie*, *63*(2), 207–236. https://doi.org/10.1007/s11577-011-0133-6

Lienert, G. A., & Raatz, U. (1998). *Testaufbau und Testanalyse* (6.A.). Beltz, Psychologie Verlags Union.

Likert, R. (1932). A technique for the measurement of attitudes. *Archives of Psychology, 140.* https://oeawi.at/wp-content/uploads/2018/09/OeAWI_Brosch%C3%BCre_Web_2019.pdf

Lin, N. (1999). Social Networks and Status Attainment. *Annual Review of Sociology, 25*(1), 467–487. https://doi.org/10.1146/annurev.soc.25.1.467

Lück, D. (2011). Mängel im Datensatz beseitigen. In L. Akremi, N. Baur, & S. Fromm (Hrsg.), *Datenanalyse mit SPSS für Fortgeschrittene 1* (3.A., S. 66–81). VS Verlag für Sozialwissenschaften.

Lueger, M. (2010). *Interpretative Sozialforschung: Die Methoden*. facultas.wuv.

Lugtig, P., Toepoel, V., Haan, M., Zandvliet, R., & Klein Kranenburg, L. (2019). Recruiting Young and Urban Groups into a Probability-Based Online Panel by Promoting Smartphone Use. *Methods, Data, Analyses |*, *13*(2), 291–306. https://doi.org/10.12758/MDA.2019.04

Mallock, W., Riege, U., & Stahl, M. (2016). *Informationsressourcen für die Sozialwissenschaften*. Springer Fachmedien Wiesbaden. https://doi.org/10.1007/978-3-658-10966-0

Malter, F., & Börsch-Supan, A. (Hrsg.). (2015). *SHARE Wave 5: Innovations & Methodology*. Munich Center for the Economics of Aging (MEA), Max Planck Institute for Social Law and Social Policy.

Martin, E., Turner, C. F., & National Research Council (U.S.). (1984). *Surveying Subjective Phenomena*. Russell Sage Foundation; nlebk. http://search.ebscohost.com/login.aspx?direct=true&db=nlebk&AN=1069883&site=ehost-live

Mayer, H. O. (2013). *Interview und schriftliche Befragung: Grundlagen und Methoden empirischer Sozialforschung* (6.A.). Oldenbourg Verlag.

Mayer-Schönberger, V., & Cukier, K. (2013). *Big data: A revolution that will transform how we live, work, and think*. Houghton Mifflin Harcourt.

Mayring, P. (2019). Qualitative Inhaltsanalyse – Abgrenzungen, Spielarten, Weiterentwicklungen. *Forum Qualitative Sozialforschung / Forum: Qualitative Social Research*, *20*(2). https://doi.org/10.17169/FQS-20.3.3343

McGonagle, K. A. (2020). The Effects of an Incentive Boost on Response Rates, Fieldwork Effort, and Costs across Two Waves of a Panel Study. *methods, data, analyses*, *14*(2), 241–250. https://doi.org/10.12758/mda.2020.04

Menold, N., & Bogner, K. (2014). Gestaltung von Ratingskalen in Fragebögen. *SDM Survey Guidelines*. https://doi.org/10.15465/SDM-SG_015

Merton, R. K. (1973). *The sociology of science: Theoretical and empirical investigations*. University of Chicago Press.

Merton, R. K. (1995). *Soziologische Theorie und soziale Struktur:* De Gruyter.

Merton, R. K. (2017). *Auf den Schultern von Riesen: Ein Leitfaden durch das Labyrinth der Gelehrsamkeit* (5.A.). Suhrkamp.

Milgram, S. (1974). *Obedience to Authority. An Experimental View*. Harper.

Mummendey, H. D., & Grau, I. (2014). *Die Fragebogen-Methode: Grundlagen und Anwendung in Persönlichkeits-, Einstellungs- und Selbstkonzeptforschung* (6.A.). Hogrefe.

Neyer, F. J., Felber, J., & Gebhardt, C. (2016). Kurzskala Technikbereitschaft. *Zusammenstellung sozialwissenschaftlicher Items und Skalen (ZIS)*. https://doi.org/10.6102/ZIS244

Noelle-Neumann, E., & Petersen, T. (2005). *Alle, nicht jeder: Einführung in die Methoden der Demoskopie* (4.A.). Springer.

Oberhofer, H., Schwarz, G., & Strassnig, M. (2019). Registerforschung: Verwaltungs- und Statistikdaten für die Wissenschaft. *Mitteilungen der Vereinigung Österreichischer Bibliothekarinnen und Bibliothekare*, *72*(2), 494–504. https://doi.org/10.31263/voebm.v72i2.3154

OECD. (2003). *The Sources of Economic Growth in OECD Countries*. OECD. https://doi.org/10.1787/9789264199460-en

Opp, K.-D. (2014). *Methodologie der Sozialwissenschaften: Einführung in Probleme ihrer Theorienbildung und praktischen Anwendung* (7.A.). Springer VS.

Österreichische Agentur für wissenschaftliche Integrität. (2019). *Richtlinien der Österreichischen Agentur für wissenschaftliche Integrität zur Guten Wissenschaftlichen Praxis*. ÖAWI. https://oeawi.at/wp-content/uploads/2018/09/OeAWI_Brosch%C3%BCre_Web_2019.pdf

Oswald, F., & Konopik, N. (2015). Bedeutung von außerhäuslichen Aktivitäten, Nachbarschaft und Stadtteilidentifikation für das Wohlbefinden im Alter. *Zeitschrift für Gerontologie und Geriatrie*, *48*(5), 401–407. https://doi.org/10.1007/s00391-015-0912-1

Otte, G. (2004). *Sozialstrukturanalysen mit Lebensstilen. Eine Studie zur theoretischen und methodischen Neuorientierung der Lebensstilforschung*. VS Verlag für Sozialwissenschaften. http://nbn-resolving.de/urn:nbn:de:1111-20120708723

Petersen, T. (2014). *Der Fragebogen in der Sozialforschung*. UVK Verlagsgesellschaft mbH mit UVK Lucius.

Pinquart, M. (2001). Correlates of subjective health in older adults: A meta-analysis. *Psychology and Aging*, *16*(3), 414–426. https://doi.org/10.1037/0882-7974.16.3.414

Popper, K. R. (2005). *Logik der Forschung* (11.A.). Mohr Siebeck.

Porst, R. (2014). *Fragebogen: Ein Arbeitsbuch* (4.A.). Springer VS.

Pötschke, M. (2010). Datengewinnung und Datenaufbereitung. In C. Wolf & H. Best (Hrsg.), *Handbuch der sozialwissenschaftlichen Datenanalyse* (S. 41–65). VS Verlag für Sozialwissenschaften.

Priestley, M., Stickings, M., Loja, E., Grammenos, S., Lawson, A., Waddington, L., & Fridriksdottir, B. (2016). The political participation of disabled people in Europe: Rights, accessibility and activism. *Electoral Studies*, *42*, 1–9. https://doi.org/10.1016/j.electstud.2016.01.009

Qiu, L., Chan, S. H. M., & Chan, D. (2018). Big data in social and psychological science: Theoretical and methodological issues. *Journal of Computational Social Science*, *1*(1), 59–66. https://doi.org/10.1007/s42001-017-0013-6

Rafail, P. (2018). Nonprobability Sampling and Twitter: Strategies for Semibounded and Bounded Populations. *Social Science Computer Review*, *36*(2), 195–211. https://doi.org/10.1177/0894439317709431

Raithel, J. (2008). *Quantitative Forschung: Ein Praxiskurs* (2.A.). VS Verlag für Sozialwissenschaften.

Rammer, C. (2019). *Dokumentation zur Innovationserhebung 2018: Zusammenarbeit mit der Wissenschaft und Fachkräftebedarf* (ZEW-Dokumentation Nr. 19–01). ZEW - Leibniz-Zentrum für Europäische Wirtschaftsforschung. http://hdl.handle.net/10419/191534

Rasch, B., Friese, M., Hofmann, W., & Naumann, E. (2014). *Quantitative Methoden: Einführung in die Statistik für Psychologen und Sozialwissenschaftler. Band 1: Deskriptive Statistik, Inferenzstatistik, t-Test, Korrelationstechniken, Regressionsanalyse* (4.A.). Springer.

Reichertz, J. (2019). Empirische Sozialforschung und soziologische Theorie. In N. Baur & J. Blasius (Hrsg.), *Handbuch Methoden der empirischen Sozialforschung* (2.A., S. 31–48). Springer Fachmedien Wiesbaden. https://doi.org/10.1007/978-3-658-21308-4_2

Reiger, H. (2010). *Frühe StudienabbrecherInnen an der WU Wien* (2.A.). Wirtschaftsuniversität Wien.

Reydon, T. A. C. (2013). *Wissenschaftsethik. Eine Einführung*. Ulmer.

Richter, L., & Reiger, H. (2021). Gesundheitsverhaltensmuster der Wiener Bevölkerung: Assoziationen von Health Lifestyle und sozioökonomischen Determinanten. *Österreichische Zeitschrift für Soziologie*. https://doi.org/10.1007/s11614-021-00447-y

Richter, M., & Hurrelmann, K. (Hrsg.). (2009). *Gesundheitliche Ungleichheit: Grundlagen, Probleme, Perspektiven* (2., aktualisierte Auflage). VS Verlag für Sozialwissenschaften.

Richter, M., & Hurrelmann, K. (Hrsg.). (2016). *Soziologie von Gesundheit und Krankheit*. Springer Fachmedien. http://link.springer.com/10.1007/978-3-658-11010-9

Riebling, J. R. (2018). The Medium Data Problem in Social Science. In C. Stützer, M. Welker, & M. Egger (Hrsg.), *Computational social science in the age of big data: Concepts, methodologies, tools, and applications* (S. 76–100). Herbert von Halem Verlag.

Rohrlack, C. (2007). Logistische und Ordinale Regression. In S. Albers, D. Klapper, U. Konradt, A. Walter, & J. Wolf (Hrsg.), *Methodik der empirischen Forschung* (S. 199–214). Gabler. https://doi.org/10.1007/978-3-8349-9121-8_14

Roose, J. (2013). Fehlermultiplikation und Pfadabhängigkeit: Ein Blick auf Schattenseiten von Sekundäranalysen standardisierter Umfragen. *KZfSS Kölner Zeitschrift für Soziologie und Sozialpsychologie*, *65*(4), 697–714. https://doi.org/10.1007/s11577-013-0239-0

Roßmann, J. (2017). *Satisficing in Befragungen*. Springer Fachmedien Wiesbaden. https://doi.org/10.1007/978-3-658-16668-7

Sahner, H. (2008). *Schließende Statistik: Eine Einführung für Sozialwissenschaftler* (7.A.). VS Verlag für Sozialwissenschaften.

Sand, M. (2014). *Dual-Frame-Telefonstichproben: Entwicklung, Handhabung und Gewichtung* (Bd. 2014/02). GESIS - Leibniz-Institut für Sozialwissenschaften.

Saup, W., & Reichert, M. (1999). Die Kreise werden enger. Wohnen und Alltag im Alter. In A. Niederfranke, G. Naegele, & E. Frahm (Hrsg.), *Funkkolleg Altern 2: Lebenslagen und Lebenswelten, soziale Sicherung und Altenpolitik*. http://link.springer.com/openurl?genre=book&isbn=978-3-531-13376-8

Schendera, C. F. G. (2010). *Clusteranalyse mit SPSS: Mit Faktorenanalyse*. Oldenbourg.

Schlosberg, D. (2007). *Defining Environmental Justice*. Oxford University Press. https://doi.org/10.1093/acprof:oso/9780199286294.001.0001

Schmitz, A., Klein, D., Skopek, J., Schulz, F., & Blossfeld, H.-P. (2009). Die Integration von Befragungs- und Prozessdaten einer Online-Kontaktbörse. *Sozialwissenschaftlicher Fachinformationsdienst soFid, Methoden und Instrumente der Sozialwissenschaften 2009/1*, 31–44.

Schnell, R. (2019). *Survey-Interviews: Methoden standardisierter Befragungen*. Springer Fachmedien Wiesbaden. https://doi.org/10.1007/978-3-531-19901-6

Schnell, R. (2020). Record Linkage als zentraler Baustein der Forschung mit Registern und Big Data-Nutzungen. In B. Klumpe, J. Schröder, & M. Zwick (Hrsg.), *Qualität bei zusammengeführten Daten. Befragungsdaten, administrative Daten, neue digitale Daten: Miteinander besser?* (S. 147–162). Springer.

Schnell, R., Hill, P. B., & Esser, E. (2018). *Methoden der empirischen Sozialforschung* (11.A.). De Gruyter Oldenbourg.

Scholl, A. (2018). *Die Befragung* (4.A.). UVK Verlagsgesellschaft mbH.

Schülein, J. A., & Reitze, S. (2016). *Wissenschaftstheorie für Einsteiger* (4.A.). Facultas.

Schutt, R. K. (2007). Secondary Data Analysis. In G. Ritzer (Hrsg.), *The Blackwell Encyclopedia of Sociology*. Blackwell Pub.

Selten, R. (1998). Game Theory, Experience, Rationality. In W. Leinfellner & E. Köhler (Hrsg.), *Game Theory, Experience, Rationality* (S. 9-34.). Springer Netherlands.

Singer, E., & Ye, C. (2013). The Use and Effects of Incentives in Surveys. *The ANNALS of the American Academy of Political and Social Science*, *645*(1), 112–141. https://doi.org/10.1177/0002716212458082

Stangl, W. (2012). *Empfehlungen für die inhaltliche Gestaltung wissenschaftlicher Arbeiten*. https://arbeitsblaetter.stangl-taller.at/.

Statistik Austria. (2009). *Standard-Dokumentation Metainformationen (Definitionen, Erläuterungen, Methoden, Qualität) zur Österreichischen Gesundheitsbefragung 2006/2007*.

Statistik Austria. (2010). *Standard-Dokumentation Metainformationen zur Erhebung über Erwachsenenbildung (Adult Education Survey, AES)—2007*. Statistik Austria. https://www.statistik.at/wcm/idc/idcplg?IdcService=GET_PDF_FILE&RevisionSelectionMethod=LatestReleased&dDocName=043754

Statistik Austria. (2015). *Standard-Dokumentation Metainformationen zur Erhebung über Erwachsenenbildung (Adult Education Survey, AES)—2011/12*. Statistik Austria. https://www.statistik.at/wcm/idc/idcplg?IdcService=GET_PDF_FILE&RevisionSelectionMethod=LatestReleased&dDocName=080933

Statistik Austria. (2016). *Standard-Dokumentation Metainformationen (Definitionen, Erläuterungen, Methoden, Qualität) zur Österreichischen Gesundheitsbefragung 2014*.

Statistik Austria. (2017). *Standard-Dokumentation Metainformationen (Definitionen, Erläuterungen, Methoden, Qualität) zur EU-SILC 2016*. Statistik Austria. http://www.statistik.at/web_de/intern/Redirect/index.html?dDocName=112897

Statistik Austria. (2018). *Standard-Dokumentation Metainformationen zur Erhebung über Erwachsenenbildung (Adult Education Survey, AES)—2016/17*. Statistik Austria. https://www.statistik.at/wcm/idc/idcplg?IdcService=GET_PDF_FILE&RevisionSelectionMethod=LatestReleased&dDocName=118378

Statistik Austria. (2020a). *Internetnutzerinnen und Internetnutzer 2020*. Statistik Austria. http://www.statistik.at/wcm/idc/idcplg?IdcService=GET_PDF_FILE&RevisionSelectionMethod=LatestReleased&dDocName=073636

Statistik Austria. (2020b). *Mikrozensusdaten ab 2004. Wichtige Hinweise*. Statistik Austria; AUSSDA.

Statistik Austria. (2020c). *Mikrozensus-Fragebogen*. Statistik Austria. http://www.statistik.at/web_de/frageboegen/private_haushalte/mikrozensus/index.html

Statistik Austria. (2020d). *Standard-Dokumentation. Metainformationen (Definitionen, Erläuterungen, Methoden, Qualität) zur Innovationserhebung (CIS) 2016-2018*. Statistik Austria. www.statistik.at

Steiner, E., & Benesch, M. (2018). *Der Fragebogen: Von der Forschungsidee zur SPSS-Auswertung* (5.A.). Facultas.

Stevens, S. S. (1975). *Psychophysics: Introduction to its perceptual, neural, and social prospects*. John Wiley.

Stewart, D. W. (1984). *Secondary research: Information sources and methods*. Sage Publications.

Stier, S., Breuer, J., Siegers, P., & Thorson, K. (2020). Integrating Survey Data and Digital Trace Data: Key Issues in Developing an Emerging Field. *Social Science Computer Review*, *38*(5), 503–516. https://doi.org/10.1177/0894439319843669

Strack, F. (1994). *Zur Psychologie der standardisierten Befragung* (Bd. 48). Springer Berlin Heidelberg. https://doi.org/10.1007/978-3-642-78890-1

Tausendpfund, M. (2018). *Quantitative Methoden in der Politikwissenschaft*. Springer Fachmedien Wiesbaden. https://doi.org/10.1007/978-3-658-20698-7

Tøge, A. G., & Blekesaune, M. (2015). Unemployment transitions and self-rated health in Europe: A longitudinal analysis of EU-SILC from 2008 to 2011. *Social Science & Medicine*, *143*, 171–178. https://doi.org/10.1016/j.socscimed.2015.08.040

UNESCO Institute for Statistics. (2012). *International Standard Classification of Education (ISCED) 2011*. UNESCO Institute for Statistics. https://doi.org/10.15220/978-92-9189-123-8-en

Urban, D., & Mayerl, J. (2018). *Angewandte Regressionsanalyse: Theorie, Technik und Praxis* (4.A.). Springer Fachmedien Wiesbaden. https://doi.org/10.1007/978-3-658-01915-0

Vezzoni, C. (2015). Secondary analysis in the social sciences and its relation to futures studies. *On the Horizon*, *23*(2), 128–139. https://doi.org/10.1108/OTH-02-2015-0006

Vikat, A., Spéder, Z., Beets, G., Billari, F., Bühler, C., Desesquelles, A., Fokkema, T., Hoem, J. M., MacDonald, A., Neyer, G., Pailhé, A., Pinnelli, A., & Solaz, A. (2007). Generations and Gender Survey (GGS): Towards a Better Understanding of Relationships and Processes in the Life Course. *Demographic Research*, *17*, 389–440. https://doi.org/10.4054/DemRes.2007.17.14

Wagner-Schelewsky, P., & Hering, L. (2019). Online-Befragung. In N. Baur & J. Blasius (Hrsg.), *Handbuch Methoden der empirischen Sozialforschung* (S. 787–800). Springer Fachmedien Wiesbaden. https://doi.org/10.1007/978-3-658-21308-4_54

Weichbold, M. (2019). Pretest. In N. Baur & J. Blasius (Hrsg.), *Handbuch Methoden der empirischen Sozialforschung* (S. 349–356). Springer Fachmedien Wiesbaden. https://doi.org/10.1007/978-3-658-21308-4_23

Weins, C. (2010). Uni-und bivariate deskriptive Statistik. In C. Wolf & H. Best (Hrsg.), *Handbuch der sozialwissenschaftlichen Datenanalyse* (S. 65–89). VS Verlag für Sozialwissenschaften. https://doi.org/10.1007/978-3-531-92038-2_4

Weischer, C. (2007). *Sozialforschung*. UVK-Verlagsgesellschaft.

Witzel, A. (2000). Das problemzentrierte Interview. *Forum Qualitative Sozialforschung*, *1*(1). http://www.qualitative-research.net/index.php/fqs/article/view/1132/2519

Witzel, A., & Reiter, H. (2012). *The Problem-Centred Interview*. Sage.

Wozny, C., & Schneider, M. R. (2014). A matter of degree: The continuing training gap for women in Europe. *Socio-Economic Review*, *12*(2), 353–379. https://doi.org/10.1093/ser/mwu008

Abbildungs- und Tabellenverzeichnis

Anhang

Fragebogen telefonische Befragung (StudienabbrecherInnen) - Reiger (2010, S. 85-91).

Interviewer*in (Matrikelnr.): ______________________

Datum: ______________________

Identifikationsnr. laut Adressenliste (#): ______________________

Achtung: Alle Fragen beziehen sich auf das Wintersemester 2003/04 (nicht auf WS 2004/05)!

Angaben zum Studium

V1. Sie haben im WS 2003/04 an der WU zu studieren begonnen. War das Ihre erstmalige Zulassung an einer Hochschule oder waren Sie vorher schon an einer Fachhochschule oder im Ausland inskribiert?

InterviewerIn:
Bitte nur angeben, wo unmittelbar vor dem WU-Studium studiert wurde.
Bitte nur eine Nennung

Erstmalige Inskription	1
War vorher an einer anderen Fachhochschule in Österreich inskribiert	2
Habe vorher im Ausland studiert	3

V2. Welche Studienrichtung haben Sie an der WU als <u>Hauptstudium</u> gewählt?

InterviewerIn:
Bitte nur das Hauptstudium, bzw. die zuerst gewählte Studienrichtung angeben
Bitte nur eine Nennung

Betriebswirtschaft	1
Internationale Betriebswirtschaft	2
Volkswirtschaft	3
Wirtschaftspädagogik	4
WIWI – Wirtschaft & Recht	5
WIWI – Management Science	6
WIWI – Sozioökonomie	7
Wirtschaftsinformatik	8

V3. Haben Sie parallel dazu noch andere Studien betrieben?

InterviewerIn: Mehrfachnennung möglich

		Trifft zu	Trifft nicht zu
V3a	An der WU noch eine oder mehrere Studienrichtungen	1	2
V3b	An einer anderen Universität / Fachhochschule	1	2
V3c	Ein Fernstudium	1	2

Motive für das Studium an der WU

V4. Wenn Sie sich an die Entscheidung für die Aufnahme Ihres Studiums an der WU erinnern, wie sehr treffen die folgenden Aussagen auf Sie zu?
Bitte bewerten Sie auf einer 5er-Skala, wobei 1 = trifft sehr zu und 5 = trifft gar nicht zu.

	Ich habe mein Studium an der WU aufgenommen ...	Trifft sehr zu				Trifft gar nicht zu
V4a	um meinen Horizont zu erweitern.	1	2	3	4	5
V4b	um das Studentenleben zu genießen.	1	2	3	4	5
V4c	aus Interesse am Fach.	1	2	3	4	5
V4d	um gute Chancen auf dem Arbeitsmarkt zu haben.	1	2	3	4	5
V4e	weil ein Abschluss Voraussetzung für meinen angestrebten Beruf ist.	1	2	3	4	5
V4f	weil es in meiner Familie üblich ist, zu studieren.	1	2	3	4	5
V4g	weil ein Titel für mich wichtig ist.	1	2	3	4	5
V4h	weil ich glaube, dass die WU international einen guten Ruf genießt.	1	2	3	4	5
V4i	weil mir ein WU-Abschluss eine Vielfalt an beruflichen Einsatzmöglichkeiten bietet.	1	2	3	4	5
V4j	weil meine Freunde an der WU studiert haben.	1	2	3	4	5
V4k	weil ich mir mit einem WU- Abschluss ein höheres Einkommen erwartet habe.	1	2	3	4	5
V4l	weil ich keine bessere Idee hatte.	1	2	3	4	5
V4m	um mich in meinem Beruf weiterzubilden.	1	2	3	4	5
V4n	weil ich keinen Job gefunden habe.	1	2	3	4	5
V4o	weil mich meine Eltern zu einem Studium an der WU gedrängt haben.	1	2	3	4	5
V4p	weil die WU ein vielfältiges Studien- und Spezialisierungsangebot hat.	1	2	3	4	5
V4q	um die Wartezeit für eine andere Ausbildung sinnvoll zu überbrücken.	1	2	3	4	5

Studiensituation an der WU

V5. Wenn Sie an Ihre Studieneingangsphase denken, inwieweit treffen die folgenden Aussagen auf Sie zu?
Bitte bewerten Sie auf einer 5er-Skala, wobei 1 = trifft sehr zu und 5 = trifft gar nicht zu.

		Trifft sehr zu				Trifft gar nicht zu
V5a	Zu Beginn des Studiums hatte ich genaue Vorstellungen, was mich an der WU erwartet.	1	2	3	4	5
V5b	Ich war zu Beginn des Studiums ausreichend über die Studieninhalte informiert.	1	2	3	4	5
V5c	Ich konnte mich im 1. Studienjahr immer zu den gewünschten Lehrveranstaltungen anmelden.	1	2	3	4	5
V5d	Mir fehlten im 1. Studienjahr fachliche Vorkenntnisse.	1	2	3	4	5
V5e	Massenprüfungen im 1. Studienjahr haben mich demotiviert.	1	2	3	4	5
V5f	Zu Beginn des Studiums bin ich mir auf der WU verloren vorgekommen.	1	2	3	4	5
V5g	Mir fiel es schwer, das Studium selbst zu organisieren.	1	2	3	4	5
V5h	Es gab im 1. Studienjahr genügend Materialien zu den Lehrveranstaltungen (Skripten, Downloads, Handouts...).	1	2	3	4	5
V5i	Die Studieninhalte im 1. Studienjahr haben meinen Erwartungen entsprochen.	1	2	3	4	5
V5j	Ich war im 1. Studienjahr mit der Betreuung durch die Lehrenden zufrieden.	1	2	3	4	5
V5k	Die Öffnungszeiten der Institute bzw. der Verwaltung an der WU waren für mich ausreichend.	1	2	3	4	5
V5l	Viele der Lehrveranstaltungen, die ich im 1. Studienjahr besucht habe, waren überfüllt.	1	2	3	4	5

Studium und Beruf

V6. Waren Sie während Ihres ersten Semesters an der WU (WS 2003/04) erwerbstätig?

Ja, regelmäßig	1	Weiter mit Frage 7
Ja, gelegentlich	2	Weiter mit Frage 7
Nein	3	Weiter mit Frage 9

V7. In welcher Form – also z.B. angestellt, selbständig, als Beamter etc. – waren Sie während Ihres ersten Semesters an der WU (WS 2003/04) erwerbstätig?
InterviewerIn: Mehrfachnennung möglich

		Trifft zu	Trifft nicht zu
V7a	ArbeiterIn, AngestellteR	1	2
V7b	BeamteR	1	2
V7c	SelbständigeR	1	2
V7d	FreiberuflerIn	1	2
V7e	WerkvertragsnehmerIn	1	2
V7f	Geringfügig BeschäftigteR	1	2
V7g	PraktikantIn	1	2
V7h	LeiharbeiterIn	1	2
V7i	Aushilfskraft	1	2
V7j	Mithilfe im Familienbetrieb	1	2
V7k	Sonstige Erwerbstätigkeit (Nachhilfe, Babysitten, LandwirtIn o.ä.)	1	2

V8. Wie hat sich Ihrer Meinung nach Ihre Erwerbstätigkeit während des ersten Semesters an der WU auf Ihr Studium ausgewirkt?
Bitte bewerten Sie auf einer 5er-Skala, wobei 1 = trifft sehr zu und 5 = trifft gar nicht zu.

		Trifft sehr zu				Trifft gar nicht zu
V8a	Meine Erwerbstätigkeit behinderte mich erheblich im Studium.	1	2	3	4	5
V8b	Meine Erwerbstätigkeit stand in inhaltlichem Zusammenhang mit dem Studium.	1	2	3	4	5
V8c	Das Studium stand eindeutig im Mittelpunkt meines Interesses.	1	2	3	4	5
V8d	Ich war vor allem aus finanziellen Gründen erwerbstätig.	1	2	3	4	5
V8e	Von Seiten der Lehrenden wurde ausreichend Rücksicht auf meine Erwerbstätigkeit genommen.	1	2	3	4	5

V9. Wie viele Stunden haben Sie im ersten Semester (WS 2003/04) in einer typischen Studienwoche für die nachfolgenden Tätigkeiten aufgewendet?
InterviewerIn: Bitte 0 eintragen, wenn keine Zeit aufgewendet wurde.

		Stunden pro Woche
V9a	Besuch von Lehrveranstaltungen	ca. ____
V9b	Selbststudium (Vor-/Nachbereitung, Lernen für Prüfungen)	ca. ____
V9c	Engagement in der ÖH	ca. ____
V9d	Erwerbstätigkeit	ca. ____

V10. Sind Sie derzeit an einer anderen Universität oder Fachhochschule inskribiert?	
Ja, und zwar an der ____________________	1
Nein	2 Weiter mit Frage 13

V11. Konnten Sie in Ihrem derzeitigen Studium Scheine von der WU anrechnen lassen?	
Ja, alle	1
Ja, teilweise	2
Ist noch nicht entschieden	3
Nein	4

V12. Haben Sie vor, ihr Studium an der WU zu einem späteren Zeitpunkt fortzusetzen?	
Ja, auf jeden Fall	1
Eventuell	2
Nein, auf keinen Fall	3
Habe ich mir noch nicht überlegt	4

V13. Wie wichtig waren die folgenden Faktoren für Ihre Entscheidung, das Studium an der WU aufzugeben?
Bitte bewerten Sie auf einer 5er-Skala, wobei 1 = trifft sehr zu und 5 = trifft gar nicht zu.

		Trifft sehr zu				Trifft gar nicht zu
V13a	Rahmenbedingungen von Lehrveranstaltungen (überfüllte Hörsäle etc.)	1	2	3	4	5
V13b	Finanzielle Gründe	1	2	3	4	5
V13c	Familiäre Gründe	1	2	3	4	5
V13d	Die Anforderungen im Studium waren zu hoch.	1	2	3	4	5
V13e	Meine Erwartungen an das Studium wurden nicht erfüllt.	1	2	3	4	5
V13f	Das Studium war mir zu wenig wissenschaftlich.	1	2	3	4	5
V13g	Gesundheitliche Gründe	1	2	3	4	5
V13h	Das Studium an der WU war nur als Überbrückung gedacht.	1	2	3	4	5
V13i	Unzureichende Betreuung durch Lehrende	1	2	3	4	5
V13j	Mangelnde Servicequalität in der Verwaltung	1	2	3	4	5
V13k	Willkürliche Benotungen	1	2	3	4	5
V13l	Ich habe gute Jobchancen auch ohne Studienabschluss.	1	2	3	4	5
V13m	Unvereinbarkeit mit meiner Berufstätigkeit	1	2	3	4	5
V13n	Nicht bestandene Prüfungen	1	2	3	4	5
V13o	Prüfungsangst	1	2	3	4	5
V13p	Probleme, sich das Studium selbst organisieren zu müssen	1	2	3	4	5
V13q	Anonymität an der WU	1	2	3	4	5
V13r	Die Inhalte im Studium haben sich nicht mit meinen Interessen gedeckt.	1	2	3	4	5
V13s	Das Studium hat keine Relevanz für mein (zukünftiges) Berufsleben.	1	2	3	4	5
V13t	Das Studium war mir generell viel zu theorielastig.	1	2	3	4	5
V13u	Sonstiger Grund	1	2	3	4	5

Angaben zur Person

V14. Haben Sie nach Erwerb ihrer Studienberechtigung (Matura o.ä.) zum nächstmöglichen Zeitpunkt ihr Studium aufgenommen (ausgenommen Wehr- oder Zivildienst)?	
Ja	1
Nein	2

V15. Welche der folgenden Einnahmequellen standen Ihnen während Ihres ersten Semesters an der WU (WS 2003/04) zur Verfügung?			
InterviewerIn: Mehrfachnennung möglich		Trifft zu	Trifft nicht zu
V15a	Finanzielle Unterstützung durch die Eltern	1	2
V15b	Finanzielle Unterstützung durch PartnerIn	1	2
V15c	Erwerbstätigkeit	1	2
V15d	Studienbeihilfe oder anderes Stipendium	1	2
V15e	Familienbeihilfe	1	2
V15f	Wohnbeihilfe	1	2
V15g	Andere Transferzahlungen (z.B. Arbeitslosengeld)	1	2
V15h	Sonstiges	1	2

V16. Über welche höchste abgeschlossene Ausbildung verfügen Ihre Eltern?		
Bitte nur die höchste Ausbildung angeben. Bei AusländerInnen entweder vergleichbare österreichische Ausbildung oder „Sonstige"	V16a **Vater**	V16b **Mutter**
Pflichtschule	1	1
Lehre	2	2
Berufsbildende mittlere Schule (ohne Matura)	3	3
Meisterprüfung	4	4
Matura	5	5
Akademie	6	6
Hochschulstudium	7	7
Sonstige	8	8

V17. Haben Sie Kinder?		
Ja	1	
Nein	2	Danke, keine weiteren Fragen mehr

V18. In welchem Jahr ist Ihr Kind bzw. sind Ihre Kinder geboren?

InterviewerIn: Geburtsjahr(e) bitte in die Spalte(n) einfüllen

V18a 1. Kind ____________________

V18b 2. Kind ____________________

V18c 3. Kind ____________________

Vielen Dank für Ihre Mitarbeit!